Rippe • Ethik im außerhumanen Bereich

Klaus Peter Rippe

Ethik im außerhumanen Bereich

mentis
PADERBORN

Einbandabbildung: Max-Planck-Institut für evolutionäre Anthropologie

Bibliografische Information Der Deutschen Nationalbibliothek

Die Deutsche Nationalbibliothek verzeichnet diese Publikation in der Deutschen Nationalbibliografie; detaillierte bibliografische Daten sind im Internet über http://dnb.d-nb.de abrufbar.

Gedruckt auf umweltfreundlichem, chlorfrei gebleichtem und alterungsbeständigem Papier ISO 9706

Schulze-Delitzsch-Str. 19, D-33100 Paderborn
Internet: www.mentis.de

Printed in Germany
Einbandgestaltung: Anne Nitsche, Dülmen (www.junit-netzwerk.de)
Druck: AZ Druck und Datentechnik GmbH, Kempten

ISBN: 978-3-89785-659-2

INHALT

VORBEMERKUNG

Die hier vorgelegte Arbeit beantwortet zwei Fragen: Welche Wesen zählen zu unserer moralischen Gemeinschaft? Und welche Wesen sind als Gleiche zu behandeln? Die Antwort auf die erste Frage lautet, dass alle empfindungsfähigen Wesen moralisch zu berücksichtigen sind; die auf die zweite, dass eine moralische Hierarchie nicht zu verteidigen ist, insbesondere nicht jene, welche den Menschen über andere Tiere stellt. Es wird also eine pathozentrische und eine egalitäre Position vorgestellt.

Der Titel „Ethik im außerhumanen Bereich" setzt sich bewusst von den gängigen Bezeichnungen für Bereichsethiken, Tierethik oder Umweltethik, ab. Diese Bezeichnungen erwecken den Eindruck, hier ginge es um die bloße Anwendung von Ergebnissen, die in der allgemeinen Ethik gewonnen werden. Dies täuscht darüber hinweg, dass es um zwei zentrale Fragen der allgemeinen Ethik selbst geht. Die Frage nach der moralischen Berücksichtigung nicht-menschlicher Wesen als unbedeutende ethische Randphänomen zu verstehen, ist bereits selbst eine inhaltliche ethische Position, eine jedoch, die schwerwiegenden Einwänden ausgesetzt ist. Es ist, so die These dieser Arbeit, nicht mehr möglich, von einer moralischen Sonderstellung des Menschen auszugehen. Auch wenn dabei viele lieb gewonnene Auffassungen aufgegeben werden müssen, muss sich Ethik in den außerhumanen Bereich hinein bewegen. Auch moralische Ansprüche und Rechte von nichtmenschlichen Wesen sind moralisch zu berücksichtigen.

Gegenüber etlichen anderen Arbeiten der zeitgenössischen Ethik zeichnet sich diese Arbeit durch einen methodischen Unterschied aus. Es darf meiner Auffassung nach nicht Aufgabe der Ethik sein, moralische Intuitionen als etwas Unhinterfragbares hinzunehmen und in ein Überlegungsgleichgewicht zu bringen. Vielmehr ist es eine wichtige Aufgabe, moralische Intuitionen selbst in Frage zu stellen. Zu zeigen, dass dies möglich ist und was (daraus) folgt, wenn wir uns nicht von unserem moralischen Bauchgefühl leiten lassen, ist ein Nebenziel dieser Arbeit.

Grosse Teile dieser Arbeit sind aus Vorlesungen und anderen Lehrveranstaltungen erwachsen, die ich an den Universitäten Saarbrücken und Zürich und der Pädagogischen Hochschule Karlsruhe gehalten habe. Frühere Fassungen sind zudem im Rahmen des Zürcher Studiengangs „Master in Advanced Studies in Applied Ethics" vorgestellt worden. Auch für viele Hörende wird die Position, die ich hier präsentiere, jedoch in vielen Zügen neu sein. Wie bei allen Denkprozessen üblich, habe ich meine Position oftmals revidiert und hoffe, es dann getan zu haben, wenn bessere Argumente in eine andere Richtung zeigten. Wie sich etliche Studierende erinnern werden, die nach Vorlesungen ihre Einwände und Nachfragen vorbrachten, geschah diese Korrektur nicht stets ohne Widerwillen. Für ihre Hartnäckigkeit danke ich.

Zu einigen der hier behandelten Themen habe ich mich öffentlich auch als Präsident von einschlägigen Kommissionen geäußert. Insbesondere meine Mandate in der Eidgenössischen Ethikkommission für die Biotechnologie im außerhumanen Bereich (EKAH) und der Kantonalen Tierversuchskommission Zürich berühren manche der diskutierten Themen. Die hier vorgestellten Positionen decken sich nicht unbedingt mit jenen, die ich stellvertretend für die Kommissionen öffentlich vertreten habe. In der Rolle als Kommissionspräsident müssen bei öffentlichen Stellungnahmen eigene Positionen und Ansichten hinter jenen zurückstehen, die sich in der Kommission als mehrheitsfähig erwiesen haben. Zudem bewegen sich solche Kommissionen in einem vorgegebenen rechtlichen Rahmen, der für eine philosophische Arbeit nicht bindend sein darf. Die Kommissionsmitglieder werden meine Ansichten aber nicht überraschen, sie kennen sie und werden auch merken, dass sich einige unserer gemeinsamen Diskussionen in dieser Arbeit niedergeschlagen haben. Am besten wird dies die Geschäftsführerin der EKAH, Ariane Willemsen, beurteilen können, die neben der Kommissionsarbeit auch die gedankliche Entstehung dieses Buches aktiv mitverfolgte und mitprägte.

Grossen Einfluss hatten auch gemeinsame Arbeiten und Projekte, die vom Ethik-Büro „ethik im diskurs“ erarbeitet wurden. In einigen Fragen haben sich im Laufe unzähliger Gespräche die Positionen von Andreas Bachmann und mir angenähert. Die in dieser Arbeit nur knapp angedeuteten Thesen zum Hedonismus finden sich in seiner Dissertation zum „Prudentiellen Hedonismus“ weit elaborierter wieder. In anderen Fragen besteht weiter eine fruchtbare Konkurrenz unserer Auffassungen.

Ich habe vielen Personen zu danken: Michael Kienecker und Daniela Piel vom Mentis Verlag danke ich für die Betreuung dieses Buchprojekts, Ariane Willemsen, Andreas Bachmann und Inken Hasselbusch lasen Teile dieser Arbeit oder gar das ganze Buch Korrektur, Carina Caruso bereitete das Layout vor. Insbesondere danke ich all jenen, die mich bei der gedanklichen Auseinandersetzung mit den Fragen einer Ethik im außerhumanen Bereich unterstützten und weiterbrachten.

I
DIE HERAUSFORDERUNG

1.
DIE MORALISCHE STELLUNG DES MENSCHEN

Einige Science-Fiction-Romane, -Filme oder -Fernsehfolgen erzählen eine moralische Fabel. Man kann über die Qualität der Fabel oftmals streiten. Aber viele dieser Erzählungen, insbesondere Science-Fiction-Serien, erheben nicht den Anspruch, literarischen oder cineastischen Qualitätskriterien zu genügen. Sie suchen ein breites Publikum. Ziel ist, dass die Adressaten über die Werbepausen hinaus am Bildschirm ausharren. Science-Fiction-Serien sind Teil eines Business – und auch der Einbezug moralischer Faktoren ist Teil davon. Umso überraschender ist mitunter, welche moralischen Fabeln erzählt werden.

In der vierten Staffel der Star-Trek-Reihe „Voyager" gibt es eine Folge, die im englischen Original „Scientific Method" heißt. Der Inhalt ist schnell erzählt. Die Mannschaft des Raumschiffs „Voyager" klagt zunehmend über Schmerzen und Leiden. Einige verspüren schwere Kopfschmerzen, andere verlieren den Geschmackssinn und wiederum andere altern plötzlich rapide. Die Leiden der Besatzung nehmen mehr und mehr zu, ja, einige stehen kurz vor dem Tod. Als der Schiffsarzt den Ursachen nachgeht, entdeckt er mit einer neuen Videotechnik, dass sich überall im Raumschiff Aliens befinden. Diese führen – im normalen Licht unsichtbar – Experimente an der Besatzung durch. Es gelingt den Menschen schließlich, einen der Aliens sichtbar zu machen. Wie im Star-Trek-Universum üblich, ist die Verständigung mit dem Alien kein Problem. Der Fremde erklärt, sie seien Wissenschaftler, die Experimente durchführten. Die gewonnenen Erkenntnisse würden beitragen, Therapien für die eigene Spezies, die Srivani, zu entwickeln. Sie seien sich bewusst, dass die Menschen leiden und dass Todesfälle auftreten könnten. Die bisherigen Heilungserfolge und therapeutischen Fortschritte der Srivani rechtfertigten jedoch diese Experimente. Kein Einwand der Voyager-Besatzung bringt den Srivani von diesem Standpunkt ab. Die Srivani beharren darauf, das moralisch Richtige zu tun. Die Mannschaft der Voyager ist den Experimenten weiterhin hilflos ausgesetzt. Denn wegen ihrer technischen Überlegenheit haben die Srivani keine Gegenwehr zu fürchten. Erst ein tollkühnes Flugmanöver, in dem die Voyager-Mannschaft ihr eigenes, aber auch das Leben der Srivani aufs Spiel setzt, verändert die Situation. Die Außerirdischen verlassen das Schiff, um ihre Experimente an anderem Ort und mit anderen Spezies fortzusetzen.

Wohl niemand hält diese Folge für einen Höhepunkt der Fernsehkultur. Selbst die Serie „Voyager“ hat Besseres zu bieten. Hier geht es jedoch nicht um eine Fernsehkritik, sondern um die „Moral der Geschichte“. Der in der deutschen Synchronfassung gewählte Titel kommt zu einem klaren Urteil über die Taten der Srivani. Hier heißt die Folge „Verwerfliche Experimente“. Aber wenn diese Experimente verwerflich sind, stellt sich eine Frage: Warum sind dann nicht auch jene Experimente verwerflich, die Menschen an Mitgliedern anderer irdischer Spezies vornehmen?

Es wäre verfehlt, an dieser Stelle einfach auf die Nichtexistenz von Raumschiffen und Außerirdischen zu verweisen. Denn dann dürften wir auch gegen La Fontaine einwenden, dass Füchse und Igel nicht sprechen können. Die Botschaft einer Fabel – die Moral von der Geschichte – kann nicht dadurch negiert werden, dass man den Träger derselben, die phantastische Erzählung, als unrealistisch und zu weit hergeholt abtut.

Ob von den Star-Trek-Autoren beabsichtigt oder nicht, fordert die Fabel den Zuschauenden auf, eine Frage zu beantworten: Gleichen unsere Tierversuche den Experimenten der Srivani oder gibt es relevante Unterschiede, warum man sie anders beurteilen sollte? Nur wenige würden wohl antworten: Sie gleichen einander, aber genauso wie Tierversuche gerechtfertigt werden können, gibt es gute Gründe, das Handeln der Srivani als moralisch richtig zu beurteilen. Falls dies jemand sagt, widerspricht diese Meinung jedenfalls diametral der „Moral von der Geschichte“. Andere würden betonen, die Fabel zeige auf, dass Tierversuche moralisch falsch sind. Sie seien genauso „verwerfliche Experimente“ wie die Versuche der Srivani. Aber es scheint mir fraglich, ob diese Position mehrheitlich vertreten wird. Denn viele werden betonen, dass es einen Unterschied ausmacht, ob Menschen ohne Einwilligung belastenden Versuchen ausgesetzt werden oder ob mit Tieren experimentiert wird. Zwischen Mensch und Tier besteht dieser Auffassung nach ein prinzipieller Unterschied. Dieser Unterschied ist moralisch so von Bedeutung, dass Menschenversuche und Tierversuche ethisch nicht gleichgesetzt werden dürfen. Dies ist die Position, die uns vorerst interessieren wird. Ich bezeichne sie als die „Lehre von der moralischen Sonderstellung des Menschen“.

1.1 Die Lehre von der moralischen Sonderstellung des Menschen

Drei Thesen kennzeichnen die Lehre von der moralischen Sonderstellung des Menschen:

1. Zwischen Mensch und Tier besteht aus moralischer Sicht ein fundamentaler Unterschied.
2. Dem Menschen kommt eine (unvergleichlich) höhere moralische Bedeutung zu als dem Tier.
3. Wer dem Tier eine zu hohe moralische Bedeutung zuspricht, handelt moralisch fragwürdig.

Ad 1) Der große Graben

Die sogenannte „Alltagsmoral" – also jenes moralische Denken, das in der Gesellschaft weit verbreitet ist – trennt moralisch strikt zwischen Mensch und Tier. Menschen und Tiere leben sozusagen auf zwei Erdteilen, in denen unterschiedliche moralische Gesetze gelten. Es ist nicht nur rechtlich, sondern auch moralisch etwas anderes, ob man ein Tier tötet oder einen Menschen. Tiere dürfen eingefangen werden, sie dürfen in Gefangenschaft gehalten und verkauft werden. Keine dieser Handlungen darf in Erwägung gezogen werden, wenn es um Menschen geht. Damit soll noch nichts darüber gesagt sein, ob Mensch und Tier zu Recht unterschiedlich behandelt werden. Hier geht es zunächst darum, ein Merkmal unseres heutigen moralischen Denkens herauszuarbeiten.

Es kennzeichnet dieses Denken, dass Mensch und Tier Gegenstand unterschiedlicher moralischer Forderungen sind. Charakteristisch ist, dass wir (oder zumindest die meisten von uns) moralisch zunächst eine Klassifikation vornehmen und dann, je nachdem, ob wir einen Menschen oder ein Tier vor uns haben, (weitgehend) klare Vorstellungen haben, wie wir uns moralisch zu verhalten haben. Dies kann man in jenen Situationen sehen, in denen eine Zuordnung zu Mensch oder Tier nicht einfach ist. Beispiele hierfür sind zugegeben schwer zu finden und wir haben uns hier in wissenschaftliche Grenzgebiete zu begeben: 1955 meinte der Jäger William Roe, einen Bigfoot gesehen zu haben. Er war sich so sicher, dass er sein Erlebnis 1957 in Anwesenheit von Zeugen und unter Eid festhielt. Es soll hier nicht interessieren, was der Jäger sah. Wichtig ist nur, wie William Roe sein moralisches Empfinden beschrieb.

> Mir kam der Gedanke, dass ich Wissenschaftlern weltweit sicherlich einen grossen Dienst erweisen würde, wenn ich dieses Wesen erlegen würde. Ich hatte bereits Geschichten über den Sasquatch gehört, den riesigen behaarten Indianer aus den Legenden der Indianer British Columbias, von dem viele behaupten, dass er auch heute noch lebte. Vielleicht war dies ja auch ein Sasquatch, murmelte ich vor mich hin.
>
> Ich legte das Gewehr an. Das Geschöpf entfernte sich schnellen Schrittes von mir und schaute sich noch einmal um. Ich ließ das Gewehr sinken. Wenngleich ich in diesem Bericht immer von einem Wesen (im Original 'creature', Anm. des Verfassers) spreche, fühlte ich in diesem Augenblick,

> dass es ein Mensch war. Ich hätte mir nie verziehen, wenn ich es oder ihn erschossen hätte.[1]

William Roe hatte bereits Grizzlybären geschossen, und dies offensichtlich, ohne moralische Schuldgefühle zu haben. Auf der anderen Seite hätte er es sich nie vergeben, auf ein menschliches Wesen zu schießen. Die Mensch-Tier-Klassifikation war für ihn der Schlüssel, um sich in dieser Situation moralisch zu orientieren.

Ad 2) Das moralische Hochplateau

Die Rede von zwei Kontinenten ist allerdings irreführend. Denn Kontinente befinden sich in der Regel auf gleichem Niveau. Dies ist aber nicht der Fall, wenn es um Mensch und Tier geht. Der Mensch lebt moralisch auf einem Hochplateau, das Tier auf dem flachen Land.

Wenn man das „moralische Durchschnittsempfinden" nimmt, unterscheiden sich die moralischen Forderungen gegenüber Menschen nicht nur inhaltlich von jenen gegenüber Tieren. Die Forderungen gegenüber Menschen werden auch als wichtiger betrachtet. Auch dies zeigt sich im Bereich der Tierversuche. Um Tierversuche zu rechtfertigen, wird darauf verwiesen, dass es unverantwortlich ist, neue Therapien am Mensch zu testen. Selbst wenn Experimente an Nagern erfolgreich waren, wird nicht sofort zu klinischen Versuchen oder Heilversuchen an Menschen übergegangen. Auch in jenen Fällen, in denen die Kranken sich als Freiwillige für Therapieversuche anbieten, werden diese Bitten abgeschlagen. Denn Experimente am Menschen gelten immer noch als zu riskant. Um die Sicherheit künftiger Patienten und Probanden zu erhöhen, wird die Methode an einem „höheren Tier" erprobt, zum Beispiel an einem Javaner- oder Rhesusaffen. Dies setzt freilich voraus, dass auch ein freiwillig eingegangenes Risiko eines Menschen weit mehr Gewicht hat als das Leiden der Nager und Affen.

Das Leid und der Tod von Menschen wiegt unvergleichlich viel mehr als jene von Tieren. Wie stark diese Vorstellung in den meisten von uns verankert ist, sieht man bei Katastrophen. Der Bhopal-Unfall kostete 15 000 bis 30 000 Menschen das Leben. Wer dies durch die Zahl der getöteten Tiere ergänzt, macht sich nahezu verdächtig. Denn tote Tiere fallen nicht ins Gewicht. Ja, sie dürfen nicht ins Gewicht fallen angesichts der Zahl der menschlichen Opfer.

Das heißt nicht, dass tierische Interessen überhaupt nicht zählen. Kaum jemand ist heute der Ansicht, man dürfe mit Tieren tun, was immer man wolle. Alle werden zustimmen, dass Tierschutz wichtig ist. Aber auch wenn Tierschutz wichtig ist, ist er doch bei weitem nicht so wichtig wie der Schutz

---

[1] Hier zitiert nach: Bord, Der amerikanische Yeti, S. 91f. Das englische Original findet sich unter: http://www.bigfootencounters.com/

von Menschen. Der moralische Kontinent der Tiere liegt oberhalb des Meeresspiegels. Aber wenn man ihn mit dem Hochplateau des Menschen vergleicht, spielen die Pflichten gegenüber Tieren eine geringe, ja, zu vernachlässigende Rolle.

Ad 3) Moralisch fragwürdige Tierliebe?

Wer sich zu stark für den Tierschutz einsetzt, wird moralisch kritisiert. Unser moralisches Alltagsdenken verurteilt jene, welche die unterschiedlichen Höhenniveaus ignorieren. Dies erlebte zum Beispiel eine Person, die sich in einem Internetchat nach der Hurrikankatastrophe in New Orleans zu Wort meldete. Mit Verweis auf die Millionen Dollar, die für die Opfer gespendet wurden, klagte sie, niemand denke an die Tiere. Die moralische Empörung war groß. Eine Antwort brachte diese auf den Punkt: „Wie kann man nur an Tiere denken, wenn Menschen sterben!"

Wer sich zu sehr für Tiere einsetzt, scheint demnach die angemessenen Relationen zu ignorieren. Er handelt moralisch fragwürdig. Man darf, so diese Einstellung, über der Tierliebe nicht die eigentlich wichtigen Themen vergessen. Nicht nur, wenn es um das Überleben von Menschen geht, gilt es als falsch, an das Wohl des Tieres zu denken. Wie kann man über die Käfighaltung von Schimpansen diskutieren, wo es in Entwicklungsländern Menschen gibt, die in ebenso engen Käfigen leben müssen?

1.2 Können Intuitionen hinterfragt werden?

Aber wieso soll Menschen eine solche moralische Sonderstellung zukommen? Bevor diese Frage überhaupt ernsthaft gestellt werden kann, muss es methodisch möglich sein, vortheoretische Überzeugungen zu hinterfragen. Nicht alle Ethiker würden dies bejahen. Für einige Ethiker erschließen vortheoretische Überzeugungen – oder „Intuitionen" – moralische Wahrheiten.[2] Es sind unmittelbare Wahrnehmungen, ja mehr als dies: Es sind Einsichten, deren Evidenz nicht bestritten werden kann. Diese Position prägt auch die ethische Methodik. Man konstruiert künstliche Fallbeispiele ausdrücklich mit dem Ziel, diese „Intuitionen" empor zu pumpen. Man erfindet also eine Art ethisches Experiment, um die Plausibilität, ja sogar Wahrheit moralischer Positionen und Theorien zu erproben.

Sind unsere vortheoretischen Intuitionen unhintergehbare Richtschnüre für unser moralisches Urteil, so kann man unsere obige Frage leicht beant-

[2] Vgl. hierzu insbesondere: Audi, The Good and the Right; Huemer, Ethical Intuitionism; sowie die Aufsatzsammlungen: Stratton-Lake, Ethical Intuitionism; Timmons, Rationality and the Good.

worten: „Ich bin ein Mensch, kein Tier“ ist nicht nur eine deskriptive Aussage, wir verstehen darunter automatisch einen moralischen Appell, nämlich jenen: als Mensch und nicht wie ein Tier behandelt zu werden. In bestimmten Kontexten handelt es sich um eine rein normative Aussage. Unsere Intuitionen bestätigen die moralische Sonderstellung des Menschen. Allerdings muss man hier vorsichtiger formulieren. Denn in unserer Gesellschaft werden nicht alle die oben genannten Intuitionen haben. Es wird eine Reihe abweichender vortheoretischer Überzeugungen geben. Die obige Schilderung vermittelt jedoch ein weit verbreitetes Alltagsdenken. Die in der Gesellschaft akzeptierte Mehrheitsmeinung bezeichnet man in anderen Kontexten als Common Sense. Wir haben also oben, übernehmen wir diese Bedeutung, eine Wiedergabe des moralischen Common Sense.

Dass diese Position mehrheitlich vertreten wird und Common Sense ist, kommt freilich – werden andere einwenden – nicht von Ungefähr. Wir leben seit mehreren tausend Jahren in einer Tradition, die im eben beschriebenen Sinne zwischen Mensch und Tier unterscheidet. Jede und jeder einzelne von uns hat von klein auf diese Dichotomie eingeatmet und dasselbe gilt für unsere Eltern, Großeltern und unsere weiteren Vorfahren. Vortheoretische Überzeugungen sind kulturell verwurzelt. Es sind historisch gewachsene Auffassungen, deren Ursprünge und Entwicklung man nachvollziehen und beschreiben kann.

Wir stehen freilich dann vor der Wahl, uns einer der folgenden Auffassungen anzuschließen. Unsere vortheoretischen moralischen Urteile bezüglich des geforderten Umgangs mit Tieren können *erstens* Ergebnis einer kulturellen Entwicklung sein.[3] Personen nehmen diese in ihrer eigenen moralischen Enkulturation als eigene Werthaltungen auf. Sie können *zweitens* ethische „Wahrnehmungen“ sein, die Wahrheiten erschließen. Denkbar ist *drittens*, dass sie beides sind. Solche Mischpositionen können in unterschiedlicher Form vertreten werden. Zum Beispiel könnte man vermuten, moralische Traditionen überformen und verfremden die Evidenzerfahrung. Oder es ist möglich, dass nicht alle, aber einige Intuitionen unmittelbare Gewissheiten vermitteln.

Die Sicht, vortheoretische Überzeugungen als kulturell gewachsene Auffassungen zu verstehen, hat ohne Frage ein hohes Erklärungspotential. Es bereitet keine Probleme, dass Menschen fremder Kulturen andere vortheoretische moralische Überzeugungen haben. Zudem ist auch leicht zu erklä-

---

[3] Diese Entwicklung muss nicht notwendig bei menschlichen Kulturen ansetzen. In Ausnahmefällen mag sie sogar ältere evolutionäre Wurzeln haben. Diesen Aspekt einer „natürlichen Moral“ lasse ich hier aussen vor. Zum einen wurden bestimmte „natürliche Normen“ stets kulturell überformt und verändert. Zum anderen handelt es sich bei den hier zur Diskussion stehenden Intuitionen, welche die Lehre der moralischen Sonderstellung des Menschen stützen, keineswegs um „natürliche“. Die sogenannte „Gattungssolidarität“ ist kulturell gewachsen und von altruistischen Einstellungen gegenüber Verwandten zu unterscheiden, die als Produkt der Evolution gelten.

ren, wieso sich weltanschaulich geeinte – monistische – Gesellschaften durch weitgehend einheitliche Intuitionen auszeichnen, wogegen pluralistische Gesellschaften auch eine größere Vielfalt moralischer Intuitionen besitzen.

Für die Wahrnehmungssicht spricht, dass wir unseren vortheoretischen Überzeugungen einen Wahrheitsanspruch zusprechen. Wir halten diese spontanen moralischen Urteile nicht für kulturelle Überzeugungen, sondern gehen von ihrer Wahrheit aus. Dass wir *glauben*, sie haben einen Wahrheitsgehalt, heißt freilich nicht, dass sie einen Wahrheitsgehalt *haben*. Zugunsten dieser Ansicht bräuchten wir weitere Argumente. Aber welche sollten dies sein? Es ergibt keinen Sinn zu fragen, ob dies wirklich evident ist. Entweder ist etwas evident oder nicht.

Evidenz garantiert allerdings nicht Wahrheit. Gewiss war es vor 500 Jahren evident, dass die Erde eine Scheibe, keine Kugel ist. Diese Evidenz war aber falsch. Deshalb brauchen (zumindest empirische) Evidenzen eine Begründung, um akzeptabel zu sein. Bei erfahrungs- und nichterfahrungsbasierten (logischen, mathematischen) Evidenzen könnte dies anders sein. Aber dann stünde man vor dem Problem, nachweisen zu müssen, wieso ethische Evidenzen den nichterfahrungsbasierten gleichen und nicht den erfahrungsbasierten.

Wenn Intuitionen so etwas wie Wahrnehmungen oder Evidenzen sind, muss man angesichts der Vielfalt moralischer Intuitionen sagen, dass es unterschiedliche Wahrnehmungen und verschiedene evidente Wahrheiten gibt. Im Gegensatz zu echten Wahrnehmungen ist es hier nicht einmal möglich, auf Wahrnehmungstäuschungen zu verweisen. Es gebe verschiedene Wahrheiten, Punktum.

Wenn man dies nicht will und auch nicht jede Intuition als „evident" bezeichnen will, mag man noch zu einer der Zwischenpositionen tendieren. Aber auch diese Mischtheorien stehen freilich vor einem Problem. Sie müssten eine Methode angeben, mit deren Hilfe man herausfinden kann, auf welche Intuitionen man sich verlassen darf und auf welche nicht.

Für welche dieser drei Ansätze soll man sich entscheiden? Es wäre falsch, hier ein Argument zu suchen, welches mit letzter Schlüssigkeit beweist, dass ein Ansatz falsch ist. Einer solchen Anforderung könnten auch naturwissenschaftliche Theorien nicht genügen. Aber es gibt andere Kriterien, zwischen verschiedenen Erklärungsmodellen zu wählen.

Ein erstes Kriterium fordert auf, man solle jene Theorie wählen, welche das höchste Erklärungspotential hat. Die Wahrnehmungstheorie muss hier erklären, wie es zu einer Vielfalt vortheoretischer Überzeugungen kommt. Die Kulturtheorie dagegen muss erklären, wieso Menschen meinen, ihre vortheoretischen Überzeugungen seien wahr. Man mag streiten, welcher Ansatz mehr erklärt. Einiges spricht dafür, die These vorn zu sehen, Intuitionen seien historisch gewachsene kulturelle Produkte. Es ist nämlich leichter zu erklären, wie moralische Normen historisch mit einem Wahrheitsanspruch verkoppelt wurden,[4] als zu erklären, wie divergierende, sich teilweise sogar widersprechende Evidenzerfahrungen möglich sind.

Zudem ist, dies das zweite Kriterium, der als Ockhams Rasiermesser bekannte heuristische Grundsatz zu beachten. Hat man die Wahl zwischen verschiedenen Theorien, die den gleichen Sachverhalt erklären, sollte man demnach die „einfachste" bevorzugen. Die Evidenztheorie könnte natürlich sagen, sie sei äußerst einfach. Die Vorstellung, gewisse moralische Einsichten seien unmittelbar evident, kommt mit wenigen Annahmen aus. Aber so darf das Ockham'sche Rasiermesser nicht gebraucht werden. Der Grundsatz prüft nicht die Komplexität einer Theorie, sondern die Sparsamkeit an ontologischen Annahmen. Hat man die Wahl zwischen zwei Erklärungen, soll man jene wählen, welche die Zahl der Entitäten in der Welt nicht unnötig erhöht, also keiner unnötigen Hypothesen bedarf. Die Theorie, ein Geist habe die Vase umgeworfen, muss darauf aufbauen, dass Geister existieren. Die These, eine plötzliche starke Windböe habe das Fenster aufgeweht und somit den Sturz der Vase verursacht, kommt ohne solche Entitäten aus. Sie arbeitet mit sparsameren Prämissen: dem Wehen des Windes und dem Wirken bloßer Mechanik. Im selben Sinn weist uns das Ockham'sche Rasiermesser auch an, wenn wir aufgefordert sind, zwischen den verschiedenen Erklärungsmodellen zu wählen, was William Roe wirklich sah. Die Erklärung, dass Roe einen Grizzlybär sah, kommt mit weniger Prämissen aus als seine eigene Deutung, Bigfoot gesehen zu haben. Damit ist die Wahrheitsfrage nicht entschieden. Der heuristische Grundsatz verhilft uns nur zur bestmöglichen Erklärung. Wie hilft uns diese Heuristik in der Diskussion um Intuitionen? Die These, dass wir hier Evidenzwahrnehmungen haben, setzt stärkere Prämissen voraus. Der Intuitionsansatz behauptet, dass wir unmittelbar erfahren, was moralisch geboten ist. Die hier behauptete Normativität muss aber irgendwo herkommen. Entweder liegt sie in dem, was man sieht, begründet. Dann gäbe es etwas in der Welt, was zu den sonstigen Eigenschaften auch normative Eigenschaften hat, oder etwas, das nur solche Eigenschaften hat. Damit vertritt man eine wertrealistische These und erhöht die Zahl der ontologischen Entitäten um diese objektiven Werte. Oder aber die Normativität liegt nicht in dem begründet, was man sieht, sondern wie man etwas wahrnimmt. Dann wäre man bei der Annahme eines moralischen Sinnes, der die moralische Wahrheit erschließt. Im Gegensatz zur Annahme moralischer Gefühle oder zur Annahme von Empathie ist die Hypothese eines solchen Sinnesvermögens wiederum eine ontologisch starke Annahme. Man mag einwenden, dass dies zu sehr klingt, als ob übernatürliche Entitäten beschworen oder spirituelle Erkenntnisse behauptet würden. Intuitionen bezögen sich etwa auf Gesundheit, Liebe, Wissen oder Interessen – und diese vorauszusetzen erhöhe die Zahl der ontologischen En-

[4] Vgl. etwa: Mackie, Ethik, S. 49.ff

titäten nicht unnötig. Allerdings übersieht dieser Einwand die Frage nach der Quelle der Normativität. Auch wenn das, was wertvoll ist, naturalistisch zu beschreiben ist: wie etwa Wissen oder Interessen, so erschließt die Intuition zugleich, dass beides „in sich“ gut ist und damit „in sich“ erstrebenswert bzw. ablehnenswert ist.[5] Wir nehmen an Wissen und Interessen etwas wahr, das uns zum Maximieren des Wissens und zur Befriedigung von Interessen auffordert. Damit geht es aber nicht um jenes Wissen und jene Interessen, die auch in naturalistischen Philosophien vorkommen. Man hat diese um normative Eigenschaften angereichert. Die einzige Alternative wäre zu sagen, die Normativität entstehe durch die Art der moralischen Wahrnehmung. Damit wäre man erneut bei der Annahme eines geheimnisvollen moralischen Sinnes, der ohne Bezug auf Objekte eine moralische Wahrheit erschließt. Will man aber auch dies nicht und sagt, die Normativität entstehe an anderer Stelle, dann hat man den Intuitionsansatz bereits verlassen. Denn dann sind diese Evidenzerfahrungen für die Frage, was moralisch gefordert ist, unbedeutend und man vertritt eigentlich keinen Intuitionsansatz mehr. Es bleibt also: Letzterer arbeitet mit weit weniger sparsamen ontologischen Prämissen als die These der Intuition als kulturellem Produkt. Dasselbe gilt dann notwendig auch für eine Mischtheorie, welche sagt, dass einige unserer moralischen Urteile auf Evidenzerfahrungen ruhen. Nimmt man Ockhams Rasiermesser, ist die These, Intuitionen seien Produkte der Kultur, die bestmögliche Erklärung.[6] Genauso wie man bei einer umgefallenen Vase nicht unnötig die Existenz von Geistern voraussetzen darf, so besteht kein Grund, Intuitionen durch die Annahme objektiver Werte oder eines moralischen Sinnesvermögens zu erklären.

Es ist nicht ausgeschlossen, dass Intuitionen moralische Wahrnehmungen sind. Allerdings handelt es sich um jene Theorie, die weniger erklären kann und mehr ontologische Annahmen braucht als die Theorie, dass moralische Intuitionen kulturelle Produkte sind. Da man sich in der Ethik auf die bestmögliche Theorie stützen muss, kann sie Intuitionen nur als in der moralischen Erziehung internalisierte kulturelle Überzeugungen betrachten. Man sollte die Kulturtheorie einem Intuitionsansatz oder einer Mischtheorie vorziehen. Wenn diese Argumentation zutrifft, haben Intuitionen für sich allein genommen keine Begründungsfunktion. Sie beschreiben nur, was man in einer Kultur für richtig befindet. Damit ist noch nichts darüber gesagt, ob unsere kulturellen Überzeugungen – als Ganzes oder zum Teil – „wahr“

---

[5] Es geht hier um die Intuition, Lust und Leid seien „in sich“ gut bzw. schlecht. Ich spreche nicht davon, dass jemand Lust oder Leid „für sich“ gut oder schlecht empfindet. Der Übergang vom „für sich“ zu dem „in sich“ ist entscheidet.

[6] Die Frage nach der Quelle der Normativität stellt sich auch hier. Aber Vertreter des Kulturansatzes können hier einfach auf ethische Theorien verweisen. Diese, nicht die Intuitionen ermitteln, was moralisch gefordert ist. Solange nicht alle ethische Theorien verneint wurden, kann auch nicht behauptet werden, der Intuitionsansatz sei notwendig, um Normativität zu erschließen.

sind. Es ist nur erforderlich, gesondert dafür zu argumentieren. Der Verweis auf unsere Intuitionen hilft uns nicht. Zusätzliche Argumente müssen zeigen, ob alle oder doch ein Teil unserer vortheoretischen Überzeugungen begründet sind. Geht es allein um Intuitionen *als Intuitionen*, so müssen wir alle als gleichberechtigte Produkte von Kulturen ansehen. Die Intuitionen, die von einer moralischen Sonderstellung des Menschen ausgehen, sind phänomenologisch und in Bezug auf ihre Begründungsfunktion gleich einzuschätzen wie jene, in denen die Sonderstellung bestritten wird.

1.3 Verwurzelte und freischwebende Intuitionen

Damit haben wir einen ersten kleinen Schritt in die Richtung getan, dass wir unsere vortheoretischen Urteile hinterfragen können. Wenn es kulturelle Erzeugnisse sind, sind sie ebenso zu hinterfragen, wie andere Produkte unserer Kultur der Kritik zugängig sind. Offen ist jedoch, *wie* wir Intuitionen kritisch prüfen können. Um dies zu zeigen, muss etwas weiter ausgeholt werden. Wenn wir unsere vortheoretischen moralischen Überzeugungen näher in den Blick nehmen, sehen wir zwei Punkte.

Erstens entstammen unsere vortheoretischen moralischen Überzeugungen unterschiedlichen Schichten unserer moralischen Tradition. Sie sind unterschiedlich alt und wurzeln in spezifischen Weltanschauungen und philosophischen Positionen. Oftmals ist es eine Frage komplexer historischer Prozesse, was in dem Strom der moralischen Überzeugungen weiter getragen wurde und was nicht. Dass sich die Stoa zum Beispiel gegen die epikureische Lehre durchsetzte, hatte wenig mit der Überzeugungskraft ihrer Argumente zu tun. Im Gegensatz zur epikureischen Lehre hatte die Stoa aber einflussreiche Vertreter in wichtigen gesellschaftlichen Positionen. Mehr noch war sie anschlussfähig an die neue christliche Religion, die sich – wiederum in einem komplexen historischen Prozess – im Römischen Imperium als Staatsreligion durchsetzte. Zur richtigen Zeit vertraten die richtigen Leute die „richtigen“ Positionen. Wir können also nicht sagen, dass sich stets das bessere Argument durchgesetzt habe. Dieses mögliche Zusatzargument für den Wahrheitsgehalt unseres moralischen Common Sense hält keiner historischen Betrachtung stand.

Zweitens besteht die Möglichkeit, die Intuitionen in einen Begründungszusammenhang zu stellen. Wir können nämlich stets fragen, wieso bestimmte Annahmen anfänglich vertreten wurden und auf welchen Prämissen sie aufbauen. Stets können wir fragen, was vorausgesetzt werden muss, damit die Intuitionen überzeugende Gründe liefern. Dies hat Konsequenzen für unseren Umgang mit vortheoretischen Überzeugungen. Beruht eine vortheoretische Überzeugung notwendig auf einer metaphysischen Annahme, die man nicht teilt, so besteht kein Grund, die daraus erwachsende Schlussfolgerung zu akzeptieren. Das heißt nicht, dass man die Schlussfolgerung damit aufzugeben hat, aber man ist – will man sie nicht aufgeben – verpflichtet, neue Begründungen zu suchen. Nehmen wir dafür zwei Beispiele zum Umgang mit Tieren, bei denen es einmal um eine philosophische und einmal um eine religiöse Fundierung geht.[7]

- Descartes These, Tiere seien unbeseelte Maschinen, prägte für eine gewisse Zeit die Haltung von Wissenschaftlern gegenüber Tieren. Die Rechtfertigung, dass Tierversuche moralisch erlaubt sind, beruhte – zu einem Teil – auf cartesianischen Prämissen. Während der Vorherrschaft der cartesianischen Philosophie wurden diese nicht in Frage gestellt. Als die cartesianische Lehre, Tiere seien bloße Maschinen, in der wissenschaftlichen Gemeinschaft an Bedeutung verlor, standen die Wissenschaftler vor einem Problem. Fragte sie jemand anderes oder fragten sie sich selbst, wieso sie Tierversuche durchführen, fehlte ihnen eine Antwort. Denn sie konnten schließlich nicht mehr darauf verweisen, Tiere seien nichts anderes als Maschinen.
- Einige Kulturen unterscheiden sich von unserer durch einen höheren Respekt gegenüber Tieren. Bei einigen fußt dieser Respekt auf einer Reinkarnationslehre: Tiere gelten als wiedergeborene Ahnen. Dementsprechend werden sie moralisch respektiert und geachtet, wie es Ahnen gebührt. Nehmen wir an, in einer Gesellschaft kommt es in Folge von Kulturkontakten und fremder Missionierung dazu, dass immer weniger Menschen an eine Reinkarnation glauben. Die Mehrheit hält ihre ursprüngliche Haltung gegenüber Tieren jedoch bei. Dies ist fortan eine – wie man sagen kann – freischwebende Intuition. Die betreffenden Menschen können keine Gründe mehr angeben, mit denen sie andere davon überzeugen können, wieso auch sie Tiere respektieren sollen. In der Erziehung der Kinder fehlt fortan eine überzeugende Antwort auf die kindliche Frage. „Warum soll ich das Tier ehren?“ Der Satz „Wir ehren sie, weil wir früher glaubten, sie seien unsere Ahnen“, ist keine angemessene Begründung. Diese Antwort provoziert geradezu die Antwort: „Aber heute glaubt ihr nicht mehr daran. Warum soll ich mich dann daran halten?“

Es ist eine Frage der deskriptiven Ethik, wie lange sich solche freischwebenden Intuitionen in Gesellschaften halten können. In der normativen Ethik geht es darum, Gründe anzugeben, wieso jemand etwas tun oder unterlassen sollte. Und auch im Alltag sind wir aufgefordert, Gründe zu nen-

---

[7] Die Beispiele dienen nur zur Illustration und sollen keine historische Wahrheit für sich beanspruchen. Es sei also dahingestellt, wie einflussreich Descartes Philosophie für die Tierversuchsfrage war und ob die Auffassung, in Tieren lebten die Ahnen fort, wirklich Glaubensinhalt einer fernöstlichen Religion war.

nen. Wenn dem moralischen „Du sollst!" normative Kraft zukommen soll, muss man dem anderen einen Grund angeben, wieso er sich an das moralische Gebot halten soll. Wer Tierschützer auffordert, sich wichtigeren Gegenständen zuzuwenden, muss Gründe nennen, wieso sie ihre Fürsorge gegenüber Tieren einschränken sollten. Der Verweis auf den Common Sense hilft nicht. Denn die Tierschützer haben ja abweichende Intuitionen. Sie bezweifeln, dass der Common Sense hier der „gesunde Menschenverstand" ist. Auf der anderen Seite haben auch die Intuitionen der Tierschützer kein Gewicht, die Verteidiger der moralischen Sonderstellung eines anderen zu belehren. Denn wie will man Personen mit anderen Intuitionen von der Richtigkeit der eigenen Überzeugungen überzeugen? Sie können stets darauf verweisen, sie teilten diese Intuition nicht, Punktum.

Moralische Autorität erhält eine moralische Aufforderung an andere nur, wenn Gründe aufgeführt werden, welche ausreichen, die andere Seite zu überzeugen, dass eine Handlung gefordert ist. Es können positive Gründe genannt werden, die andere überzeugen, dass etwas zu tun ist. Oder man kann Argumente des anderen, wieso er dem „Du sollst" nicht folgen will, widerlegen. Wenn vortheoretische Überzeugungen historisch bedingt oder sogar notwendig in einem bestimmten Begründungszusammenhang verortet sind, kann man die dort aufgeführten Gründe einer Kritik unterziehen. Vortheoretische Überzeugungen können damit argumentativ hinterfragt werden.

1.4 Die zwei historischen Quellen

Betrachten wir also den Begründungszusammenhang genauer, auf den unsere moralische Tradition der Sonderstellung des Menschen zurückgeht. Die oben genannte cartesianische Lehre von der Tiermaschine ist trotz ihres Einflusses nur eine zeitlich begrenzte Episode und ein Nebenschauplatz. Die Auffassung, dass zwischen Menschen und Tieren ein moralischer Graben verläuft, stammt aus zwei älteren Quellen.[8]

Die erste verweist auf die göttliche Schöpfung und die Gottesebenbildlichkeit des Menschen. Sie betont die „Herrschaft des Menschen über die Natur" (1. Mos. 1, 28) und die „Gottesebenbildlichkeit des Menschen" (1. Mos. 1, 27). Nehmen wir nur zwei sehr deutliche und zugleich sehr einflussreiche Stimmen dieser Tradition, die von Augustinus und Thomas von Aquin. Im „Gottesstaat" betont Augustinus, dass das Tötungsgebot aus-

[8] Vgl. hierzu auch Flury, Der moralische Status der Tiere, S. 22-27. Das Verhältnis der beiden Traditionsstränge wird ausführlicher diskutiert in: Baranzke, Würde der Kreatur?, S. 53-121.

schließlich auf den Menschen zu beschränken ist. [9] In der Frühschrift „Über die Lebensführung in der Katholischen Kirche" drückt er dies noch prägnanter aus:

> Wir sehen es nämlich und nehmen es an den Lauten wahr, wenn Tiere mit Schmerzen sterben, was freilich der Mensch am Tier geringschätzt, weil er mit ihm, das natürlich keine Geistseele hat, durch keine Rechtsgemeinschaft verbunden ist. [10]

In der „Summa Theologiae" beantwortet Thomas die Frage „Ist es erlaubt, irgendwelche Lebewesen zu töten?" in folgender Weise:

> Keiner sündigt, indem er eine Sache zu dem verwendet, wozu sie bestimmt ist. (...) Wenn deshalb der Mensch die Pflanzen gebraucht für die Tiere, und die Tiere zum Nutzen des Menschen, so ist das nicht unerlaubt. [11]

Zweck von Tier und Pflanze ist unter anderem, dass sie dem Menschen bzw. dem Tier zur Nahrung dienen. Es heißt also:

> So ist es denn erlaubt, sowohl die Pflanzen zu töten zur Nahrung für die Tiere, als auch die Tiere zur Nahrung des Menschen, und zwar auf Grund der göttlichen Ordnung.

Die Sicht des Scholastikers entspricht noch heute derjenigen der katholischen Sozialmoral. In dem im Jahre 1993 erschienenen „Katechismus der Katholischen Kirche" heißt es:

> Das siebte Gebot verlangt auch, die Unversehrtheit der Schöpfung zu achten. Tiere, Pflanzen und leblose Wesen sind von Natur aus zum gemeinsamen Wohl der Menschheit von gestern, heute und morgen bestimmt. [12]

Die Herrschaft des Menschen ist nur in dem Sinne beschränkt, als auch die „Lebensqualität des Nächsten, wozu auch die künftigen Generationen zählen", zu beachten ist. Der einzelne hat also zu bedenken, dass es auch neben und nach ihm Menschen gibt. Das Wohl der Tiere wird hier nicht erwähnt. Eindeutig steht der Mensch im Mittelpunkt der Moral. Auf die Frage, ob Tiere getötet werden dürfen, hören wir so dieselbe Antwort, welche wir bereits von Thomas von Aquin kennen:

---

[9] Augustinus, Der Gottesstaat, 1979, Bd. 1, S. 39f.
[10] Augustinus, Lebensführung, II 59.
[11] Thomas von Aquin, Summa Theologiae, 64.1, S. 153.
[12] Ecclesia Catholica: Katechismus, Nr. 2415.

> Gott hat die Tiere unter die Herrschaft des Menschen gestellt, den er nach seinem Bilde geschaffen hat. Somit darf man sich der Tiere zur Ernährung und zur Herstellung von Kleidern bedienen.[13]

Dies bedeutet nicht, dass man mit Tieren tun darf, was immer man will. In Nummer 2418 des Katechismus heißt es: „Es widerspricht der Würde des Menschen, Tiere nutzlos leiden zu lassen und zu töten." Allerdings geht es ausschließlich um das Verbot, Tiere ohne Grund leiden zu lassen und zu töten. Die Fortsetzung dieses Abschnitts ist beachtenswert:

> Auch ist es unwürdig, für sie Geld auszugeben, das in erster Linie menschliche Not lindern sollte. Man darf Tiere gern haben, soll ihnen aber nicht Liebe zuwenden, die einzig Menschen gebührt.[14]

Man kann darüber diskutieren, ob dies notwendig die christliche Position zu Tieren ist. Es gibt einige neutestamentarische, ja sogar andere alttestamentarische Stellen, die in eine ganz andere Richtung weisen.[15] Viele Christinnen und Christen teilen heute nicht die oben beschriebene Einstellung. Aber hier steht nicht zur Position, was Christen sagen sollten, hier ist nur eines von Bedeutung: Unsere moralische Tradition wurde von der eben beschriebenen Position geprägt.

Allerdings wäre es falsch zu sagen, dies sei der einzige prägende Einfluss. Die zweite wirkmächtige Tradition verweist auf die Vernunftnatur des Menschen. Die Einstellung gegenüber dem Tier hätte man auch bei Aristoteles finden können. Allerdings kennt Aristoteles nicht den Gedanken einer Gleichheit aller Menschen. Die Lehre von der moralischen Sonderstellung des Menschen müssen wir daher mit der Stoa verbinden. Die ersten Vertreter der Stoa kritisierten die Epikureer, weil nach Ansicht Epikurs Mensch und Tier nach demselben streben: nach Lust. Da Epikur zudem die Unsterblichkeit der Seele leugnete und nur graduelle Unterschiede zwischen Tier und Mensch sah, wurde dem Epikureismus vorgehalten, das Besondere des Menschseins preiszugeben. Die Stoa betonte nicht die Einheit von Mensch und Tier, sondern eine prinzipielle Differenz. Den Menschen unterscheidet eines vom Tier: die Vernunft. Diese Theorie ruht zunächst auf einer naturphilosophischen Prämisse: Jedes Wesen strebt danach, das Eigene zu erhalten. Ziel des menschlichen Lebens ist für die Stoa, das der eigenen Natur Gemäße, die Vernunft, zu erhalten. Auf Grund der eigenen Vernunft erkennt der Mensch in anderen Menschen zudem Seinesgleichen: Vernunftwesen. Deren Wohl soll er ebenfalls berücksichtigen. Er hat nicht allein Sorge für sich zu tragen, sondern auch Sorge für andere Menschen zu

---

[13] Ebd. Nr. 2417

[14] Ebd. Nr. 2418.

[15] Vgl. im Neuen Testament insb. Mk 1, 13, Röm 8, 19-22, sowie für das Alte Testament Psalm 104.

übernehmen. In der Stoa wurde zudem auf eine zweite metaphysische Prämisse rekurriert: Alles in der Welt hat Anteil an einer Weltvernunft, die im Menschen die reinste Gestalt annimmt. Die Erde ist gemäß der Stoa ein Haus, welches dazu gemacht ist, von Menschen bewohnt zu werden. Der Mensch hat die Erde von der Natur zur treuhänderischen Verwaltung. Er hat den Auftrag, sie für den Menschen bewohnbar zu machen. Chrysipp schreibt im dritten Jahrhundert vor Christus:

> Wie die Hülle für den Schild und die Scheide für das Schwert da ist, so ist mit Ausnahme des Weltalls auch alles andere für das andere geschaffen, wie die Erzeugnisse und Früchte der Erde für die Tiere, diese aber für den Menschen, wie das Pferd zum Reiten, das Rind zum Pflügen, der Hund zum Jagen und zum Wachen.[16]

Das Tier ist in diesem Denken eine Sache, welche vom Menschen benutzt werden darf. Hatte Aristoteles die Tiere noch als Produkte der Natur von den Produkten der Technik unterschieden, sind die Tiere für die Stoa nur mehr bloßes Werkzeug. Sie existieren, um dem Menschen zu nutzen. Das Schwein hat, so Chrysipp, nur deshalb anstelle von Salz eine Seele, damit es nicht verfaule.[17]

Christliches Denken und stoisches Naturrecht sind die wichtigsten Wurzeln der moralischen Haltung, die sich in der moralischen Sonderstellung des Menschen ausdrückt. Beide in unserer Tradition inzwischen eng verflochtenen Stränge liefern eine Begründung für die Sonderstellung des Menschen. Die christliche Antwort bezieht sich auf die Schöpfungsgeschichte. Sie betont die „Gottesebenbildlichkeit des Menschen“. Die stoische Tradition leitet die Sonderstellung von der Vernunftnatur her. Der besondere Rang der Vernunftwesen wird wiederum geschichtsmetaphysisch begründet.

Betrachten wir diese beiden Begründungszusammenhänge und prüfen, ob sie in der Lage sind, die Lehre von der moralischen Sonderstellung des Menschen zu stützen.

1.4.1 Die Gottesebenbildlichkeit des Menschen

Die Lehre von der Gottesebenbildlichkeit bezieht sich auf die biblische Offenbarung. Argumente, die sich auf die biblische Offenbarung beziehen, spielen in der individuellen Moral vieler Personen eine große Rolle. Es muss nicht weiter ausgeführt werden, dass Gläubige sich der Wahrheit ihrer Überzeugungen so gewiss sind, dass sie auch von anderen verlangen, nach

[16] Cicero, Vom Wesen der Götter, II.37.
[17] Stoicorum veterum fragmenta (SVP), I 516.

diesen Vorstellungen zu leben. Hier geht es allerdings nicht darum, ob der individuelle Glaube eigenes moralisches Handeln motivieren kann. Es geht darum, ob und wenn ja, unter welchen Bedingungen Gläubige verlangen dürfen, dass auch andere ihren moralischen Überzeugungen gemäß agieren. Hier interessiert die Frage, ob Offenbarungsargumente intersubjektiv verbindliche Gründe geben, moralisch zu handeln.

Intersubjektive Verbindlichkeit liegt dann vor, wenn Argumente geeignet sind, allen anderen Personen überzeugende Gründe zu geben, etwas zu tun. Eine solche Autorität haben biblische Offenbarungsargumente nur, wenn folgende Bedingungen erfüllt sind. Erstens muss anderen Personen argumentativ gezeigt werden, dass Gott existiert. Es bedarf eines Gottesbeweises. Aber es reicht nicht der Beweis, dass es irgendeinen Gott gibt, sondern es bedarf eines Beweises, dass es einen bestimmten Gott gibt, in diesem Fall den christlichen Gott. Die Beweislast liegt in diesem Falle bei jenen, die von anderen verlangen, nach einer Norm zu leben, also bei den Gläubigen. Selbst wenn ein überzeugender Gottesbeweis vorliegt und dieser wirklich auf den christlichen Gott verweist, stehen wir Menschen als Normadressaten zweitens vor dem Problem, wissen zu müssen, was Gott sagt. Will man sich auf die Autorität der Bibel beziehen, muss argumentativ begründet werden, dass die Bibel Gottes Wort ist. Nehmen wir an, dies sei gelungen, dann stünden wir vor einem dritten Problem, der Frage der Auslegung. Die Bibel spricht zum Beispiel nicht nur von der moralischen Sonderstellung des Menschen. Einige Textabschnitte verweisen zum Beispiel auf eine moralische Sonderstellung des Mannes. Im Korintherbrief heißt es, die Frau soll dem Manne untertan sein. Dass der Mann zugleich aufgefordert ist, seine Frau zu lieben wie den eigenen Leib, ändert nichts an der moralischen Rangordnung. Theologinnen diskutieren nicht zufällig, ob Paulus die Gottesebenbildlichkeit der Frau verneinte. Dürfen wir uns aber nicht auf diese Aussage der Bibel beziehen, sondern nur auf andere, so stehen wir vor der Frage, auf welche Aussage wir uns aus welchem Grunde beziehen dürfen. Dürfen wir es aber nicht wörtlich nehmen, sind wir noch im stärkeren Sinne auf eine Deutung angewiesen. Sobald wir uns im moralischen Diskurs mit anderen einlassen, sind wir aufgefordert zu begründen, wieso die eine Deutung der Bibel richtig ist und nicht eine andere.

Wir können uns das Ausmaß dieses Problemkomplexes verdeutlichen, wenn wir prüfen, wie wir als Menschen reagieren, wenn wir noch einmal auf die moralische Fabel von den Menschenversuchen der Srivani zurückblicken. Ergänzen wir diese Fabel durch einen Priester der Srivani, der folgendes Argument vorbringt: Es gebe ein göttliches Paar, die den Srivani ein heiliges Buch gegeben haben. Darin sei die Schöpfung der Welt beschrieben. Die beiden Götter hätten das Universum geschaffen und alle Spezies auf den verschiedenen Planeten. Am Ende aber hätten sie die Srivani erschaffen. Als einzige seien sie als Ebenbilder der göttlichen Wesen geschaffen. Ihnen, die als einzige nicht um etwas anderes willen, sondern um ihrer selbst willen erschaffen wurden, haben sie die Erlaubnis gegeben, die ganze Schöpfung nach eigenem Gutdünken und zum Nutzen der Srivani zu gebrauchen. Vielleicht mag manch gläubiger Christ versucht sein, den Srivani überzeugen zu wollen, dass Bibel und heilige Schrift der Srivani dieselbe Botschaft vermitteln. Diese laute, Mensch und Srivani seien gleichermaßen Schöpfung von etwas Höherem und damit gleich. Aber warum sollten die Srivani darauf eingehen? Die Botschaft ihres Textes bezüglich der Menschen ist klar und eindeutig: Die Menschen sind nicht gottes- bzw. götterebenbildlich. Nur den Srivani kommt eine moralische Sonderstellung zu.

Natürlich kann man gegen diese Analogie einwenden, dass dies alles müßige Spekulationen sei. Wir alle leben nun einmal in einer Tradition und können, ja müssen uns auf die heiligen Texte unserer eigenen Tradition beziehen. Alleine diese können uns Handlungsorientierungen geben. Aber dass etwas traditionell angenommen wird, ist noch kein Grund, dass man sich weiterhin an diese Annahmen halten soll. Es fällt nicht schwer, Vorstellungen zu finden, die lange als wahr tradiert wurden, die wir heute aber für falsch halten: der Gedanke, dass Frauen nicht die gleichen Rechte haben wie Männer etwa oder die Vorstellung, dass man Kinder schlagen darf. Man mag einwenden, dass wir außerhalb unserer eigenen religiösen Tradition keine moralischen Argumente finden. Auch die Kritik bestimmter Vorstellungen müsse immer wieder auf die religiösen Quellen zurückgreifen und diese neu interpretieren. Aber selbst wenn wir in historischen Diskussionen um Frauen- und Kinderrechte immer auch den Rückgriff auf religiöse Argumente beobachten, so gab und gibt es immer Argumente, welche keinen religiösen Bezug haben.[18] Was aber wichtiger ist: Wir sind notwendig auf diese angewiesen, wenn wir intersubjektiv verbindliche Normen suchen. Der Verweis auf die Tradition ist argumentativ immer ein bloßes Autoritätsargument. Warum man sich dieser Autorität unterwerfen soll, bleibt unbeantwortet. Ohne einen Nachweis, dass es sich um wirkliche Offenbarungen eines göttlichen Wesens handelt, hat der Verweis auf heilige Texte unserer Tradition keine normative Verbindlichkeit.

Will man Handlungsorientierung aus der Schöpfungsgeschichte entnehmen, steht man noch vor einer anderen Herausforderung: Was sagt man zur Evolutionstheorie? Um diese Frage zu beantworten, ist es wichtig, eine Unterscheidung einzuführen. Man kann die Schöpfungsgeschichte als eine Theorie oder als einen Mythos betrachten. Wenn man sie als Theorie nimmt, er-

[18] Innerhalb wichtiger moralischer Bewegungen ist sogar ein Übergang von einer religiösen zur säkularen Sprache festzustellen. Waren die ersten Schriften gegen die Sklaverei noch theologische Traktate und Predigten, so geht die Bewegung mit der Zeit zu rein argumentativen Darstellungen über, in denen Zeugen und Beweise vorgebracht werden, nicht mehr biblische Zitate. Vgl. Hochschild, Sprengt die Ketten, S.239.

zählt sie etwas über ein Geschehen, das sich wirklich so und nicht anders ereignet hat. Die Schöpfungsgeschichte steht damit in Konkurrenz zu anderen Theorien, die das tatsächliche historische Geschehen zu rekonstruieren suchen. Ein Mythos ist eine Erzählung, welche dem Menschen zugleich normative Orientierung gibt. Er zeigt, welchen Platz ein jedes Wesen in der Welt einnimmt, und er gibt Anleitungen, wie man sich gegenüber diesen zu verhalten hat. Ein solcher Mythos steht nicht im Gegensatz zu einer Theorie. Denn er sucht nicht zu klären, was wirklich der Fall ist.

Nehmen wir zunächst an, die Schöpfung sei eine Theorie. Von Vertretern des Kreationismus und der Intellectual Design-Hypothese wird teilweise gesagt, dass sie gleichrangig neben der Evolutionstheorie stehen. Denn auch die Darwin'sche Evolutionstheorie sei letztlich nicht bewiesen, sie stütze sich auf einen bloßen Indizienbeweis. Es handele sich hier um konkurrierende Theorien. Aber dieser Anspruch auf Gleichrangigkeit kann nicht aufrechterhalten werden. Es ist richtig, dass die Evolutionstheorie nicht bis ins letzte Detail bewiesen ist. Aber es ist unsinnig zu sagen, die von Darwin und späteren Biologen vorgelegte Theorie sei deshalb nicht besser als jede andere Hypothese. Dies kann man schnell zeigen, wenn man andere Beispiele betrachtet: Man kann sagen, es sei nicht bis ins letzte Detail bewiesen, dass Fritz Haarmann in den 20er Jahren mehrere junge Männer ermordete. Es gibt Lücken in der Beweisführung. Aber dies heißt nicht, dass die Theorie, Haarmann habe junge Männer getötet, auf demselben Niveau stehe, wie die Vermutung, eine große Katze, etwa ein Leopard, habe die Männer getötet, oder ein unbekanntes Geistwesen wie das fliegende Spaghettimonster. Immerhin haben wir unter anderem Zeugenberichte, Indizien aus Haarmanns Wohnung und ein Geständnis. Sicher, die Indizien könnten falsch interpretiert worden sein, sein Geständnis könnte erlogen, die Zeugen sich getäuscht haben Aber es ist mehr als unwahrscheinlich, dass alle diese Beweisschritte falsch sind. Die Täterschaft Haarmanns stützt sich auf eine gut gestützte Theorie, die Vermutung, ein Leopard oder ein Geistwesen habe die Tat begangen, kann man umgangssprachlich auch als Theorie bezeichnen, aber es ist bloße Spekulation. Im Falle Haarmanns gibt es keine andere Theorie, welche die Morde an den jungen Männern auch nur annähernd gleich schlüssig erklärt. Schöpfungstheologie, Kreationismus und Intelligent Design Hypothese stehen gegenüber der Evolutionstheorie auf denkbar schwachen Beinen. Gebrauchen wir zudem das Ockham'sche Rasiermesser, fällt die Wahl wiederum auf die Darwin'sche Evolutionstheorie. Natürlich stellt die Darwin'sche Theorie das komplexere Gedankengebäude dar. Immerhin braucht Darwin mehrere hundert Seiten, wo die Schöpfungsgeschichte mit einer einzigen auskommt. Schöpfungsgeschichte wie Evolutionstheorie erklären, wie perfekte Organe wie etwa das menschliche Auge entstanden sind. Aber Darwin kommt mit ontologisch äußerst sparsamen Prämissen aus, während Schöpfungstheologie und Kreationismus auf Prämissen angewiesen sind wie die Annahme der Existenz Gottes, der Schöpfung der Welt durch Gott und die Verwirklichung eines göttlichen Plans. Obwohl Intelligent Design-Vertreter den Designer nicht einmal benennen, brauchen auch sie eine zusätzliche ontologische Entität, dass es nämlich irgendeinen Designer gab. Genauso brauchen alle theologischen Spekulationen, welche eine Evolution des Lebens auf Gott zurückführen, immer eine ontologische Prämisse, auf welche Darwin selbst verzichten konnte. Es braucht die Annahme eines Gottes nicht, um die Entstehung des Lebens und des Menschen zu erklären.

Wenn man genauer hinschaut, geht es im Streit aber nicht allein, ja nicht einmal vorrangig um die Frage, wie es historisch gewesen ist. Es geht darum, ob es so gewesen sein darf. Die Diskussion, ob die Welt 5000 oder mehrere Millionen Jahre alt ist, kann die Stärke der Auseinandersetzungen nicht erklären. Genauso wenig erklärt die Frage, wie es gewesen ist, das Engagement der beteiligten Akteure. William Jennings Bryan war immerhin dreifacher Präsidentschaftskandidat, als er im Scopes-Prozess als Assistent den Staatsanwalt unterstützte. Bischof Wilberforce, der 1860 mit Thomas Huxley stritt, war schon von Kindesalter an Teil einer moralischen Bewegung. Sein Vater war eine Führungspersönlichkeit und der parlamentarische Sprecher der englischen Anti-Sklavereibewegung. Bryan und Wilberforce hätten das Gewicht ihrer Person nicht so stark in die Waagschale geworfen, wenn es sich ihrer Ansicht nach nur um eine empirische Frage gehandelt hätte. In der Tat einte beide die gleiche Haltung und Furcht. Darwins Lehre gefährdet für sie das Gebäude der Moral.

Diese Furcht ist unbegründet wie begründet zugleich. Unbegründet ist sie als Furcht vor einem Sozialdarwinismus. Hier wird angenommen, die Evolutionstheorie habe direkte moralische Implikationen wie jene, dass es moralisch gut sei, wenn sich der Stärkere durchsetze. Diese Furcht ist gleich aus mehreren Gründen falsch. Erstens lassen sich aus der Evolutionstheorie keine direkten moralischen Implikationen ableiten. Das Leben entwickelt sich zwar im Rahmen einer natürlichen Zuchtwahl, daraus kann aber nicht gefolgert werden, dass menschliche Moral nach dem Vorbild einer natürlichen Zuchtwahl strukturiert werden sollte. Dennoch begingen einige Autoren diesen Fehlschluss. Aber die Furcht ist schon allein deshalb unbegründet, weil sich zweitens eine solche Position kaum durchgesetzt hat. Dass dennoch die Evolutionstheorie ein steter Haken im Fleische ist, muss an anderer Stelle liegen.

Aus der Evolutionstheorie lassen sich direkt keine moralischen Normen ableiten.[19] Aber sie ist dennoch für die Ethik-Diskussion von Bedeutung. Um dies zu verstehen, muss man das Konzept der stützenden Gründe

---

[19] Zur Bedeutsamkeit der Evolutionstheorie für die Ethik vgl. Flury, Der moralische Status, S. 40-47, sowie Rachels, Created from Animals, S.62-98.

(„supporting reasons") einführen.[20] Damit sind empirische Annahmen gemeint, die in ethischen Argumenten eine Funktion haben. Wir können dies an einem Beispiel erläutern, dass im Folgenden noch eine Rolle spielen wird. Die Frage, ob eine Fliege leiden kann, ist keine ethische Frage. Für deren Beantwortung muss man sich mit Fragen der Philosophie des Geistes beschäftigen und zudem eine Reihe empirischer Fragen klären. Allerdings spielt die Antwort auf die Frage, ob Fliegen leiden können, eine Rolle, wenn es um die ethische Frage geht, ob man Kindern verbieten soll, Fliegen die Flügel auszureißen. Die Leidensfähigkeit der Fliege ist ein empirisches Argument, dem in einer ethischen Argumentation eine Funktion zukommt. Wir haben hier einen „supporting reason". Die Evolutionstheorie widerspricht nun einigen in ethischen Theorien verwendeten „supporting reasons" in einer Weise, dass sie mit diesen Pfeilern auch die gesamte Argumentation zum Einsturz bringt. Darwin hat damit, wie es Daniel Dennett sagt, eine „gefährlicher Idee" ausgearbeitet.[21]

Die Gefährlichkeit von Darwins Idee ist nicht so offensichtlich. Dies liegt darin, dass wir gewohnt sind, die Evolutionstheorie in einer Weise zu betrachten, die gemäß unserer moralischen Tradition geglättet ist. Wir haben uns zum Beispiel angewöhnt, den Gang der Evolution als kontinuierliche Höherentwicklung zu betrachten, die schließlich im Menschen gipfelt. In den hohen Ästen des evolutionären Stammbaums, in denen sich Hominiden entwickeln, findet irgendwann der Übergang vom Tier zum Menschen statt. Diese Fortschrittsideen wurden im 19. Jahrhundert von Herbert Spencer bis hin zur Liberalen Theologie vertreten und bestimmen noch heute unser Verständnis der Evolution.[22]

Aber eine These von einer dauerhaften Höherentwicklung bis hin zum Menschen nimmt der Darwin'schen Theorie ihren Stachel. Nach Darwins Theorie ist der Mensch nicht höher entwickelt als die vielen anderen heute lebenden Lebewesen. Wie diese ist er derzeit so weit adaptiert, dass die Art fortbesteht. Verabschieden wir uns von diesen Glättungen der Darwinschen Lehre und sehen uns an, welches Bild die moderne Biologie nach Darwin wirklich gibt:

1. Der Mensch ist nicht die Krone der Evolution oder der Gipfelpunkt einer Evolutionsleiter. Wenn die Evolution im Sinne eines Stammbaums oder einer Leiter gezeichnet wird, stehen alle heute existierenden Lebewesen auf den obersten Sprossen. Alle sind ‚Krone der Schöpfung'.

[20] Vgl. zum folgenden Argument auch: Rachels, Created from Animals, S. 90-98.

[21] Vgl. Dennett, Darwin's Dangerous Idea. Dennett bezieht sich allerdings nicht nur auf die Moral. Er bezeichnet Darwins Theorie als eine alles zersetzende Säure, die unsere bisherigen Vorstellungen vom Menschen und vom Leben aushöhlt und zu einem gänzlichen Umdenken über Konzepte des Bewusstseins, menschlicher Freiheit und des Sinns des Lebens auffordert.

[22] Vgl. Bowler, Monkey Trials and Gorilla Sermons, S. 114-126.

Insbesondere gibt es keine Werttheorie, welche es erlaubte, Lebewesen in einem Fortschrittsmodell einzustufen.
2. Der Mensch ist nicht Ergebnis göttlicher Schöpfung oder eines natürlichen Trends steter Höherentwicklung, sondern eines ungeleiteten Prozesses zufälliger Variation und natürlicher Auswahl.[23]
3. Der Mensch unterscheidet sich nicht prinzipiell von den Tieren, sondern nur graduell.

Wenn man diese Thesen übernimmt, ist die Unterscheidung Mensch und Tier auf sprachlicher Ebene ebenso unsinnig wie die Rede, man liebe Pudel und Hunde. Ebenso wie man sagen muss, man liebe Pudel und andere Hunde, ist es korrekt zu sagen, es gäbe Menschen und andere Tiere. Aber entscheidender ist, dass die These von der moralischen Sonderstellung des Menschen vor einem Problem steht. Wenn es nur graduelle Unterschiede zwischen Mensch und anderen Tieren gibt, ist fraglich, woher ein prinzipieller Unterschied kommen soll. Zudem wird problematisch, wieso eine Art, die ebenso Produkt eines ungesteuerten historischen Prozesses ist, etwas Besonderes sein soll. Ohne den Gedanken eines Plans, „eines Designs", in der Evolution verliert auch die These von der Gottesebenbildlichkeit an Bedeutung.

Es könnte nur mehr argumentiert werden, dass der Mensch etwas Besonderes ist, weil sich durch das Wirken von Mutation und Adaption und beeinflusst von vielen externen zufälligen Faktoren etwas entwickelt hat, was gottesebenbildlich ist. Aber damit stehen wir letztlich wieder vor dem Problem, woher wir von dieser Gottesebenbildlichkeit denn wissen können und gemäß welchen Kriterien wir sie erkennen. Zudem hätte sich die Schöpfungsgeschichte dann doch als Theorie als falsch erwiesen und als Mythos entpuppt, womit wir bei der zweiten Möglichkeit wären.

Man könnte sagen, der Gegensatz zwischen Schöpfungsgeschichte und Evolution beruhe auf einem Irrtum. Man dürfe biblische Berichte eben nicht als Theorie nehmen, sondern als ein Mythos. Ein Mythos ordnet die Welt narrativ. Aber es wird nicht der Anspruch erhoben, dass damit beschrieben oder erklärt wird, was wirklich der Fall ist. Wäre dies korrekt, könnte man im Religionsunterricht oder in der Ethik die Schöpfungsgeschichte erzählen, in der Biologie Darwins Lehre erklären. Beides könnte nebeneinander bestehen.

---

[23] Christoph Schönborn, Erzbischof von Wien, wandte sich in einem Artikel der New York Times vom 7. Juni 2005 „Finding Design in Nature" entschieden gegen diese Vorstellung, Im österreichischen „Standard" wird er am 18. Juli wie folgt zitiert: „Evolution im Sinn einer gemeinsamen Abstammung könnte wahr sein, aber Evolution im neodarwinistischen Sinne – ein ungeleiteter, nicht geplanter Prozess zufälliger Variation und natürlicher Auswahl – ist es nicht. Jedes Denksystem, das die überwältigenden Beweise für einen Plan (design) in der Biologie leugnet oder wegerklären will, ist Ideologie, nicht Wissenschaft".

Aber auch der Mythos ist dadurch gefährdet, dass sich die Erzählung auf empirische Annahmen abstützt, welche wiederum von der Evolutionstheorie untergraben werden. Das kann man an folgendem Beispiel illustrieren. Die Chatten glaubten, in einer Eiche bei Wetzlar wohne Donar. Dies war ein heiliger Baum der Chatten, dem sie besondere Bedeutung zusprachen. Als der christliche Missionar Bonifatius Donars Eiche fällte, ohne dass etwas geschah, schwächte er entschieden den Glauben der Chatten. Wenn die Chatten die Ansicht, es sei Donars Eiche, als Theorie behandelt hätten, wäre diese entschieden geschwächt gewesen. Aber auch wenn sie sie als Mythos ansahen, hatte es der mit diesem Baum verbundene Mythos schwer, bestehen zu bleiben. Denn wie sollte man einem Mythos, dass der Baum heilig sei, glauben, während er in Wirklichkeit gefällt werden kann wie jeder andere. In gleicher Weise kann aber der Mythos, der Mensch sei etwas prinzipiell anderes als das Tier, in Gefahr geraten, wenn die empirischen Befunde in die Richtung weisen, er sei ein Tier wie andere auch.

Man mag betonen, dass dieser subversive Einfluss der Evolutionstheorie nur deshalb besteht, weil weiterhin Mythos und Theorie verwechselt oder vermischt werden. Nehmen wir also die Schöpfungsgeschichte als reinen Mythos, der keinerlei empirischen Bezug hat, sondern eine moralische Botschaft vermittelt. Dann stellt sich jedoch die Frage, wieso dieser im Mythos vermittelten Botschaft moralische Autorität zukommen soll. Was unterscheidet diesen Mythos von anderen Erzählungen?

Zwei Antworten sind möglich: Der Mythos kann seine Autorität erstens dadurch erhalten, weil dieser Mythos – im Gegensatz zu anderen Erzählungen – von Gott kommt. Damit wären wir bei jenen Problemen, die oben beschrieben wurden. Denn hier wird eine Aussage über die Welt getroffen. Nicht nur die Existenz Gottes wird vorausgesetzt, sondern ein Eingriff Gottes in die Welt, in dem er sich Menschen offenbart. Oder aber er hat Autorität einfach deshalb, weil wir in einer von diesem Mythos geprägten Tradition stehen. Die moralische Sonderstellung muss als „normatives Faktum" anerkannt werden, solange wir uns in dieser Kultur bewegen. In der Tat werden Mythen nicht hinterfragt, man lebt in ihnen. Sie erzeugen Tabus – und es gehört zum Wesen eines Tabus, dass es nicht hinterfragt werden darf. Aber wir stehen wiederum vor einem oben angesprochenen Problem: Ohne eine Lehre einer übernatürlichen Kraft, welche das Tabu erklärt, haben wir hier nur ein Autoritätsargument. Aber dass historisch etwas unhinterfragt anerkannt wird, heißt eben nicht, dass es nicht falsch sein kann. Aus dem Umstand, dass die Sklaverei lange unhinterfragt als richtig anerkannt war, kann auch nicht abgeleitet werden, dass ihre Hinterfragung falsch gewesen sei.

Wir dürfen nicht vergessen, dieses Tabu hat zwei Seiten: Auf der einen schützt es Menschen, auf der anderen Seite versagt es anderen Lebewesen denselben Schutz. Nehmen wir das Faktum der Evolution, heißt dies, dass dieses Tabu alle Cousins 200000. Grades in den Schutz einschließt, nicht aber die Cousins 200001. Grades. Der Mythos erlaubt uns, letztere einzusperren, in Gefangenschaft zu halten und mit ihnen zu experimentieren, während dies bei ersteren strikt verboten wäre. Dies ist aber genauso begründungsbedürftig, wie ein Tabu hinterfragt werden muss, dass Cousins 1. Grades eine moralische Sonderstellung zukommt, nicht aber Cousins 2. Grades. Sobald Personen dieses Tabu nicht mehr einfach als „Faktum" hinnehmen, fordern sie die Vertreter dieser Position aus, diese Grenzziehung zu begründen. Um das Tabu zu verteidigen, muss auf etwas verwiesen werden, was diese Ungleichbehandlung rechtfertigt. Ansonsten hat sich das Tabu als reine Willkür erwiesen.

Die Annahme einer Gottesebenbildlichkeit des Menschen bleibt als Option des persönlichen Glaubens bestehen. Aus dieser Annahme lassen sich aber keine Argumente ableiten, die anderen Personen Gründe geben, etwas zu tun oder zu unterlassen. Da die Lehre von der moralischen Sonderstellung des Menschen für sich intersubjektive Gültigkeit beansprucht, kann sie nicht durch diese Annahme gestützt werden.

1.4.2 Die Vernunftnatur des Menschen

Eine Rechtfertigung, die über Glaubensannahmen hinausgeht, wird im zweiten Begründungsstrang versucht. Die moralische Sonderstellung hat demnach nichts damit zu tun, welchen Platz dem Menschen durch Gott zugewiesen wurde. Es wird auf Eigenschaften verwiesen, die ihn aus der übrigen Natur herausheben. Damit sind wir bei der Begründungsfigur, welche auf die Vernunftnatur des Menschen verweist.

Die moralische Sonderstellung des Menschen fußt dieser Position nach in den kognitiven Fähigkeiten des Menschen. Auf den ersten Blick scheint dies kein viel versprechender Weg, um eine Sonderstellung zu rechtfertigen. Man scheint auf empirische Annahmen angewiesen zu sein, die strittig sind. Wo immer wir die Hürde ansetzen, wo die Sonderstellung des Menschen einsetzt – bei Bewusstsein, Selbstbewusstsein, Zukunftsbezug, Handlungsfähigkeit, Kulturfähigkeit –, immer ist die ethologische Forschung da und verweist auf Fälle, in denen die Zuschreibung dieser Eigenschaften auch bei anderen Tieren bewiesen ist oder sehr wahrscheinlich anmutet. Gerade die Menschenaffen, im Mittelalter als Zerrbilder und Karikaturen des Menschen gezeichnet, zeigen Fähigkeiten, für die Menschen in vergangenen Jahrhunderten blind waren: sie lernen, zumindest in Ansätzen, die menschliche Sprache, d.h. die Sprache einer anderen Spezies, sie erfinden und tradieren Werkzeuge und Techniken, sind zu Lüge und Täuschung und zur Durchführung von Plänen fähig.[24] Aber auf phänomenologischer Ebene muss dennoch festgehalten werden, dass der Mensch ein besonderes Tier ist. Die menschliche Sprache eröffnete Möglichkeiten einer Kulturbildung, die einzigartig ist. „Durch die Evolution der menschlichen Sprache wurden", so der Philosoph und Wissenschaftstheoretiker John Dupré „andere Veränderungen im menschlichen Leben möglich, die unsere eigene Spezies sogar noch stärker in Distanz zu allen unseren evolutionären Verwandten gebracht haben. Auch wenn ich definitiv nicht akzeptiere, dass allein Menschen denken können oder gar bewusste Wesen sind, kann es keinen Zweifel geben, dass die Arten des Denkens, zu denen wir fähig sind, sich sehr deutlich von jenen der anderen Wesen unterscheiden, die auf der Erde leben."[25] Hier eröffnet sich – auf phänomenologischer Ebene – eine Kluft zwischen Menschen und Mitprimaten. Dem Menschen kommt durch Sprachfähigkeit und kulturelle Evolution eine Ausnahmestellung zu. Eine solche Ausnahmestellung widerspricht nicht der Evolution. Auch der Biber ist z.B. einzigartig, da er das einzige Säugetier ist, das Holz verdauen kann.[26] Die Annahme, dass der Mensch aufgrund seiner Fähigkeiten eine Ausnahmestellung hat, ist eine plausible empirische Annahme.

Die Sprachfähigkeit ermöglichte auch jene Kompetenz, auf die sich in der zweiten Tradition die moralische Sonderstellung bezieht: die Vernunft. Wenn auf die Vernunftnatur verwiesen wird, geht es nicht um Eigenschaften wie Rationalität. Dass Schimpansen und andere Tiere gezeigt haben, dass sie rational agieren, heißt nicht, dass sie Vernunft besitzen. Vernünftige Wesen sind – um den zweiten hier relevanten Begriff einzuführen – in einem umfassenden Sinne Personen. Eine Person, so etwa Helmut Holzhey, „ist ein Wesen, das zu sich, zu anderen und der dinglichen Welt Stellung nimmt, z.B. Nein sagt, liebt und arbeitet, das sich die dafür notwendigen Fähigkeiten in einem komplexen psychischen Entwicklungsprozess erworben hat, das in sprachlicher Kommunikation steht, das Verantwortung – weil Rechte und Pflichten – wahrnehmen kann. (...) In diesem Sinne aufgefasst, kann der Begriff der Person nicht zur Beschreibung des Seins-Status von Tieren verwendet werden. *Tiere sind keine Personen.* Ich wende mich damit gegen gleichmacherische Tendenzen im angeblichen Interesse der Tiere."[27] Auch Otfried Höffe vertritt diesen Standpunkt. Gegen die Ausdehnung des Personenbegriffs auf Tiere spreche „nicht nur, dass man dann die genannten zivilrechtlichen Optionen verbieten müsste."[28] Damit meint Höffe die Möglichkeit, Tiere zu kaufen und zu verkaufen, sie gegen Entgelt zu

[24] Einen guter Überblick über die Diskussion um die kognitiven Fähigkeiten von Menschenaffen vermittelt: Volker Sommer, Geistlose Affen oder äffische Geisteswesen?, S. 112-136.

[25] Dupré, Darwin's Legacy. S. 84.

[26] Ebd. S. 76.

[27] Holzhey, Das Tier ist keine Sache, S. 205.

[28] Höffe, Moral als Preis der Moderne, S. 219.

entleihen, zu vererben und zu verschenken. Aber wie kann die Notwendigkeit, bestehendes Recht ändern zu müssen, gegen eine ethische Position sprechen? Selbst wenn sich eine zivilrechtliche Ordnung praktisch bewährt hätte, könnte die ethische Diskussion die Änderung des Bewährten fordern. Die Sklaverei fußte ja auch auf bewährten zivilrechtlichen Regelungen. Ein stärkeres Argument folgt in der Fortsetzung des Zitats, in dem Höffe den Personenbegriff erörtert.

> Trotz eines gewissen Spielraums, den der Begriff zulässt, hängt seine Anwendung aber nicht nur von der Großzügigkeit des Interpreten ab. Das in Frage stehende Subjekt muss auch wie eine Person sich verhalten und wie eine Person behandelt werden können; dort geht es um Eigenschaften des Subjekts selbst, insbesondere um die Zurechnungsfähigkeit, hier um die Beziehungen, die es eingeht, dabei vor allen um Rechtsbeziehungen. In beiden Hinsichten liegt ein praktischer Begriff vor – ob man eine Person ist, entscheidet sich an der Art des Handelns –, und in beiden Fällen stellt der Begriff so strenge Anforderungen, dass das Tier ihnen offensichtlich nicht genügt.[29]

Zurechenbares Handeln und die Fähigkeit, Rechtsbeziehungen eingehen zu können, sind die relevanten Eigenschaften für die Zuschreibung des Personenbegriffs. Für Hegel etwa, der sich an diesen Sprachgebrauch anlehnt, bedeutete Rechtsfähigkeit für Wesen die Möglichkeit, Rechte haben zu können.[30] Dies lehnt sich bewusst an die rechtswissenschaftliche Auslegung des Begriffs an. Bei Höffe geht es wie im römischen Recht um die Eigenschaft, rechtliche Beziehungen eingehen zu können. Rechtsfähigkeit heißt nicht nur das Zukommen von Rechten für eine Person, sondern auch, dass man die Rechte anderer achten kann.

Gibt es außer dem Menschen Lebewesen, welche in diesem Sinne Personen sind? Selbst bei den Menschenaffen fällt ein „Ja“ schwer. Nicht, weil sie die relevanten Eigenschaften nicht haben, sondern weil sie sie möglicherweise nicht in ausreichendem Maße haben.[31] Auch wenn Vernunft eine Eigenschaft ist, durch die sich der Mensch von allen anderen Spezies abhebt, ist freilich fraglich, wieso sie eine moralische Sonderstellung rechtfertigt. Warum könnte nicht dasselbe für das Echolot der Zahnwale, die Lorenzischen Ampullen der Haie oder die Chromatophoren des Chamäleons eingefordert werden? Einschließlich der menschlichen Sprachfähigkeit und Ver-

---

[29] Ebd. S. 219

[30] Inhaltlich kommt Hegel zum selben Schluss: nur Menschen sind Personen: „Die Persönlichkeit fängt erst an, insofern das Subjekt (...) ein Selbstbewußtsein von sich als vollkommen abstrakten Ich (hat), in welchem alle konkrete Beschränktheit und Gültigkeit negiert und ungültig wird.“ Hegel, Grundlinien der Philosophie des Rechts, Paragraph 35.

[31] Vgl. hierzu: Cavalieri & Singer, The Great Ape Project. Hier insbesondere die Aufsätze: Mitchell, Humans, Nonhumans and Personhood, und Gary L. Francione: Personhood, Property and Legal Competence.

nunft sind dies von einem rein biologischen Standpunkt aus gesehen Eigenschaften, die sich Adaption und Mutation verdanken. Warum sollte eine dieser Eigenschaften eine moralische Sonderstellung begründen? Würden wir sagen, die Vernunftfähigkeit mache die Gottesebenbildlichkeit aus, wären wir zurück beim obigen Ansatz. Wir hätten einen Grund, wieso Vernunft moralisch zu achten und zu respektieren ist. Aber wir müssten erneut überzeugende Antworten zu den Fragen aufbringen, ob es Gott gibt, es einen spezifischen Gott gibt und woher wir wissen, was Gott will. Der zweite Ansatz kann freilich auch unabhängig vom ersten formuliert werden. Neben der oben angedeuteten stoischen Antwort wurden mehrere Theorien formuliert, welche zu begründen suchen, wieso wir Wesen, die über Vernunft verfügen, moralisch zu achten haben. An dieser Stelle ist es allerdings nicht erforderlich, sich mit diesen einzelnen Ansätzen zu befassen. Vielmehr reicht es, auf ein strukturelles Problem zu verweisen, mit dem alle Ansätze behaftet sind.

Um dieses strukturelle Problem aufzuzeigen, muss zunächst erklärt werden, wieso Autoren überhaupt der Ansicht sein können, die Vernunftnatur stütze die Lehre von der moralischen Sonderstellung des Menschen. Man scheint doch offensichtlich vor dem Problem zu stehen, dass nicht alle Mitglieder der Spezies Homo Sapiens vernünftig sind. Menschen mit Demenz sind ab einem bestimmten Stadium ihrer Erkrankung nicht mehr vernünftig, Embryonen und Kleinstkinder sind es noch nicht. Und bei einigen schwer behinderten Neugeborene ist es ausgeschlossen, dass sie jemals die Fähigkeit der Vernunft besitzen werden. Sie werden niemals im obigen Sinne rechtsfähige Personen sein. Einige Autoren sind daher der Ansicht, nur die Lehre von der Gottesebenbildlichkeit könne postulieren, dass *allen* Menschen ein moralischer Wert innewohnt.[32]

Wer dieser Ansicht ist, gibt jedoch die Position jener falsch wieder, die sich auf die Vernunftnatur des Menschen beziehen. Diese Position bezieht sich nicht auf die konkreten Eigenschaften der Individuen, sondern auf eine Gattungseigenschaft: auf die dem Menschen von Natur her zukommende Vernunft. Nehmen wir die Darstellung Otfried Höffes als Beispiel. Beim Tier handelt es sich, wie er schreibt, nicht um eine durch „vorläufige oder außergewöhnliche Schäden"[33] entstandene Rechtsunfähigkeit. Sie sind „auf irreversible Weise, als Spezies nämlich, zu einem zurechenbaren Handeln"[34] nicht fähig. Schwerstbehinderten Neugeborenen kommt dagegen das Gattungsmerkmal der Vernunft zu. Es geht eben nicht um die empirisch vorhandene oder nicht vorhandene Fähigkeit der Vernunft, sondern um die

---

[32] So etwa: Flury, Der moralische Status von Tieren. S. 28. Zustimmend auch Halter, Der tierethische Speziesismus und die christliche Ethik, S.239.

[33] Höffe, Moral als Preis der Moderne, S. 221.

[34] Ebd.

Vernunft*natur*. Man könnte immer noch sagen, dass Neugeborene – als Gattungseigenschaft – nicht die relevanten Fähigkeiten haben. Kein menschliches Neugeborenes ist rechtsfähig. Aber auch diese Annahme gibt die Position falsch wieder. Es geht hier darum, dass es die Wesen einer Gattung auszeichnet, von Natur her die relevanten Fähigkeiten zu entwickeln und zu entfalten. Wichtig ist nicht, was sie zu einem bestimmten Zeitpunkt artspezifischerweise können, sondern was sie überhaupt von Natur her können. Die Vernunftfähigkeit ist ein Merkmal, welches allen Mitgliedern der Art zukommt. Die Rede von Gattungseigenschaften bezieht sich auf etwas, das in allen Mitgliedern einer Art gattungsspezifisch angelegt ist. Da damit allen Mitgliedern der Gattung Vernunftfähigkeit innewohnt, haben wir sie alle zu achten und zu respektieren. Wir sind immer auch aufgefordert, sie als Gattungswesen zu sehen, und als diesen kommt ihnen Vernunft zu.

Wenn von Gattung die Rede ist, muss man vorsichtig sein. Es eint die Verteidiger einer moralischen Sonderstellung des Menschen, dass die Zuschreibung, wer Mensch ist oder nicht, nicht willkürlich sein darf, sondern dass (zumindest alle geborenen)[35] Mitglieder der Spezies Mensch in die moralische Sonderstellung eingeschlossen sind. Die individuellen Eigenschaften von Menschen spielen für die Frage der moralischen Schutzwürdigkeit ebenso wenig eine Rolle wie die Frage, wie sie sich persönlich verhalten haben oder ob sie von anderen Menschen geliebt werden. Menschen kommt ein Schutz zu, einfach weil sie Menschen sind. Dabei wird der Begriff Mensch freilich manchmal als Name einer Gattung, manchmal als Name einer Spezies verwendet. Der Begriff Mensch im Sinne des biologischen „Homo Sapiens" kennzeichnet zunächst eine Spezies, nicht die Gattung. Dem Mensch kommt in der biologischen Systematisierung allerdings eine Sonderstellung zu. Denn die Gattung der Hominiden besteht nur aus einer einzigen noch lebenden Spezies, dem Menschen. Allerdings ist diese Aufteilung, welche den Menschen systematisch einen anderen Platz zuweist als Schimpansen, Gorillas und Orang Utan, fragwürdig. Bereits Carl von Linné hatte an der klassifikatorische Sonderstellung des Menschen nur deshalb festgehalten, „um, wie er sagte, Probleme mit der Kirche zu vermeiden."[36] Heute würde man den Menschen, folgte man einfach den Regeln der biologischen Systematisierung, gemeinsam mit den beiden Schimpansenarten einer einzigen Gattung zuordnen. Der Mensch wäre dann, wie Jared Diamond in einem viel gelesenen Buch sagt, der dritte Schimpanse.[37] Genauer gesagt müssten die beiden Schimpansenarten den Hominiden zugerechnet werden. Warum sich dieser Vorschlag, die Regeln der Systematisierung kon-

---

[35] Die Begrenzung auf die geborenen Mitglieder der Spezies ist freilich bereits ein Problem. Die Frage, ob diese Grenzziehung gerechtfertigt ist, kann hier nicht eingehend erörtert werden..

[36] De Waal, Wilde Diplomaten, S. 175.

[37] Diamond, The Third Chimpanzee.

sequent anzuwenden, nicht durchsetzt, wird in der Regel damit begründet, dass die phänomenologische Ausnahmestellung des Menschen eine solche Systematisierung nahe lege. Ob hier wirklich empirische Fragen im Vordergrund stehen, sei dahingesellt. Aber ob man nun von Gattung oder korrekter von der Spezies spricht, scheint zunächst irrelevant. Allerdings zeigt sich hier eines von drei strukturellen Problemen, denen alle Positionen ausgesetzt sind, welche sich auf Gattungs- bzw. Spezieseigenschaften beziehen. Diese drei Probleme erweisen sich, wie sich zeigen wird, als so groß, dass auch diese zweite Begründung einer moralischen Sonderstellung des Menschen scheitert.

Ein *erstes* Problem ist, dass der Bezug auf einen biologischen Ordnungsbegriff aus moralischer Sicht stets willkürlich erscheint. Warum soll man die Spezies (Homo sapiens) nehmen und nicht die Gattung (Hominiden), die Familie (die Menschenaffen bzw. Homindae), die Überfamilie (Hominoidea), die Teilordnung (Altweltaffen) oder gar die Ordnung (Primaten)? Sobald man nicht einmal sicher ist, ob Spezies oder Gattung gemeint ist, ist die Klasse jener Wesen, denen eine moralische Sonderstellung zukommt, nicht einmal klar bestimmt. Wir können auch nicht so schnell sagen, wir müssten aus pragmatischen Gründen einfach eine Grenze ziehen. Es überforderte uns, zu viele andere Lebewesen in die moralische Sonderstellung einzuschließen. Denn zum einen ist fraglich, ob man sich überhaupt auf ein solches pragmatisches Argument stützen darf. Zum anderen fiele eine Ausweitung etwa auf die Menschenaffen praktisch nicht ins Gewicht. Denn angesichts von über 6 Milliarden Menschen spielte die Ausweitung um die 350 000 überlebenden Menschenaffen zumindest zahlenmäßig kaum eine Rolle. Wenn es um „Gattungssolidarität" geht, bleibt ferner unklar, welchen der konkurrierenden Systematisierungen man folgt. Je nachdem wäre eine Solidarität gegenüber den Schimpansen oder eine Solidarität gegenüber anderen Hominiden gefordert. Für die meisten von uns wäre letzteres eine rein akademische Frage. Aber es gibt doch immerhin eine Hand voll Wissenschaftler, die meinen, im Kaukasus, in Südostasien oder in China hätten Restpopulationen früher Hominiden überlebt.[38] Es handelt sich hierbei um die Meinung einer extremen Minderheit. Wir müssen uns hier nicht lange mit den Indizien aufhalten, die sie für ihre Theorie vorbringen. Mehr als Augenzeugenberichte, historische Anekdoten und Funde von nicht identifizierbaren Lagerstätten haben sie nicht auf ihre Seite, und all diese Indizien sind selbst höchst umstritten, ja fragwürdig. Das an dieser Stelle Interessante ist freilich: Hätten Sie wider aller Erwarten Recht, kämen einige Ethiker in Schwierigkeiten. Denn dann müssten sie entscheiden, ob sie sich auf die Spezies beziehen, auf die Gattung oder auf alle Arten, welche vernunftfähig sind. Allerdings ist schon fraglich, ob man, wie ich es eben getan habe, ü-

[38] Vgl. Myra Shackley, Wildmen.

berhaupt auf die derzeitigen biologischen Fachtermini rekurrieren darf. Denn die Rede von Gattungseigenschaften rekurriert auf eine spezielle Naturphilosophie.

Wer im oben beschriebenen Sinne von Gattungsmerkmalen spricht, ist notwendig auf eine spezifische Naturphilosophie verpflichtet. Wenn diese aber nicht aufrechterhalten werden kann, erweist sich auch das moralische Argument als falsch. Dies ist das *zweite* Problem einer sich auf Gattungsmerkmale beziehenden Position. Bei der genannten Naturphilosophie handelt es sich um die Teleologie.[39] Nach dieser Auffassung entfaltet sich jedes Lebewesen gemäß einem artspezifischen Ziel, einem Telos. Diese Lehre ist ursprünglich mit einer Konzeption von Arten verbunden, die absolut getrennt voneinander bestehen und die unveränderlich sind. Dies widerspricht eindeutig einer durch die Evolutionstheorie geprägten Biologie. Man könnte versuchen, dieses Konzept zu modernisieren, indem man ein artspezifisches Genom als die Entsprechung dieses Telos annimmt. Damit würde man die These von der Unveränderlichkeit der Art aufgeben, könnte aber immer noch an den klaren Trennungslinien zwischen den Arten festhalten. Arten wären weiterhin etwas, das es in der Natur gibt. Aber immer noch wären wir entfernt von der heutigen Biologie oder einer Naturphilosophie, die sich mit unserem heutigen Wissen über die Natur vereinbaren lässt. Es wird heute nur sehr selten ernsthaft vertreten, es gebe eine metaphysische Entität „Art“. Der Begriff der Art ist ein menschlicher Klassifikationsbegriff.[40] Es ist ein zweckmäßiger Begriff, um unterschiedliche Populationen zu identifizieren. Sind zwei Populationen nicht mehr in der Lage, Erbgut auszutauschen, werden sie als Art bezeichnet. Artzugehörigkeit bedeutet daher heute eine reproduktive Isolation.[41] Es gibt demnach keine „Arten“ in der Natur, sondern nur Individuen, die wir Menschen in Arten einordnen. Zwischen den Arten bestehen fernerhin keine klaren Trennlinien. Es gibt fließende Übergänge zwischen den Arten. Wenn dies der Fall ist, wird es aber schwierig zu vertreten, in jedem Wesen einer Art entfalte sich ein artspezifisches Genom. Noch schwieriger wird dies, wenn man artspezifische Variabilität und die Möglichkeit der Mutation mit in Betracht zieht. Wenn man von einer Entfaltung des Genoms sprechen will, entfaltet sich in jedem einzelnen Wesen ein individuelles Genom, nicht dasjenige seiner Art. Dann ist es aber falsch zu sagen, ein schwerstbehinderter Mensch hätte im Prinzip vernünftig sein können. Wenn die Behinderung genetisch bedingt ist und dieser Gen-

---

[39] Im Folgenden geht es um eine Kernidee der Teleologie, nicht um die teleologischen Ansätze einzelner Autoren. Eine sehr gute Darstellung der voll entbreiteten Teleologie findet sich in: Johnson, Aristotle on Teleology.

[40] Vgl. hierzu auch: Dupré, Humans and other Animals.

[41] Ich beschränke mich hier auf diese Definition. Zur Diskussion um alternative Konzepte vgl. Wheeler & Meier, Species Conept and Phylogenetic Theory.

defekt monokausal zu einer Schädigung führt, bestand nie die Möglichkeit für dieses Individuum, rechtsfähig zu werden.[42]

Man könnte einwenden, dass man sich überhaupt nicht auf den biologischen Artbegriff bezieht, sondern auf philosophische Kategorien. Wenn in der Philosophie Menschen von Tieren und Tiere von Pflanzen abgegrenzt würden, würden damit kategoriale Unterschiede beschrieben, die nicht mit biologischen Klassifikationen übereinstimmen müssen. Der Mensch unterscheide sich durch sein Personsein prinzipiell von den Tieren. Aber auch dies verweist auf ein gattungsspezifisches Organisationsprinzip, das in allen Menschen, aber nicht in Tieren, angelegt ist und sich dort – Krankheiten ausgenommen – entfaltet. Hat man damit nicht-naturalistische Entitäten im Blick, hätte man in der Tat kein Problem mit den bisherigen Überlegungen. Dies wäre eine biologistische Sicht auf Mensch und Leben, welche deren eigentliches Wesen verkennt. Doch damit wäre man auf metaphysische Annahmen verwiesen, die man zunächst begründen müsste, bevor sie in ethischen Überlegungen eine Rolle spielen können. Beziehen sich aber auch die philosophischen Kategorien auf die natürlich vorhandenen Organismen, welche die Biologie zu beschreiben sucht, dann kommt sie in Konflikt damit, dass sich Individuen nicht gemäß eines allgemeinen, die Gattung unveränderlich kennzeichnenden Telos entwickeln, sondern dass alles bei einem individuellen Genom beginnt, in dem nicht notwendig die Möglichkeiten angelegt sind, Person zu werden.

Die Lehre von der Vernunftnatur des Menschen stützt sich hier also auf eine vordarwinsche Naturphilosophie. Sie hat damit zwei Möglichkeiten: Sie kann versuchen, eine moderne Form der Naturteleologie zu formulieren, die dem heutigen Wissen über die Natur gerecht wird.[43] Oder sie muss diese Aufnahme aufgeben, womit freilich die gesamte Theorie hinfällig wird. Denn es handelt sich ja um eine notwendige Voraussetzung. Eines jedoch ist nicht möglich. Man kann eine ethische Annahme nicht einfach formulieren, weil sie so in der Geschichte der Moralphilosophie formuliert wurde. Beziehen sich die historischen Theorien auf eine teleologische Naturphilosophie, hat man diesen Punkt bei einer Neuformulierung einer ethischen Position zu berücksichtigen. Denn die teleologische Theorie wurde von der Evolutionstheorie in Frage gestellt. Die einfache Wiedergabe historischer Positionen nimmt in Kauf, brüchige Stützen zu übernehmen. Nebenbei bemerkt missachtet dieses Vorgehen auch jene Theoretiker, deren ethische Überlegungen übernommen wurden. Denn diese hatten sich bemüht, auf

[42] Da es sich um das Kind zweier menschlicher Eltern handelt, hätte eine hohe Wahrscheinlichkeit bestanden, dass ein individuelles Genom entstand, bei dessen Entfaltung eine rechtsfähige Person herangewachsen wäre. Im Falle anderer tierischer Eltern wäre die Wahrscheinlichkeit, dass ein solches individuelles Genom entsteht, dagegen äußerst gering, ja sie ginge gegen Null. Aber es handelt sich hier um keinen prinzipiellen, sondern einen graduellen Unterschied.

[43] Vgl. hierzu etwa: Allen, Bekoff & Lauder, Nature's Purposes.

dem Stand der Wissenschaft zu sein. Man schuldet es also auch diesen, auf dem heutigen Stand des Wissens zu argumentieren und deren Thesen vor diesem Hintergrund zu überprüfen.

Auch wenn es gelänge, eine moderne Form der Teleologie zu verteidigen, bliebe ein *drittes* Problem. *Darf* man sich auf Gattungseigenschaften beziehen? Der Ansatz, sich auf Gattungseigenschaften zu beziehen, scheint zwei Vorteile zu haben. Zum einen kommt er – obwohl er immerhin verteidigen muss, dass Arten und artspezifische Merkmale als ontologische Entitäten bestehen – mit relativ wenigen ontologischen Prämissen aus. Zum anderen kommt er in einem entscheidenden Punkt unserem moralischen Common Sense nahe. Denn es hat etwas Einleuchtendes, dass ein Unterschied besteht, ob ein Mensch aufgrund einer Erkrankung oder Behinderung nicht vernünftig ist oder ob ein Hund nicht über die Fähigkeit der Vernunft verfügt. Sie gleichen einander vielleicht bezüglich des Grades, in dem sie vernünftig sind. Dennoch werden wir dazu tendieren, beide moralisch ungleich zu behandeln. Dass diese Sicht unserem Common Sense entspricht, steht außer Frage. Aber gerade unser moralischer Common Sense steht hier ja in Frage. Wir können uns nicht einfach auf ihn stützen. Was ist zu beachten, um ethisch weiter zu kommen?

Wer sich auf gattungsspezifische Merkmale bezieht, sagt letzten Endes, Menschen würden in einen bestimmten moralischen Status hineingeboren werden. Dem Kind zweier menschlicher Eltern kommt eine moralische Sonderstellung zu, dem Welpen zweier Hunde kommt geringerer moralischer Schutz zu. Aber diese Annahme, dass wir in einen moralischen Status hineingeboren werden, widerspricht unserem neuzeitlichen Gerechtigkeitsempfinden. Ob wir die Möglichkeit haben, eine Professur zu erwerben, Reichtümer zu erlangen oder soziale Anerkennung, sollte nicht daran liegen, als wessen Kind ich geboren wurde. Es sollte sich auf das beziehen, was ich selbst kann und selbst geleistet habe. Wir werden, so diese moralische Intuition, Menschen moralisch nicht gerecht, wenn wir sie einer allgemeinen Klasse zuordnen: Es sollte keine Rolle spielen, ob ich als Mann oder Frau geboren wurde oder ob ich das Kind kaukasischer oder afroamerikanischer Eltern bin. Ich sollte als die Person genommen werden, die ich bin. Unserem heutigen moralischen Common Sense entspricht ein so genannter ethischer Individualismus. Personen sollten als das behandelt werden, was sie selbst ausmacht. Allgemeine Eigenschaften wie Geschlecht, Rasse oder Herkunft dürfen dagegen nach unserem moralischen Common Sense nicht zu einer allgemeinen Klassifikation führen. Wieso darf dies aber bei der allgemeinen Eigenschaft sein, Kind menschlicher Eltern zu sein? Erläutern wir diesen Punkt an einem Beispiel. Nehmen wir an, ein besonders genialer Schimpanse würde geboren. Dieser Schimpanse, Louis, erlernt die menschliche Sprache in einem solchen Umfang, dass er einen Schulabschluss macht und die allgemeine Hochschulreife erwirbt. Würden wir uns bei der Frage, wie wir uns moralisch gegenüber Louis verhalten sollen, nur darauf beziehen, was er artspezifisch kann, dann dürften wir ihn verkaufen, ohne Zustimmung in Experimenten einsetzen und wir könnten einfach darauf verweisen, dass Louis keine rechtsfähige Person ist. Sein Erwerb der Hochschulreife wäre in dieser Hinsicht irrelevant und bedeutungslos. Aber entspricht dies unserem moralischen Common Sense? Es besteht doch kein Grund, Louis nur deshalb nicht auf der Universität zuzulassen, weil er ein Schimpanse ist.[44] Er erfüllt schließlich alle Aufnahmekriterien. Die Abweisung durch die Hochschule wäre moralisch nicht zu vertreten. Vielleicht wird man gegen dieses Beispiel den Einwand erheben, hier habe ich einem Tier Eigenschaften unterstellt, die nur Menschen besitzen. Aber damit trifft man nicht das Argument. Denn auch hier geht es um eine moralische Fabel. Demnach ist der Ausschluss von Louis moralisch genauso zu beurteilen wie die faktische Diskriminierung auf Grund der Geschlechts- oder der Rassenzugehörigkeit. Unser moralischer Common Sense fordert auf, Individuen als Individuen zu nehmen.

Wenn dies so ist, steht man freilich vor dem Problem, wieso man sich auf diese Common Sense-Annahmen beziehen sollte, nicht aber auf jene von der moralischen Sonderstellung des Menschen. Die Antwort fällt leicht. Die Annahme der moralischen Sonderstellung des Menschen lässt sich nicht mehr in einen gültigen Begründungszusammenhang einordnen. Es ist eine frei schwebende Intuition. Unsere Common Sense-Befürwortung eines ethischen Individualismus ist aber in intakten Begründungszusammenhängen verwurzelt. Die Annahme von individuell unterschiedlichen Eigenschaften und Fähigkeiten ist empirisch unstrittig. Dass Rasse und Geschlecht keine Gründe sind, Personen moralisch zu klassifizieren, ist ebenfalls unstrittig und wird durch alle bestehenden Gerechtigkeitstheorien gestützt. Wir sind beim ethischen Individualismus auf weit sichererem Boden als bei der Lehre von der moralischen Sonderstellung des Menschen. An dieser Stelle kann auf eine neue Heuristik verwiesen werden: Konkurrieren zwei moralische Common Sense-Annahmen miteinander, sollten wir uns für die Annahme entscheiden, die in einem intakten bzw. intakteren Begründungszusammenhang eingebettet ist. Auch diese Heuristik weist nicht notwendig auf die Wahrheit. Aber sie beschränkt sich darauf, dass man sich ethisch auf die bestmögliche Basis abstützen sollte. Lapidar gesagt geht es bei dieser Vorgehensweise um eines: Ethischer Treibsand ist zu vermeiden.

Auch die zweite Theorie, welche diese Doktrin stützt, kann nicht aufrechterhalten werden. Wenn es Gründe gibt, vernünftige Wesen zu achten, fordert sie zu einer Achtung von vernünftigen Individuen auf, nicht zu einer Achtung von Wesen, welche über Vernunft als Gattungseigenschaft verfü-

---

[44] So gleichermassen bei Rachels, Created from Animals, S. 187, und Carruthers, The Animals Issue, S. 52.

gen. Die Lehre der moralischen Sonderstellung verliert damit ihre beiden historischen Stützen.

Diese Analyse ist aus einem wichtigen Grunde beunruhigend: Für viele Autorinnen und Autoren ist die Lehre der moralische Sonderstellung des Menschen mit dem Konzept der Menschenwürde verknüpft. Eine kritische Betrachtung der Doktrin der moralischen Sonderstellung des Menschen wird so oftmals als bewusster Angriff auf das Konzept der Menschenwürde wahrgenommen. In der Tat werden bestimmte theoretische Konzeptionen der Menschenwürde argumentativ erschüttert, nämlich jene, die sich auf die Gottesebenbildlichkeit oder die Vernunftnatur des Menschen beziehen. Die Annahme, die Menschenwürde sei insgesamt in Gefahr, setzte jedoch voraus, dass der Gedanke der Menschenwürde notwendig auf diese beiden Begründungsansätze angewiesen ist. Allerdings wäre offen, ob andere Ansätze eine Menschenwürde begründen, und nicht vielmehr eine *Personen*würde, eine Würde des *Tieres* oder aller *Lebewesen*. Denn stimmt die bisherige Argumentation, ist es kaum mehr möglich ist, eine besondere *Menschen*würde zu formulieren.

In den beiden folgenden Kapiteln sollen die Konsequenzen dieses Resultats näher betrachtet werden. Im zweiten Kapitel geht es darum, ob und wenn ja, wie gefährlich es ist, die Lehre der moralischen Sonderstellung des Menschen aufzugeben. Im dritten Kapitel geht es um das Konzept der Menschenwürde und um den in der Schweizer Verfassung festgeschriebenen Begriff der Würde der Kreatur.

2.
SPEZIESISMUS UND ANTISPEZIESISMUS

Im letzten Kapitel wurde die Lehre der moralischen Sonderstellung des Menschen vorgestellt: eine Doktrin, die das moralische Alltagsdenken prägt und als moralischer Common Sense bezeichnet werden kann. Diese Doktrin fordert nicht auf, Tiere als Sachen zu behandeln. Durchaus im Einklang mit der Doktrin steht, dass sich in den meisten europäischen Gesellschaften um die 90% der Bevölkerung für einen gesetzlichen Tierschutz ausspricht. Der Forderung, Tiere vor Grausamkeit zu schützen, steht freilich zur Seite, dass eine eindeutige Mehrheit dem Menschen eine unvergleichlich höhere moralische Bedeutung zuspricht als Tieren.

Die Doktrin der moralischen Sonderstellung des Menschen hat, wie wir gesehen haben, ihre historische Wurzel in zwei Denktraditionen: der stoischen Philosophie und einer christlichen Tradition, die sich auf die Gottesebenbildlichkeit des Menschen bezieht. Diese beiden Stützen haben sich aus ethischer Sicht nicht als tragfähig erwiesen. Der Gedanke einer Gottesebenbildlichkeit kann keine intersubjektive Verbindlichkeit beanspruchende Moral begründen. Die Evolutionstheorie untergräbt zudem naturphilosophische Stützen einer Moralauffassung, welche den Menschen als Gottes Ebenbild aus der übrigen Natur heraushebt und eine prinzipielle, keine graduelle Differenz zwischen Mensch und Tier behauptet. Der Bezug auf die Vernunftnatur als Gattungseigenschaft des Menschen ist auf spezielle, heute als fragwürdig anzusehende, naturphilosophische Annahmen angewiesen. Sie muss von einem klar abgegrenzten Artbegriff und ferner von der Realität von Gattungseigenschaften ausgehen. Fernerhin widerspricht die Position, dass man in einen moralischen Status hineingeboren wird, der Vorstellung, es zähle nicht, als wessen Kind man geboren werde, sondern es zähle nur das, was man sei. Durch den Fall seiner beiden Säulen steht der moralische Common Sense im luftleeren Raum. Die Annahme einer moralischen Sonderstellung des Menschen kann damit nicht mehr aufrechterhalten werden.

2.1 SPEZIESISMUS

Vertreter der Lehre von der moralischen Sonderstellung des Menschen sehen eine Eigenschaft als moralisch relevant an, welche nicht moralisch relevant ist: die Zugehörigkeit zur Spezies oder Gattung Homo Sapiens. In der

Literatur hat sich hierfür die Bezeichnung des Speziesismus eingebürgert.[1] Speziesismus ist die Auffassung, dass die Zugehörigkeit zu einer Spezies eine moralisch relevante Eigenschaft darstellt, welche hinreichende Bedingung ist, Mitglieder dieser Spezies gegenüber anderen Wesen moralisch zu privilegieren oder zu benachteiligen. Im Regelfall geht es um die Zugehörigkeit zur Spezies Homo Sapiens, aber auch eine Privilegierung etwa von Löwen oder Schimpansen aufgrund ihrer Gattungszugehörigkeit wäre eine Form des Speziesismus.

Die Bezeichnung Speziesismus knüpft bewusst an die Begriffe Rassismus und Chauvinismus bzw. Sexismus an. Es ist sinnvoll, an dieser Stelle daran zu erinnern, dass die Begriffe Rassismus und Chauvinismus mehrere Bedeutungsebenen haben.

- Es geht auf einer abstrakt ethischen Ebene darum, dass biologische Eigenschaften als moralisch relevant angesehen werden, welche nicht (in allen Situationen) moralisch relevant sind.[2]
- Ferner geht es darum, dass eine moralische Kluft und Ungleichheit angenommen wird, die nicht begründet werden kann. Menschen unterschiedlicher Hautfarbe bzw. Männer und Frauen werden auf verschiedenen moralischen Kontinenten angesiedelt, in denen unterschiedliche moralische Normen gelten. Der Chauvinist sieht es nicht als ungerecht an, wenn Frauen auf eine dienende Stellung im Haushalt beschränkt werden und weniger Chancen in der berufliche Entwicklung haben als Männer. Rassisten sehen kein Gerechtigkeitsproblem, wenn ein sog. „Schwarzer" für ein gleiches Verbrechen härter bestraft wird als ein sog. „Weißer". Ebenso wird der übliche Rassist es für verwerflicher ansehen, einen „Weißen" zu töten als einen „Schwarzen". Zwar zählte für die Kolonisten auch das Leben von Soldaten afrikanischer oder indischer Truppen, aber es zählte nicht so viel wie das Leben eines Europäers. Genauso wie in alten Hollywoodfilmen beginnt die eigentliche Tragik für einen Rassisten erst dann, wenn nicht nur „Schwarze", sondern auch „Weiße" sterben.
- Schließlich geht es aber auch um die Beschreibung einer Haltung, die das Gesichtsfeld einengt und beschränkt. Nicht nur, dass das Gegenüber nur als Vertreter eines Geschlechts oder einer Rasse gesehen wird. Es werden ihm zudem Eigenschaften und Schwächen zugeschrieben, welche dieses Geschlecht oder diese Rasse auszeichnen sollen. Die Vorurteilsstruktur zeichnet dabei insbesondere die Unfähigkeit aus, zu sehen, was der andere wirklich ist und kann. Typisch ist beispielsweise ein Rassist, der nicht

[1] Vgl. insbesondere: Dunayer, Speciesism.

[2] Die Einschränkung ist notwendig, da es Situationen geben könnte, wo die Zugehörigkeit zu einer Rasse oder das Geschlecht moralisch relevant ist. Wer positive Diskriminierung befürwortet, sieht die Zugehörigkeit zu einer Rasse oder einem Geschlecht als Grund, eine Person gegenüber anderen zu bevorzugen.

bemerkt, dass das Deutsche oder Englische für einen Asylsuchenden nur eine Fremdsprache ist. Er hört beim Anderen allein das unperfekte Beherrschen der Landessprache und schließt daraus auf das vermeintlich begrenzte kognitive Vermögen des anderen. Sein Rassismus schränkt sein Blickfeld ein und verwehrt ihm, anderes sehen zu können. Der Gedanke, die Landessprache sei für den anderen eine Fremdsprache und die Möglichkeit, die andere Person beherrsche vielleicht mehr Sprachen als er selbst, kommen dem Rassisten nicht in den Sinn oder scheinen ihm zumindest irrelevant. Er sieht das, was er sehen will.

Auch der Begriff des Speziesismus bezieht sich auf alle drei Ebenen. Speziesismus umfasst damit auch eine Einengung des Blickfeldes, indem man sich auf tierische „Defizite" konzentriert und zu keinem ausgewogenen Urteil über die emotionalen und kognitiven Fähigkeiten des Tieres kommt. So hört man etwa, um ein Beispiel für viele zu nehmen, die Sonderstellung des Menschen werde offensichtlich, wenn man Shakespeares Werke mit den paar Dutzend Wörtern vergleicht, welche Schimpansen erlernen können. Obwohl die menschliche Sprache einzigartig ist, wird hier doch Ungleiches miteinander verglichen: Hier werden Lebewesen, welche die Sprache einer anderen Spezies erlernen, mit der Ausnahmeerscheinung einer Spezies verglichen, welche die eigene Sprache nutzt. Der Vergleich ist also irreführend. Man kann nur die artspezifische Kommunikation miteinander vergleichen oder das Vermögen, die Sprache der anderen Spezies zu erlernen. Geht es um letzteres, würde der Vergleich sogar zu Ungunsten Shakespeares ausfallen – was aber wiederum ungerecht wäre, da er nie die Möglichkeit hatte, eine artfremde Sprache zu erlernen.

Diese Einengung des Sichtfeldes verhindert, den ethischen Individualismus außerhalb der Sphäre des Menschen anzuwenden. In den frühen 70er Jahren erreichte der Schimpanse Oliver[3] beträchtliche Popularität durch Auftritte im amerikanischen und japanischen Fernsehen. Oliver unterschied sich im Verhalten stark von anderen Schimpansen. Stimmen die Berichte, bevorzugte er den aufrechten Gang eines Menschen. Er übernahm im Haushalt seiner Besitzer Tätigkeiten wie die tägliche Hundefütterung. Wie andere Schimpansen sah er fern, im Gegensatz zu anderen verlor er jedoch nicht nach kurzer Zeit das Interesse, sondern verbrachte ganze Abende aufmerksam vor dem Fernseher. Seine Auffälligkeit führte zu ernsthaften Diskussionen, ob es sich hier um eine neue Spezies oder eine Mutation handelte. Ja, es wurde sogar die These vertreten, Oliver sei Produkt jener sowjetischen Experimente, Mensch und Schimpanse zu kreuzen, von denen Ende der 60er Jahre berichtet worden war. Spätere DNA-Untersuchungen zeigten auf, dass Oliver biologisch eindeutig ein Schimpanse und kein Humanzee war. Auch anfängliche Meldungen, Olivers Genom zeichne sich durch ein

[3] http://en.wikipedia.org/wiki/Oliver_the_chimp

zusätzliches Chromosomenpaar aus, erwiesen sich später als falsch. Aber hier interessiert nicht, welcher Gattung Oliver angehörte, sondern wie sich jene verhielten, die glaubten, er sei ein Humanzee. Für diese stand Oliver biologisch mit einem Bein auf dem Kontinent des Menschen, aber in moralischer Hinsicht siedelten sie Oliver dennoch eindeutig bei den Tieren an. Er war Eigentum anderer, wurde verkauft, in Freizeitparks und im Fernsehen ausgestellt. Auch wenn er nie selbst in Experimenten genutzt wurde, verbrachte er mehrere Jahre in einer privaten Forschungseinrichtung, die ihn in einem Käfig von 2,1 x 1,5 Meter hielt. 1995 wurde er schließlich den „Primarily Primates" geschenkt: einer Tierschutzgruppe, die Schimpansen Altersruhesitze zur Verfügung stellt. Erst sein Tod und die anschließenden Untersuchungen brachten Oliver erneut in die Öffentlichkeit. Der Fall Oliver offenbart eine bemerkenswerte Schizophrenie: Um ihn vermarkten zu können, wurde die Menschlichkeit Olivers betont und herausgestellt. Ging es darum, ihn moralisch zu behandeln, galt er einfach als Tier – und er wurde kaum anders behandelt als ein Pinselohräffchen. Und dies, obwohl er dem Menschen weit mehr ähnelte als den letzteren. Genauso wie Rassismus Personen daran hindert, Widersprüche als solche zu sehen, so schränkt hier der Speziesismus den Blick der Öffentlichkeit ein.

In der Literatur wird zwischen einem qualifizierten und einem unqualifiziertem Speziesismus unterschieden.[4] Der unqualifizierte Speziesismus sagt, dass allein die Zugehörigkeit zu einer biologischen Spezies moralisch relevant ist. Dagegen behauptet der qualifizierte Speziesismus, dass die biologische Spezies auf Grund bestimmter Merkmale relevant ist. Wie oben dargestellt ist die Lehre von der moralischen Sonderstellung eine Form des qualifizierten Speziesismus. Mitgliedern der Spezies Homo Sapiens kommt entweder eine moralische Sonderstellung zu, weil sie Gottes Ebenbild sind und nur um ihrer selbst willen und nicht um eines anderen willen geschaffen wurden, oder aber, weil sie als Gattungseigenschaft vernunftbegabt sind. Im Regelfall ist der unqualifiizierte Speziesismus eine Position, die implizit auf diese Merkmale verweist und eine freischwebende Intuition wiedergibt. Mitunter handelt es sich bei der Ablehnung, qualifizierende Merkmale zu nennen, aber auch um Formulierungen, in der religiöse Prämissen – also die Annahme der Gottesebenbidlichkeit – aus welchen Gründen auch immer bewusst verschwiegen werden.

Im qualifizierten Speziesismus übernimmt das qualifizierende Merkmal die entscheidende Begründungsfunktion. Es zeichnet diese Position aber aus, dass es sich eben nicht um individuelle, sondern speziesbezogene Merkmale handelt. Nehmen wir an, die Eigenschaft, moralisches Subjekt zu sein, sei das entscheidende Merkmal, so ist es für den Speziesist überflüssig zu fragen, welche Menschen moralische Subjekte sind. Dem Menschen kommt als Menschen diese Eigenschaft zu. Alle Menschen verdienen auf

[4] Rachels, Created from Animals, S. 183.

Grund dieser Eigenschaft besondere Achtung und besonderen Respekt. Dass man sich auf qualifizierende Gattungsmerkmale bezieht, ist also nicht, wie es häufig geschieht, keine ausreichende Verteidigung gegen den Speziesismus-Vorwurf. Vielmehr bedarf es eines Arguments, dass man sich überhaupt auf Gattungsmerkmale beziehen darf. Genauso greift jede Speziesismus-Kritik zu kurz, welche die Frage der Gattungsmerkmale und -eigenschaften ausser Acht lässt.[5]

Innerhalb des Speziesismus werden oftmals zwei Varianten unterschieden.[6] Radikale Speziesisten sind der Ansicht, allein Menschen seien moralisch schutzwürdig. Der milde oder moderate Speziesist ist dagegen der Auffassung, dem Tier komme moralische Schutzwürdigkeit zu, aber in einem geringeren Maße als dem Menschen. Die Lehre der moralischen Sonderstellung des Menschen habe ich bewusst im Sinne des milden oder moderaten Speziesismus eingeführt. Denn dies ist die Position, die unseren ethischen Common Sense kennzeichnet. Allerdings ist fraglich, ob es besser ist, ein moderater Speziesist zu sein als ein radikaler. Einen moderaten Rassisten oder Chauvinisten jedenfalls beurteilen wir nur bedingt wohlwollender als einen radikalen Rassisten oder Chauvinisten. Allerdings ist fraglich, ob es radikale Chauvinisten und Rassisten überhaupt gibt oder gegeben hat. Wohl kein Rassist bestritt, dass „Schwarze“ auch moralisch zu berücksichtigen sind. Sie zählten nur weniger als die Weißen. Auch ein Sklavenhalter besaß keine uneingeschränkten Rechte. „Der Herr darf“, so heißt es etwa in einer 1749 am Hudson erlassenen Ordnung für Sklavenhalter, „seine Sklaven bestrafen, wie es ihm beliebt, so lange er nicht ihre Gliedmassen abhackt oder sie tötet.“

Speziesismus ist ein negativ behafteter Begriff. Gäbe es Gründe, die für die Sonderstellung des Menschen sprechen, dürfte man nicht von Speziesismus reden. Auch wenn der Begriff des Humanismus mehrdeutig ist, wäre Humanismus ein besserer Begriff für jene Auffassung, welche Menschen eine moralische Sonderstellung zuweist. Die traditionellen Argumente können die Doktrin der moralischen Sonderstellung nicht tragen. Allerdings gibt es in jüngerer Zeit noch ein weiteres Argument oder besser gesagt: ein Bündel von Argumenten zugunsten der moralischen Sonderstellung des Menschen.

Gegen die Argumentation des ersten Kapitels können drei Einwände vorgebracht werden. Der erste betont, dass die bisherigen Argumente einfach auf einem biologistischen Missverständnis beruhen. Der Begriff Mensch sei im ethischen Kontext nicht biologisch, sondern normativ zu verstehen. Der zweite Einwand warnt vor den Folgen, die es hätte, wenn man die Lehre von der moralischen Sonderstellung des Menschen aufgibt.

---

[5] Dies schliesst auch die Position Peter Singers ein, für den ein individualistischer Zugang so selbstverständlich ist, dass er sich nicht mit der Gegenseite auseinandersetzt.

[6] Vgl. etwa: Rachels, Created from Animals, S. 182.

Insbesondere wird auf Gefahren hingewiesen, die mit dieser Doktrin für behinderte Menschen verbunden sind. Der dritte Einwand betont, der Speziesismus ignoriere fälschlicherweise Lehren, die man aus der Geschichte zu ziehen hat. Auf Grund der nationalsozialistischen Gräueltaten müsse man an der moralischen Sonderstellung des Menschen festhalten.

2.2 Der Mensch – ein biologisches oder ein moralisches Konzept

Gegen das bisher Gesagte mag man einwenden, dass dem biologischen Art- und Gattungsbegriff ein viel zu grosser Raum geschenkt worden sei. Wie schon bei Roes Bigfoot-Beispiel gezeigt, ist „Mensch" auch ein normativer Begriff. Die Aussage „Dies ist ein Mensch!" oder „Ich bin ein Mensch!", drückt zugleich die Aufforderungen aus, den Betreffenden wie einen Menschen und nicht wie ein Tier zu behandeln. Im Film „Der Elefantenmensch" wird diese normative Verwendung eingesetzt, als der äusserlich entstellte John Merrick mit den Worten „Ich bin ein Mensch" appelliert, eine des Menschen würdige Behandlung zu erhalten.[7] Aber der normative Begriff muss nicht notwendig denselben Geltungsbereich haben wie die biologische Gattungsbezeichnung. Dass laut allgemeinem Sprachverständnis sinnvoll gefragt kann: „Wann ist der Mensch ein Mensch?", deutet in der Tat an, dass die Extension des moralischen Begriffs, laut dem Menschen eine moralische Sonderstellung zugesprochen wird, nicht identisch ist mit der biologischen Speziesbezeichnung. Gemäss letzterer ist klar, dass ein Embryo ab Verschmelzung von Ei- und Samenzelle Angehöriger der Spezies ist. Eine analoge Frage zum Lebensende, also: „Wann hört der Mensch auf, Mensch zu sein?", wird dagegen aus moralischen Gründen abgelehnt. Diese Frage darf nicht gestellt werden. Ist jemand einmal im normativen Sinne „Mensch", bleibt er es bis zum Tode. Die zu starke Verwendung biologischer Kriterien wird von Vertretern eines normativen Verständnisses mitunter als „biologistisch" oder „reduktionistisch" bezeichnet. Das heisst, es geht in diesem Verständnis um etwas, das nicht auf Biologie reduziert werden darf.

Im Folgenden werde ich die normative Verwendung des Begriffs dadurch kennzeichnen, dass ich von „Mensch^{m}" spreche. Der moralische Begriff „Mensch^{m}" umfasst nicht notwendig die gesamte Spezies „Homo sapiens" und er kann wie im Roe-Beispiel auch auf nicht-menschliche Wesen wie in

[7] Original: The Elephant Man (1980), Regie. David Lynch, Zur historischen Person und Korrektur der Filmhandlung vergleiche: Howell & Ford, The True History of the Elephant Man.

diesem Fall einen mutmasslichen Bigfoot übertragen werden. Selbst ein Android wie Data könnte dann darum eintreten, als Mensch^{m} anerkannt zu werden.[8]

Wenn wir nochmals auf die Frage „Wann ist der Mensch ein Mensch?" zurückkommen, so fällt auf, dass dabei die bisherige Lehre von der Sonderstellung des Menschen eigentlich um ein zusätzliches Element erweitert wird. Denn hier wird nicht nur von der moralischen Sonderstellung des Menschen^{m} gesprochen. In der Regel wird auch zwischen Tieren und Menschen, die nicht „Mensch^{m}" sind, differenziert. Nicht alles, was bei Tieren erlaubt wäre, dürfte man Menschen (ohne ^{m}) antun. So gelten Tierversuche oft auch dann als moralisch bessere Alternative als Embryonenversuche, wenn man Embryonen nicht als Menschen^{m} betrachtet.

Allerdings ist noch offen, wie diese Position formuliert werden muss. Klar ist, dass bei dieser Unterscheidung von Menschen und Menschen^{m} die Zugehörigkeit zur biologischen Spezies kein hinreichendes Kriterium für die Anerkennung als Mensch^{m} ist. Unklar ist jedoch, ob die Spezieszugehörigkeit ein notwendiges Kriterium ist.

- Ist die Zugehörigkeit zur Spezies Homo Sapiens keine notwendige Bedingung, könnten auch Data oder ein Bigfoot „Menschen^{m}" sein. Aber nicht alle Menschen sind „Menschen^{m}", weil bei einigen jene Kriterien nicht erfüllt sind, um von „Menschen^{m}" zu sprechen. Dies wäre keine speziesistische Position, denn die Zugehörigkeit zur Spezies ist kein moralisch relevantes Kriterium.
- Bestreitet man aber, dass Data oder ein Bigfoot „Menschen^{m}" genannt werden dürfen, so wäre die Zugehörigkeit zur Spezies doch wiederum ein notwendiges Kriterium für die Anerkennung einer moralischen Sonderstellung, und wir wären wiederum in einer speziesistischen Position.

Im ersteren Falle wäre es möglich, einen Bonobo oder Delphin zur Kategorie Mensch^{m} zu zählen; im zweiten nicht. Ist die Zugehörigkeit zur Spezies aber überhaupt kein notwendiges Kriterium, ist fraglich, wie hilfreich es ist, dieses normative Konzept „Mensch^{m}" zu nennen Denn Menschsein spielte zum einen ja überhaupt keine Rolle, um als Mensch^{m} anerkannt zu werden; zum anderen bestünde das stete Problem, das biologische Konzept Mensch mit dem normativen „Mensch^{m} zu verwechseln. Es wäre also geraten, zu klaren und eindeutigen Begriffen wie „Person" oder „empfindungsfähiges Wesen" überzuwechseln.

---

[8] Der Android Data ist eine Figur der Serie „Star Trek Next Generation". Die Folge 035 „The Measure of A Man (Wem gehört Data?)" handelt von einem Prozess, in dem Data sich juridisch dagegen wehrt, für Forschungszwecke zerlegt zu werden. Der Auseinanderbau ist mit dem Risiko verbunden, dass Data vernichtet wird. Vgl. hierzu: Alexy, Data und die Menschenrechte.

Die zweite Auffassung, in der Spezieszugehörigkeit notwendiges Kriterium ist, müsste noch die zusätzlichen Kriterien benennen, welche aus einem Menschen einen Menschen^{m} machen. Denn es wäre höchst befremdlich und fragwürdig, dass einem Wesen aus reiner Willkür heraus eine moralische Sonderstellung und zum Beispiel das Privileg etwa einer unantastbaren Würde zukommen. Es ist klar, dass diese Kriterien explizit genannt werden müssen. Lässt man die Kriterien unausgesprochen, öffnete man der Willkür schliesslich wieder die Tür. Dann wäre es stets möglich, bestimmten Menschen das Menschsein^{m} einfach abzusprechen, ohne dass dies von anderen in Frage gestellt und kritisch geprüft werden könnte. Die Hoheit über das Menschsein^{m} hätten jene, welche für sich beanspruchen, die unbenannten Kriterien zu kennen. Es ist nicht nur ein Gebot der intellektuellen Redlichkeit, sondern eines der Ethik, die Kriterien explizit zu nennen. Welche Kriterien kämen für die zweite Auffassung in Frage?

Unsinnig wäre es, soziale Kriterien zu nehmen, wie etwa den Erhalt eines Namens oder die Aufnahme in die soziale Gemeinschaft. Zum einen würde man damit die in der zweiten Auffassung gewünschte Eingrenzung auf Menschen unterhöhlen. Auch Delphine erhalten von Menschen Namen und Haustiere sind Teil der sozialen Gemeinschaft, also jener Wesen, mit denen wir gefühlsmässige Bindungen haben, mit denen wir zusammenleben oder gegenüber denen wir besondere Fürsorgepflichten haben. Zum anderen ist es ethisch fragwürdig, Namensgebung oder die Aufnahme in die soziale Gemeinschaft als Kriterium zu nehmen. Denn das hiesse ja, dass Eltern, die sich weigern, einem Kind einen Namen zu geben, oder eine Gemeinschaft, die Menschen bestimmter Art ausschliesst, diesen damit zugleich das Menschsein^{m} absprechen würden, und dies wiederum, ohne dass dies von anderen in Frage gestellt und kritisch geprüft werden kann. Man wäre bei einem Voluntarismus, in dem einzelne oder Gruppen anderen Menschen Menschsein^{m} zusprechen oder absprechen dürfen, gerade so, wie sie es wollen. Dürfen sie dies nicht und hätten wir intersubjektiv verbindliche Normen, wann jemand etwa in der sozialen Gemeinschaft aufzunehmen ist, müssten wir wiederum Kriterien haben, mit Hilfe dessen wir über die Aufnahme entscheiden können.

Wären es Eigenschaften wie Vernunft oder die Kompetenz, moralisches Subjekt zu sein, ist fraglich, wieso nicht auch andere Wesen, die über diese Fähigkeiten verfügen, dieselben moralischen Rechte zukommen sollten. Die Einschränkung, dass nur Menschen Menschen^{m} sein können, könnte dann nicht begründet werden. Man könnte einzuwenden suchen, dass sich die relevante Eigenschaft derzeit nur bei Menschen zeige. Aber wenn man dies so formuliert, ist die Zugehörigkeit zur Spezies Mensch doch kein notwendiges Kriterium. Würde man andere Wesen entdecken, welche dieselben Fähigkeiten haben, müsste man auch diese Menschen^{m} nennen. Man wäre also zur ersten Auffassung übergewechselt.

Es bleibt für die zweite Auffassung letztlich nur ein denkbarer Weg: es kann eine Eigenschaft als Kriterium benannt werden, das dem Menschen und notwendig nur dem Menschen im Laufe seiner Entwicklung zukommt. Da es keine biologische Eigenschaft gibt, die zwingend auf den Menschen begrenzt sein muss und sich nicht im Laufe evolutionärer Prozesse bei anderen Lebewesen ausbilden kann, muss es eine nicht-biologische, nichtnaturalistische Eigenschaft sein. Eine Seele wäre ein solches Kriterium, und damit wären wir bei einer Position, die historisch vertreten wurde und heute noch von religiöser Seite vertreten wird. Menschen, aber nur Menschen, erhalten zu einem bestimmten Zeitpunkt ihrer pränatalen Entwicklung eine Seele verliehen. Würde diese ignoriert und der beseelte Mensch als blosses Tier betrachtet, müsste dies dann in der Tat „biologistisch" und „reduktionistisch" genannt werden. Voraussetzung dieses Biologismus ist natürlich, dass der Mensch mehr ist als Biologie, dass es also eine Seele gibt. Die Annahme einer solchen immateriellen Substanz, die dem Menschen pränatal von Gott verliehen wird, müsste zunächst begründet werden. Ansonsten stehen wir erneut vor einer Glaubensannahme.

Wir stehen damit letztlich wiederum vor dem Problem, ob und wenn ja, unter welchen Bedingungen religiöse Annahmen zur Begründung von Normen herangezogen werden dürfen, die intersubjektiv Geltung beanspruchen. Dass man bestimmte Glaubensannahmen einfach voraussetzt, reicht nicht. Vielmehr müssten Gründe vorgelegt werden, warum andere diese Glaubensannahmen teilen müssen. Erläutern wir dies nochmals an einem Beispiel: Wenn Alfred an das fliegende Spaghettimonster glaubt und mich deshalb auffordert, ich müsse Heim und Herd verlassen, um Pirat zu werden,[9] so liefert mir Alfreds Glaube keinerlei Grund, dies zu tun. Er müsste mich erst einmal mit guten Argumenten überzeugen, dass es das fliegende Spaghettimonster gibt. Ist es ihm gelungen, dessen Existenz zu beweisen, müsste er mir zudem Gründe liefern, dass dieses Wesen wirklich von mir verlangt, meine derzeitige Tätigkeit aufzugeben und mich ins Piratenleben zu stürzen. Gelingt Alfred dies alles nicht und halte ich das fliegende Spaghettimonster weiter für eine zugleich clevere wie amüsante Erfindung eines amerikanischen Physikers, habe ich überhaupt keinen Grund, warum ich der Forderung, Pirat zu werden, folgen sollte. Bezüglich des Spaghettimonsters wird mir wohl kein Gläubiger widersprechen. Allerdings hat die Annahme einer immateriellen, von Gott verliehenen Seele denselben Status wie jene des Spaghettimonsters. Dass der christliche Gott besteht, ist nicht wahrscheinlicher als das irgendeine andere Gottheit oder irgendein anderes Geistwesen besteht. All diese Entitäten sind etwas, an das man glauben kann oder nicht. Intersubjektiv verbindliche Normen können jedoch nicht mit Bezug auf sie begründet werden.

---

[9] Nicht diese, aber doch ähnliche Gedanken finden sich in der Tat in: Henderson, Gospel of the Flying Spaghetti Monster.

Wie hilfreich ist also die Unterscheidung zwischen Menschen und Menschen^{m}? Ist die biologische Zugehörigkeit keine notwendige Bedingung, ist der normative Begriff Mensch^{m} letztlich irreführend und sollte durch andere Begriffe ersetzt werden. Denn Menschsein spielt für die Zuschreibung des Mensch^{m}sein überhaupt keine Rolle. Ist die Zugehörigkeit zur biologischen Art aber eine notwendige, wenn auch nicht hinreichende Bedingung des Menschseins^{m}, so wird damit auf eine nicht-biologische, nicht-naturalistische Eigenschaft verwiesen, die ein umfassendes Menschsein^{m} ausmacht. In unserer Tradition spielt insbesondere das Konzept der Verleihung einer Seele eine Rolle. Die Annahme einer solchen immateriellen Substanz beruht aber auf einer Glaubensannahme, die in einer intersubjektive Verbindlichkeit beanspruchenden Moral keine Rolle spielen darf. Insgesamt gibt es also keinen Grund, den Begriff „Menschen“ in dieser Arbeit durch den des „Menschen^{m}“ zu ergänzen.

2.3 Ein Dammbruchargument zugunsten des Speziesismus?

Gegen den Antispeziesismus werden, dies der zweite Einwand, Dammbruchargumente oder wie man auch sagt: Schiefe Ebene-Argumente vorgebracht, die davor warnen, dass das Lebensrecht behinderter Menschen auf dem Spiel steht, wenn man die moralische Sonderstellung des Menschen aufgibt. Auch wenn es hier um die Folgen des Antispeziesismus geht, wäre es verkehrt, von konsequentialistischen Argumenten zu sprechen. Als Konsequentialismus bezeichnet man jene ethischen Positionen, nach welchen die Richtigkeit einer Handlung einzig und allein auf Grund ihrer Folgen beurteilt wird. Mögliche Auswirkungen von Gesetzgebungen zu bedenken, ist so zwingende Erfordernis für konsequentialistische Ethiker. Wenn man die Geschichte der Dammbruchargumente betrachtet, werden sie jedoch nur im Ausnahmefall von Konsequentialisten formuliert. In der Regel werden sie gerade von Ethikern herangezogen, welche eben nicht denken, dass ausschliesslich die Folgen zu betrachten sind, sondern welche den Konsequentialismus vehement bekämpfen. Nimmt man die Mehrheit der Dammbruchargumente, sind sie dadurch gekennzeichnet, dass sie Entwicklungen beschreiben, an deren Ende etwas eintritt, dessen moralische Verwerflichkeit nicht zu bestreiten ist. In diesem Falle warnen sie also letztlich davor, dass sich möglicher- und wahrscheinlicherweise Handlungsweisen einbürgen, welche moralisch absolut verboten sind. Wir haben dann eine deontologische, keine konsequentialistische Denkfigur. Es zeichnet deontologische Ethiken aus, dass bestimmte Handlungstypen (Lüge, Mord oder Folter) unabhängig von ihren Folgen zu verurteilen und prima facie oder gar absolut verboten sind. Dass Dammbruchargumente mehrheitlich von Deontologen vorgebracht werden, heisst also nicht, dass sie konsequentialistisch argumentieren und damit ihrer eigenen Theorie widersprächen. Um kein Missverständnis aufkommen zu lassen, können natürlich auch in einer konsequentialistischen Ethik Dammbruchargumente formuliert werden. Aber dann wird nicht auf eine Praxis verwiesen, in der gegen absolute Normen und Prinzipien verstossen würde, sondern es geht generell um eine nicht wünschenswerte Zukunft.

Die in unserem Kontext vorgebrachten Dammbruchargumente sind deontologischer Natur. Wenn man auf die Lehre der moralischen Sonderstellung verzichtet oder sie nur aushöhlt, bestehe Gefahr, dass einige menschliche Wesen nicht mehr in angemessener Weise moralisch und rechtlich geschützt sind. Man fürchtet dabei um jene Menschen, die im obigen umfassenden Sinne des Begriffs keine Personen sind. Hans Halter bringt diese Befürchtung auf den Punkt:

> Das Problem des Antispeziesismus ist nicht nur, dass er in seiner konsequenten Extremform Menschen und (wenigstens einige) Tiere in gewisser Weise gleichstellt – ‚Alle Tiere sind gleich' – was zu kaum erfüllbaren Forderungen im Umgang mit Tieren führt. Das eigentliche Problem ist die mit dem Antispeziesismus zusammenhängende Abwertung des Menschen im Allgemeinen – Menschenwürde? – und der sog. menschlichen Grenzfälle (‚marginal cases') im Besonderen. Zwar sind diese Grenzfälle Mitglieder der biologischen Spezies Mensch, aber sie sind keine Personen, keine Voll-Menschen mit den gefragtesten menschlichen Eigenschaften und Fähigkeiten. Da ihnen demzufolge Menschenwürde abgeht, sind sie moralisch bestenfalls als Empfindungsfähige direkt oder über die Interessen Dritter indirekt zu berücksichtigen. Ein Rechtschutz (bes. Recht auf Leben, auf körperliche Integrität) wie bei normalen erwachsenen Menschen ist da kaum mehr zu begründen. Würde der ethische Antispeziesismus konsequent durch- und weitergeführt, würde das eine ständige *akute Bedrohung der vom Standard des normalen erwachsenden Menschen nicht entsprechenden Menschen und – ins Recht umgesetzt – eine erhebliche Rechtsunsicherheit bedeuten.*[10]

Um die Existenz einer solchen Gefahr zu belegen, verweist er auf jüngere Diskussionen und gesetzgeberische Entwicklungen im Zusammenhang mit der Tötung schwer kranken und schwer behinderten menschlichen Lebens sowohl auf Verlangen wie auch unverlangt, und dies nicht nur am Lebensende, sondern auch bei schwer behinderten neugeborenen Lebewesen.

Das Dammbruchargument drückt ohne Zweifel eine aufrichtige Sorge aus. Aber auch eine aufrichtige Sorge kann unbegründet sein. Auf zwei Punkte ist zu verweisen: Schiefe Ebene-Argumente sind erstens darauf angewiesen, dass sie eine notwendige und nicht aufzuhaltende Entwicklung

---

[10] Halter, Der tierethische Speziesismus und die christliche Ethik, S. 239. (Kursiv im Original)

beschreiben. Wieso hier angenommen wird, dass die Annahme des Antispeziesismus notwendig dazu führen wird, dass einigen Menschen kein Recht auf Leben und körperliche Integrität zukommt, wird nicht weiter begründet und bleibt unklar. Denkbar wäre schließlich auch, dass eine antispeziesistische Ethik ein gleiches Recht auf Leben und körperliche Integrität für alle empfindungsfähigen Wesen einfordert. Alle Menschen erhielten dann denselben Schutz, den sie gemäß unseres derzeitigen moralischen Common Sense genießen sollten – nur, dass auch andere empfindungsfähige Wesen denselben Schutz geniessen würden. Menschen, die keine umfassenden Personen sind, würden dann nicht auf den Status zurückgestuft, auf dem jetzt empfindungsfähige Wesen stehen. Vielmehr würden alle Empfindungsfähigen in den Kreis der moralisch Gleichen aufgenommen. Für Freunde des Fleischgenusses (wie mich selbst) hätte dies unliebsame, aber sicher nicht unerfüllbare Konsequenzen. Zudem müsste auf Tierversuche verzichtet werden – aber auch ein solcher Verzicht stellte keine unerfüllbare Forderung dar. Eine Rechtsunsicherheit bestünde jedenfalls nicht. Warum diese Anhebung auf ein gleich hohes Niveau nicht denkbar sein soll, müssen wir später diskutieren. Lassen wir diesen Punkt aber zunächst aussen vor.

Zweitens ist zu fragen, ob hier überhaupt ein schlüssiges Argument vorliegt. Wenn von einer „Abwertung des oder bestimmter Menschen“ gesprochen wird, ist dies nicht als rein deskriptive These zu verstehen, in der, ohne dass dies positiv oder negativ bewertet würde, beschrieben wird, dass der Mensch seiner Sonderstellung beraubt wird. Mit einer rein deskriptiven Auslegung ginge die Kernthese verloren, dass der Antispeziesismus gefährlich sei. Es handelt sich ohne Zweifel um eine normative Aussage: Bestimmte Menschen werden auf Grund des Speziesismus nicht so behandelt, wie sie behandelt werden sollten. Damit steht man aber vor folgendem Problem: Von Abwertung in einem normativen Sinne kann nur dann gesprochen werden, wenn man zunächst bestimmt hat, welchen Wert dem Menschen zukommt. Halter betont zudem, der Antispeziesismus spreche bestimmten Menschen Rechte ab. Dies ist aber wiederum nur dann falsch, wenn ihnen begründeterweise bestimmte Rechte zukommen. Auch dies darf nicht vorausgesetzt werden, sondern müsste begründet werden. Die im Zitat vorgenommenen Wertungen sind dann, aber auch nur dann nachvollziehbar, wenn man die Lehre der moralischen Sonderstellung des Menschen zugrunde legt. Das gesamte Argument zeigt sich hier als eine Petitio Principii. Was zu beweisen ist, wird bereits als gültig vorausgesetzt.

Die speziesistische Sicht verhindert auch, auf die andere Seite der Medaille zu schauen. Dass man um Menschen besorgt ist, ist ehrenhaft. Aber eigentlich ist man ja auch aufgefordert, sich zu überlegen, ob (andere) Tiere derzeit moralisch und rechtlich in angemessener Weise geschützt werden. Auch hier besteht Grund zur Sorge. Ist man nur um eine Seite besorgt, begeht man einen Fehlschluss, setzt man doch voraus, Tiere würden in einer speziesistisch geprägten Moral und einem darauf aufbauenden Tierschutzgesetz angemessen berücksichtigt.

Der zweite Einwand formuliert so kein logisch gültiges Argument. Prüfen wir daher den dritten Einwand, der sich darauf bezieht, der Antispeziesismus ignoriere eine aus der jüngeren Geschichte zu ziehende Lehre.

2.4 Ein historisches Fundament für den Speziesismus?

Die sich in Halters Text ausdrückende Sorge findet sich auch im angelsächsischen Raum. In seinem Buch „Rights from Wrongs“ vertritt Alan Dershowitz[11] die These, wir bräuchten die Lehre von der moralischen Sonderstellung. Im Gegensatz zu Halter formuliert er dies als historisches Argument.

Moralische Rechte spiegeln nach Dershowitz' Ansicht Lehren, die wir Menschen aus der Geschichte gezogen haben. Menschenrechte sind nicht gott- oder naturgegeben, sondern historisch begründet. Eine solche Lehre haben wir seiner Ansicht nach im letzten Jahrhundert gezogen: Wir haben gelernt, wie schlecht es ist, wenn Menschen in mehrere moralische Klassen aufgeteilt werden. Diese Trennung in „lebenswerte“ und „lebensunwerte“ Menschen habe so erschreckende Auswirkungen gezeigt, dass moralische Rechte eine Wiederholung der damaligen Ereignisse verhindern sollen. Um dies tun zu können, bedarf es einer klaren Trennlinie zwischen Menschen und anderen Lebewesen.-Dershowitz folgert daraus, Tieren dürften derzeit[12] keine Rechte zukommen. Denn wenn man ihnen diese zuspräche, gefährdete man die Annahme einer moralischen Gleichheit aller Menschen. Dass es ein Kontinuum in Bezug auf Bewusstsein oder Rationalität gebe und einige Tiere diesbezüglich einigen Menschen überlegen wären, dürfe keine Rolle spielen. Es müsse eine eigene moralische Kategorie für alle Menschen geben. Demnach bliebe es Mord, einen stark geistig behinderten Menschen absichtlich zu töten, aber es wäre kein Mord, einen geistig hochbegabten Schimpansen oder Delphin zu töten. Allein das Insistieren auf eine klare Trennungslinie erlaubte es, eine Schiefe Ebene zu verhindern. Ansonsten erlaubten wir anderen, den „Wert“ von Menschen zu beurteilen.[13] Dershowitz gibt zu, dass es eine „irgendwie willkürliche“ Entscheidung sei, die Grenze gerade hier zu ziehen. Es sei eindeutig ein Speziesismus, den man

---

[11] Alan Dershowitz, Rights from Wrongs, ch. 19 (Do Animals Have Rights?).

[12] Er hält es für denkbar, dass spätere Generationen diese Sicht aufgeben und dass neues Wissen über Tiere zu einer Aufhebung der Linie führen könnte. Ebd. S. 199.

[13] Ebd. S. 196f.

nur auf eine Weise rechtfertigen könne: Die Menschen machten die Regeln.[14]

Es muss zunächst klar gemacht werden, dass hier nicht einfach ein historischer Fehlschluss vorliegt. Ein historischer Fehlschluss liegt dann vor, wenn man daraus, dass oder wie etwas historisch entstanden ist, ableitet, dass es moralisch gerechtfertigt oder nicht gerechtfertigt ist. Ein Beispiel für einen historischen Fehlschluss wäre zum Beispiel: „Da Hitler Krebsvorsorge befürwortete und förderte, ist Krebsvorsorge moralisch abzulehnen." Einen historischen Fehlschluss begeht Dershowits nicht. Er schliesst nicht einfach von historischen Tatsachen auf moralische Normen, vielmehr geht er von moralischen Werterfahrungen aus. Er sieht moralische Rechte als Erfindungen, um Geschehnisse zu verhindern, welche kollektiv als fürchterliches Unrecht erfahren wurden. Letztlich haben wir hier eine Spielart von Intuitionsargumenten vor uns.

Aber auch wenn kein historischer Fehlschluss gemacht wird, liefert Dershowits noch keine Begründung. So einleuchtend dieses Argument in Bezug auf nationalsozialistische Gräueltaten scheint, so ist es doch mit einem Problem verbunden. Dass etwas kollektiv als Unrecht erfahren wird, heisst noch nicht, dass es Unrecht war. In den Südstaaten der USA erlebte man vor dem amerikanischen Bürgerkrieg das Vorgehen der Washingtoner Regierung und das Eingreifen in die Rechte der Sklavenhalter ebenfalls kollektiv als Unrecht, ob es ein Unrecht war, wäre aber noch zu klären. Wiederum ist notwendig, dass man angemessene Gründe angeben kann, wieso das Geschehen nicht nur abgelehnt wird, sondern abgelehnt werden muss. Im Falle der nationalsozialistischen Gräueltaten stehen solche Gründe zur Verfügung, die Ablehnung des Rassismus oder des Kollektivismus etwa. Aber selbst wenn historische Taten zu Recht moralisch verurteilt werden, muss in einem zweiten Schritt noch gezeigt werden, dass aus einer einhelligen Ablehnung die richtigen Lehren gezogen wurden.

Dies wird deutlich, wenn man das Beispiel auf unsere Ausgangsfabel überträgt. Sagen wir, die Srivani rechtfertigten ihr Tun auf folgende Weise: „In früherer Zeit haben die Srivani zwischen zwei Rassen der Srivani unterschieden. Eine galt als moralisch minderrangig und als Gefahr für die vermeintlich überlegene Rasse. Viele Srivani wurden damals verfolgt und ermordet, weil sie die falsche Hautfarbe hatten. Um einen Rückfall in diese Barbarei zu verhindern, sei die Annahme einer moralischen Gleichheit aller Scrivani ein absolutes und außer Disposition stehendes Tabu. Es bedurfte klarer Grenzen – und diese haben wir geschaffen." Rechtfertigt dies das Vorgehen der Srivani, Mitglieder anderer raumreisender Spezies in Experimenten einzusetzen? Die Crew der Voyager wird dies kaum akzeptieren und hätte im Dialog mit den Außerirdischen eine klare Antwort: „Dass alle Srivani als Gleiche angesehen werden, hat doch nicht zur Folge, dass alle ande-

[14] Ebd. S. 198.

ren Arten als minderwertig angesehen werden und keine Rechte haben dürfen. Das eine hat doch nichts mit dem anderen zu tun. Auch wenn es klarer Grenzen bedarf, ist die jetzige Grenzziehung nicht nachvollziehbar. Die Grenzen müssen woanders gezogen werden."

Auch Dershowits Überlegungen machen wiederum nur dann Sinn, wenn die Gleichheit aller Menschen und die niedrigere moralische Stellung aller Tiere vorausgesetzt wird. Denn ohne diese Voraussetzungen bleibt moralisch offen, wieso die Gleichheit aller Menschen durch eine absolute Demarkationslinie geschützt werden darf, welche zugleich die Tötung von Tieren zulässt. Auch hier liegt der Verdacht einer Petitio Principii nahe. Das Argument von Dershowitz ist nämlich nur dann schlüssig, wenn die Anerkennung von Tierrechten notwendig zur Aufhebung der Gleichheit aller Menschen führt und die Rechte von Menschen wichtiger sind als die Rechte von Tieren. Ist beides nicht der Fall, folgt aus der historischen Erfahrungen nämlich auch eine zweite Möglichkeit: Man muss den Gedanken der Tierrechte in einer Weise einführen, dass die Gräueltaten des Dritten Reichs nicht wiederholt werden.

Diese argumentative Vorsicht ist umso notwendiger, als solche Argumente schnell formuliert werden können. Nehmen wir nur folgendes Konstrukt: „Niemand will wieder erleben, dass Flugzeuge in Hochhäuser gesteuert werden und Tausende Menschen sterben Also müssen verdächtige Flugzeuge abgeschossen werden." Wieso soll dieses Argument schlechter sein als jenes „Niemand will wieder erleben, dass Menschen in zwei Klassen eingeteilt werden, wobei eine als lebenswerter gilt als die andere. Also muss eine eindeutige Grenze zwischen Mensch und Tier gezogen werden."? Ein denkbarer Grund ist, dass der Abschuss von Flugzeugen abgelehnt, aber eine eindeutige Grenze zwischen Mensch und Tier befürwortet wird. Aber damit rekurrierte man auf Urteile, die vor den historischen Erfahrungen bestanden haben. Letztere spielten für die Beurteilung nur eine Rolle: Sie bestätigten, was man immer schon wusste. Auch dies wäre eine Lehre aus der Geschichte – aber im Sinne einer Bestätigung, nicht in dem Sinne, in dem Dershowitz davon spricht: Dieser geht davon aus, historische Erfahrungen würden neue moralische Einsichten erschließen.

Die Befürchtung, klare Grenzen drohten zu verschwimmen, liegt weniger an der Formulierung von Tierrechten als am ethischen Individualismus. Wenn etwas gefährlich erscheinen muss, dann die Aufgabe des Gattungsbegriffs und die Zuwendung von Gattungsmerkmalen zu individuellen Eigenschaften. Die angemessene Lehre aus der Vergangenheit wäre dann natürlich nicht, auf Tierrechte zu verzichten. Denn das eigentliche Problem wäre ja der Individualismus. Wir haben dabei freilich drei Probleme.

Erstens bleibt offen, was dies mit den historischen Erfahrungen zu tun haben soll. Die Nationalsozialisten waren alles andere als ethische Individualisten, sondern Kollektivisten. Es ging in der nationalsozialistischen Ideologie gerade nicht darum, jeden als das zu sehen, was sie oder er ist. Im Gegenteil wurde jeder zunächst als Angehöriger einer Rasse gesehen. Und auch die Beurteilung individueller Eigenschaften erfolgte vor dem Hintergrund, dass bestimmte Individuen für die Rasse schädlich waren. Ein Rassist stellt die Rasse zudem über das Individuum. Das Wohl des einzelnen war dem Wohl der Rasse untergeordnet. Der ethische Individualismus, von dem oben die Rede war, ist dagegen ein Ansatz, der eher in einer englischen Denktradition verwurzelt ist. Es entstammt Ethikkonzeptionen, die gerade nicht von den Nationalsozialisten vertreten, ja als „jüdisch" abgelehnt wurden.[15] Allerdings könnte man betonen, die Lehre aus der Vergangenheit sei es, jede Theorie abzulehnen, welche den Bezug auf Gattungseigenschaften ablehne. Eine historische Erfahrung richtet sich damit nicht nur auf das Gedankengut der einstigen Täter, sondern auf alle, deren Denken in eine bestimmte Richtung führt.

Zweitens ist unklar, ob wirklich alle angemessenen Lehren aus der Vergangenheit gezogen wurden. Wenn wir keinen menschlichen Wesen moralische Rechte absprechen dürfen, weil sie nicht so klug und vernünftig sind wie der durchschnittliche erwachsene Mensch: warum darf man dann nichtmenschlichen Lebewesen solche Rechte aus dem Grunde absprechen, weil sie nicht so klug und vernünftig sind wie jene? Ist eine Lehre aus der Vergangenheit nicht ferner die Annahme, Individuen dürften nicht einfach ihrer Rechte beraubt werden, weil sie bestimmten Gruppen oder Rassen angehören? Aber dann wäre es ebenso fragwürdig, Individuen Rechte abzusprechen, nur weil sie bestimmten Arten zugehören. All dies deutet darauf hin, dass hier nicht offen gefragt wird, welche Lehren aus der Vergangenheit zu ziehen sind. Vergangene Untaten dienen vielmehr dazu, moralische Annahmen zu bestätigen, die man stets besaß.

Drittens hatten wir oben auf gute Gründe hingewiesen, einen ethischen Individualismus anzunehmen. Zum einen gibt es keine prinzipiellen, sondern nur graduelle Unterschiede zwischen Lebewesen verschiedener Arten. Zum anderen prägt es unser modernes moralisches Denken, dass es falsch ist anzunehmen, Wesen würden per Geburt in einen moralischen Stand hineingeboren. Aber diese Erwägungen werden Vertreter von Dammbruchargumenten nicht überzeugen. Vertreter des Arguments könnten die Verwendung des Gattungsbegriffs einfach als Praxisbegriff betonen. Genauso wie es naturwissenschaftlich hilfreich ist, von Arten zu sprechen, so verhelfe der Gattungsbegriff auf ethischer und rechtlicher Ebene zu einer klaren und eindeutigen Grenze. Selbst wenn man zustimmen würde (und es gibt gute

---

[15] Als „jüdisch" wurden auch bestimmte Denkweisen bezeichnet. Dass Moritz Schlick evangelisch war und keine jüdischen Vorfahren hatte, war deshalb kein Hindernis, ihn als Juden zu bezeichnen und seinen Mörder als Helden zu glorifizieren. Schlicks positivistischer Denkansatz galt als jüdisch.

Gründe, dieser Überlegung zuzustimmen), stünde weiterhin offen, wo die Grenze verlaufen soll. Man könnte für ebenso klare und ebenso eindeutige Grenzen plädieren, bei denen neben der Spezies Mensch auch alle anderen Menschenaffen, alle Primaten oder alle Säugetiere in die Gruppe moralisch Gleicher eingeschlossen würden. Wenn man so argumentiert, ist freilich offen, ob es wirklich ratsam ist, die Spezieszugehörigkeit zur Gattung Homo Sapiens als klare Trennlinie zu nehmen. Denn bei dieser Trennlinie ist die Gefahr, selbstbewussten und rationalen Wesen ein Recht auf Leben vorzuenthalten, größer als bei einer Trennlinie, welche etwa die großen Menschenaffen mit umfasst. Die von Dershowitz vorgeschlagene Grenze ist nur dann angemessen, wenn man nicht davon reden will, dass jenseits der Grenze selbstbewusste und rationale Wesen stehen oder wenn man überzeugt ist, diesen Wesen dürfe kein Recht auf Leben zugesprochen werden. Geht man nicht von diesen speziesistischen Urteilen aus (und es gibt keinen Grund, davon auszugehen), so ist die Grenze nicht bloß willkürlich, wie Dershowitz zugibt. Sie wird an der falschen Stelle gezogen.

Will man in der Ethik wirklich in der Art von Dershowitz argumentieren, müsste man zunächst analysieren, auf was sich die allgemeine Ablehnung bezieht. Ist dies adäquat geschehen, muss man, was noch schwieriger ist, in einem zweiten Schritt begründen, dass die angemessenen Lehren aus dieser Einsicht gezogen wurden. Eine solche historische Problemanalyse hat man freilich selten vor sich, wenn auf vergangene Untaten angespielt wird. Der Verweis auf die Vergangenheit wird vielmehr als Instrument gebraucht, um den eigenen moralischen Überzeugungen verstärkte Bedeutung und größere rhetorische Kraft zu geben.

2.5. Die Dysanalogie zum Rassismus- und Sexismusvorwurf

Auffällig ist freilich, welche Furcht Dershowitz besonders bestimmt. Es ist die Furcht, einige Menschen könnten so behandelt werden, wie wir heute Tiere behandeln. In eine ähnliche Richtung ging auch Halters Überlegung. Auch dieser warnt, schwerstbehinderte Menschen könnten als bloß empfindungsfähige Wesen behandelt werden und damit Rechte verlieren. Dies ist besonders deshalb von Interesse, da in den letzten Jahrzehnten immer wieder betont wurde, kein Autor und keine Autorin habe eine solche Behandlung im Sinne. Tierrechtler betonen stets, es gehe ihnen nicht darum, bestimmte Menschen abzuwerten, sondern alleine darum, andere Tiere aufzuwerten.

Auch die Erwiderung greift auf die Analogie zu Anti-Rassismus und Feminismus zurück. Feminismus und Anti-Rassismus fordern die Gleichberechtigung von Frauen bzw. die Gleichberechtigung von Menschen aller Rassen. Eine Diskriminierung auf Grund des Geschlechts oder der ethnischen Zugehörigkeit ist moralisch falsch. Antispeziesismus wird hier als der nächste und konsequente Schritt angesehen. Auch Diskriminierung auf Grund der Spezieszugehörigkeit soll nunmehr moralisch verboten sein.

Wenn man intraspezifische Diskriminierung (wie bei Rassismus) und interspezifische Diskriminierung (wie beim Speziesismus) gleichsetzt,[16] begeht man keinen Kategorienfehler. Es ist zwar richtig, dass man ohne logischen Widerspruch Speziesist, aber kein Rassist sein kann. Man kann jedoch auch ohne logischen Widerspruch Rassist, aber kein Chauvinist sein. Aber es geht nicht um Logik: Was der Antispeziesismus in Frage stellt, ist, dass hier moralisch relevante Kategorien vorliegen. Jene naturphilosophischen und religiösen Annahmen, die eine solche Kategorisierung erlauben, werden in Frage gestellt.[17]

Dennoch muss man mit der Rassismus- und Chauvinismus-Analogie vorsichtig sein. Sicher kann man Rassismus und Chauvinismus als Beispiele gegen den historischen Fehlschluss aufführen. Dass man lange glaubte, der Weiße sei anderen Menschen (auch weiblichen Weißen) in moralisch relevanter Hinsicht überlegen, heisst nicht, dass sie es sind. Was man jedoch nicht kann, ist zu argumentieren, dass nach Verurteilung von Rassismus und (sofern diese erfolgt ist) Überwindung des Chauvinismus die Beseitigung des Speziesismus die logische Konsequenz wäre.

Es muss nämlich auf eine wichtige Dysanalogie verwiesen werden. Die Argumentation von Anti-Rassistinnen und Feministinnen zielt darauf ab, dass Menschen anderer ethnischer Zugehörigkeit oder anderen Geschlechts auf jene moralische Säule gehoben werden sollen, auf denen der weiße Mann steht. Tierethiker suchen an diese Überlegung anzuschließen und argumentieren nun dafür, auch Angehörige anderer Spezies auf diese moralische Säule anzuheben. Aber genau hier liegt die Dysanalogie. Antirassismus und Feminismus argumentieren vor dem Hintergrund eines bestehenden Konzepts, das die moralische Gleichheit aller Menschen einfordert. Die Menschenrechtsdeklarationen sprachen von der moralischen Gleichheit aller Menschen. Antirassisten und Feministinnen konnten so vor dem Hintergrund eines allgemein bekannten und breit abgestützten Konzepts aus argumentieren und dessen Verwirklichung einfordern. In der Tat gibt es vor dem Hintergrund der Idee der Menschenrechte keine Rechtfertigung, Frau-

---

[16] Vgl. Schockenhoff, Zum moralischen und ontologischen Status des Embryo, S.17.

[17] Schockenhoff betont daher zu Recht die unterschiedlichen naturphilosophischen Annahmen dieser beiden Theorien und die metaphysische Fundierung eines normativen Menschenbegriffs. Wenn er eine naturalistische Philosophie als „angeblich metaphysikfrei" (ebd. S. 16) bezeichnet, verwischt er jedoch den eigentlichen Unterschied. Zwar kommt auch ein Naturalismus nicht ohne metaphysische Annahmen aus, aber durchaus ohne religiöse Annahmen und Dogmen. Hier wird der Begriff der Metaphysik im unterschiedlichen Sinn gebraucht.

en oder Menschen anderer ethnischer Zugehörigkeit moralisch ungleich zu behandeln. Chauvinisten und Rassisten mochten dagegen auf den seinerzeit bestehenden moralischen Common Sense und auf bestimmte biblische Textstellen verweisen. Aber langfristig setzt sich der Gedanke der moralischen Gleichheit aller Menschen durch. Wer allgemeine Menschenrechte einmal anerkannt hat, muss die logische Konsequenz sehen, dass auch Frauen und „Schwarzen" die gleichen Menschenrechte zukommen.

Der Antispeziesismus argumentiert dagegen notwendig auf zwei Ebenen. Auf der einen Seite will er zeigen, dass die Gattungszugehörigkeit moralisch der Rassenzugehörigkeit oder dem Geschlecht in einer entscheidenden Hinsicht gleicht. Es handelt sich um eine biologische Eigenschaft, die (nur in Ausnahmefällen) moralisch relevant ist. Auf der anderen Seite widerspricht der Antispeziesist aber der Doktrin der moralischen Sonderstellung des Menschen. Damit greift der Antispeziesismus gerade jene Pfeiler an, die den Gedanken einer moralischen Gleichheit aller Menschen stützen: die Konzeption von *Menschen*rechten oder einer *Menschen*würde. Die antispeziesistische These, man wolle andere Tiere aufwerten, aber keinen Menschen abwerten, kann so nicht beruhigen. Denn die Negierung einer moralischen Sonderstellung des Menschen wird ja gerade als Angriff auf jenen Pfeiler angesehen, auf dem der Wert des Menschen beruht. Darf der schwerstbehinderte neugeborene Mensch nicht mehr einfach als Gattungswesen oder als Gottes Ebenbild gesehen werden, so wird fraglich, welche moralischen Rechte er hat. Gilt für jemanden die Menschenwürde sogar als Fundament, aus dem alle anderen moralischen Rechte erwachsen, so sieht er bei Fortfall dieses Fundaments überhaupt keinen Grund mehr, irgendeinem Wesen einen herausgehobenen Status zu geben. Daher die Furcht, dass bei Fortfall der Menschenwürde Menschen so behandelt werden, wie heute Tiere behandelt werden.

Allerdings setzt diese Furcht voraus, dass es nur eine Begründung moralischer Rechte geben kann, jene über die Menschenwürde. Dies ist jedoch eine Glaubensannahme, welche alternative theoretische Möglichkeiten ignoriert. Auch wenn es nicht mehr möglich ist, Speziesist zu sein, kann es möglich sein, ein Recht auf Leben, auf körperliche Integrität und andere moralische Rechte zu begründen. Soweit sind wir aber noch nicht. Vielmehr sind wir in der Situation, in der wir nichts mehr sagen können, weder, dass alle empfindungsfähigen Wesen moralische Rechte haben, noch dass diese einigen zukommen oder keinen. Ebenfalls ist offen, ob der Gedanke der moralischen Gleichheit aller Menschen aufgegeben werden muss.

Bisher haben wir ein ausschliesslich negatives Ergebnis. Die Idee der moralischen Gleichheit aller Menschen wird von zwei Pfeilern getragen, die sich als brüchig erwiesen haben. Das bisherige sich auf Gattungen beziehende Wertesystem wurde damit erschüttert, ja zurückgewiesen. In der Tat fordert ein Antispeziesismus zu einem Umdenken auf, das die gesamte

Ethik betrifft. Eine Ethik, in welcher der Mensch nicht als etwas Besonderes behandelt wird, ist keine Erweiterung bestehender Theorien, er fordert zu einem grundlegenden Neudenken auf. In der Tier- und Umweltethik geht es nicht nur um Fragen des Umgangs mit dem Tier oder der Natur. Es geht um das Ganze.

3.
„WÜRDE DER KREATUR"

In der Volksabstimmung vom 17. Mai 1992 haben drei Viertel der Stimmbürger und mit Ausnahme eines Kantons alle Stände in der Schweiz den Verfassungsartikel 24^{novies} angenommen, der allgemeine Grundsätze für die gesetzliche Regelung der Gentechnik und Fortpflanzungsmedizin aufstellt. Absatz 3 dieses Artikels, der den ausserhumanen Bereich betrifft, lautet:

> Der Bund erlässt Vorschriften über den Umgang mit Keim- und Erbgut von Tieren, Pflanzen und anderen Organismen. Er trägt dabei der Würde der Kreatur sowie der Sicherheit von Mensch, Tier und Umwelt Rechnung und schützt die genetische Vielfalt der Tier- und Pflanzenarten.

In der im Jahr 1999 total revidierten Version der Verfassung findet sich der Absatz in Artikel 120. In der französischen Fassung wurde der 1992 gewählte Begriff „la dignité de la créature" in der Verfassungsrevision durch „intégrité des organismes vivants" ersetzt.[1] Im Folgenden lasse ich aussen vor, dass die Schweizer Verfassung damit auch von „intégrité" spricht. Ursprünglich wurde der Gedanke in deutscher Sprache formuliert. Zudem wurde auch in der relevanten Volksabstimmung von 1992 stets von „dignité de la créature" gesprochen.

Genauso wie der im deutschen Tierschutzrecht benutzte Begriff der Mitgeschöpflichkeit hat der Begriff der Würde der Kreatur theologische Wurzeln.[2] In der Schweiz gilt Karl Barth als jener Autor, der ihn in die Diskussion einführte. Barth vertrat 1947 die Ansicht, Tieren und anderen Mitgeschöpfen käme eine eigene und schutzwürdige Würde zu.[3] Damit nimmt er

---

1 Dieser Änderungsvorschlag kam weder vom Bundesrat, noch von National- oder Ständerat. Er wurde im Sprachbüro entwickelt, das die verschiedenen Sprachversionen der Schweizer Verfassung und Gesetze erarbeitet. Das Sprachbüro verwies zur Begründung, dass die bisherige französische Redeweise nicht mit dem allgemeinen Sprachgefühl zu vereinbaren sei. Bei der Neuaufnahme einer „Integrität" stützte es sich auf Diskussionen in den Niederlanden und in Dänemark, wo im Zusammenhang mit transgenen Tieren auch von möglichen Verletzungen der „Integrität" von Lebewesen die Rede war. Vgl. zu diesem Punkt die Stellungnahme der Eidgenössischen Ethikkommission für Gentechnik im ausserhumanen Bereich: Französische Version von §120 BV,

2 „Würde der Kreatur" ist ein Ausdruck, welcher die emotionale und symbolische Kraft religiöser Sprache nutzt. Der Text der 1998 abgelehnten Genschutz-Initiative ersetzte „Kreatur" durch „Lebewesen". Hierin folgte das Übersetzungsbüro der Initiative, als es bei der Verfassungsrevision statt von „créature" von „organisme vivant" spricht.

3 Vgl. Barantzke, Würde der Kreatur?, S. 287-292.

auf eine theologische Tradition Bezug, welche zwei Würde-Konzepte kennt. Die dem Mitgeschöpf zukommende Würde (Bonitas) wird von jener des Menschen unterschieden, der als gottesebenbildliches Wesen auch Träger von Würde im Sinne der Dignitas ist[4].

Ins Recht wurde der Begriff der Würde der Kreatur erstmals 1980 übertragen, als der Kanton Aargau ihn in die Kantonalverfassung aufnahm. Schon hier, aber verstärkt seit der Übernahme des Begriffs in die Bundesverfassung stellte sich Frage, wie der Begriff in Gesetzen und Verordnungen konkretisiert werden kann.[5] In diesem Kontext sind insbesondere zwei Fragen von Bedeutung:

1. Welchen Wesen wird eine Würde zugesprochen? Hier geht es um die Extension des Begriffs „Kreatur“.
2. Was bedeutet es, in Bezug auf nicht-menschliche Wesen von Würde zu sprechen? Hier geht es um die Intension[6] des Begriffs „Würde“.

Die Diskussion der *Extension des Begriffs „Kreatur“* beantwortet die Frage, welchen Wesen eine Würde zukommt. Dies kann (für die Schweiz) aus einer rechtssystematischen Sicht oder einer ethischen Sicht betrachtet werden.

Rechtssystematisch wird der Begriff der Würde der Kreatur vorwiegend in einer biozentrischen Sichtweise verortet. Folgt man dem hier einschlägigen Kommentar zur Bundesverfassung[7] und dem Gutachten von Ina Praetorius und Peter Saladin[8], bezieht sich der rechtliche Begriff der Kreatur bzw. der „organismes vivants“ einerseits offensichtlich auf individuelle und nicht auf kollektive natürliche Einheiten (als solche versteht Saladin Arten, Biotope und Ökosysteme). Andererseits ist auch relativ unstrittig, dass Menschen nicht, Tiere *und* Pflanzen aber in jedem Fall als Kreaturen im rechtlichen Sinn gelten. Der Rechtsbegriff der „anderen Organismen“ umfasst die Prokarytoae (Bakterien), die Protoctista (Algen, Schleimpilze, Protozoen usw.) und die Fungi (Schimmelpilze, Hutpilze, Flechten usw.).

Diese Erwägungen sind für die *ethische* Diskussion aber ohne systematische Bedeutung. Die grundsätzliche Frage nach den Objekten der Moral

---

[4] Vgl. zu diesen beiden ideengeschichtlichen Würdetraditionen allgemein: Barantzke, Würde der Kreatur?.

[5] Vgl. hierzu insbesondere, Errass, Öffentliches Recht der Gentechnologie, S. 145ff.

[6] Bei der Begriffsextension geht es um den Umfang eines Begriffes, also um die Frage, welche Menge von Objekten unter einen Begriff fallen. Die Begriffsintension (oder der Begriffsinhalt) bezeichnet die Menge aller Eigenschaften, welche einen Begriff auszeichnen. Es geht um jene Merkmale, die ein Objekt besitzen muss, damit es dem Begriff zugeordnet werden kann. Die Begriffsintension von „Junggeselle“ umfasst die Merkmale „Unverheiratet“ und „Erwachsener Mann (der Gattung Homo Sapiens)“. Die Menge aller lebenden ledigen Männer stellt die Extension des Begriffs dar.

[7] Schweizer & Saladin, Kommentar zu Art. 24novies, S.61f.

[8] Praetorius & Saladin, Die Würde der Kreatur, S. 80ff.

kann nicht dadurch entschieden werden, dass man Gesetzestexte eines Landes deutet. Man müsste aufzeigen, dass die rechtssystematisch ermittelte Position ethisch begründet ist. Dies gilt umso mehr, da es nicht allein darum geht, welche Wesen moralische Objekte sind, sondern mehr noch, welchen Wesen eine Würde zukommt.

Um diese Frage zu klären, müssen wir freilich zunächst mehr von der Intension des Begriffs „Würde" wissen. Ob *nur* Tieren, Tieren *und* Pflanzen oder *allen* Lebewesen Würde zuzusprechen ist – in jedem Fall ist zu klären, was unter Würde zu verstehen ist. Damit rückt freilich auch in den Blickpunkt, wie sich die „Würde der Kreatur" zur „Menschenwürde" verhält. Haben beide Begriffe einen gemeinsamen Bedeutungskern, geht es in beiden Ausdrücken im selben Sinne um eine Würde oder nicht? Da das Würdeverständnis unserer Common Sense-Moral durch eine spezifische Konzeption der Menschenwürde geprägt ist, muss im Folgenden auch etwas zum Begriff der Menschenwürde gesagt werden.

3.1 Zweierlei Würde?

Bezüglich der Frage, ob ein inhaltlicher Zusammenhang zwischen Würde der Kreatur und Menschenwürde besteht, werden in der Diskussion zwei Auffassungen vertreten:

In der ersten Auffassung – im Folgenden nenne ich dies die diskriminatorische Sichtweise – wird die Würde der Kreatur von der Menschenwürde unterschieden. Lebewesen wird demnach eine Würde zugeschrieben, die unabhängig vom Begriff der Menschenwürde zu deuten ist. Gemeinsam ist der Würde der Kreatur und der Menschenwürde, dass sie auffordern, bestimmte Lebewesen zu respektieren und zu achten. Ansonsten unterscheiden sich die beiden Würdebegriffe sowohl vom Inhalt als auch vom Gewicht her. Würde der Kreatur wird dabei als ein Konzept aufgefasst, das eine Güterabwägung nicht ausschliesst.[9] Wird ein Lebewesen geschädigt, so liegt eine Missachtung der Würde nur dann vor, wenn dieser Eingriff nicht durch überwiegende Güter gerechtfertigt werden kann. Letztlich wird die Würde damit in ein konsequentialistisches Denksystem eingebettet. Da Lebewesen eine Würde haben, ist eine Schädigung derselben ein (negativer) Wert, der gegenüber anderen (positiven) Werten abzuwägen ist.

---

[9] Vgl. hierzu Balzer, Rippe & Schaber, Menschenwürde vs. Würde der Kreatur, Eidgenössische Ethikkommission für die Biotechnologie im Ausserhumanbereich, Die Würde des Tieres, sowie dies., Die Würde der Kreatur bei Pflanzen, sowie Errass, Öffentliches Recht der Gentechnologie, S. 153.

Zu Gunsten der diskriminatorischen Auffassung werden zwei Argumente vorgebracht.

- Es wird darauf verwiesen, dass sich die Achtung der Menschenwürde inhaltlich auf Punkte bezieht, welche nur vernunftbegabte oder individuell vernünftige Wesen schädigen. Eine vollkommene Instrumentalisierung, eine Demütigung oder Erniedrigung verletzten nur Wesen, welche sich selbst achten können. Um Selbstachtung empfinden zu können, sei aber unter anderen ein normatives Konzept seiner selbst notwendig: also ein Bewusstsein davon, wie man selbst sein und erscheinen will. Bei den meisten Tieren fehle aber ein solches normatives Verständnis ihrer Selbst. Wer so argumentiert, betont freilich die Würde von Personen, nicht jene des Menschen. Nur wenn alle Menschen qua Gattungseigenschaft Personen wären, könnte man hier von Menschenwürde sprechen. Die naturphilosophischen Probleme dieser Position habe ich oben bereits ausgeführt.
- Ferner wird betont, dass es nicht mit unserer Alltagsmoral zu vereinbaren sei, Tieren und anderen Lebewesen eine gleiche Würde wie dem Menschen zuzusprechen. Würde man dies tun, hätte dies weit reichende Folgen für das alltägliche Leben. Denn nicht nur Tierversuche und Fleischkonsum wären verboten, sondern alle Praktiken, für die wir Tiere nutzen. Käme nicht nur Tieren, sondern allen Lebewesen gleiche Würde zu, würden nahezu die gesamte Lebensmittelproduktion, aber auch Gartenbau und Landschaftsgestaltung zu einer moralisch fragwürdigen und begründungswürdigen Angelegenheit. Da dies nicht gemeint sein könne – und (für die Schweizer Diskussion) es der Verfassungsgeber so nicht gemeint haben könne – sei die Würde der Kreatur als ein Konzept aufzufassen, das eine Güterabwägung zulässt.

Die zweite – nennen wir sie die unitatorische – Auffassung betont, dass die eben geschilderte Interpretation der Würde der Kreatur, welche Güterabwägungen zulässt, nichts mit dem zu tun habe, um was es bei der Rede von Würde gehe. Es sei Kernbedeutung des Begriffs der Würde, dass die Achtung vor der Würde verlangt, in bestimmten Situationen von einer Güterabwägung abzusehen. Die Achtung der Menschenwürde ist in diesem Verständnis in eine deontologische Moralkonzeption eingebunden, und zwar in eine strikte Version der Deontologie, welche unbedingte Unterlassungspflichten kennt: Bestimmte Handlungen, welche die Menschenwürde missachten, sind stets und unbedingt zu unterlassen.[10] Bei der Würde der Kreatur müsse es, so diese zweite Auffassung, ebenfalls um etwas gehen, das

[10] Eine moderate Version der Deontologie würde dagegen sagen, dass ethische Normen nicht absolut, sondern prima facie gelten. Dies wäre die Position von W.D. Ross. Vgl. Ross, The Right and the Good, S. 18-36.

nicht einfach Güterabwägungen unterworfen werfen dürfe. Genauso wie bei der Menschenwürde müsste man dann bestimmte Handlungen ausmachen können, die als Missachtung der Würde unbedingt unterlassen werden müssten.

Ist zum Beispiel die Tötung eines Tieres eine Missachtung der Würde der Kreatur, so hat diese Tötung gemäß dieser Würde-Konzeption unbedingt zu unterbleiben. Kein noch so guter Zweck kann dann rechtfertigen, einem Tier das Leben zu nehmen. In diese Richtung argumentiert Tom Regan, der allerdings nicht den in der angelsächsischen Philosophie lange Zeit[11] randständigen Begriff „dignity" gebraucht, sondern von „inherent value" spricht.[12] Kommt allen Lebewesen eine solche Würde zu, hätte dies noch weitreichendere Folgen. Denn dann würden auch bestimmte Handlungen gegenüber Pflanzen zu etwas, das durch unbedingte Unterlassungspflichten verboten wäre.

Die beiden Auffassungen verweisen jeweils auf Common Sense-Auffassungen, die erste auf unsere Alltagsmoral gegenüber Tieren und anderen Lebewesen, die zweite auf unsere sprachliche Intuition, dass der Respekt gegenüber der Würde mit unbedingten Unterlassungspflichten in Verbindung steht. Würde ist etwas, dass solchem Aushandeln, ja, jedem menschlichen Zugriff entzogen ist. Die erste Seite hält der unitatorischen Ansicht vor, unrealistische und absurde moralische Forderungen aufzustellen. Die zweite Seite erhebt den Gegenvorwurf, dass die diskriminatorische Auffassung den Begriff der Würde aushöhlt und seiner eigentlichen Bedeutung beraubt. Ginge es allein um die Deutung eines Schweizer Verfassungsartikels, könnte man den Streit dadurch zu entscheiden suchen, dass man durch eine Analyse der öffentlichen und parlamentarischen Diskussion den Willen des Souveräns zu ermitteln sucht. Da es hier aber um die Frage geht, welche Interpretation aus ethischer Sicht die richtige ist, kann man diesen Weg nicht einschlagen. Man muss versuchen, den Streit in anderer Hinsicht zu schlichten. Geht es um Übereinstimmung mit unseren moralischen Intuitionen und um Kohärenz der beiden Positionen, muss man hier eine Pattsituation diagnostizieren. Will man über diese Pattsituation hinauszugelangen, muss man sich auf eine tiefere Diskussionsebene begeben.

Um dies zu tun, werde ich zunächst näher auf den Begriff der Menschenwürde eingehen. Vor diesem Hintergrund werde ich die Intension des Begriffs „Würde" umreissen und vier Merkmale herausarbeiten, welche die Kernbedeutung des Begriffs kennzeichnen (3.2). In einem zweiten Schritt werde ich auf die Frage eingehen, ob ein Element dieses Bedeutungskerns, die Einforderung von unbedingten Unterlassungspflichten, intersubjektiv

---

[11] In den Vereinigten Staaten hat der von Bush berufene „President's Council of Bioethics" dem Begriff der Menschenwürde in jüngerer Zeit verstärkt Bedeutung gegeben. Vgl. President's Council, Human Dignity and Bioethics.

[12] Regan, The Case for Animal Rights, S. 235ff.

begründet werden kann. Dies werde ich bestreiten (3.3). In einem dritten Schritt werde ich auf den obigen Streit zurückkommen und die These verteidigen, dass beide Seiten im Unrecht sind (3.4). Wir müssen eine dritte Antwort suchen.

3.2 Die Leitidee: Menschenwürde

Was unter der Würde des Menschen zu verstehen ist, ist notorisch strittig. Auch wenn der Begriff in den letzten beiden Jahrhunderten eine zunehmende Rolle im öffentlichen moralischen Diskurs eingenommen hat, ist unklar, was als Missachtung der Menschenwürde zu verstehen ist. Wir kennen diese Klage bereits aus dem 19. Jahrhundert. Arthur Schopenhauer schreibt:

> Der Ausdruck „Würde des Menschen“, einmal von Kant ausgesprochen, ist das Schibboleth aller rat- und gedankenlosen Moralisten geworden. (Er gehört zu den) hohlen Redensarten, den Hirngespinsten und Seifenblasen der Schulen, zu Prinzipien, denen die Erfahrung bei jedem Schritte hohnspricht und von welchen außerhalb der Hörsäle kein Mensch etwas weiß, noch jemals empfunden hat. [13]

In ähnlicher Weise klagt Dieter Birnbacher im 20. Jahrhundert von einem „inflationären“, „beliebigen“ Gebrauch und von „eigentümlichen Unklarheiten und Mehrdeutigkeiten.“[14] Wer in einem Moralverständnis aufgewachsen ist, das den Begriff der Menschenwürde in das Zentrum stellt, mag diese Kritik kaum nachvollziehen können. Aber genau darauf spielt Schopenhauers Wortwahl an. Nicht zufällig spricht er von einem „Schibboleth“. Ein Schibboleth ist ein Ausdruck einer Sprache, den Fremdsprachige nicht angemessen aussprechen können (wie das Schweizerdeutsche Wort „Chuchichäschtli“.) Er kann daher als Erkennungszeichen und Kennwort benutzt werden, um Einheimische und Fremde auseinander zu halten und Freund und Feind zu unterscheiden.[15] Im selben Sinne gibt es Personen, die mit dem Ausdruck „Menschenwürde“ aufwuchsen, und solche, denen dieser

---

[13] Schopenhauer, Preisschriftt über die Grundlage der Moral, S. 522.

[14] Birnbacher, Mehrdeutigkeiten im Begriff der Menschenwürde, S.4.

[15] Der Begriff leitet sich von einer im Alten Testament, Buch Richter Kapitel 12 Vers 5ff. festgehaltenen Legende ab. Im Buch Richter heisst es: „Und wenn ephraimitische Flüchtlinge (kamen und) sagten: Ich möchte hinüber! fragten ihn die Männer aus Gilead: Bist du ein Ephraimiter? Wenn er nein sagte, forderten sie ihn auf: Sag doch einmal „Schibboleth“. Sagte er dann „Sibboleth“, weil er es nicht richtig aussprechen konnte, ergriffen sie ihn und machten ihn dort an den Fluten des Jordan nieder. So fielen damals zweiundvierzigtausend Mann am Ephraim.“

Begriff von ihrer moralischen Sozialisation her zunächst fern steht und welche sich dem Begriff behutsam annähern müssen.

Wenn ich oben davon sprach, dass der Begriff der Menschenwürde erst in den letzten zweihundert Jahren an Bedeutung gewann, ist dies erklärungsbedürftig. Denn wir haben hier eigentlich einen sehr alten Begriff. Dass dem Menschen als Menschen eine besondere Würde zukommt, wurde zum ersten Mal in der griechischen Philosophie formuliert. Dieser Gedanke geht auf die Stoa zurück. „Würde" war bis dahin etwas, das einzelnen Personen auf Grund ihrer gesellschaftlichen Stellung oder ihres Reichtums zukam. Ein Senator hatte aufgrund seiner gesellschaftlichen Stellung eine Würde, die andere Personen zu achten hatten. Die stoischen Philosophen betonten, dass es neben dieser sozialen auch eine natürliche Würde gibt, die allen Menschen von Natur aus zukommt. Denn alle Menschen sind vernunftbegabt. Sie verfügen als Menschen über das Gattungsmerkmal der Vernunft. Alle Menschen haben damit einen Anspruch auf Achtung und Respekt. Das Besondere dieser Konzeption lag darin, dass die Gleichheit aller Menschen betont wurde. Alle Menschen sind in moralischer Hinsicht Gleiche. Es geht um „gleiche Achtung und gleichen Respekt". Dies ist der *erste Bedeutungskern* der Menschenwürde.

Die Würde eines Menschen ist unabhängig von seinem Reichtum, seinen Fähigkeiten, seinem Alter, Geschlecht, seiner Religion oder seinem Gesundheitszustand. Sie wohnt Menschen als Menschen inne. Würde ist daher nichts, was Menschen verlieren oder verwirken können. Sie kommt ihnen immer und jederzeit zu. Man sagt daher auch, Menschenwürde sei unveräußerlich. In der Ethik bezeichnet man in diesem Sinne die unveräußerliche Würde als inhärente (deutsch: innewohnende) Würde. Dies ist der *zweite Bedeutungskern* der Menschenwürde. Im Gegensatz dazu kommt die soziale Würde Menschen nur aufgrund eines sozialen Rangs oder anderer Eigenschaften zu, die ihm der Zufall der Geschichte für eine gewisse Zeit zuwies. Man spricht hier von kontingenter Würde.

Diese stoische Position wird in der christlichen Tradition weiter getragen. Sie wird jedoch in einen neuen Kontext gestellt. Es bleibt, dass weiterhin Vernunft und freier Wille[16] als Gründe genannt werden, wieso Menschen Würde zukommt. Daneben wird insbesondere die Lehre von der Gottesebenbildlichkeit des Menschen mit der Vorstellung der Menschenwürde verbunden. In stoischem wie christlichem Denken erwächst die Vorstellung einer Achtung der Würde des Menschen letztlich vor dem Hintergrund der Achtung von etwas über den individuellen Menschen Hinausgehenden: in der stoischen Ethik ist dies die Achtung der Weltvernunft, in der christlichen die Achtung vor dem Schöpfer und Richter allen Lebens. Denn warum verdient der Mensch Achtung? Weil er Ausdruck der Weltvernunft oder

[16] Einflussreich ist hier insbesondere: Augustinus, De libero arbitrio III 15.

Gottes Ebenbild ist. Man verdient Achtung, weil der Weltvernunft oder Gott Achtung – oder sogar Ehrfurcht – geschuldet wird.[17]

In der ethischen Tradition bildete sich noch ein *dritter Bedeutungskern* des Begriffs der Menschenwürde heraus. Demnach bezieht sich die Rede von Würde auf etwas Unverhandelbares und Unverfügbares. Für uns heutige ist insbesondere die Formulierung Kants prägend, dass Würde keinen Preis habe. Es gehört demnach zur Intension des Begriffs „Würde“, dass bestimmte Güterabwägungen ausgeschlossen und ethisch strikt verboten sind. Kommt die Würde des Menschen ins Spiel, verbietet sich eine Abwägung gegen nicht-moralische, ja sogar gegen moralische Güter.

Die Einigkeit darüber, was Menschenwürde im Kern bedeutet, und den klaren Antworten, warum Menschen Würde zukommt (auf Grund ihrer Vernunftsnatur und/oder der Gottesebenbildlichkeit), steht in der Tradition eine Uneinigkeit und Unklarheit gegenüber, wenn es darum geht, was als Missachtung der Menschenwürde zu verstehen ist.[18] Nehmen wir die Beurteilung der Todesstrafe als Beispiel: Befürworter stützen sich auf eine Sicht, die etwa in Genesis 9, Vers 6 zum Ausdruck kommt. „Wer Menschenblut vergießt, dessen Blut soll auch durch Menschen vergossen werden; denn Gott hat den Menschen zu seinem Bilde gemacht.“ Der Mörder greift, so diese erste Sicht, in Gottes Recht ein, Herr über Leben und Tod zu sein. Er verliert damit den Schutzanspruch der Würde, oder, wie missverständlich formuliert wird, er verliert dadurch seine Würde. Die Zulassung der Todesstrafe ist demnach mit dem Gedanken der Gottesebenbildlichkeit und Achtung der Menschenwürde zu vereinbaren. Eine zweite Sicht argumentiert auf derselben Basis, betont aber, dass Menschenwürde und Todesstrafe nicht zu vereinbaren sind: Weil auch der Täter Gottes Ebenbild ist, bleibt die Abschaffung der Todesstrafe ein Gebot, die Menschenwürde anderer zu achten. Immanuel Kant folgt selbst der älteren Sichtweise und spricht sich für die Todesstrafe aus. Sie ist für ihn mit dem Respekt vor der Autonomie der Person zu vereinbaren. Moderne Kantianer würden sich der zweiten Sicht anschließen. Das Problem ist jedoch, auf welcher Basis man entscheiden soll, was nun wirklich aus dem Gedanken der Menschenwürde folgen soll. Einfach jene Auffassung zu wählen, die man selbst bevorzugt, bringt einen keinen Schritt weiter. Denn andere könnten gemäß der eigenen Vor-

---

[17] Wie im ersten Kapitel aufgezeigt, taugen diese stoischen und christlichen Pfeiler nicht mehr, einen besonderen Wert, eine Würde des Menschen zu begründen. Als Justifikationsprinzip scheitert Menschenwürde bereits an der fehlenden Begründbarkeit. Vgl. hierzu auch Ach, Warum man Lassie nicht quälen darf, S. 161-170.

[18] Die unterschiedlichen Kataloge möglicher Menschenwürdemissachtungen können hier nicht vollständig genannt werden. Zumindest genannt werden soll der Katalog des 2. Vatikanischen Konzils. Es finden sich dort Abtreibung, Sterbehilfe und Mord, daneben aber auch Völkermord und Verletzungen der Unantastbarkeit der Person (Verstümmelung, Folter, psychischer Zwang). Kant nannte noch Suizid und Lüge, schloss aber neben der Todesstrafe auch die Abtreibung aus dem Katalog aus).

lieben einfach die alternative Auffassung wählen, ohne dass die eine oder andere Wahl als falsch bezeichnet werden könnte. Gibt es aber keine Möglichkeit, kritisch nachzuvollziehen, welche dieser beiden Ansichten zur Vereinbarkeit von Todesstrafe und Menschenwürde richtig ist, so erweist sich der Rekurs auf das Konzept der Menschenwürde als problematisch. Die Anrufung der Menschenwürde wird, dies der oben zitierte Vorwurf, zu etwas Willkürlichem und Beliebigem.

Ob Menschenwürde ein brauchbarer Rechtsbegriff ist, wäre damit fraglich. Allerdings ist sinnvoll, hier die neuere Geschichte des Menschenwürdegedankens in den Blick zu nehmen. Nachhaltige Wirkung entfaltet die Vorstellung einer moralischen Gleichheit aller Menschen erst im neuzeitlichen Recht. Vor allem die Vorstellung gleicher Menschenrechte spielt hier eine zentrale Rolle. Interessanter- und vielleicht auch bezeichnenderweise verzichten die wichtigsten Menschenrechtsdokumente zunächst auf die Nennung der Menschenwürde. Weder die amerikanische „Bill of Rights" noch die französische Menschenrechtserklärung gebrauchen diesen Begriff. Paragraph 1 der von der Pariser Nationalversammlung 1789 verabschiedeten Erklärung lautet wie folgt: „Die Menschen werden frei und gleich an Rechten geboren und bleiben es." Der Begriff Würde ist für die Verfassungsväter zu sehr mit der Vorstellung der sozialen Würde und der Inanspruchnahme besonderer Rechte durch weltliche und geistige Würdenträger verbunden, zudem zeigt sich hier sehr stark die Verwurzelung im Denken der Aufklärung. Erst die 1948 verabschiedete Menschenrechtserklärung der Vereinten Nationen verbindet diesen Gedanken ausdrücklich mit dem Begriff der Würde.[19] Paragraph 1 der UN-Charta des Jahres 1948 lautet: „Alle Menschen sind frei und gleich *an Würde* und Rechten geboren. Sie sind mit Vernunft und Gewissen begabt und sollen einander im Geist der Brüderlichkeit begegnen." (Hervorhebung durch den Verfasser) Die Nennung der Würde hat nicht zuletzt eine symbolische Funktion: es ist eine Antwort auf die in der ersten Hälfte des letzten Jahrhundertes erlebten Unmenschlichkeiten. Der Gedanke der Menschenwürde wird nunmehr nicht mehr mit Verboten wie der Lüge, des ausserehelichen Geschlechtsverkehrs und der Tötung (inklusive des Suizids und der Sterbehilfe) verbunden, sondern zunehmend mit Folter, der Ausrottung bestimmter Gruppen, der Unterwerfung unter unmenschliche oder erniedrigende Strafe oder Behandlung, Brandmarkung oder Vernichtung so genannt unwerten Lebens. Man kann diskutieren, ob hier ein alter Begriff inhaltlich neu interpretiert und definiert wird oder ein neuer Sachverhalt mit dem Etikett eines alten Moralbegriffs versehen wird. Wie dem auch sei, hat sich hier historisch *eine vierte Kernbedeutung* herausgeschält. Nicht mehr Lüge, sondern Handlungen, in denen andere Menschen persönlich oder als Angehörige einer Gruppe erniedrigt werden, gelten als paradigmatische Beispiele für Verletzungen der Menschenwürde. Im letzten

[19] Vgl. hierzu: Tiedemann, Was ist Menschenwürde?, S. 13ff.

Jahrhundert findet der Begriff dann zunehmend in die Verfassungen vieler Länder und in zahlreiche andere internationale Abkommen Eingang. Insbesondere im deutschen Grundgesetz bildet die Menschenwürde – unter dem Eindruck der nationalsozialistischen Gräueltaten – den Mittelpunkt des Wertesystems der Verfassung. 1992 wurde der Begriff der Menschenwürde im Kontext eines Artikels zur Fortpflanzungsmedizin auch in der Schweizer Verfassung verankert – im selben Jahr, in dem auch die Würde der Kreatur aufgenommen wurde. In der Neurevision der Verfassung wurde die Menschenwürde neu in Artikel 7 verankert. Dort heißt es: „Die Würde des Menschen ist zu achten und zu schützen.“ Die im deutschen Grundgesetz gebrauchte Rede, die Würde des Menschen sei unantastbar, findet sich dort nicht.

Um die Beziehung der beiden Begriffe Menschenwürde und Würde der Kreatur angemessen wiederzugeben, muss eine der vier Kernbedeutungen der Menschenwürde näher angeschaut werden. Diese vier Kernbedeutungen sind:

1. Der moralische Anspruch auf gleiche Achtung und gleichen Respekt
2. Die Unveräußerlichkeit der Würde, also die Lehre, dass man den Anspruch auf gleiche Achtung und gleichen Respekt weder verlieren noch verwirken kann
3. Der Ausschluss von Güterabwägungen, also die Lehre, dass bestimmte Handlungen als Missachtung der Menschenwürde absolut verboten sind
4. Der Anspruch, nicht als Person oder als Angehöriger einer Gruppe erniedrigt zu werden

Wenn wir die vier Kernbedeutungen nehmen, ist heute insbesondere die dritte strittig. Gerade die Übertragung dieser dritten Kernbedeutung von Menschenwürde auf Würde der Kreatur hätte freilich weitgehende Folgen. Die obige Auseinandersetzung um die Intension der Rede von einer „Würde der Kreatur“ betrifft insbesondere diesen Punkt. Die unitatorische Ansicht sucht die ersten drei Bedeutungskerne auf die Würde der Kreatur zu übertragen. Das Problem dieser Position ist freilich, dass die dritte Kernbedeutung, wie ich zeigen werde, auch bezüglich der Menschenwürde nicht intersubjektiv zu begründen ist. Damit besteht aber auch kein Grund, diesen Bedeutungskern auf die „Würde der Kreatur“ zu übertragen.

3.3 DIE IDEE ABSOLUTER UNTERLASSUNGSPFLICHTEN

Ob es Handlungen gibt, die in jedem Kontext (also absolut) schlecht und zu unterlassen sind, ist eine Frage, die innerhalb der Ethik seit langem kontrovers diskutiert wird. In dem Kontext der Diskussion um diese Position des ethischen Absolutismus werden eine Reihe jener Gedankenexperimente vorgebracht, die Leserinnen und Leser von Texten zur philosophischen Ethik oft irritieren. In einem Beispiel geht um einen fetten Mann, der im Höhlenausgang stecken bleibt und somit die Rettung einer ganzen Schulklasse bedroht. Leider können Lehrer und Kinder nicht warten, bis der Mann abgenommen hat, denn in die Höhle dringt unaufhaltlich Wasser ein. Die einzige Rettung für die Gruppe wäre, eine Stange Dynamit zu benutzen, um den Höhleneingang frei zu sprengen, womit sie freilich den fetten Mann töten würden. Die Frage ist, ob der Lehrer das Dynamit benutzen darf, um das Leben der Kinder zu retten.[20] Ein anderes Beispiel handelt von einem unbescholtenen Bürger, der von Terroristen aufgefordert wird, seine Mutter zu foltern. Täte er es, würden die Terroristen die Einwohner seiner Heimatstadt verschonen. Die Frage ist, ob die Pflicht eines Sohnes, seine Mutter, nicht zu foltern, nicht absolut gilt, und in keiner Situation gebrochen werden darf, auch dann nicht, wenn Millionen von Menschenleben dadurch gerettet würden.[21] Der Grund für diese Beispielwahl ist klar. Gibt es Handlungen, die in allen Kontexten zu unterlassen sind, ist keine Situation denkbar, in der diese Handlung gefordert oder angemessen wäre. Ist eine solche Situation denkbar, kann der Absolutheitsanspruch nicht aufrechterhalten werden. Die moralischen Intuitionen werden also bewusst in solch phantastischen, aber leider doch nicht immer ganz realitätsfernen Szenarien erprobt.

Im Kontext der Auseinandersetzungen um Embryonenschutz, Stammzellenforschung, Folterandrohungen oder den Abschuss entführter Flugzeuge hat die hier angeschnittene Diskussion um den ethischen Absolutismus einen hohen Aktualitätsgrad gewonnen. Nach Ansicht einiger Autorinnen und Autoren sind z.B. therapeutisches Klonen und das Gewinnen von Stammzellen aus embryonalem Gewebe stets verwerfliche Handlungen. Für diese Handlungen, die immer und auf jeden Fall untersagt sind, erweise sich der Verweis auf „den guten Zweck" als untauglich. Diese Auffassung wurde auch vom deutschen Bundespräsident Johannes Rau sehr prägnant zum Ausdruck gebracht. In der Berliner Rede des Jahres 2001 heisst es:

> Ethische Grundsätze zu formulieren, das bedeutet, sich auf Maßstäbe und Grenzen zu verständigen. Nun ist es immer leicht, die Trauben zu verschmähen, die unerreichbar hoch hängen. Schwierig ist es, Grenzen da zu setzen und zu akzeptieren, wo man sie überschreiten *könnte* und sie sogar

[20] Foot, The Problem of Abortion and the Doctrine of Double Effect, S. 149.
[21] Gewirth, Are There Any Absolute Rights, S. 137.

> dann zu respektieren, wenn man dadurch auf bestimmte Vorteile verzichten muss. Ich glaube, dass wir genau das tun müssen. Ich glaube, dass es Dinge gibt, die wir um keines tatsächlichen oder vermeintlichen Vorteiles willens tun dürfen. Tabus sind keine Relikte vormoderner Gesellschaften, kein Zeichen der Irrationalität. Ja, Tabus anzuerkennen, das kann ein Ergebnis aufgeklärten Denkens und Handelns sein.[22]

Diese Position, dass Ethik etwas mit Grenzsetzungen zu tun hat und dass bestimmte Handlungen um keines Nutzens willen getan werden dürfen, wird, um ein letztes Beispiel zu nennen, ebenfalls von Robert Spaemann vertreten, der eine Aufsatzsammlung unter dem bezeichnenden Titel „Grenzen“[23] veröffentlichte. Spaemann pflegt im Namen *der* Tradition zu sprechen. Er sieht sich „im Einklang mit der klassisch-philosophischen und der gesamten theologischen Tradition.“[24] Dieser Anspruch, für die *ganze* Tradition zu sprechen, wäre sicherlich im Einzelnen zu prüfen und zu hinterfragen, denn weder passt die Philosophie Epikurs noch jene der Empiristen in dieses Bild von der Tradition. Aber Spaemann spricht doch für einen wichtigen Strang der Tradition. Vordringlicher ist zudem, die Argumentation selbst einer Prüfung zu unterziehen. Als Prüfungskriterien sollen zunächst jene beiden Prinzipien genommen werden, die auch Spaemann als Kriterien ethischer Theoriebildung nennt: Kohärenz und sittliches Empfinden.[25] Diese vortheoretischen moralischen Urteile habe ich bisher eher Intuitionen genannt als sittliches Empfinden. Zudem habe ich der Auffassung widersprochen, Theorien müssten das sittliche Empfinden rekonstruieren. An dieser Stelle ist es jedoch hilfreich, Spaemanns Ansatz zu folgen. Denn dabei werden Prämissen sichtbar, die unseren Intuitionen zugrunde liegen.

Der strittige Punkt, um den es im Folgenden geht, kommt sehr gut in Spaemanns Aufsatz „Die schlechte Lehre vom guten Zweck“ aus dem Jahre 1999 zum Ausdruck. Es lohnt sich, Spaemann länger zu zitieren:

> Ob eine Handlung *gut* ist, hängt nicht nur von dem Handlungstypus, sondern auch von den Umständen, den Nebenfolgen, den zur Verfügung stehenden Alternativen und von den Absichten und Motiven des Handelnden ab. Es gibt aber Handlungen, deren *Verwerflichkeit* auch ohne Kenntnis der Umstände und der Absichten des Handelnden erkennbar ist. Sie sind immer schlecht, und eine Absicht, die ein gutes Ziel mit Hilfe solcher Handlungen zu erreichen sucht, ist eben keine gute, sondern eine schlechte Absicht. Der gute Zweck heiligt nicht das schlechte Mittel. Darum gibt es keine unbedingten, ohne Ansehung der Umstände geltenden Handlungsgebote, wohl aber

22 Rau, Wird alles gut?.
23 Vgl. Spaemann, Grenzen.
24 Ebd. S. 239.
25 Ebd. S. 196.

unbedingte Unterlassungsgebote. Es gibt Dinge, die ein Mensch zu tun nicht imstande sein soll.[26]

Um keine Missverständnisse aufkommen zu lassen, ist eines zu betonen: Spaemann bestreitet nicht, dass Güterabwägungen die „normale Art" sind, „sich sittlich und das heisst immer auch, vernünftig zu verhalten"[27]. Aber seine Position grenzt sich im Bezug auf Güterabwägungen doch mindestens in drei wesentlichen Aspekten von konsequentialistischen Theorien ab.

1. Spaemann vertritt eine andere Auffassung darüber, für welche Handlungsfolgen der Handelnde Verantwortung übernehmen kann. Der Streit mit dem Konsequentialismus geht also nicht darum, *ob* Handlungsfolgen zählen, sondern darum, ob *nur* und ob *alle* Folgen zählen. Nach Ansicht Spaemanns trägt der Handelnde vorrangig für die unmittelbaren Wirkungen Verantwortung, nicht für die Nebeneffekte und Fernwirkungen.
2. Verpflichtungen können nicht dadurch aufgehoben werden, dass eine Abweichung ein grösseres Gut bewirkt, also einen grösseren Nutzen hat, sondern nur dadurch, dass sich eine dringlichere Verpflichtung ergibt. Ein Versprechen, zu einer Verabredung zu kommen, kann nicht rechtfertigen, einer Fremden nicht das Leben zu retten. Dies ist der Bereich dessen, was bei Ross als „prima facie-Pflichten" bezeichnet wird.
3. Für einige Handlungen ist *jede* Güterabwägung ausgeschlossen. Diese sind in allen Kontexten zu unterlassen. In diesem Bereich müssen damit auch Pflichtenkollisionen ausgeschlossen sein.

Nach Spaemann sind jene Handlungen absolut zu unterlassen, die in einem besonderen Zusammenhang zur menschlichen Personalität stehen. Der Mensch ist durch ein bestimmtes Selbstverhältnis definiert, durch das er Subjekt eigener Zwecke wird. Der Mensch ist zur Selbstbestimmung fähig. „Dieses *Selbstverhältnis* ist Voraussetzung dafür, dass der Mensch überhaupt in vielerlei andere sittliche Verhältnisse eintreten kann"[28]. Dieses Selbstverhältnis setzt unserem Handeln uns und anderen gegenüber Grenzen. Wir dürfen uns selbst und andere nicht so behandeln, dass dabei unser oder ihr Status als Subjekt eigener Zwecke vernichtet wird.

Wohl können wir in bestimmten Kontexten Menschen instrumentalisieren, etwa den Taxifahrer zum Mittel machen, um zum Bahnhof zu gelangen. Aber dieser Instrumentalisierung sind Grenzen gesetzt. Es gibt Handlungen, die „immer und überall mit der menschlichen Verantwortung gegen sich und seinesgleichen" unvereinbar sind. Spaemann verweist hier auf die „na-

---

[26] Ebd. S. 393.
[27] Ebd. S. 221.
[28] Ebd. S. 231.

türliche“, dem Menschen vorgegebene Struktur der Selbstdarstellung. Die Personalität drückt sich in drei Sphären aus, zu denen sich die Personalität nicht instrumentell verhalten darf: das organische Leben, die Sprache und die Sexualität. „Dem entspricht“, sagt Spaemann, „dass in der klassischen philosophischen und theologischen Tradition die absichtliche und die direkte Tötung unschuldiger und wehrloser Menschen, die absichtliche Täuschung des Vertrauens durch unwahre Rede und die Herauslösung der Sexualität aus ihrem integralen humanen Kontext jeder weiteren Güterabwägung entzogen und für jederzeit unverantwortlich erklärt wurde.“[29] Jede Tötung eines Unschuldigen, jede Lüge innerhalb eines Vertrauensverhältnisses (etwa zwischen Ehepartnern oder zwischen Arzt und Patient) und jeder Ehebruch[30] sind unter allen Umständen schlecht. Sie stellen Verstösse gegen die Menschenwürde dar, in denen der Handelnde die eigene und die Würde des anderen missachtet.

Im Folgenden soll freilich weniger interessieren, mit welchen Handlungen der einzelne die Würde missachtet, sondern die Frage, aus welchem Grunde Güterabwägungen kategorisch ausgeschlossen werden. Nehmen wir die oben angeführten Beispiele, den im Höhlenausgang steckengebliebenen fetten Mann und den Bürger, der von Terroristen gezwungen wird, seine Mutter zu foltern. Spaemann würde einfordern, dass die Sprengung und die Folter unbedingt unterlassen werden sollten. Aber durch die Sprengung und damit durch die Tötung des fetten Mannes könnten die Leben der anderen Höhlenforscher gerettet werden, und auch der von Terroristen erpresste Bürger muss im Hinterkopf haben, dass er durch eine eventuelle Weigerung das Leben vieler gefährdet. Spaemanns Ansicht nach ist dies aber irrelevant:

> Die Unbedingtheit bestimmter Unterlassungspflichten beruht darauf, dass wir eine vorrangige Verantwortung für diejenigen Folgen haben, durch die unsere jeweilige Handlung definiert ist, sowie für diejenigen, die von diesen unmittelbaren Wirkungen betroffen sind. Bestimmte Handlungen aber sind, unabhängig von ihren ferneren Folgen, mit dieser Verantwortung unvereinbar.[31]

[29] Ebd. S. 232.

[30] Spaemann betont, dass sich die katholische Kirche zurecht gegen die Entkopplung von Fortpflanzung und Sexualität oder gegen die Zeugung von Kindern in der Retorte wandte. Der Beischlaf sei nämlich – hier spricht er im selben Sinne wie Kant – legitim nur „als Überschreitung des ‚Bei-sich-Bleibens' im Rahmen einer vorbehaltlosen Übereignung zweier Personen aneinander.“ Spaemann spricht hier wie von selbst von der aus der Geschlechterdifferenz erwachsenen Ehe; ob auch uneheliche Beziehungen legitim sein können, bleibt unausgesprochen und ob Homosexuelle dann „legitim“ Sex haben dürfen, bleibt fraglich. Wenn in Spaemanns Verständnis ein Ehebruch notwendig eine Menschenwürdeverletzung darstellt, ist dies jedoch konsequent und kohärent gedacht. Spaemann, Grenzen, S. 232.

[31] Ebd. S. 232.

Es ist wichtig, diese Position von der konsequentialistischen Deutung abzuheben, dass dem Menschenleben ein absoluter, unendlicher Wert zugesprochen wird. In der Tat richtet sich unsere Alltagsmoral nicht nach dieser konsequentialistischen Sicht, welche im Strassenverkehr eine absolute Sicherheit einfordern würde. Wir sind nicht der Auffassung, jede Handlung sei zu unterlassen, die das Leben einer Person gefährden könnte. Spaemann vertritt hier eine genuin deontologische Sicht, die sich in unserem moralischen Alltagsdenken eindeutig niedergeschlagen hat. In dieser Sicht geht es gerade nicht darum, dass bestimmte Zustände der Welt (etwa das Leben) von so hohem Wert sind, dass alle Handlungen danach beurteilt werden müssten, ob sie diesen Zustand herbeiführen bzw. erhalten. Dieses konsequentialistische Denken wird vielmehr gerade vermieden.[32]

Es geht ausschliesslich darum, was man Personen antut, nicht darum, was Personen geschieht, weil man etwas tut. Die Aufmerksamkeit richtet sich also nicht auf die möglichen kausalen Folgen, sondern nur auf die Folgen, die durch den Zweck bzw. die Natur der Handlung festgelegt sind. Es geht dabei nicht um die Absichten des Handelnden. Wenn jemand einen Schlafenden, so Spaemanns Beispiel[33], mit dem Hammer schlägt, um ihn von einer lästigen Fliege zu befreien, so ändert die löbliche Absicht nichts daran, dass der Tod des Schlafenden nicht etwa nur Nebenwirkung, sondern eben die durch die Tat definierte Wirkung ist. Die Handlung wird also nicht durch subjektive Intentionen und Absichten definiert, sondern es gibt objektive Kriterien, die entscheiden, was die Natur einer Handlung, ihre Wirkungen und ihre Nebeneffekte sind.[34]

Aber der Blick auf die Natur der Handlung trifft noch nicht den Kern der Deontologie. Spaemanns Menschenwürdeverständnis z.B. konzentriert sich auf „sittliche Verhältnisse“, insbesondere auf das Selbstverhältnis des Akteurs und auf das Verhältnis zu anderen Personen. Verstösse gegen die Menschenwürde anderer sind zugleich etwas, wodurch das Subjekt sich selbst in seiner Menschenwürde schadet. Ausgangspunkt ist dabei die moralische Verpflichtung des einzelnen, es gibt eine Priorität der Pflicht gegenüber dem moralischen Recht.[35] Eine auf moralische Rechte fokussierende Theorie ist dagegen auf den Schutz des moralischen Objekts zentriert. Es gibt eine Priorität des moralischen Rechts gegenüber der moralischen Verpflichtung.

In der Deontologie gibt es eine Priorität der moralischen Verpflichtung. Was bewahrt werden soll, ist auch, ja vielleicht vorrangig, die Sittlichkeit des

---

[32] Fried. Right and Wrong, S.15ff.

[33] Spaemann, Grenzen, S. 288.

[34] Dies unterscheidet ihn auch von jenen deontologischen Positionen, welche die Handlungsintention in den Vordergrund stellen und intendierte Wirkungen und vorhergesehene Folgen unterscheiden. Vgl. etwa Fried, S.20ff.

[35] vgl. Finnis, Natural Law and Natural Rights, S. 198-210.

Handelnden selbst. Man redet sogar davon, die Würde des Handelnden würde durch Verstösse gegen unbedingte Unterlassungspflichten stärker verletzt als die des Opfers. „Es ist das Christentum", so Spaemann, „das die Einsicht des Sokrates, die seinen Zeitgenossen als Skandal erschien, für zwei Jahrtausende zum Allgemeingut gemacht hat: die Einsicht, dass Unrecht tun schlimmer – für den Täter schlimmer – ist, als – für den Leidenden – Unrecht leiden."[36] Kardinal Newman – ein einflussreicher Theologe des 19. Jahrhunderts – bringt denselben Gedanken in einer Auseinandersetzung mit Samuel Johnson: Man solle sich lieber totschlagen lassen als zu lügen.[37] Oder wie es, um eine einflussreichere Quelle zu zitieren, Augustin sagt:

> Mag Mord auch eine schwerere Sünde sein als Diebstahl, so ist es doch schlimmer, einen Diebstahl zu begehen, als einen Mord zu erleiden. Darum angenommen, es würde einem Menschen angedroht, wenn er einen Diebstahl nicht ausführen wollte, so würde man ihn umbringen (...), so würde er, weil er beides nicht vermeiden kann, besser das vermeiden, was seine eigene Sünde, als was die eines anderen wäre.

Was ist damit gemeint? Eine mögliche Antwort finden wir bei Augustin. Im Buch „Über die Lüge" schreibt Augustin zur Frage, ob man lügen darf, um das Leben anderer zu retten:

> Verkehrt der nicht alles, welcher sagt, dass eine Person geistig sterben sollte, so dass ein anderer körperlich leben könne? (...) Da man also das ewige Leben durch Lügen verliert, darf eine Lüge niemals zur Erhaltung des irdischen Lebens eines anderen ausgesprochen werden.[38]

Spaemann spricht gar vom „spirituellen Selbstmord durch Töten"[39], den unter anderen die abtreibende Frau begeht. Zunächst sind wir, so diese Sicht, als moralische Akteure unserer Sittlichkeit verpflichtet und daraus abgeleitet der Menschenwürde anderer. Man muss wohl darauf hinweisen, dass unser heutiges moralisches Empfinden wohl eher die umgekehrte Struktur widerspiegelt. Moralische Rechte schützen primär den Rechtsträ-

---

[36] Spaemann, Grenzen, S. 397

[37] Er antwortet damit auf einen Satz von Samuel Johnson. Johnson schrieb: „Die allgemeine Regel ist, dass die Wahrheit nie verletzt werden sollte, doch muss es einzelne Ausnahmen geben, wenn zum Beispiel ein Mörder dich fragen würde, welchen Weg jemand eingeschlagen hat." Newman antwortet darauf: „Was Johnsons Beispiel eines Mörders angeht, der danach fragt, welchen Weg ein Mann gegangen ist, würde ich erwartet haben, dass – in einer solch schwierigen Lage – er als erstes den Mann niederschlagen und dann die Polizei rufen würde. Und wenn er dabei den kürzeren gezogen hätte, dann hätte er als nächstes dem Schurken die verlangte Information nicht gegeben, welches Risiko sich damit für ihn auch immer ergeben hätte. Ich glaubte, er hätte sich eher totschlagen lassen." Kardinal Newman, Apologia Pro Vita Sua.

[38] Augustinus, Über die Lüge.

[39] Spaemann, Grenzen, S. 396.

ger. Weil Personen ein moralisches Recht auf Leben zukommt, haben andere Personen eine Pflicht, dieses Recht zu respektieren. Eine Theorie, die unser moralisches Denken kohärent rekonstruieren will, sollte also eine Priorität des moralischen Rechts gegenüber der moralischen Verpflichtung auszeichnen.

All das Gesagte lässt die These von der Unbedingtheit einzelner Unterlassungspflichten unangetastet. Die diese These stützende Theorie wurde hinterfragt, nicht die Möglichkeit, dass unser sittliches Empfinden eindeutig von kontextunabhängigen schlechten Handlungen ausgeht. Betrachten wir im Folgenden nur jene Sphäre, in denen Spaemanns traditionelle Position am wenigsten umstritten ist: das Tötungsverbot. Beginnen wir auch hier mit einem Beispiel Spaemanns:

> Jener Polizist, dem befohlen wurde, ein 12jähriges Judenmädchen zu erschiessen, das ihn um sein Leben anflehte, hat wirklich geschossen. Sein sadistischer Vorgesetzter hatte ihm eine Alternative vor Augen gestellt: die Erschiessung von 12 anderen unschuldigen und wehrlosen Personen. Der Polizist schoss und wurde wahnsinnig. Er tat, was er nicht musste, weil er es nicht hätte können müssen.[40]

Die Frage ist freilich, ob nicht auch die einer Weigerung folgende Tötung der zwölf anderen den Polizisten in den Wahnsinn getrieben hätte. Auch wenn dies psychologisch denkbar ist, würde Spaemann hier darauf verweisen, dass der Polizist bei der alternativen Entscheidung eine Verantwortung übernommen hätte, die er objektiv nicht hatte. Im Gegensatz zur Erschiessung des Mädchens hatte er also keinen objektiven Grund, wahnsinnig zu werden. Spaemann fährt nämlich fort:

> Jeder Mensch muss einmal sterben. Den Tod jener 12 Menschen hätte der Polizist sowenig zu verantworten gehabt, als wenn er keine Hände gehabt hätte. Hätte er nicht auch im Besitz von Händen sagen können: „Ich kann nicht"?[41]

Aber wieso konnte er als moralisch Urteilender diese möglichen Handlungsfolgen so gänzlich ignorieren? Auch wenn er die Natur der Handlung erkannt hätte, ist ihm doch bewusst, dass er durch seine Weigerung das Leben der zwölf unschuldigen Personen gefährdete. In Kenntnis des Sadismus seines Vorgesetzten mag ihm klar vor Augen gestanden haben, dass die zwölf Personen in der Tat hingerichtet würden. Spaemanns Antwort verblüfft hier. Für die Tötung der zwölf kann der Polizist keine Verantwortung übernehmen. Die Verantwortung für die Gesamtfolgen trägt nur Gott. Es sei ein

---

[40] Ebd. S. 237.

[41] Ebd. S 237.

Fehler des Konsequentialismus, alle Folgen berücksichtigen und die beste aller Welten herstellen zu wollen.[42] Zustimmend referiert er Jean Paul Sartre, dass Atheisten „die Pflicht zum radikalen Konsequentialismus haben“:

> Anderes gilt, schreibt Sartre, für die Gläubigen. Sie wissen erstens das Schicksal der Welt in Gottes Hand. Wenn sie versuchen, nach dem Wort des Apostels „sich unbefleckt zu bewahren von dieser Welt“, dann ist das nicht moralischer Egoismus, da sie eine Verantwortung für ihr eigenes Leben gegenüber Gott haben. (...) Mir scheint, Sartre hat besser als mancher Theologe verstanden, welches die moralischen Konsequenzen des Glaubens an Gott sind.[43]

Auch wenn man diese religiöse Auffassung nicht teilt, mag man die Meinung vertreten, dass der Polizist es unterlassen sollte, das 12jährige Mädchen zu töten. Man dürfe aus Prinzip kein Leben opfern, um andere zu retten. Wir hätten hier, wie unsere Intuitionen aufzeigten, ein festes Tabu, an dem nicht gerüttelt werden dürfe. Aber unsere Intuitionen sind keineswegs so eindeutig. Man mag nur an die Diskussion um die von einem Frankfurter Polizeidirektor angedrohte Folter denken, um den Aufenthaltsort eines entführten Kindes zu erfahren. Das sittliche Empfinden der Gesellschaft war hier sehr wohl geteilt. Gleiches gilt für die Diskussion um den möglichen Abschuss entführter Flugzeuge. In der Gesellschaft bestehen, vereinfacht gesagt, deontologische und konsequentialistische Intuitionen nebeneinander. Wir können uns also nicht einfach auf *die* Intuition beziehen. Oder, um es mit Spaemanns Worten zu sagen: Wir können uns nicht auf *das* sittliche Empfinden beziehen.

Geht es um Kohärenz, muss vor allem ein Punkt geklärt und erklärt werden: die Begrenzung der menschlichen Verantwortung. Haben wir keine Antwort auf die Frage, wieso der Akteur die Nebenfolgen ignorieren darf, ist die Theorie unstimmig. Spaemanns Rekonstruktion hat den Vorteil, dass er eine kohärente Position aufführt und implizite Voraussetzungen explizit nennt. Nehmen wir zur Verdeutlichung noch ein letztes Beispiel: Ein von Terroristen entführtes vollbesetztes Passagierflugzeug rast auf ein AKW zu. Es ist klar: wenn das Flugzeug nicht abgeschossen wird, wird es im AKW einschlagen und dieses zur Explosion bringen. Die Folgen wären verheerend: Zigtausende von Strahlenopfern und eine Umwelt, die für unabsehbare Zeit verseucht und unbewohnbar wäre. Selbst in dieser Situation darf gemäss dem absoluten Deontologen das Flugzeug nicht abgeschossen werden. Diese Antwort ist nur dann verständlich, wenn sich die Verantwortung des

[42] Ebd. S. 202.

[43] Ebd. S. 396 (Der Sartre-Text stammt aus der nachgelassenen Schrift „Cahiers pour une morale“, vgl. in diesem Kontext insbesondere Sartre, Entwürfe für eine Moralphilosophie, S. 27.)

Menschen nur auf das Flugzeug selbst und die Passagiere bezieht. (Und diesbezüglich gilt: Wir dürfen sie nicht töten, auch nicht um eines noch so guten Zweckes willen.) Für alles weitere, auch wenn absehbar ist, was geschehen wird, können Menschen keine Verantwortung übernehmen. Die Verantwortung für diese Folgen trägt nicht der Mensch, sondern Gott.

Diese mindestens auf Augustin zurückgehende Konzeption hat noch einen weiteren Aspekt. Als sündige Wesen tragen wir in erster Linie Verantwortung für unsere eigene Seele. Wer meint, mehr Verantwortung übernehmen zu können und zu müssen, und es in der Folge auf sich nimmt, zwischen gut und schlecht zu entscheiden, masst sich etwas an, das ihm nicht zusteht Er entscheidet über Leben und Tod und „spielt Gott". Auf das Flugzeug-Beispiel bezogen heisst das: Unser Seelenheil gebietet es primär, kein Unrecht zu begehen, um uns nicht einer Sünde schuldig zu machen. Wir dürfen daher das Flugzeug nicht abschiessen. Denn das Töten von unschuldigen Menschen ist eine Sünde. Für die daraus erwachsenden Konsequenzen dagegen tragen wir keine Verantwortung. Vielmehr wäre es eine Form von Hybris, von Hochmut, zu meinen, man könne und müsse die involvierten Menschenleben gegeneinander abwägen und sich für die Lösung entscheiden, bei der weniger Opfer zu beklagen sein werden. Hochmut bezeichnet die Sünde, auf sich selbst zu vertrauen und sich selbst zur Quelle seines Lebens zu machen. Es ist eine Haltung, sich selbst etwas anzumaßen, was nur Gott zusteht. Als solches ist Hochmut die grösste der sieben Todsünden.

Man könnte einwenden, dass es auch deontologische Theorien gibt, die auf solche religiösen Annahmen verzichten. Insbesondere der Name Immanuel Kants wird vielen in den Sinn kommen. Nimmt man Kants Versuch, die traditionelle Moral vernünftig zu rekonstruieren, fällt freilich auf, dass er an zwei entscheidenden Stellen mit Platzhaltern arbeitet. Zum einen ist dies bei der grundlegenden Frage der Fall, wieso man autonomen Personen Respekt schuldet. Nachdem er zunächst versuchte, dies rational zu begründen, begnügt er sich schließlich, hier von einem nicht beweisfähigen „Faktum der Vernunft" zu sprechen. Zum anderen ist dies der Fall, wenn es darum geht, warum die Verantwortung des Handelnden nicht auch die Nebenfolgen betrifft. Offensichtlich wird dies insbesondere in der Schrift „Über ein vermeintes Recht aus Menschenliebe zu lügen". Hier heißt es: „Jeder Mensch", so Kant, „ (…) hat (…) die strengste Pflicht zur Wahrhaftigkeit in Aussagen, die er nicht umgehen kann: sie mag nun ihm selbst oder anderen schaden. Er selbst *tut* also hiermit dem, der dadurch leidet, eigentlich nicht Schaden, sondern diesen *verursacht* [sic] der Zufall." [44]

[44] Der Zusammenhang zwischen Verantwortung und Zufall ist sogar noch komplexer. Kant schreibt weiterhin: „Es ist doch möglich, dass, nachdem du dem Mörder auf die Frage, ob der von ihm Angefeindete zu Hause sei, ehrlicherweise mit Ja geantwortet hast, dieser doch ungemerkt ausgegangen ist und so dem Mörder nicht in den Wurf gekommen, die That al-

Das Problem ist freilich, dass dieser Wechsel von Gott auf den (als Akteur beschriebenen) Zufall das Problem nicht löst, und dies aus zwei Gründen: *Erstens* trägt der einzelne im Allgemeinen die Verantwortung, wenn ein Schaden vorhersehbar und vermeidbar ist. Läuft ein Kind auf die Strasse, kann man auch nicht sagen: „Ich bremse nicht, denn einen möglichen Schaden verursacht der Zufall." Sowohl bei den vermuteten Folgen in Kants Lügenbeispiel als auch im Flugzeugbeispiel sind die Folgen vorhersehbar und vermeidbar. Es muss also einen Grund geben, warum man bei Unterlassungspflichten den Blick auf die unmittelbaren Folgen beschränken muss. Zweitens reicht ein empirischer Grund wie die Annahme, dass der Zufall etwas verursacht, nicht aus, um absolute Unterlassungspflichten zu begründen. Hierfür bedarf es noch mehr als der Aussage, dass sich die Verantwortung des einzelnen nicht darauf erstrecken *kann*. Es muss die Aussage formuliert werden, dass sich die Verantwortung des einzelnen nicht darauf erstrecken *darf*.

Die deontologische Theorie entwickelte sich im Rahmen theologischer Konzeptionen. Ohne die Einbettung in diese ist diese Theorie nicht vollständig. Das heißt aber auch, dass der dritte Bedeutungskern der Menschenwürde nicht ohne Bezugnahme auf Gott zu rekonstruieren ist. Die Einschränkung der Verantwortung ist nicht verständlich. Denn ohne die Annahme Gottes ist der Mensch, wie Sartre festhält, für alles verantwortlich, was er tut. Der Mensch ist, „dazu verurteilt, frei zu sein" und „trägt das Gewicht der gesamten Welt auf seinen Schultern."[45]

Das heißt nicht, dass die Deontologie falsch ist. Um intersubjektive Verbindlichkeit beanspruchen zu können, müsste sie freilich ihre Prämissen intersubjektiv begründen. Es bedürfte eines Gottesbeweises, ja wiederum des Nachweises eines spezifischen Gottes, und zudem eines Nachweises, dass die spezielle Sicht über die Gott-Mensch Beziehung richtig ist. Ohne diese ist Deontologie eine Angelegenheit des privaten Glaubens. Dass eine Person an etwas glaubt, ist aber für andere Personen wie betont kein Grund, der sie zum Handeln oder Unterlassen verpflichten könnte. Es müssen andere Gründe genannt werden. Gibt es diese nicht, hat die Norm keine intersubjektive Verbindlichkeit.

---

so nicht geschehen wäre; hast du aber gelogen und gesagt, er sei nicht zu Hause, und er ist auch wirklich (obzwar dir unbewusst) ausgegangen, wo denn der Mörder ihm im Weggehen begegnete und seine That an ihm verübte: so kannst du mit Recht als Urheber des Todes desselben angeklagt werden. Denn hättest du die Wahrheit, so gut du sie wusstest, gesagt: so wäre vielleicht der Mörder über dem Nachsuchen seines Feindes im Hause von herbeigelaufenen Nachbarn ergriffen und die That verhindert worden. Wer also *lügt*, so gutmüthig er dabei auch gesinnt sein mag, muss die Folgen davon, selbst vor der bürgerlichen Gesellschaft verantworten und dafür büssen, so unvorhergesehen sie auch immer sein mögen: weil Wahrhaftigkeit eine Pflicht ist, die als die Basis aller auf Vertrag zu gründenden Pflichten angesehen werden muss, deren Gesetz, wenn man ihr auch nur die geringste Ausnahme einräumt, schwankend und unnütz gemacht wird."

[45] Sartre, Das Sein und das Nichts, S. 950.

Dass die absolute Unantastbarkeit der Menschenwürde nur in einer theologischen oder metaphysischen Argumentation rekonstruierbar ist, ist alles andere als eine neue These. Auch von theologischer Seite wird immer wieder auf diesen Punkt hingewiesen. Allerdings wird dies oft anders begründet. Stellvertretend sei Peter Fonk zitiert:

> Um die absolute Unantastbarkeit der Menschenwürde sicherzustellen, bleibt kein anderer Weg als einer theologischen oder metaphysischen Argumentation. (…) Menschenwürde ohne Transzendenz ist ein Begriff, den man nicht denken kann.[46]

Dabei bezieht er sich freilich auf jene zweite Stelle, an der Kant nicht ohne einen Platzhalter auskommt: auf die Frage, wieso Menschen eine Würde zukommt. Fonk schreibt:

> Eine Würde, die niemals zur Disposition gestellt werden kann und prinzipiell jedem Zugriff entzogen bleibt, lässt sich nur als eine dem Menschen verliehene Würde denken. Wenn aber Menschenwürde nur eine von Menschen oder der Gesellschaft anerkannte Würde ist, gibt es keinen prinzipiellen Grund, warum sie sich nicht auch verwirkt oder von anderen wieder aberkannt werden könne.[47]

Dieses Argument überzeugt nicht. Kant sagt ja nicht, dass Mensch und Gesellschaft Würde einfach anerkennen, er sagt, man muss sie *notwendigerweise* anerkennen. Nichts stand ihm ferner als der Gedanke, einzelne Menschen oder die Gesellschaft dürften die Würde willkürlich an- oder aberkennen. Die Würde ist, dies der Witz von Kants Argument, einem prinzipiellen Zugriff entzogen. Aber auch wenn dieses Argument überzeugte, liefert Kant keine befriedigende Antwort auf die uns hier interessierende Frage: Wieso beschränkt sich die Verantwortung auf das Handeln und muss nicht vorhersehbare Folgen von Unterlassen berücksichtigen?

Wenn dies so ist und das Konzept der Menschenwürde hier metaphysischer Prämissen bedarf, stellt sich die Frage, ob Nicht-Glaubenden oder Andersglaubenden diese spezifische theologische Position als Wertfundament zugemutet werden darf. Die Zumutbarkeit wird in der Regel dadurch gerechtfertigt, dass man, sollte man auf den – alle vier Aspekte umfassenden – Menschenwürdegedanken verzichten, keine Basis für moralische Rechte und Toleranz hätte. Aber dies ist, wie sich zeigen wird, schlichtweg falsch. Moralische Rechte und das Toleranzgebot können unabhängig von religiösen Prämissen begründet werden. Ebenfalls ist möglich, eine nichtkonsequentialistische Theorie zu vertreten, die auf religiöse Prämissen verzichtet. Dies ist bedeutend und wichtig, denn es zeichnet einen liberalen

---

[46] Fonk, Abwägbare Menschenwürde – Antastbare Menschenwürde, S. 11.
[47] Ebd.

Rechtsstaat aus, dass er prinzipielle weltanschauliche Dissense nicht obrigkeitlich entscheidet. Eine Grundordnung pluralistischer Gesellschaften muss durch Argumente begründet werden, die intersubjektiv vermittelt werden können. Das hieße aber, dass der Verfassungsbegriff der Menschenwürde nicht den dritten Bedeutungskern der Menschenwürde enthalten darf. Wenn dies der Fall ist, wäre es ebenso falsch, diesen Bedeutungskern auf den Verfassungsbegriff der „Würde der Kreatur“ zu übertragen. Die unitatorische Sichtweise muss zurückgewiesen werden.

3.4 Nicht doch zwei Würdebegriffe?

Für die diskriminatorische Sicht spricht, dass sie unser moralisches Alltagsdenken im Umgang mit nicht-menschlichen Tieren rekonstruiert. In der Tat gehen wir wie selbstverständlich davon aus, dass man Tieren Leid zufügen darf, wenn es durch überwiegende Güter gerechtfertigt werden kann. Und genauso halten wir es für falsch, wenn Tieren willkürlich oder aus niedrigen Motiven heraus Leid zugefügt werden kann. Allerdings liegt in diesem Vorteil zugleich der entscheidende Nachteil dieser Position. Denn unser Alltagsdenken stützt sich, was unseren Umgang mit Tieren betrifft, auf jene Lehre von der moralischen Sonderstellung des Menschen, die einer näheren Prüfung nicht standhält. Wenn dies aber so ist, ist fraglich, wieso man die diskriminatorische Sicht wählen sollte. Man muss – über das Alltagsdenken hinausgehende – zusätzliche Gründe angeben können, wieso und wann Güterabwägungen moralisch zulässig sind. Ebenfalls bedarf es einer weiteren Begründung, wieso Lebewesen eine Würde zustehen soll. Solange dies nicht geschieht, greift die diskriminatorische Sicht methodisch zu kurz. Bisher liegt kein Argument vor, wieso man sie einnehmen sollte.

Ebenfalls klärungsbedürftig ist, ob und wenn ja, wie der Gedanke einer Würde überhaupt in eine konsequentialistische Theorie eingebettet werden kann. Vielleicht ist Würde ja wirklich nur dann ein sinnvoller Begriff, wenn er in bestimmten Situationen Güterabwägungen ausschließt. Allerdings würde sich diese Frage nur dann stellen, wenn konsequentialistische Theorien überhaupt eine angemessene Option darstellen. Doch dies müsste zunächst geprüft werden.

Die diskriminatorische Position ist unserem moralischen Alltagsdenken auch insofern nahe, dass sie den Begriff der Menschenwürde in seinem umfassenden Sinne aufrechterhalten will. Aber damit ist sie genau jenem Einwand ausgesetzt, der auch die unitatorische Sicht trifft. Sie ist auf religiöse Prämissen angewiesen.

Auch die diskrimatorische Sicht ist zurückzuweisen.

Der im zweiten Kapitel gezogene Schluss erhärtet sich damit erneut. Alle Maßstäbe sind verloren gegangen. Nachdem sich zunächst die moralische Sonderstellung des Menschen als unhaltbar erwiesen hat, so ist nun auch die Leitidee der Menschenwürde ins Wanken geraten, und dies nicht nur auf Grund dessen, dass nur Menschen eine besondere Würde zugesprochen wird. Der mit dem Würdegedanken verbundene Gedanke absoluter Unterlassungspflichten beruht auf religiösen Prämissen, die in einer intersubjektive Verbindlichkeit beanspruchenden Ethik keine Rolle spielen darf.

Um ein Fundament für moralische Pflichten und Rechten zu finden, muss ein Neuaufbau begonnen werden. Im Folgenden zweiten Teil geht es dabei zunächst um die Frage, gegenüber welchen Wesen moralische Pflichten bestehen können. Der Suche nach einer angemessenen ethischen Theorie wird der dritte Teil dieser Arbeit gewidmet sein.

II
DIE FRAGE NACH DEN OBJEKTEN DER MORAL

4.
EIN TERMINOLOGISCHER VORSCHLAG

Im Allgemeinen ist man sich darüber einig, dass sich die Aufforderung, einer moralischen Verpflichtung nachzukommen, nur an Wesen richten kann, die über die Fähigkeit verfügen, moralische Gründe zu erfassen und ihr Verhalten im Lichte dieser Gründe zu kontrollieren. Zu diesen Akteuren der Moral gehören die meisten erwachsenen Menschen, während etwa Kleinstkinder, schwer Geisteskranke und Menschen mit (weit fortgeschrittener) Demenz für ihr Verhalten nicht moralisch verantwortlich sind und dementsprechend auch nicht als Adressaten von moralischen Verpflichtungen angesehen werden. Ob nichtmenschliche Tiere als moralische Akteure angesehen werden dürfen, hängt nicht zuletzt davon ab, welche Eigenschaften man für moralisches Handeln voraussetzt. Betrachtet man jedes Handeln aus Mitgefühl und Sympathie als moralisches Handeln, so erweitert sich der Kreis der moralischen Akteure über den Menschen hinaus. Setzt man auch Reflektion über das eigene Handeln, Willensfreiheit und die Fähigkeit, sich selbst Handlungen zuzuschreiben, gibt es wohl nur innerhalb der Spezies Mensch moralische Subjekte.[1] Dies hieße dann: Löwen fressen Zebras – aber es wäre absurd, sie moralisch dafür zu tadeln.

Stark umstritten ist dagegen die Frage nach den Objekten der Moral, das heißt die Frage, gegenüber welchen Lebewesen oder Gegenständen moralische Verpflichtungen bestehen können bzw. welche Klassen von Lebewesen und Gegenständen um ihretwillen moralisch berücksichtigungswürdig sind.

Die sich eingebürgerte Terminologie differenziert wie folgt:

- Gemäß dem *Anthropozentrismus* sind alle und nur Menschen moralische Objekte.
- Der *Pathozentrismus* vertritt die Auffassung, dass alle und nur empfindungsfähigen Wesen um ihrer selbst willen moralisch zu berücksichtigen sind.
- Der *Biozentrismus* erweitert den Kreis der moralischen Objekte auf alle und nur auf Lebewesen.
- Der *Ökozentrismus* schließt zusätzlich auch Biotope, Arten, Flüsse oder die ganze Erde in diesen Kreis ein. Die Position, welche die gesamte Natur

[1] So auch Korsgaard, Morality and the Distinctiveness of Moral Action, S. 111ff.

um ihrer selbst willen moralisch berücksichtigt, bezeichnet man auch als *Physiozentrismus*.

Diese Aufteilung hat sich durchgesetzt und sie mag für bestimmte Zusammenhänge hilfreich sein. Aber es muss zugleich auf zwei Schwächen dieser Systematisierung hingewiesen werden.

1. Die Ebenen der moralischen Berücksichtigung und der moralischen Bedeutung

Wie man bei der Lehre der moralischen Sonderstellung des Menschen gesehen hat, sind die Fragen der Ethik im außerhumanen Bereich auf zwei Ebenen angesiedelt. Auf der ersten Ebene geht es um die Frage, ob gegenüber Tieren oder anderen Entitäten moralische Verpflichtungen bestehen, und damit verbunden um die Thematik, welche Eigenschaften und Charakteristika moralisch relevant sind. Auf der zweiten Ebene wird diskutiert, welches Gewicht den Interessen von Tieren und anderen Lebewesen in moralischen Entscheidungsprozessen zukommt. Entweder können alle Wesen ein Anspruch auf gleiche Berücksichtigung haben oder es könnte eine Hierarchie der Lebewesen geben, in denen die Interessen und Rechte der höher gestellten Wesen Vorrang vor jenen der anderen haben. Um die Unterscheidung von Goodpaster aufzunehmen, geht es auf der ersten Ebene um die Frage der „moral considerability", das heißt, um die Frage, welche Lebewesen moralisch berücksichtigt werden sollten. Auf der zweiten Ebene geht es um die Frage der „moral significance", also um die Frage, ob alle Wesen, die moralisch berücksichtigt werden sollten, in gleicher Weise und im selben Grade Respekt verdienen. [2]

Die oben genannten Positionen können daher in schwachen und strikten Fassungen vertreten werden. Starke Fassungen fordern eine gleiche Berücksichtigung aller moralischen Objekte. Ich spreche im Folgenden von egalitären Positionen. Schwache Fassungen gehen von einer moralischen Hierarchie aus. Nimmt man diese schwachen Fassungen, ist die Lehre von der moralischen Sonderstellung des Menschen mit allen Zentrismen zu vereinbaren. Ein moderater Speziesist kann Patho-, Bio- oder Ökozentrist sein. Allerdings wird er diese Position in einer hierarchischen Spielart vertreten.

2. Die Terminologie ist irreführend

Missverständlich und verwirrend ist die Verwendung des Begriffs Anthropozentrismus. Für eine erste Verwirrung sorgt die häufige Vermischung von epistemischem und moralischem Anthropozentrismus. Der epistemische Anthropozentrismus sagt in seiner allgemeinen Form, dass sich der Mensch die Welt und moralische Vorstellungen nur in menschlichen Begriffen er-

---

[2] Vgl. Goodpaster, Of Being Moral Considerable.

schließen kann. Einschlägig ist hier der epistemische Wertanthropozentrismus. Wenn wir über Werte oder Normen diskutieren, beziehen wir uns auf menschliche Urteile und von Menschen geprägte Begriffe. Was es mit Werten und Normen auf sich hat, ist eine komplexere Frage, die an dieser Stelle nicht ausgiebig erörtert werden kann. So viel sei bereits gesagt, dass zwei Optionen bestehen: Entweder bestehen Werte oder Normen in der Welt und werden vom Mensch „entdeckt", oder Werte und Normen kommen erst durch den Menschen in die Welt; der Mensch würde Werte und Moral in diesem Falle nicht entdecken, sondern „erfinden". Auch wenn Werte oder Normen entdeckt werden, kann es sein, dass Menschen diese nicht oder nicht vollkommen angemessen wahrnehmen, sondern nur so, wie es ihnen mit einem menschlichen Urteilsvermögen möglich ist. Unabhängig wie die Antwort auf diese Frage nach dem Wesen moralischer Werte aussieht, sagt diese noch nichts darüber aus, was von Wert ist. Zu der Frage, was von Wert ist und welche Normen gelten, nimmt erst der moralische Anthropozentrismus Stellung. Demnach kommt nur dem Menschen ein moralischer Status zu. Nur Menschen sind moralisch zu berücksichtigen.

Für Verwirrung sorgt zweitens, dass der moralische Common Sense mitunter als anthropozentrische Position beschrieben wird. Die Doktrin von der moralischen Sonderstellung des Menschen sagt jedoch nicht, dass *nur* der Mensch moralisch zu berücksichtigen ist. Auch gegenüber Tieren und anderen Lebewesen haben wir gewisse Pflichten, auch wenn diese gegenüber jenen zu Menschen von geringerer Bedeutung sind. Ist unser moralischer Common Sense von dieser Doktrin geprägt, so ist er nicht als anthropozentrisch zu bezeichnen.

Teilweise wird der Anthropozentrismus, dies die dritte Quelle möglicher Missverständnisse, auch mit der Haltung gleichgesetzt, Lebewesen und die Natur zu instrumentalisieren und für eigene Zwecke zu verwenden. In diesem Verständnis wird Anthropozentrismus pejorativ gebraucht und steht dem Ausdruck Eurozentrismus weit näher als jenem des Pathozentrismus. Mit der oben aufgeführten ethischen Position, dass alle und nur Menschen moralisch zu berücksichtigen sind, hat dieser negativ besetzte Begriff freilich nichts zu tun. Ein so verstandener Anthropozentrismus zeichnet sich dadurch aus, dass sich der Mensch aus der Natur herausnimmt und nichtmenschliche Lebewesen rein als Ressource betrachtet. Die Fischbestände des Meeres wären dann z. B. nichts anderes als ein frei verfügbares Gut. Die einzig relevante Frage ist nur, ob eine langfristige Nutzung möglich ist. Wenn das Ökosystem Meer oder die Verknappung des Fischbestands in den Blick kommt, dann nur als Gegenstand eines Ressourcenmanagements.

Mitunter wird das Christentum für das Entstehen dieser Haltung verantwortlich gemacht.[3] Allerdings steht dies im Widerspruch dazu, dass dem Menschen im christlichen Denken die Natur treuhänderisch übertragen wurde. Zwar wurden andere Wesen diesem Ansatz nach auch um des Menschen willen geschaffen, aber der Mensch, das einzige Wesen, das allein um seiner selbst willen geschaffen wurde, hat nicht-menschliche Lebewesen in ihrer Mitgeschöpflichkeit anzuerkennen. Eine Ausbeutung oder ein irreversibler Verbrauch der nicht-menschlichen Natur stünde mit seinem treuhänderischen Auftrag im Widerspruch. Ob die Differenz zwischen „treuhänderischer Verfügung" und „zur freier Verfügung übergeben" in der christlichen Tradition genügend betont wurde und die reale Lehre vielleicht doch in die letztere Richtung ging, ist eine andere Frage. Aus dem Umstand, dass das Christentum den Gedanken der Mitgeschöpflichkeit enthält, lässt sich jedenfalls nicht folgern, dass das Christentum an der Umweltzerstörung keine (Mit-)Schuld trage und eine ausbeuterische Haltung gegenüber der nicht-menschlichen Natur nicht verstärkte. Denn für die Beantwortung einer Schuldfrage ist natürlich nicht relevant, was man hätte sagen können oder hätte sagen sollen, sondern allein, was man wirklich sagte. Dass sich eine Auffassung, dass Lebewesen und die Natur dem Menschen zur freien Verfügung steht, lange Zeit im europäischen Denken durchgesetzt hat, ist jedenfalls kaum zu leugnen. Der Anteil, den das real existierende christliche Denken darauf hatte, wäre historisch zu klären, wobei weder Bibel noch Kirchenväter zu konsultieren wären, sondern spätere Quellen. Auch wenn sich der Vorwurf belegen ließe, hieße dies nicht, dass das Christentum als Ganzes dadurch als diskreditiert zu betrachten sei. Denn dann müsste man wieder die gesamte Tradition anschauen.

Für unseren Zusammenhang wichtiger ist, ob es glücklich ist, diese Haltung mit jenem Namen zu versehen, den man zugleich für eine normative Position gebraucht, in der allein Menschen um ihrer selbst willen moralisch zu berücksichtigen sind. Allerdings müssen wir auch auf diese Frage nicht näher eingehen. Denn eigentlich darf der schöpfungstheologische Ansatz nicht Anthropozentrismus genannt werden. Wir haben hier nur ein Wesen, das direkt um seiner selbst willen Achtung und Ehrfurcht verdient: Gott. Die moralische Achtung und der Respekt gegenüber Menschen erwachsen genauso wie jener gegenüber anderen Kreaturen Gottes aus der jeweiligen Beziehung zu Gott. Gäbe es keinen Gott, so hätten Menschen, so die logische Konsequenz dieses Ansatzes, genauso wenig Wert wie irgend andere Wesen. Ja, mit Fortfallen der einzigen Wertquelle hätte nichts einen Wert. Ein Atheismus ist aus Sicht dieses theologischen Denkens immer mit einem Wertnihilismus verbunden. Die sich auf die Gottesebenbildlichkeit beziehenden Ansätze sind damit keine Anthropozentristen, sondern *Theozentristen*.

---

[3] Vgl. Passmore, Man's Responsibility for Nature, S. 3-40. Passmore vertritt diese These freilich nicht, sondern zeigt die Ambivalenz der christlichen Tradition auf.

Wie sieht es mit der stoischen Position aus? Was oft als moralischer Anthropozentrismus bezeichnet wird, teilt sich nach Frankena in zwei Untergruppen auf: den Humanismus und den Personalismus.[4] Der Humanismus vertritt die Auffassung, dass nur Menschen moralisch zu berücksichtigen sind. Alle (und nur) Menschen zählen moralisch. Dies ist die Position, die oben auch als strikter Speziesismus bezeichnet wurde. Sind die Überlegungen des ersten Teils richtig, kann dieser Ansatz nicht mehr vertreten werden. Der Personalismus sagt dagegen, dass nicht der Umstand der Zugehörigkeit zur Spezies Homo Sapiens ein Wesen zu einem moralischen Objekt macht. Vielmehr sind bestimmte Charakteristika erforderlich wie Vernunft, die Fähigkeit, moralisch zu urteilen oder moralische Verpflichtungen als verbindlich akzeptieren zu können. Wesen, die diese Charakteristika besitzen, werden als Personen bezeichnet.

Nimmt man die im ersten Kapitel behandelten Theorien, so ist die Lehre von der Vernunftnatur eine Form des Personalismus. Aber die Vertreter dieser Position sind nicht notwendig der Ansicht, nur Menschen seien moralisch zu berücksichtigen. Es könnte weitere Wesen geben, die ebenfalls vernünftig sind (Engel, Außerirdische, als ausgestorben geltende Hominiden oder real existierende Pflanzen oder Tiere, deren Fähigkeiten wir unterschätzen). Insofern wäre es sinnvoller, statt von Anthropozentrismus von einem *Ratiozentrismus* zu sprechen. Auch der Stoizismus müsste hier eingeordnet werden. Personalisten als Anthropozentristen zu bezeichnen, ist also irreführend. Diese Bezeichnung ist sogar noch irreführender, wenn wir Personalismus in seinen individualistischen Spielarten ansehen. Demnach entscheiden nicht Gattungsmerkmale, ob ein Wesen moralisch berücksichtigenswürdig ist, sondern Eigenschaften, die das Wesen selbst hat. Denn dann können eventuell Angehörige anderer Spezies zu den Personen zählen (hochbegabte Schimpansen wie Louis und Oliver zum Beispiel). Andererseits sind aber einige Menschen nach dieser Auffassung keine Personen und würden nicht um ihrer selbst willen moralisch berücksichtigt. Im Personalismus gibt es keine direkten Pflichten gegenüber Kleinstkindern und geistig Behinderten. Aber Personalisten werden einwenden, die Ausdehnung der moralischen Berücksichtigung auf diese Menschen stelle kein großes Problem dar, verfügen sie doch über das Potenzial, Personen zu werden, oder verlieren sie die relevanten Fähigkeiten doch nur durch Krankheit oder Behinderung. Dagegen lässt sich einwenden, dass es Neugeborene gibt, die die relevanten Fähigkeiten niemals haben werden; zudem können Menschen die Personalität bedingenden Fähigkeiten unwiderruflich verlieren. Kann man nicht auf Gattungseigenschaften zurückgreifen, besitzen diese Individuen nie oder nie mehr das Potenzial, vernünftig zu sein.

---

[4] Vgl. Frankena, Ethik und die Umwelt, S. 279ff.

Im Folgenden werde ich aus diesen Gründen also folgende Terminologie verwenden:

- Gemäß dem *Theozentrismus* ist allein Gott um seiner selbst willen moralisch zu berücksichtigen. Menschen und andere Wesen sind aufgrund ihrer Beziehung zu Gott moralisch zu berücksichtigen: der Mensch, weil er um seiner selbst willen geschaffen wurde, andere Lebwesen als Mitgeschöpfe.
- Der *Ratiozentrismus* vertritt die Auffassung, dass alle und nur vernünftige Wesen um ihrer selbst willen moralisch zu berücksichtigen sind. Alle anderen Wesen sind um der vernünftigen Wesen willen, also indirekt, zu berücksichtigen.
- Der *Pathozentrismus* vertritt die Auffassung, dass alle und nur empfindungsfähige Wesen um ihrer selbst willen moralisch zu berücksichtigen sind. Andere Wesen sind um der empfindungsfähigen Wesen willen, also indirekt, zu berücksichtigen.
- Der *Biozentrismus* vertritt die Auffassung, dass alle und nur Lebewesen um ihrer selbst willen moralisch zu berücksichtigen sind.
- Der *Ökozentrismus* vertritt die Auffassung, dass nicht nur Individuen, sondern auch Kollektivwesen wie Biotope und Populationen um ihrer selbst willen moralisch zu berücksichtigen sind.
- Der *Physiozentrismus* vertritt die Auffassungen, dass auch oder allein die gesamte Natur um ihrer selbst willen moralisch zu berücksichtigen ist.

Davon abzugrenzen ist eine Haltung, in welcher der Mensch andere Wesen allein als mögliche Ressource sieht und ihnen über diesen instrumentellen Wert hinaus keinen Wert zuspricht. Den Begriff des *Anthropozentrismus* werde ich ausschließlich für diese Haltung reservieren.

5.
BIOZENTRISMUS

Stellen Sie sich vor, Sie kommen an einen Brandherd, der sowohl das Leben eines Kindes als auch eine Hundezucht bedroht. Die Zeit reicht nicht, Kind wie Hunde zu retten. Sie müssen sich zwischen beiden entscheiden. Entweder verbrennt das Kind oder die Hunde sterben im Feuer. Die moralischen Intuitionen der meisten werden für Folgendes sprechen. *Erstens* ist es eindeutig moralisch geboten, das Kind zu retten. *Zweitens* wäre es moralisch falsch, wenn Sie auch nur überlegen, wie viele Hunde im Zwinger sind. Bereits der bloße Gedanke an eine Abwägung ist gemäß unserer Common Sense-Moral „ein Gedanke zu viel".

Diese Sicherheit unseres Urteils geht verloren, wenn man es wagt, nach den hinter unseren moralischen Auffassungen stehenden Gründen zu fragen; und wir können sie auch nicht wiederherstellen, indem wir die Lehre der moralischen Sonderstellung tabuisieren und jede kritische Anfrage davon abzuhalten suchen. Zu sichtbar ist, dass die alten Fundamente nicht mehr tragen und standhalten. Damit können wir nicht mehr wie selbstverständlich davon ausgehen, dass diese beiden Intuitionen richtig sind. Ja, wir dürfen nicht einmal sicher sein, dass es hier nur um die Wahl zwischen Kind und Hund geht. Vielleicht müsste sogar das Leben der Zimmerpflanze einbezogen werden, die am Fenster zu sehen ist. Wem dies absurd erscheinen mag, muss bedenken, dass auch dieses Gefühl der Absurdität wiederum Ausdruck traditioneller Vorstellungen ist, mit denen wir aufgewachsen sind. Obwohl einem der Gedanke, Pflanzen aus einem Feuer retten zu müssen, absurd erscheint, mag genau dies dasjenige sein, was moralisch geboten ist. Beim jetzigen Punkt unserer Überlegungen können wir zu dieser Frage noch nichts sagen. Denn wir haben keine Orientierungshilfe, die uns sagen könnte, was zu tun ist.

Um diese zu finden, werde ich zunächst bei jener Position ansetzen, welche auch die Zimmerpflanze in den Blick nehmen würde. Einen Einbezug nicht nur der Pflanzen in solche moralischen Überlegungen, sondern aller Lebewesen, fordert der Biozentrismus. Der Biozentrismus erweitert den Kreis der Objekte moralischer Verpflichtungen auf alle Lebewesen. Jedes Lebewesen, sei es ein Bakterium, ein Pilz, eine Pflanze oder ein Tier, ist gemäß dem Biozentrismus um seiner selbst willen moralisch zu berücksichtigen. Für den Biozentristen sind *alle* Lebewesen und *nur* Lebewesen moralische Objekte. Keine moralischen Objekte sind unbelebte Wesen, Kollektive wie Populationen und symbiotische Gemeinschaften oder Abstrakta wie Arten.

Mit der Richtigkeit des Biozentrismus erwiese sich eine Reihe menschlicher Praktiken als moralisch fragwürdig und revisionsbedürftig. Tierärztinnen müssten bedenken, dass ihre Heilmethoden nicht nur Leid vermindern, sondern zugleich den Tod anderer Lebewesen, von Bakterien, Viren oder Pilzen, zur Folge haben. Es wäre zu prüfen, ob Natur- und Alternativmediziner, die Pflanzen pflücken oder gar samt Wurzeln herausreißen, moralisch etwas Richtiges tun. Auch die Nahrungs- und Genussmittelindustrie müsste moralisch umdenken. Denn auch bei deren Verfahren wird das Überlebensinteresse von Mitgliedern der Art Mensch über dasjenige anderer Arten gestellt. Man wird einwenden, dass dies schon jetzt bei der Schlachtung geschieht. Aber nunmehr müsste man nicht nur Fleischverzehr, sondern auch den Verzehr pflanzlicher Produkte auf dessen moralische Zulässigkeit hinterfragen. Für uns einzelne stünde nicht nur zur Diskussion, ob wir vegetarisch oder vegan leben sollen, sondern ob wir Frutarier werden sollten, also nur von jenen Früchten leben sollten, die ohne Zerstörung und Tötung eines Lebewesens zu gewinnen sind. Die Auflistung von Praktiken, die fragwürdig werden, ließe sich noch fortsetzen auf Bekleidungsindustrie, Putz- und Reinigungsgewerbe oder Floristen. Aber lassen wir es zunächst bei den wenigen Beispielen.

Vorerst ist freilich Vorsicht geboten, ob der Biozentrismus wirklich zu einem totalen Umdenken auffordert. Auch dies muss noch näher betrachtet werden. Dies soll am Beispiel der biozentrischen Position Paul Taylors geschehen. Für die Wahl Taylors spricht zum einen die Differenziertheit seiner Position, zudem, dass er Probleme zu lösen sucht, die von einigen anderen Autoren nicht einmal gesehen werden.

Der Gedanke eines Respekts gegenüber allem Lebenden ist für eine breitere Öffentlichkeit zumeist mit dem Namen von Albert Schweitzer verbunden. Dessen Ethik werde ich in Kapitel 6 behandeln.

5.1 Begriffsklärungen

Um die Position Paul Taylors verstehen zu können, ist es notwendig, zunächst Taylors Sprachgebrauch vorzustellen. Darin unterscheidet er vier Typen von Werten: Eigenwerte, instrumentelle Werte, intrinsische Werte und inhärente Werte. Dass die vorgenommenen Unterscheidungen sinnvoll und wichtig sind, bestreitet in der umweltethischen Diskussion kaum jemand. Allerdings gebrauchen Autorinnen und Autoren unterschiedliche Namen für die von Taylor unterschiedenen Werttypen: Was Taylor unter dem Begriff „Eigenwert“ einführt, bezeichnen andere als „Würde“, „intrinsischer Wert" oder „inhärenter Wert". Das Erlernen ethischer Vokabeln hilft hier also nicht weiter. Um die umweltethische Diskussion zu verstehen, ist daher notwendig, den Bedeutungsinhalt der einzelnen Konzepte zu verstehen.

Einem Wesen oder einer Sache kommt *instrumenteller Wert* zu, wenn es von Nutzen für etwas anderes ist. Es ist um etwas anderen willens von Wert. So ist zum Beispiel Geld nicht um seiner selbst willen wertvoll, sondern wertvoll, weil wir uns dafür viele Dinge kaufen können, die wir begehren. Oder nehmen wir Impfungen. Eine Impfung ist nicht um ihrer selbst willen wertvoll. Sie ist von Wert, weil sie hilft, uns vor Infektionen zu schützen. Sie dient unserer Gesundheit. Der Vorwurf, den man gegen die anthropozentrische Haltung erhebt, ist nichts anderes als jener, dass alle Lebewesen und die gesamte nicht-menschliche Natur auf ihren instrumentellen Wert beschränkt wird. Die meisten tier- und naturethischen Positionen betonen dagegen, dass nicht-menschliche Lebewesen und Natur nicht nur einen solchen instrumentellen Wert haben. Allerdings meinen unterschiedliche Autoren dabei verschiedene Typen eines nicht-instrumentellen Werts.

Neben Dingen, die um etwas anderen willen von Wert sind, gibt es anderes, was um seiner selbst willen von Wert ist. Wir können hier in einem allgemeinen Sinne von dem intrinsisch Wertvollen sprechen. Was intrinsisch wertvoll ist, wird nicht um etwas anderen willen gewünscht und angestrebt, sondern hat Wert auf Grund von etwas in ihm selbst liegenden. Taylor betont, dass der Satz, etwas sei um seiner selbst willen wertvoll, in dreierlei Weise verstanden werden kann. Er differenziert deshalb drei Gegenbegriffe zum Konzept des instrumentellen Werts[1]:

a) Intrinsic Value: Intrinsischer Wert
b) Inherent Value: Inhärenter Wert (oder relationaler Wert)
c) Inherent Worth: Eigenwert

Auf die Frage, in welchem Sinne etwas um seiner selbst willen Wert zukommt, gibt es nach Taylor drei mögliche Antworten:

Die erste Antwort ist jene, dass bestimmte Erfahrungen und Tätigkeiten wie Freude oder moralisch richtiges Handeln um ihrer selbst willen geschätzt werden. Dies ist das *intrinsisch Wertvolle.* Wir können hier mit Aristoteles das nur um seiner selbst willen Erstrebte, das um seiner selbst und um eines anderen willen Erstrebte und schliesslich das nur um eines anderen wegen Erstrebte unterscheiden. Ein Studium kann in die Gruppe des um etwas anderen und des um seiner selbst willen Erstrebten eingeordnet werden. Wer studiert, will mit dem Studium meist auch anderes erreichen wie Erfolg oder soziale Anerkennung. Das Studium hat auch einen instrumen-

[1] Paul Taylor, Respect for Nature, S. 121ff.

tellen Wert, aber wer studiert, tut dies – im Idealfall – auch um des Studierens selbst willen. Zu den intrinsisch wertvollen Gütern zählen also Tätigkeiten, die wir nicht allein um etwas anderen willens anstreben, sondern die wir als Tätigkeit selbst schätzen. Besondere philosophische Bedeutung hat das, was allein um seiner selbst willen erstrebt wird. „Als Endziel im höheren Sinne gilt uns das *um seiner selbst willen* Erstrebte gegenüber dem *eines anderen wegen* Erstrebten.“[2] Im Folgenden werde ich hier von dem intrinsisch Wertvollen im engen Sinne sprechen. Ohne zusätzliche Ausführung bezieht sich im Folgenden die Rede von intrinsischen Werten immer auf dieses enge Verständnis.

Die zweite Antwort lautet, dass wir etwas um seiner Gegenwart willen schätzen. Hat etwas einen *inhärentem Wert*, ist es nicht nur von kommerziellem oder von praktischem Wert, es wird um seiner selbst willen geschätzt. Es mag z.B. Quelle der Kontemplation, schön oder erhaben sein. Beispiele wären Kunstwerke wie Leonardos „Mona Lisa“, Naturlandschaften wie ein Alpenpanorama, Felsen wie der Loreley, Erinnerungsstücke oder individuelle Lebewesen, mit denen uns eine besondere Geschichte verbindet.

Wir müssen dabei Gemeinsamkeiten wie Unterschiede zum intrinsischen Wert beachten:

- Der inhärente Wert *ähnelt* dem intrinsischen Wert in zwei Hinsichten: Erstens drücken beide Werte einen Gegensatz dazu aus, instrumentell wertvoll zu sein. Zweitens geht es in beiden Werten darum, dass etwas *für jemanden* wertvoll ist. Sehr oft schreiben wir einem Wesen oder einer Sache inhärenten Wert zu, weil das Wesen oder die Sache uns intrinsisch wertvolle Erfahrungen vermittelt (wie Freude, Genuss, ästhetische oder spirituelle Erfahrungen). Statt von inhärentem Wert können wir deshalb auch von einem *relationalen Wert* sprechen.
- Der inhärente Wert unterscheidet sich von intrinsischen Werten durch den Gegenstandsbereich. Intrinsisch wertvoll können Erfahrungen, Erlebnisse und Tätigkeiten sein. Inhärent wertvoll dagegen können Gegenstände, Sachen und Wesen sein.

Man könnte meinen, dass inhärent wertvollen Gegenständen selbst nur ein instrumenteller Wert zukäme. Sie sind von Wert als Quelle intrinsisch wertvoller Genüsse oder Erfahrungen. Das Besondere an Wesen mit einem inhärenten Wert ist freilich, dass die von ihnen ausgehenden intrinsischen Erfahrungen mit dem Wesen selbst unlösbar verflochten sind. Der von der Großmutter vererbte Samowar verkörpert bestimmte Erinnerungen. Der Gegenstand ist also nicht austauschbar, sondern in besonderer Weise mit dem durch ihn möglichen intrinsischen Genuss verbunden. Auch wenn das

[2] Aristoteles, Nikomachische Ethik 1097a.

Gemälde „Mona Lisa“ Quelle intrinsisch wertvoller Erfahrungen ist, kann man es nicht einfach durch eine andere Quelle intrinsischer Erfahrungen ersetzen. Existiert der Gegenstand nicht mehr, besteht keine Möglichkeit mehr, diese speziellen Erfahrungen zu erleben.
Die dritte Antwort lautet, dass ein Wesen um seiner selbst willen moralisch geachtet werden soll. Ein Wesen hat einen *Eigenwert*, wenn es würdig ist, moralisch respektiert zu werden. Was ist damit gemeint? Am einfachsten lässt sich der Inhalt des Begriffs „Eigenwert“ mit dem Gegensatz des inhärenten Werts aufzeigen. Dass etwas ein inhärenter Wert zukommt, ist abhängig von unseren Gefühlen, persönlichen Einstellungen und Erfahrungen. Je nach Art unserer Gefühle, persönlichen Einstellungen und Wertvorstellungen sprechen wir einem Wesen oder Gegenstand einen inhärenten Wert zu. Eine Teekanne kann für mich einen inhärenten Wert haben, weil ich sie von meiner Großmutter geerbt habe. Meine Frau dagegen mag sie für hässlich und wertlos erachten. Kommt einem Lebewesen ein Eigenwert zu, heißt dies, dass wir unabhängig von unseren Gefühlen, persönlichen Einstellungen und Erfahrungen dieses Lebewesen zu achten und moralisch zu berücksichtigen haben. Wir haben dessen Eigenwert zu respektieren, egal welche Gefühle und persönlichen Einstellungen wir haben. Kommt Personen ein Eigenwert zu, spielt es moralisch keine Rolle, ob wir diese für schön oder hässlich, dumm oder klug, angenehm im Umgang oder unsympathisch halten. Wir schulden allen Personen gleichen Respekt, egal welche Einstellungen und Gefühle wir Ihnen gegenüber haben.

Im Falle von inhärent wertvollen Dingen schulden wir es uns oder anderen Menschen, sie zu erhalten. Im Falle von Wesen, denen ein Eigenwert zukommt, schulden wir es *diesen*, sie in respektvoller Weise zu behandeln. Wir schulden diesen Wesen aufgrund ihres Eigenwerts Achtung und Respekt – und dies unabhängig davon, ob wir dieses Lebewesen für hässlich, nützlich, liebenswert oder eindrucksvoll halten. Der inhärente Wert eines Lebewesens ist für die Zuschreibung des Eigenwerts, so Taylor, ohne jede moralische Bedeutung.[3]

Den Unterschied zwischen inhärentem Wert und Eigenwert kann man an dem von Robin Attfield eingeführten Beispiel vom letzten Menschen erläutern.[4] In den letzten Minuten seines Lebens beschließt der letzte Mensch aus irgendwelchen Beweggründen den Louvre anzuzünden. Die dort aufbewahrten Kunstwerke sind, wie er weiß, paradigmatische Beispiele für inhärent wertvolle Gegenstände und er selbst hat sie sein Leben lang geschätzt. Setzen wir zudem voraus, dass allen nicht-menschlichen Lebewesen auf Erden der inhärente Wert menschlicher Kunstwerke verschlossen ist, und ferner keine anderen Wesen existieren, weder Außerirdische, noch Götter, die sich an Kunst erfreuen könnten. Attfield stellt die Frage, ob der letzte

3 Taylor, Respect for Nature, S. 270.

4 Attfield, The Ethics of Environmental Concern, S. 152f.

Mensch *moralisch falsch* handeln würde, wenn er die Kunstwerke durch die Brandstiftung vernichtet. Seine Antwort ist: Er darf den Louvre in Brand stecken, wie er jedes beliebig unbelebte Ding anzünden dürfte. Denn die Kunstwerke haben nur dann einen Wert, sofern es jemand gibt, der sich an der Kunst erfreuen und diesen inhärenten Wert erfahren kann. Nach dem Tod des letzten Menschen bleibt auf Erden niemand, der den inhärenten Wert der Kunstwerke genießen könnte. Das, was den Wert ausmacht, die Relation zu einem Beobachter, kann in diesem Falle nicht mehr erfüllt werden. Der letzte Mensch hat also keine Pflicht, sie zu erhalten und zu bewahren. Anders sieht es aus, wenn der letzte Mensch etwas anzünden wollte, das einen Eigenwert hat. Gehen wir davon aus, dass Katzen ein Eigenwert zukommt, dann hat der letzte Mensch die moralische Pflicht, den Eigenwert einer Katze bis zum letzten Moment anzuerkennen, und dies unabhängig von seinen Einstellungen und Gefühlen gegenüber Katzen. Das, was den Wert dieses Wesens ausmacht, bleibt auch dann bestehen, wenn keine anderen Lebewesen mehr existieren. Der letzte Mensch darf die Katze nicht mit Benzin übergiessen, geschweige, dass er sie in Brand stecken darf.[5]

Man könnte annehmen, dass die Begriffe Würde und Eigenwert austauschbare Begriffe sind. Dies ist aber nicht der Fall, und dies aus zwei Gründen: Erstens ist der Begriff der Würde, wie oben gesehen, sehr stark mit dem Gedanken absoluter Unterlassungspflichten verbunden. Da aber noch offen ist, ob die Anerkennung eines Eigenwerts solche Güterabwägungen ausschliesst, ist sinnvoll, vorerst den Begriff der Würde zu vermeiden und bei dem weniger stark belegten Begriff des Eigenwerts zu bleiben. Zweitens wird mitunter von „Würde“ gesprochen, obwohl dem Würdeträger kein Eigenwert, sondern ein relationaler Wert zukommt. Dies ist in der theozentrischen Position der Fall, gemäß welcher dem Menschen eine Dignitas-Würde und anderen Lebewesen eine Bonitas-Würde zukommt. Würde kommt Menschen und anderen Lebewesen in diesem Konzept aber nur durch ihre Beziehung zu Gott zu. Ihnen kommt also ein relationaler, kein Eigenwert zu. Gibt es keinen Gott oder auch nur keine Schöpfung durch Gott, so kann das, was den Wert des Menschen ausmacht, nicht erfüllt werden. Er hätte dann keinen Wert.

---

[5] Nach Attfield sollten wir den letzten Menschen moralisch tadeln, wenn er ein Wesen, dem Eigenwert zukommt, anzündet. Er veranschaulicht dies am Beispiel eines Baumes. Allerdings verbindet Attfield dies mit dem Hinweis, die Existenz des Baumes sei auch Hoffnung, dass das Leben fortbesteht. Das hieße freilich, dass Attfield nicht nur den Eigenwert des Baumes betrachtet. Ein Biozentrist müsste sagen, es sei moralisch falsch, den Baum zu verbrennen, unabhängig davon, ob aus seinem Samen neues Leben entsteht. Bis zum letzten Moment müsste er als Wesen respektiert werden, dem ein Eigenwert zukommt. Vertreter einer Menschenwürde-Position würden ja auch nicht sagen, dass man einen der letzten beiden Menschen deswegen nicht töten dürfe, weil sie vielleicht Kinder gebären und den Fortbestand der Menschheit sichern könnten. Auch dem letzten Menschen, der alleine keine Nachkommen mehr haben kann, kommt nach dieser Position eine Würde zu, welche die Tötung verbietet.

Der Begriff des Eigenwerts findet sich nicht nur in biozentrischen Ethiken. Gemäß dem Ökozentrismus kommt auch Biotopen oder Arten ein Eigenwert zu. Einige Ethiker wie Tom Regan sprechen nur Tieren einen Eigenwert zu. Es ist dagegen nicht klar, ob alle Vertreter einer konsequentialistisch konzipierten Tierethik die Unterscheidungen zwischen intrinsischem Wert, inhärentem Wert und Eigenwert in ihrer Theorie benötigen. Alle Wesen, die empfindungs- und leidensfähig sind, sind nach einer pathozentrischen Ethik um ihrer selbst willen moralisch zu berücksichtigen. Man könnte dies zum einen so verstehen, dass allen empfindungs- und leidensfähigen Wesen ein Eigenwert zukommt und dass wir auf Grund dieses Eigenwerts das Wohlergehen der Tiere moralisch zu berücksichtigen haben. Dessen Erhalt oder Zerstörung bzw. dessen Achtung oder Missachtung wird dann im konsequentialistischen Kalkül mitberücksichtigt. Man kann aber zum anderen eine rein utilitaristische Position vertreten, in der Freude bzw. die Erfüllung von Präferenzen intrinsisch wertvoll und Leid bzw. das Nichterfüllen von Präferenzen intrinsisch schlecht sind und man in einem unparteiischen Kalkül das grösste Glück aller Betroffenen herbeizuführen hat. Die Handlungen des letzten Menschen würden hier in Bezug auf die erwarteten Handlungsfolgen beurteilt. Sofern das voraussichtliche Leid der Katze die mögliche Freude des letzten Menschen an einer Tötung der Katze überwiegt, ist die Handlung moralisch verboten. Wie es moralisch zu beurteilen ist, den Louvre in Brand zu stecken, hinge ebenfalls davon ab, wie sich diese Tat auf das Wohlergehen des letzten Menschen, der Katze und anderer empfindungsfähiger Wesen auswirkt. Überwiegt das Leid, ist die Handlung verboten, dominiert die Freude daran, wäre sie sogar geboten. Tom Regan betont daher zu Recht, dass in der utilitaristischen Theorie bloss die Empfindungen als etwas Wertvolles betrachtet werden. Das Wesen selbst sei nur ein Gefäß, das diese intrinsischen Werte enthält, sei aber nicht selbst etwas Wertvolles.[6] Es gebe in dieser Position nur intrinsische Werte; keinen Eigenwert.

Regan selbst betont dagegen, dass dem ganzen Individuum ein Eigenwert zukommt. Wir sollten berücksichtigen, dass es ein Subjekt eines eigenen Lebens ist. Aus dem Umstand, dass einem Wesen Eigenwert zukommt, folgt nach Paul Taylor zweierlei: Erstens sind Wesen, denen ein Eigenwert zukommt, moralisch berücksichtigenswürdig. Sie sind moralische Objekte. Zweitens sind wir moralisch angehalten, das eigene Gut dieser Wesen zu schützen und zu fördern. Damit führt er freilich erneut einen klärungsbedürftigen Begriff ein.

---

[6] Regan, The Case for Animal Rights, S. 236.

5.2 Die Rede von einem eigenen Gut

Alle Lebewesen verfügen nach biozentrischer Ansicht über ein eigenes Gut, das gefördert und geschädigt werden kann. Bei allen Lebewesen kann man von einem Gedeihen („flourishing") oder der Selbstrealisierung („self-actualisation") sprechen. Eingriffe, die das Gedeihen und die Selbstregulierung beeinträchtigen oder verunmöglichen, können demnach als Schädigung bezeichnet werden. Ob eine Mikrobe oder eine Pflanze empfindungsfähig sind, sie Schmerz oder Leid empfinden, entscheidet für Biozentristen nicht die Frage, ob ihnen geschadet werden kann. Vielmehr betonen sie, dass man in sinnvoller Weise auch vom Gedeihen einer Fruchtfliege, einer Ulme oder auch einer Mikrobe sprechen kann, und entsprechend auch dann von Schädigung sprechen könne, falls es sich herausstellte bzw. bestätigte, dass Fruchtfliegen, Ulmen und Mikroben nicht empfindungsfähig sind.

Allerdings muss man fragen, wieso eine Ulme ein eigenes Gut haben soll, nicht aber ein Fahrrad, eine Maschine oder ein Meteorit. Auch ein Fahrrad kann doch gut oder schlecht erhalten sein. Eine mögliche Antwort auf diese Frage muss in vier Schritten vorgestellt werden. Die Antwort geht davon aus, dass Organismen, Pflanzen und Tiere als Wesen beschrieben werden können, denen (i) ein individuelles, eigenes Gut zukommt, die (ii) individuelle Ziele verfolgen und die (iii-iv) als organische Einheiten zu bezeichnen sind.

Mikroorganismen oder einfache Pilze wie Hefe können (i) aller Wahrscheinlichkeit nach nichts subjektiv empfinden. Wir können so nicht von einem subjektiven Wohlergehen von Mikroorganismen oder Pilzen sprechen. Doch auch wenn dies nicht möglich ist, können wir davon sprechen, dass sich ein Mikroorganismus oder ein Pilz in einem guten oder schlechten Zustand befindet. Selbst bei einfachen Mikroorganismen ist zum Beispiel zu fragen, ob sie im Sinne ihrer Art funktionieren oder nicht. Insofern sind wir auch in der Lage, davon zu reden, dass etwas gut für sie ist. Dasselbe gilt für alle anderen Lebewesen. In Bezug auf Tiere können wir von Krankheit, Verhaltensstörungen oder Fehlanpassungen sprechen. Für eine Pflanze ist es z.B. gut, wenn sie regelmäßig und angemessen gegossen wird, und schlecht für einen Steinpilz, wenn er zertreten wird. Wir sprechen dagegen nicht davon, dass es schlecht für einen Stein sei, wenn er zerschlagen wird.

Allenfalls könnte man versucht sein, auch (ii) Maschinen ein solches Gut zuzuschreiben, da auch diese rosten, auseinander fallen und sich in einem schlechten Zustand befinden können.[7] Doch Maschinen bestehen nur auf-

[7] Man könnte einwenden, auch Mineralogen wüssten, was gut oder schlecht für Kristalle sei (vgl. Wolf, Die Würde der menschlichen Zygote, S. 59). Aber es ist fraglich, ob sich das Gut hier auf etwas anderes als auf Zielsetzungen des Mineralogen bezieht wie beispielsweise dessen ästhetischen Wünschen. Einen eigenen Standpunkt – und damit ein eigenes Gut – können wir wohl nur Dingen zuschreiben, die leben.

grund eines Zweckes, den Menschen mit ihnen verfolgen. Sie haben keine eigenen Zwecke. Dies ist der zweite Punkt, auf den biozentrische Ethiker verweisen. Bei Lebewesen kann man davon sprechen, dass sie selbst Zwecke und Ziele haben.[8] Die internen Funktionen und das äußere Verhalten eines Lebewesens sind darauf angelegt, dass es überlebt, sich reproduziert und sich an verändernde Umwelteinflüsse anpassen kann. Lebewesen sind „intentionale Systeme".[9] Jedes Lebewesen „sucht", sich am Leben zu erhalten, und „versucht", sein eigenes Gut zu erreichen, zu bewahren und zu steigern. Wir haben hier kein intentionales Handeln in dem Sinne, dass ein Wesen rational agiert oder sich gar selbst vernünftig entscheidet, welche Zwecke es erstrebt. „Suchen" und „Versuchen" stehen so bewusst in Anführungszeichen. Aber dennoch sind die Zwecke, auf die ein Lebewesen hin organisiert ist, ja, auf Grund derer es sich aus sich selbst heraus organisiert, etwas, was den Wesen selbst natürlich innewohnt. Es sind ihre eigenen.

Neben einer Abgrenzung zwischen Maschinen und Lebewesen ist noch eine zweite erforderlich. Auch von (iii) einzelnen Organen wie dem Herz oder der Leber kann man sagen, dass sie in einem guten oder schlechten Zustand sind und dass sie spezifische Ziele „verfolgen". Sie können ebenfalls als intentionale Systeme beschrieben werden. Doch zwischen Organen und Lebewesen besteht ein Unterschied, der hier relevant ist. Lebewesen sind organische Einheiten, die als Individuen bestehen. Eine Leber und ein Herz sind nur Teil eines Individuums und einer organischen Einheit. Ihre spezifischen Ziele sind nur Teilfunktionen des gesamten Organismus. Unabhängig von ihren Funktion im Gesamtorganismus haben sie keine „eigenen Ziele" oder „Zwecke".

Schließlich ist auch zu fragen, ob man nicht auch (iv) Arten, Biotopen oder der ganzen Erde ein eigenes Gut zuordnen kann.[10] Aber auch hier ist eine Abgrenzung möglich. Da die genannten Entitäten nicht in eine Kategorie fallen, ist für die Abgrenzung erforderlich, drei Typen solcher Kollektiventitäten zu unterscheiden.

- Einen ersten Typ bilden jene natürlichen Entitäten, bei denen unklar ist, ob es sich um ein Kollektiv oder ein Individuum handelt. Der Bienenstaat ist das beste Beispiel hierfür. Entweder ist der Bienenstaat selbst eine organische Einheit, der die einzelnen Bienen als Zellen angehören; oder die einzelnen Bienen sind biologische Einheiten, welche als Kollektiv zu-

---

[8] Ich beschränke mich hier auf die Ebene des Individuums und gehe nicht auf die Frage ein, ob nicht eher Gene „Ziele" zuzusprechen sind. On die Ausklammerung des Genegoismus sinnvoll ist, sei dahingestellt; aber hier geht es zunächst um die Darstellung der biozentrischen Position.

[9] Zu diesem Begriff Dennett, Kind of Mind, S. 19ff.

[10] Biozentristen sind der Gefahr ausgesetzt, dass ihre Rede von einem eigenen Gut keine Grenze kennt. Vgl. zu dieser Kritik und zu einer Verteidigung gegen diesen Einwand etwa Sterba, A Biocentrist Strikes back, S. 371.

sammenleben. Auch wenn es um Pflanzen geht, besteht, wie wir sehen werden, eine Diskussion, was eigentlich als Einzelwesen betrachtet werden kann und was eher die Funktion einer Zelle oder eines Organs hat, das funktionell Teile eines Ganzen ist. In all diesen Fällen ist nicht fraglich, ob neben Einzelwesen andere Entitäten ein eigenes Gut haben, sondern ausschließlich, was überhaupt als „Individuum" aufzufassen ist. Biozentristen tendieren dazu, einzelne Ameisen oder Bienen als Individuen aufzufassen. Im Unterschied zu Organen eines Körpers, verfolgen in einem Bienen- oder Ameisenstaat einzelne Ameisen eigene „Ziele".

- Einen zweiten Typ bilden Arten und andere biologische Ordnungen. Die Frage, ob Arten in der Welt bestehen, hatte ich oben verneint. Nicht die Art existiert, sondern einzelne Lebewesen, die wir Menschen aus praktischen Erwägungen heraus in einer Nominaldefinition klassifizieren. Besteht eine Art aber nicht real in der Welt, so kann man nicht davon sprechen, sie sei eine organische Einheit, die eigene „Ziele" habe. Arten besitzen daher kein eigenes Gut.
- Einen dritten Typ bilden Kollektive, in denen eine Vielzahl von Einzelwesen unabhängig voneinander bestehen und „eigene Ziele verfolgen", die aber einen wechselseitigen Einfluss aufeinander haben, so dass ein komplexes Beziehungssystem entsteht, von dem einige sagen würden, auch dies bestehe in der Welt. Ökosysteme oder Symbiosen fallen in diese Kategorie. Biozentristen müssten wiederum klären, ob man sinnvoll davon reden kann, dass diese Kollektive selbst als ontologische Entitäten bestehen und eigene Ziele „verfolgen". Nehmen wir Flechten als Beispiel, eine symbiotische Lebensgemeinschaft zwischen einem Pilz und Grünalgen oder Cyanobakterien. Auch wenn es gewiss möglich ist, sie als intentionales System zu beschreiben, so ist doch fraglich, ob dies eine sinnvolle Beschreibung ist. Wie alle anderen Lebewesen können Pilze, Algen und Cyanobakterien als intentionale Systeme angesehen werden, die bestehen, gedeihen und sich reproduzieren „wollen". Die Flechte selbst entsteht durch die Interaktion dieser Lebewesen, wobei deren eigenen „Ziele" aber bestehen bleiben und sich nicht unter ein neues „Ziel" unterordnen lassen, das der Flechte zuzuschreiben ist. Ja, zwischen den Lebewesen besteht trotz der symbiotischen Beziehung eine Konkurrenz zueinander. Da der Flechte aber nicht selbst ein „Ziel" zuzuschreiben ist, hat sie selbst kein eigenes Gut. Ein solches besitzen nur jene Lebewesen, aus denen die Flechte besteht. Dies gilt auch dann, wenn die Interaktion symbiotischer Partner oder Parasiten für ein Lebewesen überlebensnotwendig ist. Denn auch dieser Umstand ändert nichts daran, dass nur die einzelnen Organismen sinnvoll als Einheiten beschrieben werden können, die spezifische „Ziele" verfolgen. Dasselbe gilt für Biotope, also für sehr komplexe Form solchen kollektiven Zusammenlebens oder für Populationen. Die unabhängig agierenden Einzelwesen „wollen" überleben und sich fortpflan-

zen, nicht das Kollektiv, das sich als Effekt ihres Verhaltens herausbildet. Auch diese Kollektive haben, so der Biozentrist, kein eigenes Gut, sondern nur jene Wesen, die in diesem Biotop leben.

Keine dieser drei Typen stellt also ein Problem für Biozentristen dar. Im ersten Falle haben wir eine Diskussion, *welche* Art von Entitäten ein eigenes Gut hat. In den beiden anderen Fällen handelt es sich um keine Wesen, die ein eigenes Gut haben.

Gemäß dem Biozentrismus besitzt jeder Organismus, von einem einfachen Mikroorganismus bis hin zu einem komplexen Säugetier oder einer komplexen Pflanze – im Gegensatz zu unbelebten Dingen – einen eigenen Standpunkt. Im Gegensatz zu diesen organisiert er sich selbst gemäß eigener „Ziele". Wenn man die obige Abgrenzung zwischen Maschinen und Lebewesen betrachtet, könnte man vermuten, dass die Züchtung bzw. gentechnische Herstellung von Tieren oder Pflanzen durch den Menschen prinzipiell deren eigenes Gut aufheben würde. Denn die Tiere und Pflanzen werden ja in Bezug auf menschliche Ziele gezüchtet oder hergestellt. Aber es ist hier zu beachten, dass man auch bei gezüchteten Lebewesen zweierlei sagen kann: (i) dass sie in Bezug auf die Ziele funktionieren, wegen derer sie der Mensch gezüchtet hat (dass sie genügend Milch geben, Eier legen, schmackhafte Äpfel tragen etc.) und (ii) dass sie als individuelle Lebewesen *in Bezug auf ihre eigenen Ziele* in einem guten Zustand sind (dass sie gesund sind, keinem schädlichen Stress ausgesetzt sind, gut gedeihen etc.). Auch gezüchteten oder von Menschen auf andere Art hergestellten Lebewesen kommt also ein eigenes Gut zu, das unabhängig von den Zielen besteht, wegen derer die Tiere gezüchtet wurden.[11]

Freilich würden Biozentristen gerade einige unserer Nutzpflanzen und -tiere als Beispiele nehmen, wo das eigene Gut von Lebewesen beeinträchtigt und geschädigt ist, und dies gerade wegen der Ziele, weswegen sie gezüchtet wurden. Im Nutztierbereich könnte man auf die Tiere der Rinderrasse „Weißblaue Belgier" verweisen: Diese Rinder sind durch eine extrem starke Bemuskelung und damit hohe Schlachtausbeute gekennzeichnet. Die Weißblauen Belgier der Zuchtrichtung „Fleisch" haben zu 80% das Doppellender-Gen, welches zu dieser ausgeprägten Muskulatur führt. Die hat freilich auch zur Folge, dass knapp 2/3 aller Reinzuchtkälber nur durch Kaiserschnitt auf die Welt kommen. Wegen der hohen Ausschlachtung und damit des hohen Erlöses nimmt man diese Operationen der Kühe in Kauf. In einer pathozentrischen Tierethik würde man prüfen, wie stark Weißblaue Bel-

[11] Zum selben Schluss kommt auch Robin Attfield (Genetic Engineering, S. 205). Er schreibt: „While it is manifest that transgenic manipulation essentially involves an instrumental attitude to animals, it does not invariably involve a neglect or subversion of what might be regarded as the implicit ends which as a result of evolution are embedded in their ways of life."

gier aufgrund der Mutation leiden. Da der Kaiserschnitt in Narkose durchgeführt wird, sagen einige Ethologen, diese Rinder leiden nicht mehr als Rinder anderer Zuchtrassen. Für einen Biozentrist, geht es dagegen nicht (allein) um das Leid. Er würde sagen: „Dass die Tiere nicht mehr auf natürlichem Wege gebären können, ist etwas Schlechtes. Es schadet Tieren, wenn sie Funktionen und Fähigkeiten, die ein Lebewesen einer Art in der Regel ausüben kann, nicht mehr ausüben können."

Das eigene Gut muss sich nicht notwendig auf art- oder ordnungsspezifische Eigenschaften und Funktionen beziehen. Eine solche Beschränkung wäre nicht nur mit dem Problem verbunden, dass hier erneut auf gattungsspezifische Eigenschaften und eine Teleologie zurückgegriffen werden müsste. Zudem steht eine solche Beschränkung auf artspezifische Eigenschaften und Fähigkeiten vor dem Problem natürlicher Variabilität. Man könnte das Telos auch mit dem individuellen Genom gleichsetzen. Aber auch dann stellen sich Fragen, wie diese Position operationalisiert werden kann. Selbst wenn Lebewesen genetisch identisch sind, sie eineiige Zwillinge oder Klone (Ableger) sind, können sie sich auf Grund unterschiedlicher Umweltbedingungen sehr verschieden entwickeln. Dann müsste man aber Wertmaßstäbe haben, mit deren Hilfe man die möglichen Entwicklungen beurteilen kann. Einige der paradigmatischen Beispiele für eine Schädigung des eigenen Gutes wären vielleicht gar keine. Der Kümmerwuchs einer Pflanze etwa muss nichts Schlechtes sein, vielleicht stellt es sogar die optimale Entwicklung einer Pflanze dar, wenn bestimmte Umweltbedingungen bestehen. Hier steht der Biozentrist vor einem Problem, das uns zu einem späteren Zeitpunkt noch intensiver beschäftigen muss. An dieser Stelle werde ich diesen Punkt bewusst offen lassen und vorläufig davon ausgehen, dass das eigene Gut von Lebewesen klar bestimmt werden kann.

Vorerst soll noch auf eine andere Schwierigkeit verwiesen werden. Wir müssen uns auch fragen, was die in den Schritten (i) bis (iv) vorgenommene Abgrenzung überhaupt ermittelte: eine moralisch relevante Eigenschaft oder eine Beschreibung dessen, was ein Lebewesen ist? Es wurde schließlich nichts anderes getan als jene Eigenschaften hervorzuheben, die Lebewesen kennzeichnen: Selbstregulierung, Streben nach Selbsterhaltung und Fähigkeit zur Reproduktion.[12] Dass Lebewesen von Organen und Artefakten wie Fahrrädern oder Häusern zu unterscheiden sind, ist aber nie in Frage gestellt worden.

Sind wir ehrlich zu uns selbst, müssen wir wohl zugeben, dass wir vorläufig nur eine Auflistung relevanter Eigenschaften von Lebewesen vor uns haben, während der zweite Punkt noch unbearbeitet ist. Die Schritte (i)-(iv) helfen, Lebewesen von anderen Entitäten abzugrenzen. Damit ist freilich noch nicht gesagt, warum das eigene Gut eines Lebewesens moralisch zäh-

[12] Ob Reproduktion in diese Liste gehört, sei dahingestellt. Arbeiterbienen und Ameisensoldaten verfügen nicht über diese Fähigkeit, aber es sind Lebewesen.

len soll und warum auf der anderen Seite der gute oder der schlechte Zustand einer Maschine nicht zählen soll. Bisher wurde nur gesagt, dass zwischen beiden jener Unterschied besteht, dass wir im letzteren Falle menschliche Ziele verwirklicht sehen, im anderen Falle aber nicht. Dies ist die klassische Unterscheidung zwischen Physis und Techne oder von Natur und Kultur. Aber warum soll dieser Unterschied moralisch relevant sein? Die wichtigste Frage ist also noch unbeantwortet: Um eine Antwort zu finden, müssen wir das Verhältnis zwischen „eigenem Gut" und Eigenwert untersuchen.

Die Rede vom „eigenen Gut" ist, so Taylor, eine deskriptive Aussage, eine *Ist-Aussage*. Ob dies so ist, ist freilich eine andere Frage. Denn wenn ein eigenes Gut besteht, kann man Wesen einen Schaden zufügen – und Schaden ist immer ein evaluativer Begriff. Es geht beim Schaden nicht darum, dass sich ein Zustand verändert, sondern darum, dass diese Veränderung als schlecht zu bewerten ist. Man könnte allenfalls sagen, dass die Rede von einem eigenen Gut evaluative Aussagen impliziert, aber noch nicht selbst eine moralische Bedeutung hat. Einen Eigenwert zu achten, ist dagegen eine moralische Forderung. Das heißt: Man kann ohne Selbstwiderspruch akzeptieren, dass Lebewesen in dem Sinne ein eigenes Gut haben, als sie gedeihen, ohne sich verpflichtet zu sehen, dieses Gut zu respektieren. Man begeht keinen Widerspruch, wenn man sagt: „Wenn ich die Pflanze nicht gieße, geht sie ein; aber ich habe keine moralische Verpflichtung, sie zu gießen." Man kann aber nicht konsistent sagen: „Dieses Wesen hat einen Eigenwert, aber ich habe keine moralische Verpflichtung, diesen Eigenwert zu achten." Denn wenn ein Wesen einen Eigenwert hat, besteht eine Verpflichtet, diesen zu achten und zu respektieren.

Nach Taylor kommt allerdings jedem Wesen, das ein eigenes Gut hat, ein Eigenwert zu. Welche spezifischen Eigenschaften dieses Gut charakterisieren, spielt dabei keine Rolle. Das heißt aber auch, dass Taylor von einem gleichen Eigenwert alles Lebenden ausgeht. Es gibt keinen, der höherrangig wäre als andere. Aber ist diese Position, die zu tief greifenden Änderungen unserer Lebenspraxis aufforderte, wirklich notwendig? Könnte man nicht auch davon ausgehen, dass Lebewesen unterschiedliche moralische Bedeutung zukommt?

5.3 Egalitärer und hierarchischer Biozentrismus

Der Frage nach der moralischen Bedeutung (moral significance) von Lebewesen, die wir im Rahmen der Lehre von der moralischen Sonderstellung des Menschen anschnitten, kommt in einer biozentrischen Position noch höheres Gewicht zu. Um dies zu zeigen, gehen wir zunächst davon aus, der

Biozentrismus sei wahr. Das heißt, wir setzen voraus, dass alle Lebewesen einen Eigenwert haben, der moralisch zu berücksichtigen ist. Lebewesen sind mehr als blosse Dinge, über die der Mensch frei verfügen und die er z.B. nach Belieben verändern und vernichten darf. Auch wenn im Rahmen biozentristischer Positionen klar ist, dass alle Lebewesen aus demselben Grund moralisch zu berücksichtigen sind (weil ihnen nämlich ein Eigenwert zukommt), ist doch unklar und umstritten, ob alle Lebewesen als Gleiche zu berücksichtigen sind.

Hier teilt sich die biozentristische Position in zwei Lager, in die Gruppe der egalitären Biozentristen und jene der hierarchischen Biozentristen.[13] Egalitäre Biozentristen sagen, dass Lebewesen nicht nur in der Beziehung gleich sind, dass alle einen Eigenwert haben, sondern dass alle Wesen, die einen solchen Eigenwert haben, auch gleich berücksichtigt werden sollen. Hierarchische Konzeptionen gehen davon aus, dass eine Ungleichbehandlung von Vertretern unterschiedlicher Arten auch dann begründet ist, wenn alle diese Lebewesen moralisch berücksichtigt werden müssen. Kommt es zu einem Konflikt, sind die Interessen von bestimmten Lebewesen stärker zu gewichten als jene von anderen.

Natürlich bestreitet kein Biozentrist die Vielfalt der Lebewesen. Der egalitäre Biozentrismus betont jedoch, dass die von Art zu Art unterschiedlichen Potentiale und Fähigkeiten nicht moralisch relevant sind. Alle Lebewesen haben zwar ihr *eigenes* Gut, aber moralisch entscheidend ist einzig, *dass* ihnen ein solches Gut zugeschrieben werden kann. Es gehört zum eigenen Gut des Vogels, fliegen zu können, zu dem des Menschen, vernünftig urteilen zu können, oder zu dem des Fisches, schwimmen zu können. Aber keines dieser Potentiale und keine dieser Fähigkeiten, die sich je nach artspezifischem (oder vielleicht auch individuellen) Gut entfalten sollten, ist einem und einer anderen überlegen. All diese Fähigkeiten sind vielmehr umweltbedingte, spezifische Anpassungen. Die Vernunftfähigkeit des Menschen berechtigt somit ebenso wenig zu moralischen Privilegien, wie es einem Maulwurf gegenüber einem Erdhörnchen eine moralische Sonderstellung verschafft, dass er besser graben kann. Leitet der Mensch aus seinen spezifischen Fähigkeiten (der Vernunft oder der Sprache) oder spezifischen Eigenschaften (dem aufrechten Gang oder der Unbehaartheit) eine moralische Vorrangsstellung oder moralische Privilegien ab, beruft er sich auf moralisch ebenso bedeutungslose und arbiträre Eigenschaften, wie es Chauvinisten und Rassisten tun. Einige egalitäre Biozentristen sprechen denn auch von einem menschlichen Chauvinismus („human chauvinism"), einem Begriff, der anstelle des

---

[13] Vgl für einen egalitären Biozentrismus: Taylor, Respect for Nature und Sterbe, A Biocentrist Strikes Back. Einen hierarchischen Biozentrismus vertreten unter anderem: Attfield, Ethics of Environmental Concern, und Lombardi, Inherent Worth, Respect, and Rights.

in dieser Arbeit nicht nur auf den Menschen bezogenen Begriff des Speziesismus gebraucht wird.[14]

Der egalitäre Biozentrismus ist „spezies-neutral" („species-impartial"). Alle Lebewesen, die ein eigenes Gut haben, haben nach Taylor einen Eigenwert, und zwar denselben Eigenwert. Kein Eigenwert ist als höherrangig anzusehen.[15]

Wenn egalitäre Biozentristen von „Gleichheit aller Lebewesen" und von einem Anspruch auf „gleiche Berücksichtigung" sprechen, meinen sie dieselbe „Gleichheit", die durch den Gleichheitsgrundsatz in menschlichem Bereich ausgedrückt wird. Was unter „Gleichheit" konkret zu verstehen ist, ist zwar auch in menschlichem Bereich schwierig zu beantworten und um viele Aspekte dieser Frage ranken sich eine Reihe vielschichtiger Diskussionen. Aber zumindest einige Punkte sind doch klar:

(i) Auch wenn alle Menschen als Gleiche zu respektieren sind, folgt daraus nicht notwendig, dass alle Menschen stets gleich behandelt werden sollten. Wir haben nicht gegenüber allen Menschen dieselben moralischen Pflichten. Es ist moralisch lobenswert, einem hungrigen Menschen Geld für Essen zu spendieren, aber es ist nicht unbedingt moralisch lobenswert, einem übergewichtigen Kind dasselbe zu geben.
(ii) Wenn wir alle Menschen als Gleiche zu respektieren haben, bedeutet dies nur, dass es *bestimmte* moralische Pflichten gibt, die wir gegenüber allen Menschen haben. Alle Menschen haben dieselben moralischen Rechte, das Recht auf Leben, auf Unversehrtheit der Person, auf freie Religionsausübung oder das Recht, nicht erniedrigt zu werden; und alle moralischen Akteure haben die Pflicht, diese Rechte zu respektieren.
(iii) Wenn wir alle Menschen als Gleiche zu respektieren haben, bedeutet dies, dass sie ein gleiches Anrecht auf gerechte Verfahren haben. Es wäre eine Verletzung des Gleichheitsprinzips, wenn im Entscheidungsprozess moralisch arbiträre Faktoren den Ausschlag gäben oder auch nur eine Rolle spielten. Hautfarbe, finanzielles Vermögen, die Angehörigkeit zu einer bestimmten Religion, das Geschlecht oder Behinderung dürfen z.B. nicht die Frage entscheiden, wem ein Recht auf Unversehrtheit der eigenen Person zusteht und wem nicht.

Alle diese drei Punkte, die natürlich nur eine äußerst oberflächliche Klärung des Gleichheitsgrundsatzes liefern, können auf den egalitären Biozentrismus übertragen werden.

(i) Auch der egalitäre Biozentrist sagt nicht, dass wir alle gleich behandeln sollen.

---

[14] Vgl. hierzu: Routley & Routley, Against the Inevitability of Human Chauvinism.
[15] Vgl. Taylor, Respect for Nature, S, 154f.

(ii) Der egalitäre Biozentrist sagt nur, dass es bestimmte Verpflichtungen gibt, die wir gegenüber allen Lebewesen haben. Kämen Lebewesen als Lebewesen Rechte zu, etwa das Recht auf Leben oder Unversehrtheit, dann käme dieses Recht *allen* Lebewesen zu. Natürlich könnte es daneben moralische Rechte geben, die an bestimmte Fähigkeiten gekoppelt sind, wie etwa Leidensfähigkeit, Sprache oder Vernunft. Ein Recht auf Redefreiheit z.B. wird auch der egalitäre Biozentrist als spezifisch menschliches Recht ansehen; dies jedenfalls dann, wenn allein unter Menschen Individuen zu finden sind, welche die kognitiven Fähigkeiten haben, sich sprachlich zu äußern. Aber er wird stets sagen, dass dieses Recht potentiell auch allen anderen Lebewesen zukommt. Gäbe es andere Wesen, die eine abstrakte Sprache beherrschen, käme auch diesen das Recht auf Redefreiheit zu.

(iii) Der egalitäre Biozentrist fordert gerechte Verfahren, in denen alle Lebewesen als Gleiche zu berücksichtigen sind. Das heißt ebenfalls: Lebewesen dürfen nicht aus Willkür heraus ungleich behandelt werden. Die Gattungszugehörigkeit ist für den egalitären Biozentrist eine solche moralisch arbiträre Eigenschaft.

Hierarchische Biozentristen bezweifeln die Punkte (ii) und (iii). Zwar sind auch sie der Auffassung, dass die Gattungsangehörigkeit allein nicht moralisch relevant ist; aber sie sind der Auffassung, dass eine Privilegierung bestimmter Individuen, Arten, Gattungen oder bestimmter Ordnungen moralisch begründet ist. Das Potential, bestimmte Fähigkeiten entfalten zu können, halten sie moralisch für relevant und zwar in dem Sinne, als bei Verfahren eine bevorzugte Behandlung bestimmter Arten gerechtfertigt ist. Wenn Angehörige einer Art dieses moralisch relevante Potential besitzen, Angehörige einer anderen Art aber nicht, wäre eine bevorzugte Behandlung dieser Art nicht Willkür. Es wäre vielmehr die moralisch erforderliche Handlung. Hierarchische Biozentristen vertreten dabei selten einen bloßen Dualismus zwischen Menschen und anderen Lebewesen (auch wenn dies natürlich eine mögliche Variante des hierarchischen Biozentrismus wäre). Sie gehen oftmals von einer „Scala Naturae" aus, in der Arten und Ordnungen ein bestimmter normativer Stellenrang zugewiesen wird. Wirbeltiere hätten Vorrang vor Wirbellosen, Pflanzen und Pilzen, und diese wiederum vor Mikroorganismen.

Wir müssen dabei grundsätzlich zwei Typen des hierarchischen Biozentrismus unterscheiden: Spezies-orientierte Hierarchisten sind der Auffassung, dass verschiedenen Arten ein unterschiedlicher Eigenwert zukommt. Individualistische Hierarchisten sind der Auffassung, dass individuelle Eigenschaften von Wesen deren moralische Bedeutung begründen. Wenn die obige Kritik am Konzept der Gattungseigenschaften korrekt ist, scheidet die erste Möglichkeit aus. Da das Potential individueller Lebewesen in der

Praxis nur schwer zu bestimmen ist und die Gefahr besteht, dass Moral ihre handlungsanleitende Funktion verliert, führen einige Autoren sogenannte Praxisnormen ein, die sich dann doch wieder auf die Spezies beziehen.[16] Das moralische Gewicht, das Lebewesen zukommt, wird in der Praxis gemäß jenen Fähigkeiten bestimmt, die Lebewesen dieser Art in der Regel zukommen. Da Menschen in der Regel über Vernunft und Selbstbewusstsein verfügen, kommt ihnen eine höhere moralische Bedeutung zu als Schildkröten und Hamster, die in der Regel nicht über Vernunft und Selbstbewusstsein verfügen. Die Praxisnormen werden nicht zufällig so formuliert, dass sie mit unseren moralischen Intuitionen übereinstimmen und somit mit der Lehre von der moralischen Sonderstellung des Menschen kompatibel sind. Auch hier werden ethische Überlegungen an die Common Sense-Moral angepasst. Klammern wir unsere Intuitionen aus, müsste bei Wahl von Praxisnormen eigentlich darauf geachtet werden, dass kein Wesen schlechter behandelt wird, als ihm von seinen individuellen Fähigkeiten her zusteht. Nimmt man Bezug auf die in der Regel vorkommenden Eigenschaften, so ist genau diese Bedingung nicht erfüllt. Jene Lebewesen werden moralisch unangemessen eingestuft und schlechter gestellt, die im Vergleich zu ihren Artgenossen ungewöhnlich hohe Fähigkeiten haben. Ein Schimpanse wie Oliver kann noch so rational agieren, er wird stets nach dem Durchschnitt seiner Art eingestuft. Da dies für hierarchische Biozentristen fragwürdig sein muss, müssten sie eigentlich andere Praxisnormen wählen; etwa solche, wo sich der moralische Status auf alle Fähigkeiten bezieht, die je von einem Mitglied einer Art erreicht wurden. Denn auch wenn hier einige Lebewesen unverdient Vorteile erhielten, wäre dies doch moralisch einer ungerechtfertigten Benachteiligung anderer vorzuziehen.

Allerdings müsste, um überhaupt von einer angemessenen und gerechtfertigten Beurteilung reden zu können, geklärt sein, nach welchen Kriterien die Hierarchie erstellt wird. Sehr oft werden moralische Intuitionen als Kriterium herangezogen. Unsere Alltagsmoral ist, wie bereits im ersten Kapitel ausgeführt, ohne Zweifel hierarchisch geprägt. Haben wir die Wahl, einen Menschen oder ein anderes Tier zu retten, werden wir den Menschen retten. Die meisten würden sich, müssen sie zwischen dem Leben eines Veilchen und einer Katze wählen, wohl zugunsten der Katze entscheiden.

Unsere moralischen Intuitionen sprechen keineswegs dafür, dass menschliche Interessen stets der Vorrang zukommen sollte. Wenn man überlegt, ob man menschlichen Gourmetgelüsten folgen und Gänse für Gänseleberpasteten opfern soll, dann scheint das menschliche Interesse an Gänseleberpastete von so grundsätzlich geringerem Rang als das Interesse der Gans, nicht gestopft zu werden, dass alles für ein Verbot dieser qualvollen Mastmethoden spricht. Aber das Problem ist, dass sich dieses Argument nur auf Hand-

---

[16] Vgl. Balzer, Rippe & Schaber, Menschenwürde vs. Würde der Kreatur, S. 30.

lungen beziehen kann, die besonders ausbeuterisch sind. Anders als im Gänseleberpastetenbeispiel sprechen unsere vortheoretischen moralischen Überzeugungen sehr wohl dafür, das Leben von Pilzen und Pflanzen zu opfern, um Gourmetgelüsten folgen zu können. Auch wenn bestimmte Handlungen gegenüber Tieren, Pflanzen und anderen Organismen moralisch verboten sind, ändert dies doch nichts an der Annahme einer moralischen Vorrangstellung, gemäß der Pflanzen für Tiere geopfert werden und Tiere für Menschen. Wenn es darum ginge, unsere moralischen Intuitionen in einer ethischen Theorie zu rekonstruieren, so würde die Entscheidung also klar zugunsten eines hierarchischen Biozentrismus ausgehen. Allerdings entpuppte sich dieser dann am Ende als jene Lehre der moralischen Sonderstellung des Menschen, bei der unsere Überlegungen ihren Ausgang nahmen. Oben hatte ich die Bedeutung moralischer Intuitionen relativiert. Auch hatte ich gezeigt, dass der Doktrin der moralischen Sonderstellung des Menschen jene Fundamente verloren gingen, die sie stützen könnten. Hier findet ein hierarchischer Biozentrist keine Grundlage.

Wenn wir uns nicht auf Intuitionen stützen können, müssen wir andere Kriterien in den Blick nehmen. Folgende Möglichkeiten bestehen:

- Sehr wirkkräftig ist, auf die unterschiedliche Nähe zu Gott oder zum Göttlichen zu verweisen. Dies wäre freilich eine private Glaubensannahme. Was argumentativ nachgeliefert werden muss, bevor von intersubjektiv begründeten Normen gesprochen werden kann, hatte ich im ersten Kapitel ausgeführt. Diese Option müssen wir ausklammern.
- Die zweite Möglichkeit, die man kaum ernsthaft zu diskutieren braucht, setzt den Menschen an Stelle des Göttlichen und entscheidet auf Grund der Nähe und Ähnlichkeit zum Menschen über den Platz in der Hierarchie. Hier haben wir wohl eher eine freischwebende Intuition vor uns, welche erst dann wahr wäre, wenn man zusätzlich zur Existenz Gottes auch noch eine Vervollkommnung der Lebewesen in Richtung des Göttlichen annimmt. Lässt man diese impliziten Prämissen fort, kann die Ähnlichkeit zu uns selbst allenfalls als relationaler Wert in Betracht kommen. Auch wenn ich Menschen schätze, die mir in dieser oder jener Beziehung gleichen, darf ich deren Interessen doch keine höhere moralische Bedeutung geben als anderen Menschen. Es ist ja Grundidee des Eigenwerts, dass ich dessen Träger zu achten und zu respektieren habe, *unabhängig* davon, ob ich ihn schätze oder nicht. Ein relationaler Wert kann so nicht in Anspruch genommen werden, um einen höheren oder tieferen Eigenwert zu begründen. Analog darf aber auch der Biozentrist Eigenwerte nicht nach relationalen Gesichtspunkten einordnen. Diese Möglichkeit scheidet daher aus.
- Die dritte Möglichkeit ist, sich ohne Bezug zum Göttlichen auf die unterschiedliche Qualität von Fähigkeiten oder der Qualität des eigenen Guts

zu beziehen. Vernunft zu haben und moralische Kompetenz, geben dessen Träger einen Wert, der höher einzustufen ist als jene, die Rationalität oder bloße Empfindungsfähigkeit vermitteln. Ein eigenes Gut, dessen man sich selbst bewusst ist, ist gewichtiger als eins, das nicht mit Bewusstsein verbunden ist, und dieses höher als eines, dessen Verletzung vom betroffenen Wesen selbst nicht als schlecht empfunden wird. Wenn es zu Konflikten mit anderen Werten und Gütern kommt, würde ein Eigenwert stärker berücksichtigt, wenn das Wesen höhere Fähigkeiten hat. Oder anders gesagt: Je tiefer die Fähigkeit, desto geringere Gründe braucht es, eine Missachtung des Eigenwerts zu begründen. Das ethische Problem liegt freilich darin zu begründen, wieso der Besitz einer Fähigkeit bzw. die Komplexität des Bewusstseins das Gewicht eines Eigenwerts beeinflussen soll. Letztlich ist dies nur denkbar, wenn es mehrere Typen von Eigenwerten gibt. Aber damit entfernt man sich stark von der Ausgangsposition des Biozentrismus, dass allein der Umstand, ein eigenes Gut zu haben, einen Eigenwert begründet. Alle Fähigkeiten sind dann natürliche Anpassungen an besondere Umweltbedingungen, sind Folge der natürlichen Konkurrenz und der Auslese. Es ist eine Frage bloßen Zufalls, welches Potential ein Wesen hat. Aber alle Lebewesen sind – und dies sei einzig relevant – in der Weise gleich, als sie ein eigenes Gut haben. Nimmt man die dritte Möglichkeit, muss man also den Biozentrismus ganz neu konzipieren und mehrere Wertquellen annehmen.

- Die vierte Möglichkeit ist, dass Lebewesen eine höhere moralische Bedeutung zukommt, wenn sie mit uns in einer speziellen Beziehung stehen bzw. in gemischten Gemeinschaften zusammenleben.[17] Müsste ich zwischen dem Leben zweier Hunde wählen, wobei einer in meinem Haushalt lebt und einer auf der Strasse ein Streunerdasein führt, sollte ich das des ersteren wählen, weil dessem Eigenwert in diesem Konflikt das höhere Gewicht zukommt. Ob dies die richtige Wahl ist, ist eine Frage. Auch bei gleichem Eigenwert der Tiere mag es besondere Beistandspflichten geben, welche den Vorzug rechtfertigen. An dieser Stelle wichtiger ist die Frage, ob hier wirklich angenommen werden darf, dem Eigenwert des Streuners käme ein kleineres Gewicht zu. Können relationale Werte wirklich das Gewicht eines Eigenwerts beeinflussen? Vielleicht mag man darauf verweisen, dass ja genau dies im Theozentrismus möglich sei. Allerdings ging es dort immer nur um relationale Werte, nicht um Eigenwerte. Eine persönliche Beziehung als Grund zu nehmen, einen Eigenwert eines Wesens höher zu gewichten, widerspräche dem Grundgedanken, was es heißt, einen Eigenwert zu haben. Dieser kommt einem Wesen ja zu, unabhängig welche Gefühle und Beziehungen zu ihm bestehen. Damit muss auch diese Möglichkeit ausscheiden.

---

[17] Vgl. Midgley, Animals and Why they Matter.

- Eine fünfte Möglichkeit ist, nicht nur Fähigkeiten in einen Rang zu setzen, sondern auch den Grad zu gewichten, in dem ein Wesen über diese Fähigkeit verfügt. So verweisen einige auf die Höherartigkeit des Empfindens oder auf die größere Komplexität der Interessen. Gary E. Varner unterscheidet z.B. grundlegende Projekte, die in einer engen Beziehung zu einem selbst stehen und im signifikanten Maße dem eigenen Leben Sinn und Bedeutung geben, und nicht-kategorische Interessen wie meinen Wunsch, frühmorgens zunächst eine Tasse Kaffee zu trinken.[18] Er versucht zu verteidigen, dass die Erfüllung von grundlegenden Projekten moralisch von größerer Bedeutung ist als die Erfüllung nicht-kategorischer Interessen. Aus diesem Vorrang bestimmter Interessen leitet er eine Hierarchie der Lebensformen ab. Lebewesen, die grundlegende Projekte verfolgen, sind bedeutender als Lebewesen, die nur Wünsche haben.[19] Eine solche hierarchische Position ist damit vereinbar, dass einige nicht-menschliche Lebewesen auf derselben Stufe stehen wie Menschen. So vertritt Varner die Auffassung, dass einige Affen oder Wale eventuell grundlegende Projekte verfolgen und dass diese, wäre dies der Fall, ebenfalls gegenüber anderen Tieren privilegiert werden sollten. Letztlich sind wir hier bei einer Position, in der Personen über Nicht-Personen bevorzugt werden. Erneut sind wir freilich bei dem Problem, wieso der Besitz einer Fähigkeit dem Eigenwert eines Wesens bei Güterabwägungen und in Konflikten höheres Gewicht geben soll. Und wiederum stellt sich die Frage, ob hier nicht verschiedene Typen von Eigenwerten angenommen werden.

All diese Hierarchisierungsversuche müssen zwei Antworten geben: Eine auf die Frage, wie man die Vorzugswahl begründen kann, und eine auf die Frage, wie dies mit der biozentrischen Grundidee zu vereinbaren ist, dass allen und nur Lebewesen ein Eigenwert zukommt. Ein hierarchischer Biozentrist muss letztlich eine Wertetheorie entwickeln, welche eine rationale Vorzugswahl begründet, wieso der Eigenwert des einen jenem des anderen vorgezogen werden darf. Egalitäre Biozentristen sind der Auffassung, dass es kein Argument gebe, das eine Ungleichheit von Lebewesen rechtfertigen könne. Jede behauptete Vorrangstellung wäre willkürlich. Wer eine solche Privilegierung einfordert, müsste zeigen, dass bestimmten Fähigkeiten ein besonderer Wert zukommt.

Allerdings muss eines betont werden. Der hierarchische Biozentrist steht nicht allein vor dem Problem, begründen zu müssen, dass etwas Natürlichem ein Wert zukommen solle. Man denke nur an die normative Grundlage des egalitären Biozentrismus. Dass jedem Lebewesen ein eigenes Gut

---

[18] Varner, In Nature's Interest? Vgl. zum interessen-orientierten Hierarchismus auch: Agar, Life's Intrinsic Value.

[19] Vgl. Varner, In Nature's Interest?, S. 95f.

zugeschrieben werden kann, ist zunächst auch nur ein empirischer Befund. Zugegeben, der egalitäre Biozentrist steht nur einmal vor diesem Problem, eine Quelle für seine Normativität zu finden; der hierarchische scheint dagegen mehrmals davor zu stehen. Aber es wäre ein Irrtum zu meinen, dass es besser ist, ein einziges grundlegendes Prinzip nicht zu begründen, als dass man mehrere Prinzipien nicht begründet. Ohne Antwort auf die Frage, wieso Lebewesen einen zu achtenden und zu respektierenden Eigenwert haben, hängen beide Positionen gleichermaßen in der Luft.

Egalitäre Biozentristen sind, wie eben gesehen, schlecht beraten, wenn sie zu stark an moralische Intuitionen appellieren oder auf die mangelnde Begründung verweisen. Stärkere Argumente haben sie freilich, wenn sie die Frage in den Mittelpunkt stellen, wie sich denn eine Hierarchie der moralischen Bedeutung mit dem Gedanken vereinbaren lässt, dass alle Lebewesen einen Eigenwert haben. Kommt allein aus dem Grunde, dass Lebewesen ein eigenes Gut haben, Wesen ein Eigenwert zu, so sind die Fähigkeiten entweder Teil dessen, was das eigene Gut definiert, oder aber es ist etwas inhärent Wertvolles, das zusätzlich zum Eigenwert besteht. Im ersteren Falle gibt es keinen Grund, einigen Ausprägungen des Eigenwerts höheren Wert zugeben als andern. Allein der Umstand, ob ein eigenes Gut besteht, ist entscheidend. Im zweiten Falle aber besteht erst recht kein Grund, eine Hierarchie zu formulieren. Denn der Gedanke des Eigenwerts fordert ja gerade auf, jene spezifischen Eigenschaften auszuklammern, welche einen inhärenten und relationalen Wert begründen. Damit bleibt hierarchischen Biozentristen nur ein Weg. Sie müssen sagen, dass es mehrere Typen von Eigenwerten gibt, die sich in ihrer moralischen Bedeutung unterscheiden. Ein eigenes Gut zu haben, wäre dann die Basis eines spezifischen Eigenwerts, den alle Lebewesen haben, Empfindungsfähigkeit zum Beispiel die Basis eines zweiten und etwa Vernunftfähigkeit die Basis eines dritten.

Sobald es empfindungsfähige Roboter oder vernünftige Computer gäbe, käme dann aber auch diesen ein Eigenwert zu. Das heißt, man vertritt eigentlich keine biozentrische Position mehr, nach der alle und nur Lebewesen moralisch zu berücksichtigen sind, sondern eine Mischtheorie, welche mehrere Zentrismen vereint. Um die Position eines hierarchischen Biozentrismus aufrecht zu erhalten, mag man versucht sein, dafür zu argumentieren, dass allein Lebewesen die genannten Fähigkeiten haben können und daher allein bei diesen die drei Eigenwerte zu erkennen oder diesen zuzuschreiben sind. Ein solches Argument, dass Roboter und Computer prinzipiell nicht empfindungsfähig oder vernünftig sein können, ist freilich schwer zu erbringen und gilt eigentlich als widerlegt. Es gibt allerdings eine Theorie, in welcher Artefakte wie Roboter und Computer selbst dann aus dem Kreis der moralischen Objekte herausfallen könnten, wenn ihnen Empfindungsfähigkeit oder Vernunft zuzuschreiben ist. Dies ist der Theozentrismus. Denn im Gegensatz zu Pflanzen und Tieren sind solche Maschinen nicht

Geschöpfe Gottes, es wären Monster. Will der hierarchische Biozentrismus wirklich ein Biozentrismus sein, entpuppt er sich als eine Rekonstruktion der theozentrischen Theorie, nur dass er als Eigenwerte bezeichnet, wo dieser relationale Werte annimmt.

Wäre der Biozentrismus wahr, spricht für den hierarchischen Biozentrismus bisher allein, dass er in grösserem Einklang mit unseren moralischen Intuitionen und bestehender menschlichen Praxis steht. Auch wenn die Begründungslast des egalitären Biozentrismus bereits gross genug ist, so ist sie doch kleiner als jene der hierarchischen Version. Zudem ist die Position Paul Taylors insofern erhärtet, als man, wenn man den Biozentrismus einnehmen will, egalitärer Biozentrist sein muss.

5.4 Vorrangsregeln

Weil Menschen selbst bei einer strikt frutarischen Lebensweise unweigerlich das Leben von unzähligen nicht-menschlichen Lebewesen (z.B. Pilzen, Bakterien usw.) beeinträchtigen würden, ergibt sich für den egalitären Biozentrismus eine Vielzahl von unvermeidlichen Konflikten zwischen unseren moralischen Verpflichtungen gegenüber Menschen (z.B. der Verpflichtung, Hungernde zu speisen) und den moralischen Verpflichtungen gegenüber nicht-menschlichen Lebewesen (z.B. der Verpflichtung, das Leben einer Salatpflanze zu schonen), die über ausgeklügelte Prioritätsregeln gelöst werden müssen. Die Vorrangsregeln sucht Taylor so zu formulieren, dass keine Schieflage in Richtung menschlicher Interessen vorliegt. Taylor[20] schlägt fünf Vorrangsregeln vor:

1. Das Prinzip der Selbstverteidigung
2. Das Prinzip der Verhältnismässigkeit
3. Das Prinzip des kleinstmöglichen Schadens
4. Das Prinzip der Verteilungsgerechtigkeit
5. Das Prinzip der ausgleichenden Gerechtigkeit

Die erste Regel bezieht sich auf Situationen, in denen nicht-menschliche Lebewesen das eigene Gut von Menschen bedrohen. Die anderen Regeln beziehen sich auf Situationen, in denen der Mensch das eigene Gut von nicht-menschlichen Lebewesen bedroht. Um diese Vorrangsregeln zu erläutern, führt Taylor die Unterscheidung zwischen basalen und nicht-basalen Interessen ein.

[20] Vgl. zu diesen Vorrangsregeln, Taylor, Respect for Nature, S. 263-306.

- *Basal* sind Interessen, die von allen rationalen und informierten Akteuren für wertvoll angesehen werden, weil sie ihre Existenz als Personen erst ermöglichen. Hierzu gehören etwa das Überleben, die Sicherheit und die persönliche Freiheit.
- *Nicht-basal* sind Interessen, die Personen aufgrund ihrer jeweiligen persönlichen Vorlieben und Wertmaßstäbe für wertvoll ansehen. Dabei gibt es nicht-basale Interessen, die mit der Haltung der Achtung vor der Natur zu vereinbaren sind, und solche, die mit dieser Haltung *nicht* zu vereinbaren sind (und etwa eine ausbeuterische Haltung gegenüber der Natur ausdrücken).

In gleicher Weise können Interessen von Tieren und Pflanzen als basal, etwa überlebensnotwendig, und nicht-basal angesehen werden. Die Freude, im Warmen zu liegen, wäre ein Kandidat für ein nicht-basales Interesse mancher Tiere.

Taylor beschränkt sich jedoch auf Konflikte zwischen menschlichen Interessen und basalen nicht-menschlichen Interessen. Nimmt man diese Unterscheidung, sind folgende mögliche Konflikte denkbar, die unter Berücksichtigung folgender Prinzipien zu lösen sind:

<table>
<tr><th colspan="3">Nicht menschliche Lebewesen bedrohen das eigene Gut des Menschen,</th></tr>
<tr><td>…um basale oder nicht-basale Interessen zu verwirklichen.</td><td colspan="2">1. Selbstverteidigung</td></tr>
<tr><th colspan="3">Der Mensch bedroht das eigene Gut nicht-menschlicher Lebewesen,</th></tr>
<tr><td>…um nicht-basale Interessen zu verwirklichen, die ausbeuterisch sind.</td><td colspan="2">2. Verhältnismässigkeit</td></tr>
<tr><td>…um nicht-basale Interessen zu verwirklichen, die im Einklang mit dem Respekt gegenüber der Natur stehen.</td><td>3. Kleinstmöglicher Schaden</td><td rowspan="2">5. Prinzip der ausgleichenden Gerechtigkeit</td></tr>
<tr><td>…um basale Interessen zu verwirklichen.</td><td>4. Verteilungsgerechtigkeit</td></tr>
</table>

Ad 1) Selbstverteidigung

Moralische Akteure dürfen sich gegen lebensbedrohende oder gefährliche Organismen wehren. Aus dem Recht auf Leben folgt auch ein Recht, dieses

Leben vor Angriffen zu schützen. Dieses Recht besteht auch dann, wenn die anderen Organismen nicht für ihre Tat moralisch verantwortlich gemacht werden können, sondern Personen gefährden, ohne dass sie anders können. Personen haben freilich eine Pflicht, solche Situationen, wenn möglich, zu vermeiden. Auch wenn man eine giftige Schlange töten darf, sobald sie zuzubeissen droht, soll man ihr in erster Linie aus dem Weg gehen. Zudem muss die Selbstverteidigung verhältnismässig sein. Sie beschränkt sich weiter auf die Verteidigung des Lebens und des eigenes Guts. Da das eigene Gut von Personen durch die Fähigkeit gekennzeichnet ist, moralisches Subjekt sein zu können, geht es also über den Schutz des elementaren Lebens um einen Schutz jener Güter, die notwendig sind, um moralisches Subjekt zu sein. Diese Vorrangsregel ist unbestritten. Allerdings wird über deren Reichweite diskutiert. Paul Taylor redet nur von einem Recht auf Selbstverteidigung und erwähnt auch keine Nothilfe.

Andere Biozentristen suchen das Selbstverteidigungsprinzip auf den Schutz der gesamten Art auszudehnen.[21] Medizinische Therapien etwa werden als Beispiele genannt, wo man Mitglieder der eigenen Art vor Angriffen anderer Arten schützt. Es sind Fälle der Nothilfe. Dass es ein Recht gibt, der eigenen Fürsorge anvertraute Wesen vor Gefahren zu schützen, soll hier nicht bestritten werden. Fraglich ist jedoch, ob sich dieses Recht innerhalb eines egalitären Biozentrismus auf alle Mitglieder der eigenen Art beziehen darf. Hat ein fremder Erwachsener eine bakterielle Erkrankung, so muss dies von jener spezies-neutralen Position, welche der egalitäre Biozentrist einnimmt, als eine Situation erscheinen, wo zwei Organismen bei Befolgung der eigenen ‚Ziele' in Konflikt gerieten. Ein Eingriff ist nur dann möglich, wenn man eine Wahl trifft, wer überlebt und wer nicht. Diese Wahl darf der egalitäre Biozentrist aber nicht treffen. Er müsste sich einer Handlung also enthalten.

Es ist hier auch nicht möglich, auf eine Solidaritätspflicht zu Mitgliedern der eigenen Art – in der Literatur heißt dies mitunter Gattungssolidarität – zu verweisen. Was man in der neueren Diskussion mitunter Gattungssolidarität nennt, ist keine natürliche, sondern eine historisch gewachsene Einstellung. Eine „natürliche" Solidarität gegenüber Mitgliedern der eigenen Gattung gibt es schlichtweg nicht. Es gibt nur eine „natürliche" Neigung, Mitgliedern der eigenen Gruppe zu helfen. Die Solidarität gegenüber Mitgliedern der eigenen Gattung stützt sich auf ein theoretisches Konstrukt, in dem die Solidarität zur eigenen Gemeinschaft auf *alle* Menschen übertragen wurde.[22] Aber Biozentristen lehnen dieses theoretische Konstrukt ab und wollen diese speziesistische Position überwinden. Sie haben, wie wir gesehen haben, sogar gute Gründe, sich nicht mehr auf diese Doktrin zu stützen.

---

[21] So etwa Sterba, A Biocentrist Srikes Back, S. 303f.

[22] Vgl. hierzu auch: Peter Singer, The Expanding Circle.

Gibt es Beistandspflichten, dürfen sich diese für egalitäre Biozentristen nicht auf die Art beschränken. Für Vertreter einer gleichen Menschenwürde darf sich die Beistandspflicht des männlichen Chauvinisten ja auch nicht auf das eigene Geschlecht oder jene des Rassisten auf die eigene Rasse beschränken. Sowohl bei Rassisten wie bei Chauvinisten würden wir darauf bestehen, dass sie selbstverständlich eine Beistandspflicht gegenüber allen Menschen haben, wenn diese in Lebensgefahr sind. Auf den speziesneutralen Biozentrismus übertragen hieße diese: Die Beistandspflicht könnte nicht auf Angehörige der eigenen Art beschränkt sein, sondern müsste vielmehr für Lebewesen *aller* Arten gelten.

Wenn es Beistandspflichten der oben genannten Art gäbe, dann forderte der egalitäre Biozentrismus, könnte man denken, auf, das Schwein vor dem Ansinnen des Metzgers, die Fichte vor dem Ansinnen des Waldarbeiters oder den Schimmelpilz vor jenem des Hausmanns zu retten. Taylor würde hiergegen betonen, dass dies nicht unter Selbstverteidigung und Beihilfe diskutiert werden darf. Bei all diesen Tätigkeiten ginge es um Interessenkonflikte, die nicht auf das Selbstverteidigungsrecht des Menschen reduziert werden können. Sie fallen daher unter andere Vorrangsregeln. Erst wenn diese formuliert sind, stellte sich die Frage, ob man Metzger, Forstbeamte oder Hausmännern auffordern soll, anders zu handeln. Aber dann ginge es darum, moralische Subjekte zum Respekt gegenüber Lebenden aufzufordern, nicht um Nothilfe.

Wenn es über das Recht auf Selbstverteidigung hinaus ein Recht auf Nothilfe gibt, beschränkte sich dieses im egalitären Biozenrismus nicht auf Menschen, aber möglicherweise auf jene Wesen, gegenüber denen man Fürsorgepflichten hat. Gegenüber einer Maus, die ich als Heimtier halte, hätte man damit Beistandspflichten und müsste sie vor der Nachbarskatze retten. Gleiches gälte nicht für die Mäuse, die im eigenen Keller hausen.

Ad 2) Verhältnismässigkeit

Das Prinzip der Verhältnismässigkeit bezieht sich auf Konflikte zwischen basalen tierischen oder pflanzlichen Interessen und jenen nicht-basalen menschlichen Interessen, die mit einer Haltung der Achtung gegenüber der Natur nicht zu vereinbaren sind. Hier kommt gemäß Taylor stets den basalen Interessen Vorrang zu. Der Mensch hat auf die Durchsetzung aller nicht-basalen Interessen zu verzichten, sofern sie mit einer ausbeuterischen Haltung gegenüber der Natur verbunden sind. Stierkampf, das Töten von Tieren um des Pelzes willen oder das Töten von Elefanten zur Elfenbeingewinnung fielen darunter. Auch Jagd und Angeln wären untersagt, sofern sie zum Vergnügen oder als Sport betrieben werden. Jagt und fischt man und trägt man Fellkleider, um seine basalen Interessen zu befriedigen, wäre dies jedoch prinzipiell zulässig. Dies würde unter die Vorrangsregel 4 fallen.

Ad 3) Das Prinzip des kleinstmöglichen Schadens

Das Prinzip des kleinstmöglichen Schadens bezieht sich auf Konflikte zwischen basalen nicht-menschlichen Interessen und jenen nicht-basalen Interessen, die mit einer Haltung der Achtung zu vereinbaren sind und die von rationalen und informierten Akteuren für so wertvoll eingeschätzt werden, dass sie einen Eingriff in die Natur erlauben (etwa der Bau einer Bücherei oder eines Museums). Was ist darunter gemeint? Um das eigene Gut des Menschen zu verwirklichen, sind bestimmte Interessen von zentraler Bedeutung. Sie haben einen so grossen inhärenten und intrinsischen Wert, dass sie auch gegen basale Interessen anderer Lebewesen abgewogen werden dürfen. Die dritte Vorrangsregel fordert dann auf, diese speziellen nicht-basalen Interessen auf eine solche Weise zu realisieren, dass andere Lebewesen nur in minimaler Weise geschädigt werden. Das heißt etwa, dass man vor dem Bau eines Museums zunächst überlegen muss, ob dieser Bau gemäß eigener kultureller Überzeugungen wirklich von so zentraler Bedeutung ist, dass er gegen basale Interessen nicht-menschlicher Wesen abgewogen werden darf. Zudem ist zu prüfen, ob es nicht Alternativen gebe, bei denen keine oder weniger basale Interessen nicht-menschlicher Lebewesen missachtet werden. So mag zu fragen sein, ob es nicht alternative Museumsentwürfe gebe, für die weniger Lebensraum für andere Lebewesen zerstört würde. Ist das geplante Werk wirklich von zentraler Bedeutung und kann es auf keine weniger Schaden verursachende Weise gebaut werden, darf es errichtet werden. Da man dabei aber basale Interessen missachtet, ist nach Taylor eine gewisse Kompensation erforderlich: wie die Pflanzung neuer Bäume an anderer Stelle. Das heißt natürlich nicht, dass in diesem deontologischen Konzept ein Baum durch den anderen ersetzt werden dürfte wie in einem utilitaristischen Kalkül. Es handelt sich um eine Kompensation einer moralischen Schuld, die man durch eine andere Handlung zum Ausdruck bringt.

Diese Vorrangsregel nimmt der biozentrischen Position ein Stück ihrer Radikalität. Allerdings bleibt offen, wie sie innerhalb eines egalitären Biozentrimus zu begründen ist. Wären alle Lebewesen Gleiche, kann nicht das nicht-basale Interesse des einen Grund sein, basale Interessen anderer zu zerstören. Man mag einwenden, dass diese Vorrangsregel damit implizit einen Vorrang des Menschen annimmt und folglich nicht mit einem egalitären Biozentrismus zu vereinbaren ist.

Taylor scheint hier wirklich inhärenten und intrinsischen Werten eine Bedeutung zu geben, die ihnen fast die Bedeutung von Eigenwerten gibt. Eine andere Interpretation wäre, dass seine Einteilung in basale und nicht-basale Interessen nicht einfach digital ist, sondern er hier ein Kontinuum sieht. Zeichnet sich das eigene Gut des Menschen dadurch aus, dass er sich als moralisches Subjekt entfaltet, schließt dies ein, dass bestimmte kulturelle Tätigkeiten für ihn so bedeutsam sind, dass er ohne diese sein eigenes Gut nicht verwirklichen kann. Zeigt sich für rationale und informierte Personen, dass ein Interesse von so hohem inhärenten und intrinsischen Wert ist, das auf es nicht verzichtet werden kann, kommt ihm auch dann eine nahezu basale Bedeutung zu, wenn deren Erfüllung nicht lebensnotwendig ist.

Ad 4) Verteilungsgerechtigkeit

Personen haben das gleiche Recht, lebensnotwendige Interessen zu verwirklichen, wie andere Lebewesen. Zur Befriedigung lebensnotwendiger Interessen ist aber auch der Mensch darauf angewiesen, andere Lebewesen zu töten und in ihren basalen Interessen zu verletzen. Menschen haben hier nicht die Pflicht, ihr Leben zu opfern. Da ihren basalen Interessen das gleiche Gewicht zukommt wie jenen anderer Tiere, Pflanzen oder Organismen, kann es moralisch zulässig sein, andere Wesen zu töten. Taylor nennt hier die Situation indigener Gemeinschaften als Beispiel, bei denen Jagen und Fischen notwendig für das menschliche Überleben sind. Allerdings können nur basale Interessen dies rechtfertigen. Die Freude am Steak wäre ein nicht-basales Interesse.

Auch wenn es zulässig ist, das Gut anderer Wesen zu verletzen, um basale Interessen zu verwirklichen, muss sich dies auf das Minimum beschränken. Ein Teil dieser Reduktion auf das minimal Notwendige ist für Taylor auch, dass man vegetarische Nahrung essen sollte. Auch wenn Pflanzen und Tieren derselbe Eigenwert zukommt, verletzt das leidvolle Töten eines Tieres das eigene Gut desselben mehr, als es das Töten für die Pflanze darstellt. Das Hauptargument für eine vegetarische Lebensweise ist für Taylor freilich, dass insgesamt viel weniger Wesen getötet werden müssen, wenn man auf Fleischkonsum verzichtet. Es bedarf weniger Anbauflächen, um die notwendige Ernährung zu ermöglichen, und insgesamt müssen weit weniger Wesen sterben, um die menschliche Ernährung sicherzustellen.

Wenn dem so ist, ist auch der Fleischkonsum bei indigenen Völkern oder Menschen in Bergregionen nur unter der Bedingung zulässig, dass keine Möglichkeit besteht, essbare Pflanzen zu kultivieren. Nur in seltenen Ausnahmen ist es für Taylor erlaubt, Tiere des Fleisches willen zu töten.

Durch diese Maßnahmen wird die Zahl möglicher Konflikte zwischen basalen Interessen reduziert, aber nicht aufgehoben. Ackerbau und menschliche Siedlungen brauchen zum Beispiel Raum und nehmen diesen anderen Lebewesen. Taylor fordert auf, dass alle Parteien den gleichen Anteil an den Lasten zu tragen haben. Das heißt, es sind zusätzliche Maßnahmen zu bedenken, wie Vorteile und Lasten gleich unter alle Lebewesen zu verteilen sind. Taylor denkt hier an Naturschutzgebiete oder künstliche Ökosysteme. Dieser Punkt soll hier nicht weiter ausgeführt werden.

Ad 5) Ausgleichende Gerechtigkeit

Das Prinzip der ausgleichenden Gerechtigkeit ergänzt die Prinzipien des kleinstmöglichen Schadens (3) und der Verteilungsgerechtigkeit (4) um die Forderung, erzeugte Schäden zu kompensieren. Wie oben ausgeführt, stellt sich die Frage, wie diese Regel im Rahmen einer biozentrischen Position zu begründen ist. Denn wie soll es den Tod eines Lebewesens gut machen, wenn ein anderes Lebewesen erzeugt wird? Hier geht es nicht um das im Utilitarismus vorgebrachte Ersetzbarkeitsargument. Wenn ich ein Wesen schmerzfrei töte und gleichzeitig ein Wesen zeuge, das die gleiche Freude-Leid-Bilanz hat wie das getötete, so habe ich die Glückssumme nicht geändert und also nicht moralisch falsch gehandelt. Aber eine solche Argumentation verbietet sich, wenn man wie Taylor von Eigenwerten spricht. Zudem vertritt er keine konsequentialistische Position, in der Achtung und Missachtung von Eigenwerten in ein Kalkül einfließen, in dem Handlungsfolgen bewertet werden. Taylors Eigenwert ist nach Vorbild von Kants Würde konzipiert und damit Teil einer deontologischen Ethik. Es kann hier also nur um die Kompensation einer Schuld gehen. Mit dieser Forderung bleibt Taylor im Rahmen einer Deontologie.

Ob man die durchaus radikalen Konsequenzen dieser Position zu tragen hat, ist allerdings noch nicht beantwortet. Bisher habe ich nur gesagt, dass man, wenn man Biozentrist ist, ein egalitärer zu sein hat. Ob diese Position aber begründet werden kann, ist die eigentlich entscheidende Frage. Dieser werde ich mich nun zuwenden.

5.5 Wieso soll Lebewesen ein Eigenwert zukommen?

Damit aus der Einsicht, dass wir ein Wesen schädigen, eine Verpflichtung erwächst, diese Schädigung zu vermeiden, muss der Akteur laut Taylor den Eigenwert dieses Wesens anerkennen. Einen Eigenwert zu haben, bedeutet, wie oben ausgeführt, würdig zu sein, von allen moralischen Akteuren als moralisches Objekt anerkannt zu werden. Wir haben hier die Wertprämisse, auf der Taylors Ethik ruht. Diese Prämisse kann nicht einfach gesetzt, sondern sie muss wiederum begründet werden. Er selbst betont dabei eine Parallele zur Theorie, die sich auf den Respekt von Personen bezieht und ebenfalls von einer fundamentalen Wertprämisse ausgehen muss, dem Eigenwert, der Würde, von Personen.[23]

[23] Taylor, Respect for Nature, S. 71.

Taylors Argument, wieso allen Lebewesen Eigenwert zukommt, kann man am besten rekonstruieren, wenn man betrachtet, wie seiner Ansicht nach der Respekt von Personen begründet ist. Denn beide Begründungen haben seiner Ansicht nach denselben Aufbau. Genau genommen ist die Ethik des Respekts vor Personen ein Spezialfall des Respekts vor Lebewesen. Denn Person zu werden und zu sein, ist jenes eigene Gut, was Menschen charakterisiert. Der Übergang von einem Respekt von Personen zu einem Respekt von Lebewesen hieße damit, nicht nur einen Spezialfall, sondern den allgemeinen Fall zu berücksichtigen.

Taylor geht davon aus, dass dann von moralisch verbindlichen Normen die Rede sein kann, wenn fünf Bedingungen erfüllt sind.

1. Von der Form müssen sie eine gewisse Allgemeinheit besitzen und sich auf alle Situationen eines bestimmten Typs beziehen. Sie dürfen sich weder auf einzelne Personen, Gruppen, eine Zeit oder einen Ort beziehen. „Du darfst niemandem schaden" wäre ein Beispiel für eine Norm, die diese formale Bedingung erfüllt.
2. Moralische Normen müssen insofern universalisierbar sein, als sie von allen moralischen Subjekten anerkannt werden können. Wer eine moralische Norm akzeptiert, geht davon aus, dass sie auch für alle anderen moralischen Subjekte Gültigkeit besitzt.
3. Es sind kategorische Forderungen, die eingehalten werden müssen, egal was man will. Sie sind unabhängig davon zu befolgen, was die betreffende Person in dem Moment will und unabhängig davon, ob dies derzeit von Vorteil für sie ist.
4. Es muss für alle moralischen Subjekte möglich sein, sie als für alle geltende Normen gutzuheißen. Moralische Normen zielen darauf ab, von allen anerkannt und als allgemein geltende Normen befürwortet zu werden.
5. Moralische Normen übertrumpfen nicht-moralische Normen und Überlegungen.[24]

Im Bereich der zwischenmenschlichen Beziehungen ist, so Taylor, einzig eine Ethik des Respekts von Personen mit diesen fünf Bedingungen zu vereinbaren, und dies mit folgender Begründung: Personen sind moralische Subjekte und Wesen, die auf der Grundlage eigener Wertmaßstäbe ein eigenes Leben führen. Obwohl sie unterschiedliche Wertmaßstäbe haben können, müssen sich die Beziehungen zwischen den Personen an Regeln ausrichten, die für alle Personen bindend sind. Nimmt man dies, kommt für Personen nur ein Prinzip für die Wahl in Frage: Normen werden von ihnen nur dann anerkannt, wenn sie den individuellen Wertmaßstäben jedes einzelnen das gleichen Gewicht einräumen und es jedem einzelnen ermögli-

[24] Ebd., S. 37.

chen, die eigenen Wertvorstellungen auf eine Weise zu realisieren, welche mit dem gleichen Bestreben jedes anderen zu vereinbaren ist.[25] Es werden, so Taylor, nur solche moralische Normen gewählt, die ein grundlegendes Prinzip anerkennen und verwirklichen: den Respekt der Autonomie jedes einzelnen, gemäß selbstgewählter Wertvorstellungen zu leben.[26] Dies bezeichnet er als Respekt von allen Personen.

Taylors Argument, wieso Personen zu respektieren und zu achten sind, hat also folgenden Aufbau:

1. Personen verfolgen eigene Ziele (empirische These).
2. Es gibt formale Bedingungen, denen gültige Normen zu genügen haben.
3. Unter den gegebenen formalen Bedingungen wählen Personen ein Normensystem, in dem ein autonomes Leben möglich ist.
4. Sie wählen ein System, in dem Personen als Personen respektiert werden.
5. Personen erkennen an, dass anderen Personen eine Würde zukommt.

Die Begründung der naturethischen Wertprämisse folgt parallel zur Prämisse, die der Ethik interpersonaler Beziehungen zugrunde liegt. Ausgangspunkt ist dabei, dass eine ausschließliche Lehre von einem Respekt von Personen eine moralische Sonderstellung des Menschen voraussetzt. Besteht diese, wäre stets zu fragen, was eine Person dazu nötigen soll, alle Lebewesen zu achten. Bereits im Respekt von Personen ist angelegt, dass auch das organische Leben von Personen, als Voraussetzung des Personseins, zu schützen ist. Eine zusätzliche separate Überlegung, die ausschließlich das organische Leben in den Blick nimmt, muss Personen schlicht überflüssig erscheinen. Gibt es aber keine moralische Sonderstellung des Menschen und ist Personsein nur eine Form eines eigenen Gutes, das neben anderen Formen besteht, kann Ethik nicht beim Spezialfall des personalen Lebens stehen bleiben.

Bei der Begründung einer spezies-neutralen Ethik betont Taylor vier empirische Grundannahmen, die eine biozentrische Auffassung der Natur („biocentric outlook of nature") beschreiben[27]:

1. Menschen sind im selben Sinne und unter den gleichen Bedingungen Mitglieder der Gemeinschaft allen Lebens wie alle anderen Lebewesen.
2. Es besteht ein System wechselseitiger Abhängigkeit, so dass das Überleben jedes Lebewesens genauso wie seine Chancen auf Wohlergehen durch Umweltbedingungen und durch Beziehungen gegenüber anderen Lebewesen bestimmt werden.

---

[25] Ebd, S. 38.
[26] Ebd.
[27] Ebd., S. 109f.

3. Alle Lebewesen sind in dem Sinne teleologische Zentren eines Lebens, dass jedes Individuum auf seine Art das eigene Gut verwirklicht.
4. Menschen haben keine moralische Sonderstellung gegenüber anderen Lebewesen.

Diese vier Thesen bilden eine Landkarte ab, gemäß derer wir Menschen uns als biologische Wesen sehen sollen. Sie helfen dem Menschen, sich der eigenen Abhängigkeit und Verbundenheit mit anderen Wesen bewusst zu werden. Auch wenn diese Thesen sagen, wie wir uns angemessen sehen sollten, sind wir damit doch im außermoralischen Bereich.

Wie bei der Begründung einer Ethik des Respekts von Personen verweist Taylor darauf, wie Personen urteilen würden, wenn sie einen unparteiischen Standpunkt einnehmen würden. Moralische Akteure müssten, so seine These, anerkennen, dass das Gedeihen von Pflanzen und Tieren im selben Sinne als ein Wert in sich gesehen werden muss, wie es von intrinsischem Wert ist, dass Personen eigene Lebenspläne verwirklichen.[28] Zudem müssten sie vom unparteiischen Standpunkt aus einsehen, dass kein Lebewesen einen höheren Wert hat als ein anderes.[29] Das heißt aber auch, dass wir uns als moralische Akteure verpflichtet sehen müssen, das eigene Gut von Menschen und nicht-menschlichen Wesen moralisch gleich zu berücksichtigen. Wir müssen allen einen gleichen Eigenwert zusprechen.[30]

Der Aufbau des Arguments entspricht demjenigen beim Respekt von Personen:

	Würde der Person	**Eigenwert allen Lebendigen**
1	Personen verfolgen eigene Ziele. (empirische These)	Jedes Lebewesen verwirklicht auf seine eigene Art das eigene Gut. (empirische These)
1b	Personen erleben es als intrinsisch wertvoll, eigene Ziele zu verfolgen.	Es ist ein Ziel in sich selbst, ein eigenes Gut zu entfalten.

[28] „And just as we humans place intrinsic value on the opportunity to pursue our own good in our own individual ways, so we consider the realizations of the goods of animals and plants to be something that should be valued as an end in itself." Ebd., S. 157f.

[29] Ebd., S. 157f.

[30] "As moral agents we see ourselves under an ethical requirement to give equal consideration to the good of every entity, human and non-human alike, that has a good of its own. (...) Since all are viewed as having the same inherent worth, the moral attitude of respect is equally due to each other." Ebd., S. 158.

2	Es gibt formale Bedingungen, denen gültige Normen zu genügen haben.	
3	Unter den gegebenen formalen Bedingungen wählen Personen ein Normensystem, in dem allen Personen ein autonomes Leben möglich ist.	Unter den gegebenen formalen Bedingungen wählen moralische Akteure ein System, in dem alle Wesen als teleologische Zentren gedeihen können.
4	Sie wählen ein System, in dem Personen als Personen respektiert werden.	Sie wählen ein System, in dem teleologische Zentren eines eigenes Lebens als Zentren eines eigenen Lebens respektiert werden.
5	Jeder Person kommt ein Eigenwert zu.	Jedem Lebewesen kommt ein Eigenwert zu.

Ob Taylor damit die gleiche Würde alles Lebendigen begründet hat, hängt von einigen Punkten ab.

Die erste Anfrage an Taylor ist, ob moralische Normen wirklich den genannten formalen Bedingungen unterliegen. Diskussionswürdig ist zum Beispiel, ob moralische Normen wirklich stets Vorrang vor nicht-moralischen Normen haben. Dass ein Versprechen – etwa jenes, der Nichte Eis zu kaufen – stets wichtiger ist als eine Verpflichtung, einen Geschäftstermin wahrzunehmen, kann nicht vorausgesetzt werden, sondern wäre zunächst zu begründen.[31] Obwohl dies Auswirkungen darauf hat, wie Taylors Ethik anzuwenden ist, hat dieser Einwand doch keinen Einfluss auf die Begründung. Dort spielt das Kriterium, das moralische Normen andere Normen übertrumpfen, nämlich keine Rolle. Schwerwiegender ist für Taylor, dass bezweifelt wird, moralische Urteile müssten von einem archimedischen Standpunkt aus gewählt werden.[32] Denn auf der Einnahme eines solchen Standpunkts fusst die gesamte Begründungsstruktur. Würde man bei jedem einzelnen Urteil einen solchen Standpunkt einnehmen müssen, könnten wir nicht moralisch urteilen, ohne dass das, was wir selbst für wertvoll halten, bedeutungslos würde. Jene Wertsetzungen, die mit unsere eigene Identität ausmachen, wären nämlich nur winziges Teil eines allgemeinen Kalküls, in dem sie auf- und untergingen. Alles, was uns etwas bedeutete, müsste gegen die Interessen anderer abgewogen werden und wäre aus unparteiischer Sicht damit

[31] Ein Versprechen einzugehen heißt freilich, dem Gegenstand des Versprechens höchste Bedeutung zu geben. Aber was ist mit Lügen oder anderen Formen der Täuschung? Kann es hier nicht denkbar sein, dass ein nicht-moralisches Gut höheres Gewicht hat als die Pflicht, niemanden zu täuschen.

[32] Vgl. hierzu Bernard Williams, Ethics and the Limits of Philosophy.

letztlich bedeutungslos. Damit verlangte Moral nichts weniger, als dass wir unsere Identität aufgeben.[33] Allerdings verlangt Taylor nicht, in jeder einzelnen Situation von einem archimedischen Standpunkt aus moralisch zu urteilen; es ist nur jene Perspektive, die bei der Begründung grundlegender Normen und Prinzipien einzunehmen ist. Allerdings müsste er dann noch eine Antwort darauf haben, wieso jemand überhaupt diese Perspektive einnehmen sollte, um von da aus moralische Normen zu bestimmen. Bei Taylor fehlt hier ein erster Begründungsschritt.

Versteht man das Argument für den gleichen Respekt als wechselseitige Anerkennung, so kann diese Wechselseitigkeit nicht auf alle Lebewesen übertragen werden. Auch Taylors Prämisse einer wechselseitigen Abhängigkeit hilft hier nicht. Denn auch wenn wir von dem Fortbestand einer Natur abhängig sind, so sind wir doch nicht von jedem einzelnen Lebewesen abhängig. Töte ich den Weberknecht in meinem Zimmer, hat dies keinerlei (negativen) Einfluss auf mein eigenes Gedeihen als biologisches Wesen.

Auch wenn Menschen ein eigenes Leben führen, so gleichen sie allen Lebewesen doch insofern, als man von einem „Gedeihen" sprechen kann. Aber selbst wenn man dies zugesteht, bleibt offen, wieso man von einem archimedischen Standpunkt aus wählen soll, dass das Gedeihen *aller* Lebewesen gleich berücksichtigt werden soll. Schließlich könnte man widerspruchsfrei sagen, Gedeihen sei nur dann anzuerkennen, wenn es um das Gedeihen vernünftiger oder empfindungsfähiger Wesen geht. Wieso man den Blick auf alle Wesen lenken soll, bleibt also fraglich. Es bleibt auch offen, wieso man sich vom unparteiischen Standpunkt nur auf Lebewesen beschränken soll. Waschmaschinen, Berge, Flüsse und Fernsehgeräte haben zwar kein eigenes Gut, aber sie können doch genauso in einem guten oder schlechten Zustand sein. Hierin gleichen sie allen Lebewesen und auch uns selbst. Denn genauso wie Menschen auch Lebewesen sind, so sind doch alle Lebewesen auch physische Entitäten. Wenn dies der Fall ist, könnte man auch sagen, bei Einnahme eines unparteiischen Standpunkts sei man genötigt, sich auf diese Gemeinsamkeit alles Seienden zu beziehen: In diesem Falle hätte man den guten oder schlechten Zustand aller Dinge gleich zu berücksichtigen. Taylor würde hierauf antworten, dass nur Lebewesen geschadet werden kann. Allerdings müssen wir diese Prämisse noch näher untersuchen. Da Taylor sie als empirische Prämisse bezeichnet, entsteht noch ein anderes Problem.

Selbst wenn man die fünf formalen Bedingungen akzeptieren und auch die vier empirischen Annahmen der biozentrischen Auffassung der Natur teilen würde, bleibt fraglich, ob Taylors Argument schlüssig ist. Warum sollte man annehmen, dass das Gedeihen von Lebewesen im gleichen Sinne ein Ziel in sich ist, wie es intrinsisch wertvoll ist, dass Menschen Lebenspläne

---

[33] Dieser sogenannte Identitätseinwand wurde von Bernard William gegen den Utilitarismus erhoben.Vgl, Williams, Kritik am Utilitarismus.

verwirklichen? Das intrinsisch Wertvolle liegt darin, dass Menschen es *erfahren*, ein eigenes Leben zu führen. Sollten bestimmte Lebewesen aber das Gedeihen nicht als eigenes erleben oder erfahren, ist fraglich, inwiefern es ein Ziel in sich selbst sein könne. Dass man Lebewesen „Ziele" zuschreiben kann, ist etwas anderes als dass man sagt, das Gedeihen von Lebewesen sei ein Ziel in sich selbst. Es ist offen, wie man von der empirischen These, dass Lebewesen ein eigenes Gut verwirklichen, zur Annahme kommt, dass diese Selbstrealisation irgendwie von Wert ist. Man kann nicht einmal sagen, dass das Verwirklichen eines eigenen Guts von Wert für diese Lebewesen ist, geschweige, dass man so einfach sagen kann, es sei ein Wert in sich. Damit geht aber jene Wertvorstellung (1b) verloren, auf die sich die Akteure vom unparteiischen Standpunkt aus beziehen; und damit scheitert der Beweis.

Unter Zuhilfenahme rein formaler Kriterien kann man nicht zeigen, dass das eigene Gut aller und nur das aller Lebewesen zu berücksichtigen ist. Der Übergang von der empirischen These zu einer ethischen These, die von einem Eigenwert der Lebewesen spricht, bedarf einer zusätzlichen inhaltlichen Stütze, die uns sagt, wieso wir das „eigene Gut" zu berücksichtigen haben, aber nicht den Umstand, dass etwas in einem „guten Zustand" ist. Taylors Argument ist nicht so überzeugend, als dass es uns nötigt, die radikalen Umwälzungen in Angriff zu nehmen, zu denen uns ein egalitärer Biozentrismus auffordert.

6.
RADIKALE ANTWORTEN AUF DIE FRAGE NACH DEN MORALISCHEN OBJEKTEN

Könnte man einen Biozentrismus begründen, forderte uns diese Position zu einem radikalen Umdenken auf:

- In einem konsequentialistischen Gerüst hält uns eine biozentrische Ethik an, zu berücksichtigen, welche Auswirkungen Handlungen auf Menschen, andere Tiere, Pflanzen, Pilze und Mikrobakterien haben. Will man einem erkrankten Menschen Antibiotika geben, bedürfte es einer ethischen Güterabwägung, in der die Interessen der betroffenen Menschen und jene der betroffenen Lebewesen abgewogen werden müssten.
- In einem deontologischen Gerüst wäre es sogar grundsätzlich moralisch falsch, basale Interessen anderer Lebewesen zu verletzen. In dieser Konzeption kann allenfalls der Gedanke der Notwehr rechtfertigen, ein Lebewesen zu töten, um anderen Lebewesen das Leben zu retten.

Man könnte einwenden, zu einem solch radikalen Umdenken forderte nur eine egalitäre Version des Biozentrismus auf. Ein hierarchischer Biozentrismus sei weit näher an unseren moralischen Intuitionen und sei daher vorzuziehen. In der Tat entspricht ein hierarchischer Biozentrismus stärker unserem moralischen Alltagsdenken. Allerdings ist ebenso offensichtlich, dass jeder umweltethische Ansatz, in dem moralische Intuitionen eine tragende Rolle spielen, seine Radikalität verliert. Sobald Theorie und Intuition z.B. in ein „Überlegenheitsgleichgewicht" gebracht werden, muss sich die Theorie unausweichlich der Doktrin der moralischen Sonderstellung annähern. Denn aus dieser Quelle stammen maßgeblich jene Intuitionen, welche unseren Umgang mit Natur und nicht-menschlichem Leben prägen. Da viele Ethikansätze mit Intuitionen arbeiten, ist in der Tat festzustellen, dass sich viele anthropo-, patho- und biozentrische Positionen, obwohl zwischen ihnen große Unterschiede zu erwarten wären, letztlich gleichen, wenn man die von ihnen ermittelten konkreten praktischen Forderungen in den Blick nimmt. Weist man den Speziesismus zurück – und dies tun die meisten patho- und biozentrischen Ansätze –, ist dieser methodische Ansatz als solcher zum Scheitern verurteilt. Denn dieser methodische Ansatz tut nur eines: jene Grundhaltung, welche zuvor argumentativ zurückgewiesen wurde, wird via die moralischen Intuitionen über die Hintertür wieder in die Theorien eingeschleust.

Bisher blieb offen, ob der Biozentrismus wirklich eine tragfähige Alternative zu unserem traditionellen Denken ist. Der Ansatz von Paul Taylor zumindest hat theoretisch nicht zu überzeugen gewusst. Allerdings gibt es neben Taylor weitere biozentrische Ethiker. Auf besonderes öffentliches Interesse stößt der Ansatz von Albert Schweitzer. Es ist zu prüfen, ob sich die im Vergleich zur Theorie Taylors höhere öffentliche Bedeutung von Schweitzers Ethik einer besseren Begründung verdankt. Im Folgenden werde ich dies verneinen und dabei sowohl theorieexterne wie -interne Kritikpunkte formulieren. Zudem werde ich, auch wenn dies ein untergeordneter Punkt ist, bezweifeln, dass Schweitzer überhaupt als Biozentrist zu bezeichnen ist. Er gibt gute Gründe, ihn vielmehr als einen Physiozentristen zu bezeichnen, eine Position, der ich mich im Anschluss daran zuwende.

6.1 Ehrfurcht vor dem Leben

Albert Schweitzer bezeichnet seinen eigenen Ansatz als Ethik der Ehrfurcht vor dem Leben. Inhalt der Ethik ist nach Ansicht Schweitzers, allem Willen zum Leben die gleiche Ehrfurcht entgegenzubringen wie dem eigenen. Der Begriff der Ehrfurcht weist über den etwa von Taylor gewählten Begriff des Respekts hinaus. Taylor fordert auf, andere Lebewesen als Gleiche anzuerkennen und zu achten. Ehrfurcht schuldet man dagegen etwas Höherem und Heiligen

Für einen gläubigen Christen muss die Wortwahl Schweitzers fast blasphemisch scheinen. Denn Ehrfurcht schuldet man als Glaubender nicht dem Leben, sondern Gott als Schöpfer des Lebens. Losgelöst vom christlichen Kontext kann man allgemein sagen, dass Ehrfurcht jene Haltung ist, die man etwas über den Menschen Hinausreichendem, Höherem entgegenbringt. Auch der im Ästhetischen übliche Gebrauch der Ehrfurcht als „Anerkennung von etwas Erhabenem“ weist über den Begriff des Respekts hinaus. Auch hier geht es um das Gefühl, etwas Grösserem und Höherem gegenüber zu stehen.

Ob Schweitzer den Begriff der Ehrfurcht in diesem Sinne wählte, sei zunächst dahingestellt. Aber wie immer man Ehrfurcht versteht und von Respekt abgrenzt, stets stellt sich die Frage, wieso man allen Lebewesen solche Ehrfurcht schuldet. Schweitzer gibt nicht nur eine, sondern zwei Antworten auf diese Frage, eine theologische und eine philosophische. Er nimmt damit zugleich zwei Perspektiven ein, und dementsprechend können wir uns seiner Theorie aus zwei Richtungen nähern.

Wir können Albert Schweitzer, so die erste Perspektive, als religiösen Erneuerer sehen: In diesem Verständnis fordert Schweitzer auf, das Gebot der Nächsten-, ja sogar Feindesliebe auf Tiere und Pflanzen auszuweiten. Das Gebot „Du sollst nicht töten!" bezieht sich nach Ansicht Schweitzers auf alle Geschöpfe Gottes. Auch meine Jesus alle Geschöpfe, wenn er sagt: „Liebe deinen Nächsten wie dich selbst!" Ob und wenn ja, wie weit diese Sicht mit dem Wort oder zumindest dem Geist der Bibel zu vereinbaren ist, kann an dieser Stelle offen bleiben. Schweitzers theologische Antwort bedarf zur Begründung freilich eines Nachweises, dass die christliche Offenbarung wahr ist. Sonst kann sie keine intersubjektive Verbindlichkeit beanspruchen.

Es geht hier um die Frage, ob Albert Schweitzer Überlegungen vorbringt und Argumente entwickelt, die jedermann Grund geben, allen Lebewesen mit Ehrfurcht zu begegnen. Betrachten wir also die zweite Sichtweise Schweitzers, welche die philosophische Begründung in den Vordergrund stellt. Diese ins Zentrum zu stellen, entspricht Schweitzers eigenen Intentionen. Eine rein religiöse Begründung hätte für Schweitzer zu kurz gegriffen. Schweitzers Ethikentwurf steht in einem engen Zusammenhang zu seiner Kulturkritik. Die Schrecken des Ersten Weltkriegs und die Spätfolgen des Kolonialismus bestätigten seinen Eindruck, dass die moderne Zivilisation mehr und mehr lebensfeindliche Züge angenommen hatte. Als Ausdruck dessen sah er unter anderem die Art und Weise an, wie im Krieg und in der Wirtschaft mit Menschen und nicht-menschlichen Lebewesen umgegangen wurde. Eine Gesundung der modernen Zivilisation war seiner Ansicht nach nur möglich, wenn alle Menschen – unabhängig von kultureller Herkunft und unabhängig von ihren religiösen Überzeugungen – von einer neuen lebensbejahenden Haltung überzeugt werden. Schweitzer suchte deshalb nach einem ethischen Grundprinzip, das allen Menschen einleuchtet, egal wo sie leben und egal welcher Religion sie angehören.

Schweitzer war der Auffassung, dass er mit dem Gedanken der Ehrfurcht vor dem Leben eine solche Ethik gefunden hätte. Deren Grundprinzip „Ich bin Leben, das leben will, inmitten von Leben, das leben will" sei jedem einzelnen unmittelbar einsichtig. Es sei die unmittelbarste und umfassendste Tatsache des Bewusstseins.[1] Schweitzer spricht davon, der Mensch sei „genötigt", andere Lebewesen als Gleiche wahrzunehmen. Er schreibt:

> Ethik besteht also darin, dass ich die Nötigung erlebe, allem Willen zum Leben die gleiche Ehrfurcht vor dem Leben entgegenzubringen wie dem eigenen. Damit ist das denknotwendige Grundprinzip des Sittlichen gegeben. Gut ist, Leben erhalten und Leben fördern; böse ist, Leben vernichten und hemmen.[2]

---

[1] Schweitzer, Kulturphilosophie, S. 308.
[2] Ebd.

Es mag einer Person unmittelbar einleuchten, dass sie ein Lebewesen unter vielen Lebewesen ist. Aber aus diesem doch rein empirischen Satz kann keine Forderung abgeleitet werden, allem Willen zum Leben die gleiche Ehrfurcht entgegenzubringen. Klärungsbedürftig ist zudem, was es bedeutet, dass jedes Leben leben „*will*". Reden wir davon, dass wir leben wollen, beziehen wir uns auf die Angst, zu sterben oder den Wunsch, weiter zu leben. Genau hier, bei unserer Erfahrung, sucht Schweitzer anzusetzen. Fremden Willen zum Leben könne man verstehend begegnen in Anlehnung an den, der in mir ist. Wie in mir Furcht, Schmerz, Verlangen sind, so auch ringsum. Dieses Analogie-Erleben drängt zu innerer Teilnahme; es nötigt, fremdem Leben Ehrfurcht zu erweisen.

Aber gibt es bei Mikroorganismen, Pilzen oder Pflanzen wirklich eine Analogie zu dem, was Menschen erleben? Ein Bakterium hat wohl kaum im selben Sinne eine Sehnsucht nach dem Weiterleben oder Angst vor der Vernichtung wie ein Mensch. Man kann kaum angemessen sagen, dass es jene Furcht und jenes Verlangen ist, die wir selber erfahren. Aber in welchem Sinne *will* es dann leben? Es ist klar, dass wir es als intentionales System beschreiben können. Aber solches ist auch bei einem Wecker der Fall, den man ebenfalls als System beschreiben kann, der darauf abzielt, Schlafende zu einer bestimmten Zeit zu wecken.[3] Dass das Ziel des Weckers von einem Menschen einprogrammiert wurde und sich dasjenige eines Bakteriums in einem evolutionären Prozess herausbildete, betrifft nur die Genese, nicht das Phänomen, um das es geht. Was heißt also, dass Leben leben „will?" Geht es um ein unbewusstes Streben, um eine Lebenskraft, die sich entfaltet oder einfach darum, dass Lebewesen „leben"?

Noch größere Schwierigkeiten bestehen an anderer Stelle: Wieso sollen diese empirischen oder phänomenologischen Einsichten dazu nötigen, allem Lebendigen die gleiche Ehrfurcht entgegenzubringen? Offen ist ja schon, wieso man dem *eigenen* Leben Ehrfurcht schuldet. Die Pflicht zur Lebensbejahung wird eher vorausgesetzt, denn begründet. Aber auch wenn man den Begriff der Ehrfurcht außer Acht lässt, bleibt offen, wieso man selbst anderes Leben in gleicher Weise zu beachten hat wie das eigene. Wieso wird man zu einer universellen Ehrfurcht genötigt und nicht zu einer Bevorzugung des eigenen Lebens? Geht es um den Respekt gegenüber allen Menschen, beruht die als evident erfahrene „Nötigung", alle als Gleiche zu erachten, auf einer speziellen weltanschaulichen und philosophischen Tradition. Viele, die vor oder außerhalb dieser Tradition leben, sahen sich nicht „genötigt", andere Menschen als Gleiche zu achten. Selbst Aristoteles empfand keinen solchen Zwang und kannte den Gleichheitsgedanken nicht. Wie soll sich dann eine Nötigung auf alle Lebewesen erstrecken?

Man könnte versucht sein, die Ethik der Ehrfurcht vor dem Leben damit schnell als unerwiesen zurückzuweisen. Aber diese Zurückweisung könnte

---

[3] Vgl. Dennett, Kinds of Mind, S. 19ff.

sich als zu schnell vorgenommen erweisen. Wenn man Schweitzer ernst nimmt, muss es mit der phänomenalen Einsicht, dass wir Leben inmitten von Leben sind, mehr auf sich haben. Eine mögliche Interpretation ist, Schweitzers Ethik als eine Variante der Mitleidsethik zu lesen – allerdings eine, in der der Begriff des Mitleids sehr weit gefasst wird. Denn es geht nicht allein um Mitempfinden von Leid, sondern allgemeiner um ein Miterleben. Diese Möglichkeit eines Miterlebens besitzt nach Schweitzer jeder Mensch. Allerdings wird er durch Kultur und Zivilisation oft daran gehindert, dies Miterleben zu erfahren. Schweitzer sucht somit Zugang zu einem reinen, nicht kulturell geprägten Erleben, jenem Erleben, das notwendig eine Ehrfurcht vor dem Leben einschließt.

Das Miterleben ist nicht Mitleid mit dem phänomenalen Empfinden und Leiden. Es geht um das Miterleben des Willens zum Leben. Die Sittlichkeit beruht damit auf einer Erfahrung, die man durchaus als mystisch bezeichnen kann. Dieses mystische Element wird noch stärker, wenn man einen weiteren Aspekt dieses Erlebens beachtet. Wenn Schweitzer vom Willen zum Leben spricht, meint er zweierlei. Zum einen bezeichnet der Begriff eine Eigenschaft von Menschen, Tieren, Pflanzen und sogar Mikroorganismen: jene „Sehnsucht", leben zu wollen. Zum anderen spricht Schweitzer von einem Willen, an dem alle Lebewesen, ja alles Seiende, Anteil haben: einem universalen Lebenswillen. Der individuelle Lebenswille ist in diesem geheimnisvollen Willen aufgehoben, der mystisch zu erfahren ist.[4] Wenn der Wille zum Leben zugleich etwas über den Menschen Hinausreichendes ist, wird verständlich, wieso von Ehrfurcht die Rede ist. Es geht dann doch nicht um Ehrfurcht vor dem Leben, sondern um Ehrfurcht vor etwas Höherem.

Damit kommt man nicht zu einem „Du sollst". Wirklich stark wird die Schweitzers Theorie auch dann nicht, wenn man sie als neue Form einer Mitleidsethik interpretiert. Zum einen sind uns bereits Pflanzen, geschweige Mikroorganismen, so fremd, dass uns ein „Miterleben" verschlossen bleiben muss. Zudem ist die Deutung des Grundprinzips der Ehrfurcht vor dem Leben zu stark einem bestimmten weltanschaulichen Hintergrund verbunden, als dass alle Menschen es in gleicher Weise erfahren könnten, egal welcher Herkunft und egal welchen Glaubens sie sind. Wer mit dem Gedanken christlicher Nächstenliebe aufgewachsen ist und die Welt mit der Brille dieses Glaubens wahrnimmt, wird das Grundprinzip als evident „erfahren" können. Offen ist aber, ob auch alle anderen dies erleben können.

Wie stark Schweitzers Ethik von seinem eigenen Glauben geprägt ist, wird ebenfalls deutlich, wenn man in den Blick nimmt, welche konkreten Konsequenzen Schweitzer aus der Ethik der Ehrfurcht vor dem Leben ableitet.

[4] Vgl. auch Günzler, Albert Schweitzer, S. 111-113.

Schweitzer ist ein egalitärer Biozentrist. Am klarsten wird dies im Folgenden oft zitierten Absatz:

> Diese Ethik (der Ehrfurcht vor dem Leben) macht keinen Unterschied zwischen wertvollerem und weniger wertvollem, höherem und niederem Leben. Sie lehnt eine solche Unterscheidung ab. Denn der Versuch, allgemeingültige Wertunterschiede zwischen den Lebewesen anzunehmen, läuft im Grunde darauf hinaus, sie danach zu beurteilen, ob sie uns Menschen nach unserem Empfinden näher oder ferner zu stehen scheinen. Das aber ist ein ganz subjektiver Maßstab. Wer von uns weiß denn, welche Bedeutung das andere Lebewesen an sich und im Weltganzen hat? Die Konsequenz dieser Unterscheidung ist dann die Ansicht, dass es wertloses Leben gebe, dessen Vernichtung oder Beeinträchtigung erlaubt sei. Je nach den Umständen werden dann unter wertlosem Leben Insekten oder primitive Völker verstanden.[5]

Man kann also erwarten, dass Schweitzer radikale Forderungen stellt. Diese Erwartung wird dadurch noch gesteigert, dass Schweitzer sein Grundprinzip nicht nur als Grundlage einer negativen Pflicht ansieht, das eigene Gut anderer Wesen nicht zu verletzen, sondern auch eine positive Pflicht daraus ableitet, Lebewesen in Not beizustehen, ja Leben zu fördern. Der einzelne soll, so Schweitzer, entwickelbares Leben auf seinen höchsten Stand bringen. Die Hilfsverpflichtung gilt nicht nur für jene Lebewesen, die man im eigenen Haushalt leben lässt wie die Katze oder das Veilchen auf der Fensterbank. Diese Pflicht gilt gegenüber allen Lebewesen. Eine Verpflichtung, Leben zu fördern, besteht nach Schweitzer also auch gegenüber einer „streunenden" Katze oder gegenüber der Blume, die man beim Spaziergang im Stadtpark sieht. Schweitzer fordert einen universellen Altruismus, in dem auch der Regenwurm zum Schutz vor der Sonne ins schattige Gras befördert oder das in den Tümpel gefallene Insekt mit Hilfe eines Blattes gerettet wird. An anderer Stelle spricht er davon, im Sommer nachts lieber das Fenster geschlossen zu halten. Man solle besser dumpfe Luft atmen, als dass man Insekt um Insekt mit versengten Flügeln auf seinen Tisch fallen sieht.[6].

All diese altruistischen Handlungen haben aber wenig mit den Konflikten zu tun, die dadurch entstehen, dass Interessen des Menschen mit denen anderer Wesen in Konflikt geraten. Schweitzer spricht dabei von einer „Selbstentzweiung des Willens zum Leben"[7], dem der Mensch wie alle anderen Lebewesen unterworfen ist. Kein Wesen kommt darum herum, anderes Leben zu zerstören. Allein Personen freilich wissen darum und können sich solidarisch verhalten. Das heißt auch, dass sich Personen stets zu fragen haben, ob es wirklich notwendig ist, Leben zu zerstören und oder zu beein-

---

[5] Schweitzer, Mein Wort an die Menschen.
[6] Vgl. Schweitzer, Kulturphilosophie, S. 309.
[7] Vgl. Ebd. S. 315, sowie S. 311.

trächtigen. Sie müssen darum ringen, dieser Notwendigkeit, Leben zu vernichten und zu schädigen, wenn immer es möglich ist, zu entrinnen.

Wenn man Schweitzer mit Paul Taylor vergleicht, fällt auf, wie weit er den Begriff des Notwendigen ausdehnt. Taylor fordert zu einer vegetarischen Lebensweise auf. Schweitzer akzeptiert die konventionelle Landwirtschaft inklusive der Tiernutzung. Auch wenn es für den Landwirt notwendig sei, ein ganzes Feld abzumähen, um Futter für seine Kühe zu haben, so sei er doch aufgefordert, auf dem Wege nach Hause keine einzige Pflanze zu köpfen.[8] Fleischkonsum ist zulässig. Tierversuche sind prinzipiell notwendig, müssen aber unter Narkose geschehen. Eine Übereinstimmung zwischen Taylor und Schweitzer findet sich dagegen bei jenen Praktiken, die eine ausbeuterische Haltung ausdrücken. Hetzjagden, Stierkämpfe und andere Misshandlungen und Tötungen von Tieren, die aus Spaß begangen werden, sind auch nach Schweitzer grundsätzlich abzulehnen. Die weitere Grenzziehung, was notwendig ist und was nicht, überlässt Schweitzer dem subjektiven Entscheiden des einzelnen. Jede Person ist aufgefordert, so wenig wie möglich als notwendig zu erachten. Die Ethik der Ehrfurcht vor dem Leben fordert den einzelnen auf, die Verantwortung für das Leben wahrzunehmen, aber sie sagt bewusst nicht, wie in speziellen ethischen Konflikten zu entscheiden sei. Wie jeder seine Verantwortung wahrnimmt, ist sein Geheimnis. Niemand dürfe sich ein Urteil über den anderen erlauben. Aber wieso dies so ist, bleibt offen. Schließlich darf Schweitzer im rein philosophischen Ansatz keinen Gott voraussetzen, dem das alleinige Urteil über den Menschen zusteht. Klar wird nur, dass es Schweitzer nicht um das „Du sollst" geht, sondern um das „Ich soll".

Wie sehr sich der einzelne freilich auch bemüht, nach Ansicht Schweitzers ist eines unvermeidbar. Er macht sich stets schuldig. In welchem Ausmaß dies nach Ansicht Schweitzers der Fall ist, sieht man, wenn man seinen Ausdruck betrachtet, er selbst sei „Massenmörder der Bakterien, die mein Leben gefährden."[9] Diese Schuld bezieht sich nicht nur auf jene Handlungen, bei denen wir um des eigenen Lebens willen anderes Leben bewusst zerstören, sondern auch wenn man beim Laufen, ohne es zu wissen, Leben tötet. Diese Schuld erstreckt sich auch auf das Handeln anderer, egal, ob der Akteur Handeln und Handlungsfolgen beeinflussen konnte oder nicht. Wir alle tragen Verantwortung über die Misshandlungen anderer, die Rohheiten in Schlachthäusern oder das Verdursten von Tieren in Eisenbahn- und Lastwagentransporten. Die Welt ist so geschaffen, dass sich der Mensch stets in Schuld verstricken muss. Dessen muss sich der Mensch bewusst sein und er muss diese Schuld in seinem Handeln zum Ausdruck bringen.

Nach Schweitzer ist nicht nur die Tötung von Tieren, sondern von allem Lebenden eine Missachtung der Ehrfurcht vor dem Leben. Der Mensch

---

[8] Ebd. 317.

[9] Ebd. 311.

muss aber Leben vernichten, um selbst zu leben. Alles Töten, wo es durch die Notwendigkeit auferlegt sei, habe daher in Traurigkeit stattzufinden. Nicht klar ist dagegen, wieso sich eine Person auch dann schuldig macht, wenn sie sich auf das Notwendigste beschränkt. In diesem Fall hat sie das Bestmögliche gemacht, was sie tun kann: Sie hat so wenig Leben zerstört, wie es nur geht.

Hier ist ein neuer Gesichtspunkt zu beachten. Die von Schweitzer erwähnte Traurigkeit, ja seine Trauer, bezieht sich auf die gesamte Welt: Natur ist für Schweitzer etwas Negatives. Der Versuch, sich auf das Notwendige zu beschränken, bedeutet zugleich, sich sowenig wie möglich auf die Welt einzulassen. Claude Evans bezeichnet Position Schweitzers daher als „hyperethisch."[10] Wir sind einfach deshalb schuldig, weil wir leben.

Man könnte versucht sein, diesen pessimistischen Zug Schweitzers Ethik zu kritisieren. Aber die Hauptschwäche liegt nicht hier, sondern – wie Evans herausgearbeitet hat[11] – an einer anderen Stelle. Schweitzer betont, dass seine Ethik der Ehrfurcht vor dem Leben kein abstrakter Mystizismus sein soll. Denn jede Form eines abstrakten Mystizismus, der von dem Absoluten, der Weltvernunft, einer spirituellen Essenz oder anderen übernatürlichen Entitäten spricht, beziehe sich auf etwas, das nicht in der Welt besteht, sondern als Abstraktum konzipiert ist. Ein solcher abstrakter Mystizismus verliere jedoch den Kontakt zur Wirklichkeit. Die einzige Wirklichkeit, auf die man sich in der Ethik, die allen Menschen einleuchten kann, beziehen dürfe, sei jene Wirklichkeit, die sich in realen Phänomenen manifestiert.[12] Allerdings stellt sich dann die Frage, was es mit jenem Lebenswillen auf sich hat, der für Schweitzer selbst im Zentrum steht. Dieser Wille bezieht sich nicht auf die konkreten Lebensprozesse. In diesem „unendlichen, unergründlichen, vorwärtstreibenden" Willen ist „alles Sein gegründet", er liegt „hinter und in" allen Phänomenen.[13] Dieser Wille beschränkt sich nicht auf das konkrete Wollen individueller Lebewesen. Er besteht unabhängig davon. Der Lebenswille ist sogar unabhängig von der Sphäre der Lebewesen. Denn auch im Unbelebten findet sich dieser Wille zum Leben. Jenes Leben, das gemäß Schweitzers Ethik zu fördern ist, bezieht sich auf, wie Evans schreibt, ein „reines Leben"[14], das nicht mit Schmerz, Verlust und Tod verschmolzen ist, sondern davon losgelöst besteht. Damit ist aber ein, von den Bindungen zum Körper getrenntes, rein „spirituelles Leben" gemeint. Dann aber scheitert Schweitzer an seinem eigenen Anspruch, keinen abstrakten

[10] Evans, With Respect for Nature, S.67.
[11] Ebd. S. 65ff.
[12] Vgl. Schweitzer Kulturphilosophie, S. 304.
[13] Vgl. Ebd., S.282.
[14] Evans, With Respect for Nature, S. 66.

Mystizismus zu formulieren. Genau dies stellt seine Theorie nämlich dar. Seiner Ethik fehlt wie diesem die Bindung zur Wirklichkeit.

Wir haben also nicht nur theorieexterne Gründe, Schweitzers Theorie abzulehnen: die fehlende Begründung und eine nicht nachvollziehbare Begrifflichkeit. Seine Ethik scheitert auch an seinem Anspruch, keine abstrakten Entitäten heranziehen zu müssen. Schweitzer gelingt es nicht, seinen Grundsatz auf eine Weise zu begründen, dass er allen Menschen – unabhängig von Herkunft und Weltanschauung – einsichtig macht, dem Leben mit Ehrfurcht zu begegnen. Damit scheidet die Ethik Albert Schweitzers auf der Suche nach einer intersubjektiv begründbaren Ethik als Kandidat aus.

6.2 Ökozentrismus

Die radikalste Antwort auf die Frage nach den Objekten unserer moralischen Verpflichtungen gibt der Ökozentrismus, demzufolge schlechterdings *alles,* was in der Natur vorkommt, um seinetwillen moralisch berücksichtigungswürdig ist. Gemäß den *individualistischen* Varianten dieser Auffassung gilt dies für alle individuellen natürlichen Einheiten, einschliesslich der Steine oder Meteoriten, gemäß den *holistischen* Varianten (auch) für kollektive Einheiten wie Ökosysteme und die Ökosphäre.

Die beiden Begriffe „individualistisch" und „holistisch" sind erklärungsbedürftig. In der Umweltethik werden diese Begriffe nämlich in zwei Weisen verwendet. Im *ökologischen* Verständnis wird betont, dass die Natur als System anzusehen ist. Die Konzentration auf einzelne Individuen (Tiere, Pflanzen, Pilze) verdeckt, dass alles mit allem verzahnt ist. Vom ökologischen Standpunkt aus sind alle bisher vorgestellten Positionen individualistische Ansätze, weil es hier um Pflichten gegenüber einem personalen Gott, einzelnen Personen, empfindungsfähigen Wesen und Lebewesen geht. Vom *moralphilosophischen* Verständnis aus kommt es darauf an, ob moralische Verpflichtungen gegenüber Individuen, gegenüber Kollektiven oder gegenüber dem Ganzen bestehen.

- Individualistisch ist eine Position im moralphilosophischen Sinne dann, wenn *allein* Individuen Objekt unserer moralischen Verpflichtungen sind.
- Kollektivistisch ist eine Position dann, wenn eine Gemeinschaft, ein Kollektiv oder ein aus Individuen zusammengesetztes Kollektivwesen Objekt unserer moralischen Verpflichtungen sind. Die wenigsten Kollektivisten würden sagen, dass nur Kollektive Gegenstand moralischer Verpflichtungen sind. Um von einer kollektivistischen Ethik zu sprechen, müssen die

Pflichten gegenüber dem Kollektiv jedoch einen klaren Vorrang vor jenen des Individuums haben.

- Holistisch ist eine Position dann, wenn nicht einzelne Individuen oder Kollektive Gegenstand unserer moralischen Verpflichtungen sind, sondern diese dem Gesamten, dem System allen Lebens oder allen Seins, gilt.

Auch innerhalb allgemeiner Ethikkonzeptionen kann man demnach individualistische und kollektivistische Versionen unterscheiden. Kollektivistische Versionen beziehen sich auf Gemeinschaften von Menschen (wie z.B. das eigene Volk oder die eigene „Rasse"), während individualistische Versionen von Pflichten gegen einzelne Menschen sprechen. Dasselbe gilt für pathozentrische Ansätze: Der Utilitarismus ist nicht individualistisch. Wir sind nicht Individuen gegenüber moralisch verpflichtet, sondern sind verpflichtet, das grösste Wohl für die grösste Zahl zu erreichen. Peter Singers Tierethik ist moralphilosophisch gesehen, im Gegensatz zur Position von Tom Regan, nicht individualistisch, sondern kollektivistisch konzipiert.

Der Ökozentrismus kann – vom moralphilosophischen Standpunkt aus – als rein individualistische Position konzipiert werden, als Kollektivismus oder als Holismus. Im ersten Falle sind alle existierenden Wesen Objekt unserer Pflichten, und dies unabhängig, ob sie leben oder nicht. Im zweiten Fall sind vorrangig Kollektive wie Populationen und Ökosysteme moralisch zu berücksichtigen, und im dritten die gesamte Natur. Letztere Position bezeichnet man auch als Physiozentrismus. Diese werde ich im Folgenden vom individualistischen und vom kollektivistischen Ökozentrismus abheben.

(i) Physiozentrismus

Gemäß dem Physiozentrismus ist alles in der Natur ein System, ein Ganzes, und es ist das System bzw. dieses Ganze, das moralisch zu berücksichtigen ist. Inwiefern unsere Handlungen moralisch richtig sind oder nicht, bemisst sich an ihren Auswirkungen auf das System. Aldo Leopolds moralischer Imperativ drückt genau diesen Punkt aus:

> Etwas ist gut, wenn es dazu tendiert, die Integrität, Stabilität und Schönheit der biotischen Gemeinschaft zu wahren. Es ist schlecht, wenn es zu etwas anderem tendiert.[15]

Handlungen, die einzelne Wesen betreffen, werden nicht danach moralisch beurteilt, ob diesen Wesen selbst genutzt oder geschadet werden; moralisch relevant ist einzig die Auswirkung auf das Ganze. Hat eine Schädigung eines Individuums positive Auswirkungen auf das Ganze, ist sie moralisch positiv

---

[15] Leopold, The Land Ethics, S. 99.

zu beurteilen. Wird einem Individuum genutzt, aber dem Ganzen dadurch geschadet, ist die Handlung moralisch negativ zu beurteilen. Beispiel für ersteres wäre die Ausdünnung einer das Gleichgewicht der biotischen Gemeinschaft störenden Population (das Vorgehen gegen Pilzbefall, Schäden durch Borkenkäferlarven, Wildverbiss oder die menschliche Überbevölkerung). Beispiel für letzteres wären Maßnahmen, in dem zu Gunsten der menschlichen Lebensqualität auf eine wirksame Maßnahme gegen die globale Erwärmung verzichtet wird.

(ii) Ökozentrismus

Im Ökozentrismus geht es im Gegensatz zum Physiozentrismus nicht allein um die Auswirkungen auf die Natur als Ganzes. Auch *Bestandteile* der Natur werden als Mitglieder der moralischen Gemeinschaft angesehen. Nicht nur Lebewesen, sondern auch Steine, Flüsse, Landschaften, ja auch kollektive Einheiten wie Arten, Populationen oder Biotope können richtig oder falsch behandelt werden, und dies unabhängig von jeder Bedeutung, die sie für lebendige und empfindende Wesen haben mögen. Die biozentrische Bestimmung einer Schädigung wird auf nicht-lebende Entitäten übertragen. Auch Biotope oder Populationen können in einem „guten" oder „schlechten" Zustand sein; und so wird auch ihnen ein „eigenes Gut" zugewiesen. Auch hier könne man von Gedeihen sprechen.

Fraglich ist dabei, ob auch moralische Verpflichtungen gegen menschliche Artefakte (Häuser, Maschinen) bestehen. Wollen Ökozentristen die Reichweite moralischer Verpflichtungen auf „natürlichen Entitäten" (Felsen, Flüssen, Wälder) eingrenzen, müssen sie dies rechtfertigen und zwei Probleme lösen: *Zum einen* ist die Grenze zwischen Natur und Kulturprodukt fliessend. Die in Europa vorzufindenden Flüsse und Wälder sind auch Ergebnis menschlicher Tätigkeit. Der deutsche Fichtenwald oder mehr noch ein Landschaftsgarten setzt sich aus natürlichen Entitäten zusammen, ist aber als Ganzes ein Artefakt. *Zum anderen* müssten unsere Häuser oder andere Artefakte gleich eingestuft werden wie Produkte anderer Lebewesen. Sie sind nicht weniger natürlich als ein Ameisenhaufen oder ein Spinnennetz. Entweder haben wir in beiden Fällen Artefakte vor uns oder in keinem. Die Unterscheidung zwischen Naturentitäten und Artefakten ist allerdings ein nachrangiges Problem. Mit dieser Differenz haben wir uns erst dann auseinanderzusetzen, wenn wir die grundlegende Frage betrachtet haben: Können unbelebte Dinge moralisch um ihrer selbst willen berücksichtigt werden? Ist diese Frage zu verneinen, müssen wir uns nicht mehr mit der Unterscheidung zwischen unbelebten natürlichen Entitäten auf der einen und (unbelebten) Artefakten auf der anderen Seite befassen.

Damit es prinzipiell möglich sein soll, unbelebte Dinge um ihrer selbst willen moralisch zu berücksichtigen, muss es möglich sein, ihnen zu schaden; Voraussetzung hierfür ist, dass etwas als konkrete Entität existiert. Fabelwesen wie dem Einhorn oder dem Osterhasen kann man ebenso wenig schaden wie einer fiktiven Figur wie Sherlock Holmes. Nur etwas, was in der Welt vorhanden ist, kann geschadet werden. Lebewesen erfüllen ohne Zweifel diese Existenzbedingung. Aber es gibt gute Gründe zu bezweifeln, dass die oben genannten Entitäten wie Berge oder Flüsse diese Existenzbedingung erfüllen.

Bei Lebewesen handelt es sich um Entitäten, die sich selbstorganisiert am Leben erhalten, also über die Zeit bestehen, bei denen eine klare Grenze zwischen Außen und Innen besteht und deren Komponenten nicht wieder als selbständige Teile, sondern nur als Teil des Organismus verstanden werden können. Ich hatte oben bereits darauf hingewiesen, dass wir bei Ameisen und Bienen, aber auch bei symbiotisch lebenden Organismen insofern in Schwierigkeiten kommen können, als vielleicht auch oder in diesen Fällen sogar nur der Ameisenstaat, die Bienenkolonie oder eine Flechte ein Lebewesen sind. Auch Pflanzen werden mitunter als „Metapopulation von Individuen“[16] bezeichnet, da einzelne Teile nach Trennung von „der Mutterpflanze“ eigenständig fortleben. Aber dass einzelne Teile isoliert lebensfähig sind und in dem hier genannten Sinne selbst Individuen werden *können*, heißt natürlich noch nicht, dass sie vor der Trennung als Pflanzenindividuen zu bezeichnen sind. Dies hängt davon ab, inwiefern sie in den Stoffwechsel integriert sind. Sind sie es, kann man nicht sagen, dass sie eigene intentionale Systeme wären.

Allerdings stellt sich hier die Frage der numerischen Identität. Ist ein durch vegetative Vermehrung entstandener Klon eine neue Pflanze oder lebt die alte auch in ihm fort? Dies ist dieselbe Frage, die man bei Einzellern stellen kann. Bestehen nach einer Zellteilung zwei Organismen fort oder handelt es sich noch um ein Wesen, das nun an zwei Orten fortbesteht? Bei Pflanzen wie Mikroorganismen bestehen nach Klonierung bzw. Zellteilung zwei genetisch identische Wesen. Aber auch eineiige Zwillinge bei Mensch oder Tieren sind genetisch identisch, obwohl wir hier – unabhängig von Fragen der personalen Identität – von zwei numerisch identischen Wesen sprechen. Der Grund hierfür findet sich in der Antwort auf die Frage, was denn in der Zeit fortbestehen muss, um von numerischer Identität sprechen zu können. Bei Organismen ist das, was diese Wesen ausmacht, dass sie selbstorganisiert am Leben zu bleiben suchen. Ein Organismus existiert, solange seine Selbstorganisation (sein Stoffwechsel usw.) erhalten bleibt. Es ist nicht die Bauvorlage dieser Selbstorganisation, welche das konkrete Wesen ausmacht, sondern der Fortbestand der selbstorganisierten Einheit. Wenn ein Hobbybastler nach einem alten Originalbauplan eine immer noch funktionsfähige Dampfmaschine nachbaut, so ist die neue Maschine nicht mit der alten identisch. Es sind zwei Dampfmaschinen des gleichen Typs.

[16] White, The Plant as a Metapolation.

Übertragen wir dies auf den Pflanzenklon, so heißt dies, dass er erst dann als Individuum – in diesem Fall als Organismus – existiert, wenn er selbständig lebt. Es ist dann ein Baum, der nicht mit dem Ursprungsbaum identisch ist.

In einem Common Sense-Sinne, also nicht aus umweltethischem oder gar philosophischem Verständnis, sprechen wir auch dann von konkret existierenden Wesen, wenn diese als von ihrer Umwelt klar abgetrennte Entitäten bestehen. Ein Fahrrad oder ein einzelner Kieselstein sind in diesem Verständnis separat existierende Dinge. Hat das Fahrrad charakteristische Eigenschaften, die es von allen Fahrrädern desselben Herstellungstyps und desselben Jahrgangs unterscheiden, würde man sogar von einem Einzelding mit spezifischen Charakteristika sprechen.

Man könnte vermuten, Flüsse oder Berge erfüllten im selben Sinne die Existenzbedingung. Aber selbst wenn man dieses Verständnis zugrunde legt, ist die Rede, die Elbe oder die Alpen existierten als konkrete Entität, Einwänden ausgesetzt. Ein Einzelding wie ein Fahrrad besteht räumlich abgegrenzt von anderen Dingen. Es ist fernerhin in dem Sinne eine „Einheit", als wir Menschen das Fahrrad als Einheit geschaffen haben. Wir unterscheiden demnach von einer – räumlich ja auch abgegrenzten – Klingel, die Teil eines Fahrrads ist, und dem Fahrrad, das nicht wiederum Teil von etwas ist. Beide Eigenschaften erlauben es, dass wir genau angeben, was zum Fahrrad gehört und was nicht. Dass wir das Fahrrad als etwas konkret Existierendes bezeichnen, liegt nicht zuletzt an einem: Der Mensch hat diesen Gegenstand als Einheit konstruiert. Wenn wir von der Elbe sprechen, reden wir jedoch ebenfalls von einer Entität, die wir Menschen geschaffen haben, aber dies in einem ganz anderen Sinne: Was zum Strom der Elbe gehört, was ein Seitenarm ist und was ein in die Elbe mündender Fluss oder Bach, ist – wenn auch im ganz anderen Sinne als bei dem Fahrrad – eine Erfindung des Menschen. Wir können nicht sagen, es gebe „die Elbe" in der Natur. Dass wir die Elbe als Einheit sehen, ist eine geographische Konvention. Dagegen kann ich nicht sagen, der Mensch Fritz Meier oder der Bär JJ1 alias Bruno sei von Menschen als konkrete Entität „konstruiert" worden. Den individuellen Bären mit seinen spezifischen Eigenschaften und seinen eigenen Empfindungen, einem eigenen Bewusstseinsstrom, ja , vielleicht sogar einem Selbstbewusstsein, in dem er sich selbst in der Zeit als identisch ansieht, haben Menschen „benannt", aber sie haben diese individuelle Einheit nicht durch Worte „erzeugt". Wir haben so keine Schwierigkeiten zu fragen, ob der Bär JJ1 um seiner selbst willen moralisch zu berücksichtigen ist. Die „Elbe" als moralisches Objekt zu bezeichnen, ist aber schon deshalb unsinnig, weil die Elbe nur im Sinne einer sprachlichen Konvention ein individuelles Objekt ist. Wenn dies der Fall ist, ist es schlichtweg falsch, einem Fluss oder Berg Interessen und Rechte zugestehen. Träger von Interessen und Rechte sind konkret existierende Wesen, keine abstrakt konstruierten Einheiten.

Räumlich isolierte Objekte wie ein einzelner Stein gleichen einem einzelnen Artefakt insofern, als sie räumlich isoliert bestehen und spezifische Eigenschaften haben. Aber bei diesen unbelebten Dingen stellt sich dann ein anderes Problem. Es sind zeitlich begrenzte Verbindungen anderer Elemente, die von menschlichen Beobachtern als von ihrem Umfeld getrennt wahrgenommen werden. Aber damit sind es noch nicht in einem ontologischen Sinne Einzelwesen. Diese Charakteristik kommt wohl nur jenen elementaren Grundbausteinen zu, aus denen sie zusammengesetzt sind.[17] Wenn man konkret existierende Wesen sucht, fänden wir sie dann nach modernem physikalischem Verständnis auf subatomarer Ebene: Aber wenn dies so ist, wäre zu klären, wie etwa subatomare Partikel ein „eigenes Gut" haben sollen.

Schon diese knappen Ausführungen rechtfertigen die Frage, ob es die Position des individualistischen Ökozentristen überhaupt gibt. Wenn man genau hinschaut, sind die einschlägigen Autoren keine individualistischen Ökozentristen. Wenn sie von Interessen und Rechten von Bächen und Bergen sprechen, geschieht dies stets vor einem holistischen Hintergrund. Nehmen wir Klaus Meyer Abich als Beispiel. Bei ihm finden wir die angesprochene Rede von Interessen und Rechten von „Landschaften, Tieren und Pflanzen, Licht und Wind und Wasser".[18] An einer anderen Stelle spricht er davon, „sein „Mitgefühl" gelte „dem Meer selbst". Wieso kommt Meyer Abich zu dieser Redeweise? Hintergrund ist, dass für ihn die Unterscheidung zwischen Individuum und Ganzem fortfällt. Er sieht Individuen stets als Teil eines Ganzen. Ähnliches kann man zudem von Schweitzer sagen, bei dem das einzelne Lebewesen auch nicht losgelöst vom Ganzen besteht, sondern so in Beziehungen eingebettet ist, dass anderes auch „in einem selbst" ist. Dies ist die etwas schwer zu verstehende Seite des Holismus: in jedem Teil ist auch das Ganze enthalten. So kann der Mensch als Teil der Natur angesehen werden, der nicht ohne die Natur verstanden werden kann. Aber er ist eben nur Teil der Natur. Die Natur ist als ganzes Universum auch in ihm enthalten: Jeder Mensch spiegelt das ganze Universum wieder. Genau dies kam auch in einem der obigen Zitate Schweitzers zum Ausdruck, in dem von „der Selbstentzweiung des Willens zum Leben" die Rede war. Schweitzer ist Physiozentrist.

Physozentristen heben den Begriff des Individuums auf. Es gibt nicht das Individuum, das von einer Umwelt abgegrenzt ist und isoliert besteht. Vielmehr ist alles integraler Teil eines Ganzen. Meyer-Abich spricht davon, die Natur sei nicht nur „Umwelt" des Menschen, sprich: „für den Menschen", sondern „natürliche Mitwelt" des Menschens.[19] Der Mensch verliert seine

[17] Zu einer ausführlichen Erörterung dieser Position vgl. von Inwagen, Material Beings.
[18] Meyer-Abich, Das Recht der Tiere, S. 23.
[19] Meyer-Abich, Praktische Naturphilosophie, S. 67ff. und S. 257ff.

zentrale Stellung in der Welt, stattdessen steht die Natur als ganzes im Zentrum.

Im Physiozentrismus nimmt der Mensch das „Mitsein“ der anderen Lebewesen, Tiere und Pflanzen, als gleichberechtigt an. Sogar die unbelebte Natur ist für Meyer-Abich mit einbezogen, der Fluss, der Stein, der Berg und das ganze Universum. Damit verändert sich also das Verhältnis des Menschen zur Natur. Der Mensch kann sich, so Meyer-Abich, nicht mehr in der Position des Subjekts gegenüber dem Objekt der Natur sehen; der, wie er es nennt, cartesianische Subjekt-Objekt-Dualismus sei zu überwinden. Es muss betont werden, dass es sich hier nicht um die These handelt, der Mensch dürfe andere Wesen bzw. die Natur nicht einfach als Objekt behandeln. Es geht nicht darum, dass eine moralische Haltung geändert werden muss. Vielmehr wird die weit stärkere These vertreten, dass es keine Subjekt-Objekt-Dichotomie gibt. Es gibt keine isoliert bestehenden Subjekte, sondern nur *die* Natur. Damit wäre auch der andere Mensch kein anderes Individuum. Wir wären alle Teil eines Ganzen.

Wir müssen uns vergegenwärtigen, was diese Formulierung für Folgen hat. Würden andere Wesen, die wir bisher als von uns unabhängige Individuen angesehen haben, uns nicht als Einzelobjekt gegenüberstehen, so hörten sie auch auf, moralische Objekte zu sein. Wir schadeten nicht einem Individuum, sondern einem Teil jenes Ganzen, von dem wir selbst Teil sind. Denn sobald einem einzelnen Teil selbst geschadet würde, wäre man wieder bei jener Subjekt-Objekt-Dichotomie, die gerade aufgehoben werden soll. Ob ein Eingriff, der einen oder mehrere Teile betrifft, schlecht ist, lässt sich nur beurteilen, wenn man die Auswirkungen auf das Ganze betrachtet. Schließlich geht es nur um ein Gedeihen des Ganzen. Wir haben eine rein holistische Konzeption. Die Naturelemente sind nicht „beseelt“, sondern in den einzelnen Naturelementen „spiegelt“ sich stets das Ganze, dem man Achtung schuldet.

Selbst wenn wir naturphilosophisch erhärten könnten, dass es nur die Natur gibt und keine Individuen, ist es eine zweite Frage, wieso wir die Natur respektieren sollten. Hätte sie göttliche Eigenschaften, wäre diese Frage leichter zu beantworten. Nur müsste man dann intersubjektiv begründen können, dass dies der Fall ist.

Setzten wir voraus, dass er dies kann, wären noch zwei Probleme zu lösen. Er muss erstens zeigen, wann der Natur als Ganzes überhaupt geschadet wird. Und zweitens muss er beschreiben, was daraus folgt, wenn man jenen Sprung zum Physiozentrismus macht.

Wenn man bedenkt, dass der Holismus zur Frage des moralischen Objekts die stärkste These formuliert, sollte man erwarten, dass hier auch die radikalsten praktischen Forderungen erhoben werden. Dies ist jedoch nicht der Fall. Meyer-Abichs konkrete Handlungsanweisungen etwa sind sehr bescheiden und alles andere als radikal. Er fordert etwa die Einschränkung des individuellen Autoverkehrs zu Gunsten des öffentlichen Verkehrs, artgemäße Behandlung von Tieren und Pflanzen oder die Verwendung von ökologischen Baumaterialien verbunden mit der Vorgabe, beim Bauen der Landschaft gerecht zu werden.[20] Es geht hier nicht darum, ob dies vernünftige Forderungen sind, sondern ob sie wirklich notwendig aus dem Physiozentrismus folgen. Letzteres ist nicht der Fall. Denn um solche praktischen Ableitungen vornehmen zu können, bedürfte es einer Klärung dessen, was es heißt, der „Natur als Ganzes" zu schaden. Allerdings erweist es sich, dass der Physiozentrismus genau an dieser Frage scheitert. Er kann nicht bestimmen, welcher Eingriff eine Schädigung ist und welcher nicht.

6.3 Kann man Ökosystemen schaden?

Gehen wir hypothetisch davon aus, dass die Natur als Ganzes um ihrer selbst willen moralisch zu berücksichtigen ist. Personen haben eine moralische Pflicht, der Natur nicht zu schaden, und gegebenenfalls auch eine Pflicht, zu ihrem Wohl beizutragen. Um dieser Verpflichtung nachkommen zu können, müssen wir aber wissen, was der Natur als solche schadet oder nutzt. Dies ist aber, wie ich zeigen werde, unmöglich. Selbst dann, wenn wir Pflichten gegenüber der Natur hätten, wären diese Pflichten bedeutungslos. Wir wüssten nicht, was wir gegenüber der Natur tun sollten. Stimmt dies, ist die Natur als solche kein denkbarer Kandidat, um ihrer selbst willen moralisch berücksichtigt zu werden. Wir haben vielleicht moralische Pflichten in Bezug auf die Natur, aber nicht gegenüber der Natur selbst.

Um diese These zu belegen, werde ich mich im Folgenden nur auf jene Natur beziehen, die auf unserem Planeten besteht. Dahinter steht zugleich die Überlegung, dass es, sollte es nicht möglich sein, der irdischen Natur zu schaden, es zugleich unmöglich ist, der Welt als Ganzes etwas Schlechtes zuzufügen. Die Beschränkung auf eine planetare Natur hat zudem den Vorteil größerer Anschaulichkeit. Der Klarheit der Darstellung halber werde ich fernerhin nur fragen, ob man der Erde als Ganzes *schaden* kann. Die dabei angestellten Überlegungen sind auf einen möglichen Nutzen zu übertragen. Dieselben Gründe, welche es verhindern, von einem möglichen Schaden zu sprechen, verunmöglichen es auch, davon zu reden, man könne der Erde als solcher nutzen.

Um von Schaden sprechen zu könnten, müssten wir ein Referenzsystem haben, auf Grund dessen eine Verschlechterung als Verschlechterung bewertet werden kann. Es gibt drei Möglichkeiten:

---

[20] Vgl Meyer-Abich, Praktische Naturphilosophie, S.399ff.

- Eine Schädigung kann direkt mit einem *Erleben* verbunden sein. Eine Verschlechterung stellte dann einen Schaden dar, wenn sie vom Wesen selbst als eine Schädigung erlebt und bewertet wird.
- Es gibt eine ideale bzw. normale *Entwicklung* eines Lebewesens, welche einen Maßstab liefert, mittels dem bestimmt werden kann, was eine Schädigung ist. Eine Pflanze zum Beispiel entwickelt sich diesem Ansatz gemäß dann gut, wenn sie wächst und sich fortpflanzen kann. Auf diese Weise entfaltet sich der ihr innewohnende Telos. Wird die Pflanze daran gehindert, sich gut zu entwickeln, wird ihr geschadet. Vor diesem Hintergrund kann auch beurteilt werden, ob es Lebewesen in einem bestimmten Moment gut geht. Lebewesen sind dann in einem guten Zustand, wenn sie bestimmte Funktionen ausführen können, die sie auf Grund ihrer individuellen Beschaffenheit, ihrer Art oder ihrer Ordnung (Pflanze oder Tier) haben sollten.
- Zerstören wir einen unbelebten Gegenstand (etwa ein Spielzeug), schaden wir nicht dem Gegenstand selbst, sondern uns und anderen. Nicht zuletzt verringern oder vernichten wir damit dessen Wert, sei es dessen *inhärenter* oder dessen *instrumenteller Wert*, etwa dessen pekuniärer Wert. Im Falle eines Kunstwerks liegt der Schaden insbesondere im Verlust eines inhärenten Wertes, bei einem Gebrauchsgegenstand eher in der Verringerung des pekuniären Werts. Referenzsystem dafür, dass wir von einer Verschlechterung sprechen, ist, dass sich die Situation von uns selbst oder von dritten verschlechtert. Veränderungen im Gegenstand, die sich nicht negativ auf den inhärenten oder instrumentellen Wert auswirken, bezeichnen wir daher auch nicht als einen Schaden. Füllen wir ein Kissen mit neuen Gänsefedern, haben wir keinen Schaden verursacht. Haben Gegenstände eine Funktion, können wir auch über diese einen Schaden feststellen. Eine Maschine hat dann einen Schaden, wenn sie ihre Funktion nicht mehr ausführen kann oder zumindest darin beeinträchtigt ist, diese auszuführen. Zudem kann natürlich ein Schaden vorliegen, wenn die Maschine an inhärentem Wert (Schönheit) verliert. Der Kratzer an einem Auto verhindert nicht, dass das Auto funktioniert, aber es soll Autohalter geben, welche dies als Wertminderung ansehen. Wie bei allen inhärenten Werten liegt es jedoch am Betrachter, ob etwas als ein Schaden aufgefasst wird oder nicht. Auch hier ist der Referenzpunkt für eine Schädigung, wie sich ein Eingriff auf andere auswirkt. Dass das Aufpumpen eines Reifens als positiv und das Ablassen von Luft als negativ beurteilt wird, bezieht sich stets auf den Nutzen für die Halter oder die Benutzer des Autos.

Soll die Ansicht vertreten werden, dass die Natur um ihrer selbst willen moralisch zu berücksichtigen ist, muss es um die Frage gehen, ob *ihr selbst* geschadet werden kann. Der Verlust an inhärentem oder instrumentellem Wert, die dritte Form einer Schädigung, ist also bedeutungslos.

Ferner kann nicht die These gemeint sein, dass eine Schädigung der Natur einfach darin besteht, dass *der Mensch* die Natur verändert und kulturell überformt. Wieso sollten sich vom Menschen verursachte Veränderungen prinzipiell von jenen unterscheiden, die von anderen Lebewesen oder von natürlichen Prozessen verursacht werden? Kommt der vom Menschen unberührten Natur ein inhärenter Wert zu, ist klar, dass jeder Eingriff Auswirkungen auf diesen inhärenten Wert hat. Jedoch geht es hier ja gerade nicht um den inhärenten Wert. Ebenfalls ist nicht relevant, dass menschliche Eingriffe im Gegensatz zu anderen Geschehnissen, die Auswirkungen auf die Natur haben, moralisch verantwortet werden müssen. Es geht an dieser Stelle allein darum, ob ein Eingriff als Schädigung beurteilt werden kann. Ob etwas als Schaden zu bezeichnen ist, hängt nicht davon ab, wie es entsteht. Stecke ich mich auf einer einsamen Insel auf natürlichem Wege mit einem letalen Virus an, erleide ich dadurch einen Schaden. Es ist derselbe Schaden, den ich erleiden würde, würde ein fremder Mensch mir diesen Krankheitserreger injiziert. Allein im zweiten Fall gäbe es jemanden, der moralisch zu tadeln ist und eine moralische Schuld trägt. Der Schaden, den ich erleide, ist jedoch derselbe.

Kommen wir damit zur eigentlichen Frage, ob der Natur als solche geschadet werden kann. Kein Physiozentrist würde sagen, dass die Natur ein Wesen ist, welches Schmerz oder Lust, Leid oder Freude erleben kann. Um den teleologischen Schadensbegriff auf die gesamte Erde zu übertragen, müsste man einen Maßstab haben, wie die Entwicklung der Erde verlaufen sollte. Man müsste das innewohnende Ziel kennen, auf das hin sich die Erde entwickelt. Um einen solchen Maßstab zu erlangen, müssten wir wiederum auf eine spezifische Naturphilosophie rekurrieren können, welche festhält, wie sich die Natur als solche zu entwickeln hat. Der Gedanke einer zielgerichteten Entwicklung der gesamten Natur kann nur als spekulativ bezeichnet werden. Zudem stünde man vor keiner geringeren Schwierigkeit, als eine intersubjektiv begründbare Theorie zu formulieren, welche mit der modernen Evolutionstheorie in Bezug auf Erklärungskraft und Kohärenz konkurrieren kann. Eine solche besteht jedoch derzeit nicht. Da die bei weitem plausibelste Theorie sagt, dass sich die Lebewesen nicht zielgerichtet, sondern ungesteuert entwickelt haben, ist die Annahme einer zielgerichteten Entwicklung der ganzen Natur zurückzuweisen.

Für jene Autorinnen und Autoren, die einen Ökozentrismus vertreten, steht auch eine andere Idee im Vordergrund, die Idee eines dynamischen *Gleichgewichts* der Natur. Diesen Gedanken kann man gut an James Lovelock illustrieren, dem Hauptvertreter der sogenannten Gaia-Hypothese. Kurz gesagt, geht es darin um das Folgende. Ein Planet, auf dem Leben existiert, ist eine sich selbstregulierende Einheit. Vielfältige, sich gegenseitig beeinflussende Effekte der Lebewesen und der Natur im Ganzen führen dazu, dass sich immer wieder ein Gleichgewichtszustand einpendelt. Es bleiben jene Bedingungen bewahrt, unter denen Leben auf dem Planeten möglich ist.

Im Folgenden geht es nicht darum, ob die Erde wirklich als Ganzes ein kybernetisches System ist. Uns interessiert an dieser Stelle auch nicht die Frage, ob die Erde, wenn sie ein solch kybernetisches System wäre, ein Lebewesen ist. Beides sind wichtige und interessante Fragen, welche die naturwissenschaftliche Kritik an der Gaia-Hypothese prägen. Zur zweiten Frage werde ich als Nebenprodukt meiner Antwort etwas sagen. Vorrangig geht es aber darum, ob uns die Hypothese eines kybernetischen Systems bei der Beantwortung der Frage hilft, ob man der Erde als solcher schaden kann.

Dies wäre der Fall, wenn das kybernetische System ein innewohnendes Ziel oder einen Zweck hat. Jeder Eingriff in das System, welcher das Erreichen dieses Ziels oder Zweckes verhindert oder beeinträchtigt, müsste dann als eine Schädigung bezeichnet werden. Lovelock verwendet mitunter eine teleologische Sprache. So definiert er Gaia an einer Stelle als eine komplexe Entität, welche Biosphäre, Atmossphäre, Ozeane wie Böden umfasst und welche insgesamt ein kybernetisches System konstituiert, das auf eine für das Leben auf diesem Planeten optimale physische und chemische Umwelt ausgerichtet ist.[21] Allerdings betont Lovelock später, dass er Gaia nie als ein Lebewesen oder ein solches teleologisches System verstanden wissen wollte.[22]

Dies macht es uns an dieser Stelle schwierig, eine mögliche Schädigung zu definieren. Diese Schwierigkeit besteht nicht zuletzt, weil es hier nicht darum geht, ob ein Eingriff in das System Menschen oder anderen Lebewesen schadet. Damit wären wir nämlich zurück bei einer anthropo-, patho- oder biozentrischen Position, bei der das System Erde nicht um seiner selbst willen moralisch zu berücksichtigen ist. Wir müssen vielmehr prüfen, ob bestimmte Eingriffe in das System dem System selbst einen Schaden zufügen.

Wir können drei Auswirkungen auf ein kybernetisches System, das sich in einem Gleichgewicht befindet, unterscheiden:

1. Ein kybernetisches System pendelt sich erneut auf den Gleichgewichtspunkt G ein. Das System selbst bleibt intakt. Würde dieses Geschehen eine Schädigung sein, wären alle Eingriffe in das System eine Schädigung. Ist aber jeder Eingriff eine Schädigung, verliert der Begriff der Schädigung jede Bedeutung.
2. Ein kybernetisches System, das sich bisher auf den Punkt G_1 einpendelte, verändert sich durch den Eingriff und pendelt sich nunmehr auf den Punkt G_2 ein. Hätte das System einen Zweck, könnte man nun fragen,

[21] Vgl. Lovelock, Gaia. A New Look at Life on Earth.
[22] Vgl. Lovelock, Revenge of Gaia, S.15ff.

ob es diesen noch erfüllt. Aber wenn dies nicht so ist, kann man diese Veränderung nicht einfach als eine Schädigung bezeichnen. Das System hat sich verändert; aber wir haben keinen Grund, hier von einem Schaden zu sprechen. Hätte das System ein Ziel, das zu verwirklichen ist, hätte sich nunmehr das Ziel verändert. Nicht mehr G_1, sondern G_2 wird angestrebt. Aber dass ein neues Ziel angestrebt wird, ist nicht hinreichend, dass dem System geschadet wurde.

3. Ein kybernetisches System wird so verändert, das es sich fortan nicht mehr auf einen Gleichgewichtszustand einpendelt. Das System kollabiert. Auch hier wäre klar, dass dies dann als ein Schaden bezeichnet werden muss, wenn das System einen Zweck und eine Funktion hat. Können wir dem System aber keinen solchen zuweisen, fehlt uns jeglicher Referenzpunkt, um ein Urteil fällen zu können, dass zum ersten Zeitpunkt t_1, als das System entstand, etwas Positives und zum zweiten Zeitpunkt t_2, als das System verschwindet, etwas Schlechtes eingetreten ist.

Was uns in Bezug auf die Erde oder auch bei Ökotopen an eine Schädigung denken lässt, ist, dass wir wie in der Gaia-Hypothese von etwas Lebendem oder von einem Lebewesen sprechen. Sprechen wir von unbelebten kybernetischen Systemen, ändert sich auch unser intuitives Urteil. Nehmen wir, um dies an einem Beispiel zu verdeutlichen, an, wir hätten nach langer Programmierarbeit ein System installiert, das im Zusammenspiel mit anderen Systemen eine unbeabsichtigte Nebenwirkung zeitigt. Fortan hält sich ein dynamisches Gleichgewicht im Computer: Die Zahl der laufenden Programme pendelt sich immer wieder auf eine konstante Größe ein. Die Rechen- und Arbeitsleistung des Computers bleibt davon unbeeinträchtigt. Ohne dass wir es merken, kommt es Jahre später zu einer Rückkopplung mit anderen Programmen. Der bestehende Gleichgewichtszustand verschwindet. Es gibt hier weder einen Grund zu sagen, die Entstehung des kybernetischen Systems wäre für den Computer etwas Gutes gewesen, noch einen Grund zu sagen, dessen Verschwinden sei für diesen eine Schädigung.

Man könnte die Relevanz dieses Beispiels bezweifeln, da es sich beim Computer um etwas Unbelebtes handelt, bei der Erde aber um einen belebten Planeten. Aber besteht hier wirklich ein relevanter Unterschied? Das dynamische Gleichgewicht entsteht auf der Erde als ein Effekt des Verhaltens von Lebewesen. Lebewesen „steuern" diese Effekte aber nicht an. Bestimmte Insekten etwa verzehren Kadaver anderer Tiere nicht deshalb, um damit ihrer Funktion in der Natur nachzukommen. Der Primäreffekt ihres Verhaltens ist vorrangig, selbst fortzubestehen und sich fortzupflanzen. Der positive Effekt für andere Lebewesen entsteht als Nebeneffekt ihres Verhaltens. Im selben Sinne habe ich das zeitweilige kybernetische System im Computer als Nebeneffekt der Tätigkeit mehrerer Computerprogramme beschrieben. Dass das eine System Nebeneffekt des Verhaltens lebender Wesen ist, macht es nicht selbst zu etwas Lebendem. Bildet sich ein See als Nebeneffekt des Verhaltens von Bibern, welche sich eine Burg errichteten, wird der See dadurch auch nicht zu etwas Lebenden. Er ist als See genauso wenig ein Lebewesen wie ein See, der sich durch geologische Prozesse formte. Will man ein Ökotop oder das Ökosystem der Erde als Lebewesen bezeichnen, muss sich dies auf dessen Selbstregulierung beziehen. Aber wenn dies so ist, dann muss auch das im Computer entstandene kybernetische System, ja jedes kybernetische System, als Lebewesen bezeichnet werden. Überträgt man Lovelocks Sprachgebrauch vom Lebewesen Erde, müsste man sagen, dass der Computer während der Zeit, wo dieses kybernetische System in ihm bestand, lebte, aber vor und nach dessen Bestehen tot war. Natürlich könnte man den Begriff Lebewesen so definieren, aber was hätte man gewonnen? Sinnvoller scheint, dass Selbstregulierung eine notwendige Bedingung dafür ist, dass etwas ein Lebewesen ist, aber keine hinreichende Bedingung.

Man könnte einwenden, dass es im Falle der Erde nicht darum gehe, ob man ihr selbst schaden kann. Ohne ein dauerhaft robustes Ökosystem sei Leben unmöglich. Es drohe das Aussterben allen Lebens. Dies ist ein wichtiges Argument. Allerdings ist es ein Argument, das sich auf mögliche Schäden für andere bezieht. Ein belebter Planet mag in unseren Augen zudem einen höheren inhärenten Wert haben. Aber es geht hier nicht um inhärenten Wert, sondern darum, ob dem Planeten als solchem geschadet wird. Ohne Bezug auf einen Zweck oder eine „normale" Entwicklung eines Planeten kann dies aber nicht gesagt werden. Selbst dann, wenn es auf dem Mars einst Leben gab, können wir nicht sagen, dass der Mars dadurch Schaden genommen hat, dass es dieses Leben heute nicht mehr gibt.

Die Rede von Selbstregulation und einem dynamischen Gleichgewicht hilft uns also nicht, um zu erkennen, wann man der Natur als solcher schadet. Egal wie wir auch in das System eingreifen, in keinem Fall können wir sagen, dass wir der Natur selbst schaden (oder nutzen).

Wir können diese Überlegung auch auf kleinere Einheiten übertragen, etwa auf ein Ökosystem. Sagen wir, dass in einem Ökosystem Lebewesen dreier Arten interagieren:[23] Rentiere, Wölfe und ein Parasit namens Echinococcus granulosus, der beide befällt. Zwischen diesen drei Arten hat sich ein dynamisches Gleichgewicht herausgebildet. Steigt die Zahl der Wölfe, nimmt die Anzahl der Rentiere ab, was dann wiederum Auswirkungen auf die Wölfe hat. Sinkt die Zahl der Wölfe, steigt die Zahl der Rentiere, was Auswirkung auf die Zahl der Parasiten hat. Es entsteht so ein System von Checks und Balances. Kommt es zu einer Mutation bei einer dieser drei Arten, die sich

[23] Dieses Beispiel stammt aus dem Aufsatz von Colleen D. Clements: Stasis – The Unnatural Value, S. 217f.

vorteilhaft auf deren Überlebensfähigkeit auswirkt, könnte sich das System verändern. Die Rentiere mögen neue Verhaltensweisen erwerben und neue Lebensräume erschließen. Die Wölfe könnten ihre Nahrungsbasis erweitern, so dass sie nicht mehr ausschließlich auf die Rentierjagd angewiesen sind. Bei den Parasiten mag sich ein neuer Stamm entwickeln, der sich für Wölfe wie für Rentiere tödlich erweist. Alle diese Änderungen bei den Populationen könnten eine von zwei Auswirkungen haben. Entweder pendelt sich ein neues dynamisches Gleichgewicht ein oder aber es pendelt sich kein neues Gleichgewicht ein.

- Im ersteren Fall pendelt sich das System nicht mehr auf das Gleichgewicht G_1 ein, sondern auf das Gleichgewicht G_2. Die beiden Gleichgewichte unterscheiden sich darin, welche Arten bestehen. *Für uns* Menschen hat sich damit eventuell der inhärente oder der instrumentelle Wert des Systems verändert. Aber es gibt keinen Grund, warum wir eine bestimmte Artenzusammensetzung *in sich* als etwas Positives und eine andere *in sich* als etwas Negatives bezeichnen sollten. Wir können nicht sagen, dass dem Ökotop selbst geschadet wurde; es hat sich verändert. Das einzige, was wir sagen können, ist, dass Wölfen, Rentieren oder den Parasiten geschadet wurde.
- Im zweiten Fall kollabiert das System. Aber um dies als etwas Schlechtes zu bezeichnen, müssten wir einen Grund haben, warum der Zusammenbruch des Systems für das System selbst etwas Schlechtes darstellt. Wiederum können wir nur auf die Schäden für die betroffenen Lebewesen verweisen. Veränderungen des Ökosystems wirken sich auf andere Lebewesen aus. Diesen, nicht dem Ökosystem, wird geschadet.

Was immer auch geschieht, wir können nicht sagen, dass dem System geschadet wurde. Das heißt, es gibt keinen ökologischen Schaden. Was vorliegt, sind Eingriffe in Ökosysteme, die einzelnen Lebewesen schaden. Wenn aber kollektiven Entitäten wie Ökosystemen oder belebten Planeten nicht geschadet werden kann, fallen Physio- und Ökozentrismus in sich zusammen.

Man mag einwenden, bisher hätte ich nur gezeigt, dass wir derzeit keine Theorie haben, die uns hilft, eine Schädigung der Erde als Ganzes zu bestimmen. Aber zumindest sei ja denkbar, dass es doch eine Theorie geben könnte, welche definieren kann, welche Änderungen des Systems als Schädigung bezeichnet werden können. Aber selbst wenn dem so wäre, würde diese Theorie immer nur auf den Verlust von inhärenten oder instrumentellen Werten verweisen können. Denn um einem Wesen selbst schaden zu können, müssen wir ein Wesen vor uns haben, das wirklich existiert. Ihm muss eine ontologische Identität zukommen. Aber dies ist weder bei Ökosystemen noch bei belebten Planeten der Fall. Ein Ökosystem entsteht, um ein Beispiel zu nehmen, aus den Interaktionen einzelner Organismen untereinander oder mit ihrer unbelebten Umwelt. Ökosysteme sind Beziehungsgefüge. Aber damit kommt ihnen keine ontologische Identität zu. Wenn sich Hans und Maria lieben, so kommt jeweils Hans und Maria eine ontologische Identität zu. Beide verbindet eine wechselseitige emotionale Beziehung zwischen zwei Entitäten. Aber die Gesamtbeziehung „Maria und Hans lieben sich“ ist nicht etwas, das ontologisch existiert. Sonst gäbe es ja nur Dreierbeziehungen – wie hier aus Hans, Maria und ihrem Beziehungssystem. Entlieben sich die beiden, verringert sich die Zahl der Entitäten in der Welt nicht; genauso wenig vermehrt sich die Zahl, wenn sich die beiden in zwei andere verlieben. Wenn wir sagen, wir schaden dem Liebespaar, so sprechen wir eigentlich von einer Schädigung der beiden Liebenden. Genauso wenig wie ein Liebespaar sind aber die noch komplexeren Beziehungssysteme von Ökosystemen etwas, das eine ontologische Identität hat.

Haben wir bei Ökosystemen teilweise schon Schwierigkeiten, sie von benachbarten Ökosystemen abzugrenzen, ja, erweisen sich schon Grenzziehungen vielleicht als Konstrukte, so können wir einen belebten Planeten doch zumindest als isoliertes Wesen beschreiben, das klare Grenzen hat. Aber auch wenn man die Erde als konkret bestehende Entität bezeichnen mag, so gilt dies doch nicht für Gaia, jenes Beziehungsgefüge alles Lebens auf der Erde. Denn für letzteres gelten genau dieselben Überlegungen wie für Ökosysteme. Als Beziehungsgefüge kommt ihr keine ontologische Identität zu.

Weder haben wir eine Theorie, mit der wir bestimmen können, wann einem Ökosystem oder Gaia selbst geschadet wird, noch kommt ihnen ontologische Identität zu. Damit erweist sich der Physiozentrismus aber inhaltlich als leer und widersprüchlich. Aus dieser Theorie folgt nämlich keine einzige konkrete Handlungsweise. Zudem geht es ihr darum, dass etwas um seiner selbst geschützt werden soll, das gar nicht ontologisch existiert. Diese Theorie über den Bereich moralischer Objekte scheidet aus der Diskussion aus.

7. SENTIENTISMUS ODER NON-SENTIENTISMUS?

Schon wenn es um die Frage geht, ob Pflanzen um ihrer selbst willen moralisch zu berücksichtigen sind, stößt man bei etlichen auf einen emotionalen Widerstand, sich der Frage überhaupt anzunehmen. Sich auch nur mit der Frage auseinanderzusetzen, ob es moralisch rechtfertigungspflichtig ist, eine Blume zu pflücken oder einen Kohlkopf zu ernten, erscheint manchem als ein Verstoß gegen den gesunden Menschenverstand. Diese Handlungen seien klare Fälle eines Tuns, das in keiner Weise rechtfertigungspflichtig ist. Diese kritische Haltung gegenüber der Pflanzenethik liegt verstärkt bei jenen vor, die deren Fragestellung eine Nähe zur Esoterik unterstellen. Dort würde ja auch darüber nachgedacht, dass Pflanzen etwas „fühlen" und mit uns „kommunizieren".

Veganer und Vegetarierinnen verdächtigen Überlegungen zu Pflanzenrechten, subversive Angriffe auf ihre eigene Position zu sein. Sie reagieren damit weniger auf philosophische Überlegungen zur Pflanzenethik, denn auf eine Argumentationsfigur mancher Fleischliebhaber. Diese Argumentationsfigur zielt darauf, den Vegetarismus ad absurdum zu führen. Da wir nicht wissen, ob nicht auch Pflanzen leiden, handelten Vegetarier – so das Argument – keinen Deut besser als Fleischesser. Wenn Tiere und Pflanzen gleichermaßen leidensfähig seien oder auch nur sein könnten, sei es letztlich beliebig, ob man Pflanzen oder Tiere esse. Es gebe unter diesem Gesichtspunkt keinen Grund, vegetarisch oder vegan zu leben.

Ob die moralische Berücksichtigung von Pflanzen mit dem gesunden Menschenverstand zu vereinbaren ist, ist aber ebenso zu prüfen, wie mögliche Auswirkungen auf die Frage, was wir essen dürfen und was nicht. Zudem haben wir noch nicht einmal geklärt, ob es überhaupt moralische Gründe gibt, Vegetarier zu sein. Bevor wir diese Punkte untersuchen, ist es sinnvoll, eine der angeschnittenen Argumente in den Blick zu nehmen: das Argument, dass Pflanzen nicht fühlen können. Für einige Autoren entscheidet sich die Frage der moralischen Berücksichtigungswürdigkeit der Pflanze bereits hier. Macht es Pflanzen nichts aus, geschnitten oder gepflückt zu werden, sei es sinnlos, sie als mögliche Objekte der Moral in den Blick zu nehmen.

Der damit gegen Pflanzenrechte oder eine Würde der Pflanze vorgebrachte Einwand ist von sehr grundsätzlicher Art. Es wird nicht bestritten, dass es begründet werden kann, dass Pflanzen um ihrer selbst willen berücksichtigt werden sollen. Der Einwand sagt, dass es sogar unsinnig sei, nach einer solchen Begründung zu suchen. Man *könne* Pflanzen nicht um ihrer selbst willen moralisch berücksichtigen. Einige Lebewesen wie etwa Pflanzen gehörten nicht einmal zu den Kandidaten, die als mögliche Objekte direkter moralischer Pflichten in Frage kommen. Die Frage sei nicht, ob man Pflanzen moralisch um ihrer selbst willen respektieren *muss*, sondern ob man überhaupt sinnvollerweise davon sprechen kann, dass sie um ihrer selbst willen moralisch berücksichtigt werden *können*.

Die Frage nach dem Kreis jener Wesen, welche mögliche Kandidaten moralischer Berücksichtigung sind, wurde äusserst klar von Joel Feinberg in seinem Aufsatz „The Rights of Animals and Unborn Generations" formuliert, und es ist weiterhin sinnvoll, ja unumgänglich, sich bei der Beantwortung dieser Frage auf diesen Aufsatz zu beziehen. Feinberg geht es um eine Klärung der Frage, welche Wesen Träger moralischer Rechte sein können. Den Begriff des moralischen Rechts gebraucht er dabei in dem Sinne, dass jene Wesen Träger von Rechten sind, gegenüber denen moralische Pflichten bestehen. Hat ein moralisches Subjekt A eine moralische Pflicht gegenüber B, hat B ein moralisches Recht, dass A dieser moralischen Pflicht nachkommt. In diesem Kapitel werde ich den Begriff des moralischen Rechts in diesem Sinne verwenden.

Gemäß Feinberg *kann* ein Wesen dann Träger moralischer Rechte sein, wenn zwei Bedingungen erfüllt sind:

1. Ein Träger von Rechten muss in seinen Ansprüchen auch vertreten werden können.

Es ist nicht erforderlich, dass Träger moralischer Rechte in der Lage sein müssen, sich selbst zu vertreten. Auch Stellvertreter können advokatorisch die Ansprüche anderer einfordern. Allerdings muss es möglich sein, diese Ansprüche auch zu formulieren.

2. Ein Träger von Rechten muss selbst möglicher Nutznießer dieser Rechte sein.

Beide Bedingungen laufen nach Feinberg darauf hinaus, dass nur solche Wesen Träger moralischer Rechte sein können, die Interessen haben. Denn es ist (1) unmöglich, die Ansprüche eines Wesens zu vertreten, welches keine Interessen hat. Einem Wesen ohne Interessen kann man (2) weder etwas Schlechtes zufügen noch Gutes tun. Feinberg schließt, dass zu den Wesen, denen man Rechte zusprechen *kann*, genau jene gehören, die Interessen haben (oder haben können). Die Frage, welche Wesen Träger moralischer Rechte sein können, verlagert sich damit zu jener, welche Wesen Interessen haben (oder haben können). Sind die beiden Bedingungen Feinbergs selbst unstrittig, werden in Bezug auf die zweite Frage zwei Antworten vertreten.

- Die sogenannten „Sentientisten" sind der Auffassung, dass Empfindungsfähigkeit Voraussetzung dafür ist, dass ein Wesen überhaupt Interessen haben kann.
- „Non-Sentientisten" sind dagegen der Auffassung, dass man auch bei Abwesenheit eines inneren Erlebens von Interessen sprechen kann.

Beispiel für einen Non-Sentientismus sind die Spielarten der biozentrischen Ethik. Auch nicht-empfindungsfähige Lebewesen streben nach etwas: nach Selbsterhaltung und Fortpflanzung. Voraussetzung dafür, dass ein Wesen überhaupt ein Interesse haben kann, ist für biozentrische Non-Sentientisten, dass ihnen ein eigenes Gut zukommt.[1]

7.1 Um was geht es?

Sentientisten und Non-Sentientisten sind sich einig, dass unbelebte Dinge keine Interessen haben – und dies unabhängig davon, ob es sich um Artefakte handelt (wie ein Handy oder ein Fahrrad) oder natürliche Gegenstände (wie etwa ein Stein oder ein Felsen). Feinberg schreibt:

> Einem bloßen Ding, so wertvoll es auch sein mag, kann man kein eigenes Wohlergehen zusprechen. Dies erklärt sich meines Erachtens daher, dass Dinge keine Strebungen haben: keine bewussten Wünsche oder Hoffnungen; keine Regungen und Triebe; keine unbewussten Zwänge oder Zwecke; keine verborgenen Neigungen, Entwicklungsziele oder natürlichen Befriedigungen. Interessen müssen sich irgendwie auf Strebungen aufbauen; daher können Dinge keine Interessen haben.[2]

Auffällig ist, dass Feinberg hier eine sehr heterogene Gruppe von Eigenschaften nennt, die Interessen zugrunde liegen können:

---

[1] Es ist unschön, hier eine negative Bezeichnung zu benutzen. Allerdings sind denkbare alternative Benennungen noch problematischer. Würde man von Objektivisten sprechen, würde man der Vielzahl von Bedeutungen von „Objektiv" nur eine mehr hinzufügen. Perfektionismus wäre eine Möglichkeit. Aber die Auffassung, dass die Entfaltung eines Potentials etwas Gutes ist, wird nur von einigen, nicht allen Spielformen des Non-Sentientismus vertreten. Die sogenannte „Objektive Liste-Position" wäre zum Beispiel eine zweite nonsentientistische Theorie, gemäß derer Freundschaft, Lust oder Erkenntnis um ihrer selbst willen anzustreben sind, und dies unabhängig, ob der einzelne dies wünscht oder wie es sich für ihn anfühlt, wenn sich einer dieser Werte verwirklicht.

[2] Feinberg, Die Rechte der Tiere, S. 149.

- bewusste Wünsche oder Hoffnungen
- Regungen und Triebe
- unbewusste Zwänge und Ziele
- verborgene Neigungen
- Entwicklungsziele
- natürliche Befriedigungen

Liest man Feinberg so, dass es bereits bei Vorliegen eines der genannten Elemente möglich ist, von Interessen zu sprechen, können sowohl Sentientisten wie Non-Sentientisten dieser Aufzählung zustimmen. Sentientisten betonen, dass alle empfindungsfähigen Wesen zumindest „natürliche Befriedigungen" kennen, oft aber alle der genannten Eigenschaften. Non-Sentientisten würden betonen, dass auch Pflanzen Entwicklungsziele haben. Sie zielen darauf zu überleben, ein optimales Wachstum zu erreichen und sich fortzupflanzen. Also könne man ihnen Interessen zuschreiben.

Diese Lesart wäre aber nicht im Sinne Feinbergs. Seiner Ansicht nach sind Pflanzen Lebewesen mit ererbten natürlichen Anlagen, die ihr Wachstum bestimmen. Pflanzen sind bestimmte Strebungen angeboren: die Tendenz, zu wachsen und sich zu vermehren. Interessen beruhen dagegen darauf, dass der Interessenträger selbst nach etwas strebt. Sie setzen bewusste eigenständige Wünsche und Ziele voraus. Aber ein solches finde sich nicht bei Pflanzen.[3]

Gegen diese Beschreibung wird im Allgemeinen eingewandt, Pflanzen seien keine simplen Automaten. Sie streben nach etwas und reagieren auf Außenreize. Ein gewisses Erkenntnisvermögen sei vorhanden. Das Pigment Phytochrom misst, um ein Beispiel zu nennen, Rotlicht und stellt einen molekularen Schaltmechanismus dar, der Anwesenheit und Qualität von Licht signalisiert. Zu den durch Phytochrom gesteuerten Prozessen gehören Keimung oder die Blattentfaltung. Dies erlaubt Anpassungen durch Stängelverlängerung, reduzierte Verzweigungshäufigkeit oder Veränderung des Blatt-Chlorophyllgehalts. Das Phytochrom-System liefert Pflanzen Informationen über das Ausmaß der Beschattung durch andere Pflanzen, was ihnen erlaubt, ihre Morphologie anzupassen. Der so genannte Zwergwuchs ist eine mögliche Form einer solchen Umweltanpassung, Mit dem Licht messen Pflanzen auch die Tages- und die Jahreszeit und steuern rhythmische Prozesse wie die „Schlafbewegung" von Blättern.[4]

Sentientisten würden freilich erwidern, dass diese Reaktionen keineswegs aufzeigen, dass eine Pflanze gemäß eigener Interessen handelt. Wer dies annimmt, überinterpretiere das Geschehen. Eine Pflanze bewerte und strebe

---

[3] Ebd. S. 153f.

[4] Vgl. hierzu wie im Folgenden zu Ausführungen zum Wesen von Pflanzen: Jürg Stöcklin, Die Pflanze.

nicht selbst nach etwas, sondern reagiere auf natürliche Reize gemäß natürlicher Anlagen. Wenn dies „zielgerichtetes Handeln" sei, müsste man auch von Regenwolken behaupten, sie strebten nach etwas: Sind diese mit Wasserdampf übersättigt, führen sie mit dem Regen überzählige Feuchtigkeit ab.[5] Häufiger wird auf die Analogie zur Maschine verwiesen. Eine Pflanze folgt demnach im selben Sinne inneren Programmen, wie etwa ein Computer inneren Programmen folgt. Das, was bei Pflanzen geschieht, gleicht in sentientistischen Augen dem, was Pervasing Computing anstrebt. Auch Pervasing Computing nutzt eine sensorgestützte Informationsverarbeitung und die Kommunikationsfähigkeit zwischen einzelnen Einheiten, damit Geräte spezifisch auf Umweltfaktoren reagieren. Zum Beispiel sind Regenschirme denkbar, die einen Internet-Wetterdienst abonniert haben und ggf. die Haustür veranlassen, eine freundliche Erinnerung anzuzeigen. Man kann zudem Häuser bauen, die durch Außensensoren Licht und Luftdruck messen und sehr spezifisch auf die Außenverhältnisse reagieren: Jalousien herunterlassen, die Klimaanlage ein- und ausschalten, Geräte in den Schlummermodus schalten oder die Luftfeuchtigkeit im Weinkeller regulieren. Ohne grossen Aufwand ist es zudem möglich, dass ein solches „intelligentes Haus" Einbrecher bemerkt und bekämpft.

Auch wenn gewisse Analogien vorliegen, würden Non-Sentientisten diesen Vergleich entschieden zurückweisen. Eine Pflanze ähnle einem Tier doch stärker als einem „intelligenten" Artefakt. Tiere wie Pflanze seien Lebewesen, deren Leben gemäß einem Konzept eines „guten Lebens" beurteilt werden kann. Bei Lebewesen kann man, so die These der Biozentristen, davon sprechen, dass sie selbst Zwecke haben. Die internen Funktionen und das äussere Verhalten eines Lebewesens sind darauf angelegt, dass es überlebt, sich reproduziert und sich an verändernde Umwelteinflüsse anpassen kann. Jedes Lebewesen sucht, sich am Leben zu erhalten, und versucht, auf eine ihm einzigartige Weise, sein eigenes Gut zu bewahren und zu steigern. Maschinen, wie intelligent sie auch sein mögen, haben dagegen kein eigenes Gut. Sie erfüllen einen Zweck, für den sie von Menschen geschaffen wurden. Lebewesen „strebten" dagegen eigene Zwecke an.

Dass sie „eigene Zwecke anstreben" ist jedoch genau das, was fraglich ist. Dass ein Wesen nicht vom Menschen erschaffen wurde, sondern Produkt evolutionärer Prozesse ist, heißt nicht, dass es eigene Interessen hat. Ob Zielvorgaben durch Ingenieurskunst oder einen langfristigen natürlichen Prozess bestimmt werden, macht insofern keinen Unterschied, als es in beiden Fällen eben nicht „eigene Ziele", sondern extern angelegte Ziele sind. Nicht die Genese ist ferner von Bedeutung, sondern das, was die Wesen als solche ausmacht. Dann aber bleibt eben fraglich, ob alle Lebewesen – etwa auch Pflanzen – Interessen haben können. Unbestritten ist, dass ein Perva-

---

[5] Diese Analogie findet sich in einem Internet-Artikel „Können Pflanzen leiden? Eine wissenschaftliche Analyse" (www.vegan.at).

sing Computing nutzendes Haus keine Interessen hat. Es reagiert zwar auf Umweltreize. Aber es hat kein Interesse daran, dass eine bestimmte Temperatur herrscht, kein Interesse, dass keine grellen Lichtstrahlen ins Innere dringen und kein Interesse, dass kein Wein im Keller verdirbt. Wenn wir hier davon sprechen, es ziele auf etwas, tun wir dies in einem metaphorischen Sinne. Das Haus selbst ist kein Subjekt, das in der Lage wäre, irgendeinen Schaden oder Nutzen auf sich selbst zu beziehen. Nur im metaphorischen Sinne kommen ihm „Ziele" und „Interessen" zu. Und genau in selbem metaphorischem Sinne verstehen Sentientisten die Rede, eine Pflanze suche sich fortzupflanzen. Denn sie habe kein Interesse, sich fortzupflanzen, sondern folge nur eingebauten Programmen. Auch wenn die Möglichkeit der Pflanze, trotz Pervasing Computing, jene der derzeitig vorhandenen und angedachten Artefakte bei weitem übersteigt, könne man ihnen kein Interesse zusprechen.

Non-Sentientisten würden erwidern, hier würden Feinbergs Bedingungen unangemessen ausgeweitet. Wenn es nur um die beiden oben genannten Bedingungen gehe, reiche es aus, dass ein Wesen ein „eigenes Gut" habe. Es sei dann a) möglich, die Ansprüche von Pflanzen zu vertreten. So vertritt jemand die Interessen einer Pflanze, wenn sie oder er einen Bürokollegen erinnert, doch wieder einmal seine Zimmerpflanze umzutopfen. Die Pflanze, die umgetopft wurde, ist b) eindeutig Nutzniesser dieses Handelns. Genauso wie sie einen Nutzen trägt, tragen Bäumen einen Schaden, die am Strassenrand eingepflanzt werden und Stress von Verkehr und Strassenunterhalt ausgesetzt sind. Man kann Pflanzen Gutes und Schlechtes tun. Dem „intelligenten Haus" kann in diesem Sinne nicht selbst geschadet werden. Man kann nur dem Eigentümer und den Bewohnern dieses Hauses nutzen oder schaden. Öle ich das Fahrrad eines anderen, habe ich dessen Eigentümern und Benützern einen Nutzen erbracht, nicht dem Fahrrad selbst. Zerbreche ich einen Stein, der niemandem gehört und der kein besonderes ästhetisches Empfinden hervorruft, habe ich damit niemandem geschadet. Ich habe nichts und niemandem etwas Schlechtes getan. Die Handlung ist moralisch bedeutungslos.

Allerdings kann man einwenden, dass unklar ist, wieso es relevant sein soll, dass es ein eigenes Gut ist. Die Trennung von Belebtem und Unbelebtem spielt für die Beantwortung der Feinbergschen Frage keine Rolle, sondern nur, ob Wesen Nutzniesser und Geschädigter sein können. Nutzniesser oder Geschädigter kann man aber auch dann sein, wenn man kein eigenes Gut hat, sondern ein Gut, das andere in ein Wesen angelegt haben. Ob einem Wesen geschadet werden kann, entscheidet nicht dessen Genese, sondern z.B. die Art, wie es organisiert ist und funktioniert. Würde ein Magier eine neue Pflanze erschaffen, die ihn erfreut, hätten wir daher keine Schwierigkeiten zu beurteilen, ob diese Neuschöpfung gedeiht oder nicht. Es müsste schon eine einzigartige Neukreation sein, um nicht beurteilen zu können, ob sie in einem guten oder schlechten Zustand ist; und unsere möglichen Probleme, dies zu beurteilen, unterschieden sich nicht von jenen bei der Entdeckung einer mysteriösen natürlich entstandenen Pflanze. Non-Sentientisten haben kein Argument, das ausschließt, dass auch bestimmte Artefakte als Träger von moralischen Rechten in Frage kommen. Voraussetzung ist, dass das Konzept des Gedeihens auf diese übertragen werden kann. Für diesen Zusammenhang aber wichtiger ist: Da Pflanzen die Feinbergschen Bedingungen erfüllen, kämen sie als Träger moralischer Rechte in Frage. Im Gegensatz zum Stein bedürfte es einer Prüfung, ob es moralisch irrelevant ist, Pflanzen zu zerstören.

Feinberg würde dieser Beschreibung widersprechen. Für ihn sind Pflanzen ebenso wenig Nutzniesser menschlicher Handlungen wie Steine. Er würde betonen, dass Pflanzen über keine bewusste eigenständige Wünsche oder Ziele verfügen, sie zudem unfähig sind, Befriedigung oder Enttäuschung, Freude oder Schmerz zu erleben. Daher können wir uns ihnen gegenüber weder „rücksichtsvoll noch grausam" verhalten. In dieser moralischen Hinsicht unterscheiden sich Pflanzen von Tieren.[6] Feinberg koppelt den Begriff der Schädigung damit an jenen des Bewusstseins – oder allgemeiner ausgedrückt an irgendeine Form des inneren Erlebens. Ziele müssen *bewusst* und *eigenständig* formuliert werden. Das Gute und Schlechte muss als gut und schlecht *erlebt* werden können. Ansonsten könne nicht davon gesprochen werden, einem anderen Wesen würde selbst ein Schaden zugefügt werden.

Non-Sentientisten werden Feinberg hier nicht folgen, sondern betonen, er habe ein zusätzliches drittes Kriterium eingeführt. Sie würden ihm vielleicht zustimmen, dass der Begriff des „Quälens" nicht angemessen auf Pflanzen übertragen werden kann. Die Begriffe von Schmerz und Lust seien so eng mit dem Bestehen eines Nervensystems verbunden, dass es wenig angebracht wäre, davon zu sprechen, man könne Pflanzen „quälen" oder „erfreuen". Aber das hiesse nicht, dass die Art und Weise, wie Pflanzen auf Stress und Schäden reagieren, moralisch bedeutungslos sei. Ferner könne daraus nicht geschlossen werden, dass der Reaktion auf Stress und Schäden überhaupt eine zentrale Bedeutung zukomme. Entscheidend sei allein, dass Pflanzen ein eigenes Gut haben und wir dementsprechend davon reden können, ihnen zu schaden oder zu nutzen. Kann man in diesem Sinne davon sprechen, sei es angemessen, von Interessen zu reden.

Hier liegt der Kern der Auseinandersetzung zwischen Sentientisten und Non-Sentientisten. Es geht um ein genuines Verständnis dessen, was es heißt, Nutzniesser und Geschädigter sein zu können, oder anders gesagt darum, was es heißt, „ein Interesse zu haben". Gemäß Feinberg setzt die Rede von einem Interesse „gleichgültig, wie man es letztlich auch analysieren mag, ein zumindest im Ansatz vorhandenes Erkenntnisvermögen [vor-

---

[6] Feinberg, Die Rechte der Tiere, S. 153.

aus]. Interessen beruhen auf so etwas wie Wünschen und Zielen, die in irgendeiner Form Annahmen oder Bewusstsein voraussetzen."[7] Feinberg schließt, dass ein Wesen, um ein Interessensubjekt sein zu können, zu einer „Pro-Einstellung" fähig sein muss. Wesen, *für die* das Erstrebte nichts bedeutet, können wir keine Interessen zuschreiben. Nur Wesen, welche die Fähigkeit haben, etwas als gut und schlecht zu erleben, kommen überhaupt als Träger moralischer Rechte in Frage. Um es in seinen eigenen Worten zu sagen:

> Ohne Bewusstsein, Erwartungen, Überzeugungen, Strebungen, Ziele oder Zwecke kann kein Wesen Interessen haben: beim Fehlen jeglichen Interesses kann man ihm nichts Gutes tun: und wenn man ihm nichts Gutes tun kann, ist es kein Träger von Rechten.[8]

Die Rede von einem Interesse setzt somit, so Feinberg, implizit einen Sentientismus voraus.

7.2 Elementare Formen des Erlebens

Bevor wir uns mit diesem Punkt auseinandersetzen, ist es ratsam, die Kernthese des Sentientismus näher anzuschauen. Um erfassen zu können, welche Lebewesen in einem sentientistischen Ansatz als Kandidaten moralischer Rechtsträger in Frage kommen, ist es ratsam zu klären, was als elementarste Form eines Bewusstseins zu verstehen ist. Dabei haben uns komplexe Fähigkeiten wie Überzeugungen und Erwartungen nicht zu interessieren, sondern die Frage, was minimal erfüllt sein muss, dass von einem Erleben die Rede sein kann.

Der Sentientist sagt, ein Interesse liege nur vor, wenn jemand etwas als Nutzen oder Schaden erleben kann. Man muss das Gute in irgendeiner Weise als positiv und das Schlechte in irgendeinem Sinne als negativ erfahren können. Wenn Feinberg von Pro-Einstellungen spricht, klingt dies so, als ob es sich um bestimmte Urteile handeln muss. Allerdings wäre dies zu viel verlangt. Mit Pro-Einstellungen bezieht sich Feinberg auf die im angelsächsischen Raum seit Sidgwicks „Methods of Ethics" übliche Charakterisierung von Lust. Die unterschiedlichen Arten, Lust zu erleben, gleichen sich demnach darin, dass sie alle eine befürwortende gefühlsmässige Einstellung ausdrücken. Lust – und gleichzeitig Schmerz – werden als zweistufige Phäno-

[7] Ebd. S. 153.
[8] Ebd. S. 166.

mene verstanden. Es gibt erstens eine Empfindung, die dann zweitens von einem Subjekt als positiv bewertet werden kann.[9]

Im Folgenden werde ich zunächst nur von den Empfindungen „Schmerz“ und „Lust“ sprechen und erst später die davon abzugrenzenden Phänomene des Leids und der Freude einführen. Empfindung selbst bedeutet vom Wortursprung her – von althochdeutsch „intfindan“ – „etwas in sich finden“. Im weiteren Sinne verstehen wir darunter unmittelbares Erleben, Fühlen oder Gewahrwerden. Im engeren Sinne sind Empfindungen Reaktionen des lebenden Organismus auf die Einwirkungen der Außenwelt oder auf körperliches Geschehen. Es handelt sich um eine von außen hervorgerufene und über die Sinne aufgenommene Wahrnehmung oder eine Körperempfindung. Man hat dabei physikalische und physiologische Empfindungsreize zu unterscheiden, je nachdem, ob sie in der Außenwelt oder in unseren Organen entspringen.

Lust und Schmerz sind gemäß dem Zwei-Stufen Modell genauso wie Schmerz keine Empfindungen, sondern grundverschieden von Empfindungen. Die gleiche Empfindung der Wärme kann lust- oder unlustvoll sein und seine Lustqualität verändern, während die Empfindung der Wärme gleich bleibt. Eine Empfindung wird von Gefühl also so unterschieden, dass beim Empfinden noch nicht wie beim Gefühl positive oder negative Wertungen vorhanden sind. Gefühle sind entweder angenehm noch unangenehm; Empfindungen besitzen diese Eigenschaft nicht. Die Frage ist, ob das Zwei Stufen-Modell den Phänomenen des Schmerzes und der Lust gerecht wird.

Die epikureische Tradition würde dem widersprechen. Wir haben keinen zweistufigen Prozess, in dem bestimmte Empfindungen durch eine Pro- oder Con-Einstellung gedeutet werden, sondern eine einzige Erfahrung. Lust- und Schmerzempfindungen werden unmittelbar – in sich – als positiv bzw. negativ erlebt. Schmerz ist nach dieser Tradition eine unangenehme Empfindung, Lust eine angenehme. Die ganze Begründung der hedonistischen Theorie hängt an der Richtigkeit dieser Beschreibung des Lust- und Schmerzphänomens. Denn der Hedonist sagt, dass nur ein einziger Wert unmittelbar zu erfahren sei – und dies ist jener, dass Lust positiv und Schmerz negativ sei. Trennt man Empfindung und befürwortende Einstellung, kann man stets fragen, ob es denn richtig ist, den Schmerz als negativ zu bewerten. Kann das Phänomen des Schmerzes aber nicht anders als negativ erfahren werden, so erübrigt sich die Frage, ob Schmerz etwas Schlechtes ist. Er ist unmittelbar schlecht.

Man wird einwenden, dass es Situationen gibt, in denen Schmerzen nicht als unangenehm erlebt werden. Ein Fussballspieler, eine Bergsteigerin oder Sexualpartner mögen so in ihrer Tätigkeit aufgehen, dass sie keinen Schmerz empfinden; ein Kämpfer mag so voller Adrenalin sein, dass er eine Verletzung nicht sofort spürt. Aber trifft diese Beschreibung zu? Wird eine

[9] Vgl. Sidgwick, Methods of Ethics, S. 42-56.

Schmerzempfindung unterdrückt, dass sie nicht zu Bewusstsein kommen kann, muss man doch eher sagen, dass die betreffenden Personen keinen Schmerz empfinden.

Für den epikureischen Ansatz sprechen zwei Gründe. Erstens kann er besser erfassen, warum auch Wesen ohne Sprache und ohne hohe kognitive Fähigkeiten Schmerz empfinden. Während man davon ausgehen kann, dass Säuglinge Schmerz empfinden können, wäre es eine gewagte These, dass der Säugling selbst ein Empfinden als negativ und nicht wünschenswert beurteilt. Vor welchem Werthintergrund und mit welchen kognitiven Gaben sollte der Säugling diese Vorzugswahl treffen?[10] Im epikureischen Modell fallen alle diese Fragen weg. Denn es arbeitet nicht damit, dass Lust und Schmerz Einstellungen zu Empfindungen sind; es sind Empfindungen, die unmittelbar und in sich als positiv oder negativ erfahren werden. Zudem spricht für Epikurs Ansatz die evolutionäre Funktion des Schmerzes. Schmerz hat eine Warnfunktion, aber diese kann er nur dann erfüllen, wenn die Nervenempfindung selbst unmittelbar und stets als schlecht erfahren wird.

Für den Sentientisten steht das Empfinden im Vordergrund. Sobald ein Wesen Lust und Schmerz empfinden kann, erfährt es bestimmte Dinge als positiv und negativ. Diese lust- und schmerzvollen Empfindungen sind für Lebewesen – in der Regel – zugleich „Grund“, bestimmte Situationen zu fliehen oder zu verlängern bzw. aufzusuchen. Ein in einem elementaren Sinne verstandenes Erleben und ein im elementaren Sinne verstandenes Interesse hängen somit zusammen. Sobald ein Wesen etwas empfindet, kommt es als Träger moralischer Rechte in Frage. Wenn ein Wesen nichts erlebt, scheidet es aus dem Kandidatenkreis aus.

Es ist noch einmal zu betonen, dass bisher nur von Schmerz und Lust und nicht von Leid und Freude[11] gesprochen wurde. Um den Unterschied zu verdeutlichen, werde ich momentan nur negativ Erlebtes als Beispiel nehmen. Es ist sehr gut möglich, Schmerz zu empfinden, ohne zu leiden. Wenn sich eine Person beim Falten von Papier leicht in den Finger ritzt, schmerzt es sie kurz. Sollte der Finger bluten, mag der Schmerz vielleicht noch eine kurze Zeit anhalten. Aber es wäre unangemessen, davon zu sprechen, die Person leidet. Denn eine Person kann als Person diesen Schmerz in Bezug auf Dauer und Schwere einordnen. Sie weiß in der Regel, dass der Schmerz

---

[10] Ähnliches gilt für Menschen mit Demenz. In einem Spätstadium der Erkrankung können wir kaum sagen, dass sie Empfindungen bewerten. Aber klarerweise empfinden sie Schmerz.

[11] Im Deutschen gibt es zwar gute Möglichkeiten, die negative Seite der Begriffspaare zu benennen. Auf der positiven Seite besteht dagegen die Qual der Wahl zwischen mehrdeutigen Begriffen. Ob Lust, Freude oder Glück, es besteht stets die Gefahr, dass durch die Wortwahl falsche Assoziationen ausgelöst werden. Im Folgenden definiere ich positive Empfindungen als Lust und das positive Pendant von Leid als Freude.

sehr bald vorübergeht und ordnet ihn als unbedeutend ab. Das heißt nicht, dass Schmerz hier nichts Schlechtes wäre. Wir haben eine kurze unangenehme Empfindung, die aber dann in einen grösseren Zusammenhang gestellt und als unbedeutend abgetan wird.

Migräne dagegen ist mit Schmerzen verbunden, aber einem Schmerz von einer solchen Intensität, dass es für Betroffene kaum möglich ist, ihr eigenes Leben in gewohnter Weise fort zu führen. Wer solche Schmerzen hat, dem geht es insgesamt schlecht. Migräne tut nicht nur weh, sie verursacht Leid.

Leid tritt auch unabhängig von körperlichem Schmerz auf. Mancher leidet aufgrund langfristiger Arbeitslosigkeit, wegen Missachtung oder wegen Mobbing. In keinem dieser Beispiele beruht das Leid auf irgendeiner Schmerzerfahrung. Auch wer Liebeskummer hat, leidet, aber er hat nicht notwendig Schmerzen.

Auch wenn im Beispiel des Schnitts in den Finger die Frage, ob man leidet oder nicht, eine Bewertung eines Schmerzes einschließt, so darf daraus nicht abgeleitet werden, hier solle ein Zwei-Stufen-Modell von Freude und Leid vertreten werden. Geht es darum, zwei selbst erlebte Leidenszustände zu vergleichen, wäre es, wie Jamie Mayerfeld meines Ermessens zu Recht betont, unangebracht zu fragen, welche Zustände man als schlimmer bewerte oder für weniger wünschenswert hält. Es geht darum, wann man sich schlechter fühlte.[12] Wer leidet, erlebt etwas unmittelbar als schlecht; es ist direkt ein negativ erlebter Bewusstseins-, ein Gefühlszustand. Bewertungen spielen nur eine Rolle darin, ob etwas Leid verursacht oder nicht. Im Falle des Schnitts im Finger führt die Beurteilung dazu, dass man nicht aufgrund des Schmerzes leidet. Ob man an Erlebnissen oder Geschehnissen leidet, mag ferner eine Frage der Einstellung sein. Das Leid selbst aber ist etwas, das unmittelbar als schlecht erfahren wird. Leidet jemand, besteht für ihn überhaupt nicht die Möglichkeit, diesen Zustand als wünschenswert zu bemessen. Auch wenn es möglich ist zu sagen: „Ich habe Schmerzen, aber es geht mir gut", ist es schlicht unsinnig zu sagen „Ich leide, aber mir geht es gut." Denn wenn jemand leidet, dann geht es ihm eben nicht gut, sondern schlecht. Allenfalls kann gesagt werden. „Ich leide, aber mir geht es heute verhältnismässig gut." Das gut bezieht sich dann aber auf die Intensität des Leids, nicht darauf, dass es der Person gut geht. Ginge es ihr gut, litte sie nämlich nicht.[13]

Da das Zwei-Stufen-Modell zurückzuweisen ist, ist es unmöglich, die Einstellungen gegenüber Leid zu ändern. Leid wird stets als schlecht erfahren. Was zu ändern und zu beeinflussen ist, ist dagegen die Einstellung gegenüber jenen Dingen, die Leid verursachen. Ändert eine ehrgeizige Person

---

[12] Mayerfield, Suffering and Moral Responsibility, S. 18.

[13] Diese Überlegungen können nicht 1:1 auf den positiven Bereich übertragen werden. Denn nicht nur wenn man Freude erfährt, kann man sinnvoll sagen, dass es einem gut geht, sondern auch bei Abwesenheit von Leid.

ihre Einstellung gegenüber der beruflichen Karriere, leidet sie nicht mehr, wenn sie nicht befördert wird; dasselbe mag für Fragen der Arbeitslosigkeit oder des Liebeskummers gelten.

Auch bei nicht-menschlichen Lebewesen können wir, zumindest von unserer Common Sense-Psychologie her, zwischen Schmerz und Leid unterscheiden. Hat man einen kleinen Hund übersehen und stolpert über ihn, bereitet ihm dies vielleicht einen kurzen, kleinen Schmerz. Aber er leidet nicht notwendig darunter. Dass ein Hund auf Grund einer schweren Krebserkrankung leidet, ist auf Grund unserer Beobachtungen aber ebenso schwer zu bestreiten wie dessen Leiden auf Grund des Todes einer Bezugsperson. Wir können uns das Verhalten des Tieres schlicht nicht anders erklären als durch die Annahme, dass es im selben Sinne leidet wie ein Mensch. Angesichts dieser Beschreibung erweist sich auch die Frage mancher Tierpsychologen als unsinnig, die ernsthaft schreiben „Erlebt ein Tier Schmerz bewusst?" Geht es bei Bewusstsein um inneres Erleben, gehört es notwendig zum Phänomen des Schmerzes, dass er bewusst erlebt wird. Auf dem negativen Erleben beruht gerade die Funktion des Schmerzes. Meint man mit Bewusstsein aber das personale Denken, den inneren Monolog, den wir Personen führen, so ist dieser für die Frage des Schmerzes einfach bedeutungslos. Wir könnten dann zwar fragen: „Denkt der Säugling, dass er Schmerzen hat?" Aber dieses Denken ist für die Beurteilung des Schmerzes einfach ohne Belang. Schmerz wird nicht erst dadurch zu etwas Schlechtem, dass man ihn in Worte fassen und über ihn reflektieren kann.

Jene Lust- und Schmerzempfindungen, die wir selbst kennen, sind Phänomene, die neuronale Tätigkeit voraussetzen.[14] Sie sind Produkt neuronaler Tätigkeit. Wenn man dies annimmt, muss man fragen, ob bei der Pflanze, die kein Nervensystem besitzt, andere Phänomene vorliegen, die als Erleben eines Schadens oder Erleben eines Nutzens beschrieben werden können. Nur wenn letzteres der Fall ist, würden Sentientisten Pflanzen in die Klasse möglicher Kandidaten moralischer Pflichten aufnehmen.

Was wissen wir derzeit dazu?[15] Wir wissen, dass Pflanzen auf Stress, also auf dauerhafte Belastung, und Schäden reagieren. Wasser- oder Sauerstoffmangel, extreme Hitze oder Kälte lösen spezifische Antworten einer Pflanze aus. Über Hormone (Abscisinsäure, Ethylen, Jasmonate) bzw. Botenstoffe kommt es zu teils unspezifischen, teils spezifischen Anpassungen an die Umweltbedingungen. Ein einfaches Beispiel ist das Zusammenrollen der Blätter, wenn diese wegen Wassermangel zu welken drohen. Das heißt, Pflanzen reagieren auf Stress. Aber es ist unklar, ob sie Stress als etwas Negatives empfinden. Ähnliches gilt für die Reaktion gegen Schäden. Pflanzen

[14] Auch Phantomschmerzen zu haben, setzt voraus, dass ein Wesen zuvor Schmerz erfahren konnte.

[15] Vgl. hierzu Stöcklin, Die Pflanze, S. 32ff.

reagieren auf Schädigungen. Neben der Harzbildung ist etwa an die Abwehr von Fressfeinden zu denken. Pflanzen setzen bei Schädigung unspezifische und teils spezifische Reaktionsketten in Bewegung. Wir sprechen mitunter davon, dass Pflanzen an Stress, Trockenheit oder Schädlingsbefall *leiden*. Aber hier handelt es sich um „Leid" in einem metaphorischen Sinne. Wir wissen nicht, ob Stress, Trockenheit oder Schädlingsbefall mit einem „Erleben" einhergehen.

Man kann nicht ausschließen, dass Pflanzen etwas erleben bzw. mentale Zustände haben. Ein Problem besteht jedoch darin, dass wir auch ohne neuronale Tätigkeit vielleicht Formen eines Erlebens annehmen können, aber kaum ein Erleben, dass ohne eine Art der Informationsverarbeitung auskommt. Es bedarf eines komplexen Informationsprozessors. Aber gibt es morphologische Hinweise auf so komplex organisiertes Gewebe in Pflanzen? Ist diese Frage zu verneinen, täuschten wir uns, wenn wir Pflanzen ein Erleben zuschreiben. Dann wäre eine Bedingung nicht erfüllt, die notwendig mit Erleben verbunden ist.

Dass ein System zur Informationsvermittlung allein nicht ausreicht, um von einem Erleben sprechen zu dürfen, müssen wir nicht lange ausführen. Neben dem Nervensystem besteht in unserem Körper ein weiteres Informationssystem. Über das Blutsystem werden Informationen im Körper vermittelt, ohne dass wir selbst uns dessen bewusst sind. Informationsübermittlung ist ein notwendiges, aber kein ausreichendes Kriterium für Erleben.

Moderne Ergebnisse der Botanik widersprechen dem Gedanken, man könne Pflanzenrechte allein deshalb zurückweisen, weil notwendige Bedingungen der Möglichkeit von Pro- und Con-Erlebnissen nicht erfüllt seien. Der Biologe A. Trewavas beschrieb die unterschiedlichen Arten, wie Pflanzen während der Lebensdauer eines Individuums variabel auf die Umwelt reagieren.[16] Grundlage seiner Argumentation bilden die Erkenntnisse, dass sich die Signalübertragungsketten und die Kommunikation zwischen Zellen bei Pflanzen und Tieren nicht grundsätzlich unterscheiden und beide viele Eigenschaften mit neuronalen Netzwerken gemeinsam haben. Trewavas verweist darauf, dass Pflanzen fehlerhaftes Verhalten korrigieren, vergangene Erfahrungen berücksichtigen und zwischen Optionen entscheiden.[17] Ob die – auf der Funktion eines Nervensystems aufbauenden – Begriffe „Lernen", „Gedächtnis" und „Entscheidungen" verwendet werden sollten, ist fraglich.[18] Aber es kommt hier nicht darauf an, dass wir der Pflanze genau jene Eigenschaften zuschreiben, die wir beim Tier kennen. Fraglich ist allein, ob es bei der Pflanze komplexe Formen der Informationsprozessoren gibt. Grundlage seiner Argumentation bilden die Erkenntnisse, dass sich die Sig-

---

[16] vgl. Trewavas, Aspects of Plant Intelligence, sowie ders. (1999), How Plants learn.
[17] vgl. Trewavas, Aspects of Plant Intelligence.
[18] Vgl. hierzu Firn, Plant Intelligence: an Alternative Point of View.

nalübertragungsketten und die Kommunikation zwischen Zellen bei Pflanzen und Tieren nicht grundsätzlich unterscheiden und beide viele Eigenschaften mit neuronalen Netzwerken gemeinsam haben. Es wäre verfrüht, die Frage, ob notwendige Bedingungen des Erlebens bei der Pflanze erfüllt sind, mit einem klaren „Ja" beantworten zu wollen. Aber ebenso verfrüht wäre, diese Frage einfach verneinen zu wollen.

Strittiger als die Frage, ob Pflanzen eine komplexe Form der Informationsverarbeitung haben, ist jene, wie zentralisiert diese ist. Die Kritik gegen Trewavas richtet sich – neben Einwänden gegen seinen Sprachgebrauch – vor allem gegen diesen Punkt. Trewavas habe – so etwa Firn[19]– die koordinierenden Leistungen und Kommunikationsmöglichkeiten der Gesamtpflanze überschätzt. Die von ihm beschriebenen Verhaltensweisen geschähen „autonom" in Organen und Teilen der Pflanze.

Damit richtet sich das Augenmerk zugleich auf ein weiteres Problem, das behandelt werden muss, will man Pflanzen Erleben zuschreiben. Unser Begriff des Erlebens ist eng daran gekoppelt, dass ein *Individuum* etwas erlebt. Schmerz und Lust werden vom Individuum als negativ oder positiv erfahren. Mancher würde daher das Vorliegen eines zentralen Nervensystems als Bedingung der Möglichkeit der Empfindungsfähigkeit ansehen. Eine Individualität in dem Sinne, wie wir sie als Tiere erfahren, muss sich nicht notwendig bei der Pflanze wiederfinden.[20] Pflanzen sind modular aufgebaut, und die einzelnen Module könnten als Teilindividuen aufgefasst werden. Wie oben bereits gesagt, muss man jedoch vorsichtig sein, ob es um die These geht, dass Pflanzen sich wirklich aus verschiedenen Einzelwesen zusammensetzen, oder ob es darum geht, dass aus allen Teilen der Pflanzen Einzelwesen werden können. Oben hatte ich für das erste argumentiert. Dass sich aus Teilen einer Pflanze neue selbständige Organismen bilden können und diese dieselbe genetische Identität haben, macht die gesamte Pflanze nicht zu einer Metapopulation von Teilindividuen. [21] Aber für den Sentientismus ist nicht relevant, ob ein einzelner Organismus besteht. Der Gedanke einer „Metapopulation" ist für ihn insofern relevant, als es ja sein könnte, dass nicht die gesamte Pflanze etwas empfindet, sondern einzelne Module.

Muss der Sentientist freilich von einer zentralisierten Informationsverarbeitung ausgehen? Dies ist nicht der Fall, wie man an folgendem Beispiel erläutern kann. Die antike Sagenfigur der Hydra hat neun Köpfe, in denen neun Gehirne unterschiedliche Empfindungen haben.[22]. Gehen wir davon

---

[19] Ebd.

[20] Vgl. hierzu und im Folgenden Stöcklin, Die Pflanze, S. 17f.

[21] Besteht keine Kommunikation über Botenstoffe mit anderen Teilen und haben die Module einen von dem der anderen Module abgegrenzten Stoffwechsel, handelt es sich um unabhängige Individuen.

[22] Wer dies für illusorisch hält, mag sich an sog. Siamesische Zwillinge erinnern. Die im 19. Jahrhundert lebenden Zwillinge Chang und Eng Bunker (auf sie geht der Ausdruck siame-

aus, dass eine einem Hals der Hydra zugefügte Wunde nur von jenem Hydrakopf als schmerzhaft erfahren wird, der auf diesem Hals sitzt.[23] Für einen Sentientisten gehörte diese Hydra – würde sie denn in Realität existieren – zu den möglichen Trägern moralischer Rechte. Sie ist empfindungsfähig. Dass sie keine zentralisierte Informationsverarbeitung hat, sondern neun Zentren, spielt keine Rolle. Wird eine Schwertwunde nur von einem Hydrakopf als schmerzhaft erfahren, wird nur dieser Teilindividualität – im sentientistischen Sinne – geschadet. Die anderen Köpfe werden durch diese Wunde nicht affiziert. Da nach dem Tod eines Kopfes neue Köpfe hervor wachsen, müssten Non-Sentientisten sogar verneinen, dass der Hydra als Ganzes überhaupt geschadet wird. Die Hydra gedeiht prächtig und wird – sofern der unsterbliche Kopf unverletzt bleibt – mit jedem abgeschlagenen Kopf stärker und mächtiger. Ob der Hydra durch das Abschlagen eines Kopfes als Ganzes geschadet wird, ist aber für diesen Kontext irrelevant. Hier geht es nur darum, dass Sentientisten in dem hier gegebenen Fall trotz des Fehlens eines zentralen Nervensystems von einer Schädigung sprechen würden und sie bei der Hydra differenzieren würden, ob der Schaden der gesamten Hydra oder einem Teilindividuum zugefügt wird. Wenn dies aber der Fall ist, gestehen sie zu, dass auch bei Fehlen einer zentralisierten Informationsverarbeitung Erleben möglich ist.

Es braucht kaum gesagt zu werden, dass die antike Figur der Hydra über erstaunlich viele pflanzliche Eigenschaften verfügt, ja, sie insgesamt eher als Seepflanze denn als Seeschlange zu bezeichnen ist. Sie ist in der Tat, im Gegensatz vielleicht zu Pflanzen – eine Metapopulation von Teilindividuen. Selbst wenn eine Pflanze (was freilich derzeit eine bloße Spekulation ist) mehrere Zentren des Erlebens hätte, ergäben sich für Sentientisten keine Schwierigkeiten, sie als mögliche Kandidaten moralischer Rechte anzuerkennen.

Was wir anhand der Hydra-Analogie nicht ermitteln können, ist eine Antwort auf eine entscheidende Frage: Auch wenn die Pflanze oder einzelne Module über eine Informationsverarbeitung verfügen, bleibt offen, ob sie etwas erleben. Auf diese Frage gibt es keine klare Antwort. Es wäre zu einfach zu sagen, dass Pflanzen nichts erleben. Wir haben keinen Grund, der es erlaubt, die Frage nach einem möglichen Erleben einer Pflanze zu verneinen. Wir sind in einer Situation des Nicht-Wissens. Es kann sein, dass Pflanzen etwas in einer Weise als positiv und negativ erleben, die uns nervenbasierten Wesen gänzlich verschlossen ist; es könnte sein, dass das Erleben evolutiv anders organisiert, aber vom Resultat her vergleichbar ist. Es

sischer Zwilling zurück) waren zwei unabhängige Persönlichkeiten mit divergierenden Vorlieben und unterschiedlichen Wünschen und Auffassungen. Es sind zwei Personen.

[23] Auch hier sei auf die Brüder Bunker verwiesen. Changs Tod erfuhr Eng erst kurz nach dem Aufwachen.

kann aber auch sein, dass das Phänomen des Erlebens notwendig mit dem Vorliegen neuronaler Netzwerke verbunden ist. Wir können nicht einmal sagen, dass beide Möglichkeiten gleich wahrscheinlich sind. In einer Situation des Nicht-Wissens verbieten sich sogar solche probabilistischen Erwägungen.

Feinberg und andere Sentientisten gehen davon aus, dass es keinen Grund gibt, Pflanzen in den Kreis moralischer Objekte aufzunehmen. Sie *können* keine Träger moralischer Rechte sein. Allerdings setzen sie damit zwei Diskussionen als abgeschlossen voraus: erstens die Diskussion um die Richtigkeit des Sentientismus und zweitens die Diskussion um die Frage, wie relevant Nicht-Wissen ist. Gegen die Feinbergsche Position können daher nicht nur eine, sondern zwei Gegenpositionen eingenommen werden:

1. Die Position des Non-Sentientismus
2. Auch wenn der Sentientismus wahr ist, könnte man betonen, dass kein Grund besteht, Pflanzen aus dem Kandidatenkreis moralischer Rechte auszuschließen. Nicht-Wissen sei kein Grund, ein Erleben zu verneinen. Im Gegenteil müsste man sich angesichts des Nicht-Wissens vorsichtshalber zugunsten eines Erlebens aussprechen.

Im Folgenden werde ich mich zunächst der Frage zuwenden, welche Position zu wählen ist (3 + 4) und dann der Frage nach der Relevanz des Nicht-Wissens (5).

7.3 Die Begründungsfrage – Unbefriedigende Ansätze

Feinbergs Argument hatte ich bisher, der gängigen Darstellung folgend, als weitgehend sprachanalytische Überlegung dargestellt. Wir verwenden den Begriff des Interesses nur dann in einem genuinen Sinne, wenn das Wesen selbst etwas bewusst anstrebt oder etwas bewusst wünscht. Die elementarste Form eines bewussten Anstrebens wäre, habe ich abweichend von Feinberg ausgeführt, das Meiden von Schmerz und das Ermöglichen von Lust. Jede andere Rede von Interesse, die sich auf unbewusstes angeborenes Verhalten oder unbewusst erworbene Verhaltensreaktionen bezieht, wäre als metaphorisch zu bezeichnen. Non-Sentientisten sehen dagegen keinen Grund, nicht auch in Bezug auf das unbewusste Gedeihen von Lebewesen von Interessen zu sprechen. Eine Pflanze hat demnach ein Interesse zu wachsen und ihre Oberfläche zu vergrössern. Auch wenn man nachweisen könnte, dass dieses weite Verständnis von Interesse eine metaphorische Redeweise ist, würden Non-Sentientisten darauf hinweisen, dass die beiden von Feinberg definierten Bedingungen auch dann erfüllt sind, wenn man ein solches metaphorisches Verständnis von Interesse zugrunde legt. Sie können zudem darauf verweisen, dass der Begriff des Interesses für die Zuschreibung moralischer Rechte nicht einmal notwendig sei. Es genüge, dass Wesen etwas Gutes oder Schlechtes zugefügt werden kann. Ob man dies mit Interessen des Wesens in Verbindung bringt, sei bedeutungslos.

Der Streit zwischen Sentientismus und Non-Sentientismus ist auf sprachanalytischer Ebene nicht zu schlichten. Im Regelfall werden noch zwei andere Argumentationstypen herangezogen, a) Argumente, die sich auf die Natur von Lebewesen beziehen, b) die Diskussion von Fallbeispielen, welche eine der beiden Theorieoptionen als kontraintuitiv aufzeigen will. Beide Ansätze erweisen sich, wie ich zeigen möchte, nicht als hilfreich.

a) Argument in Bezug auf die Natur von Lebewesen

Lust und Schmerz haben evolutionär eine Funktion.[24] Schmerz warnt Individuen vor Krankheit und Gefahren. Lust belohnt Handlungen, welche dem Individuum nutzen. Diese Empfindungen führen dazu, dass empfindungsfähige Wesen bestimmte Situationen zu meiden bzw. anzustreben suchen. Es sind damit Fähigkeiten, welche Lebewesen helfen, zu gedeihen, zu wachsen und sich fortzupflanzen. Sie dienen dem Überleben bzw. Gedeihen eines Lebewesens. Damit ist aber das Gedeihen primär und Lust und Schmerz sind nur sekundär bzw. instrumentell von Bedeutung. Wenn aber Gedeihen das primäre Gut ist, dann müsste man sich auf eine nonsentientistische Position beziehen,

Kein Sentientist würde bestreiten, dass diese obige Beschreibung biologisch gesehen richtig ist. Aber hier geht es um die Frage, wann man davon sprechen kann, dass Wesen Interessen haben. Für die Zuschreibung von Interessen ist Gedeihen, so der Sentientist, ohne Bedeutung. Dagegen ist das Erleben von Schmerz und Lust für ihn unmittelbarer von Bedeutung. Es ist eine der elementarsten Formen, auf denen Interessen beruhen. Die Zufügung von Schmerz ist damit moralisch unabhängig von seinen Auswirkungen auf das Gedeihen zu beurteilen.

Dieser Punkt kann am Beispiel der Vernunft verdeutlicht werden. Setzen wir voraus, dass diese kognitive Fähigkeit eine Funktion hat und den Trägern einen evolutionären Vorteil bereitet. Auch wenn die Fähigkeit der Vernunft biologisch gesehen einfach eine von vielen Eigenschaften ist, welche für Personen überlebensdienlich ist, so ist sie moralisch gesehen doch etwas Besonderes. Das Besondere muss nicht – in dem noch zu begründenden – Wert der Vernunft liegen. Es ist bereits relevant, dass einem Wesen, das über Vernunft verfügt, in besonderer Weise geschadet werden kann: Es

[24] Es soll im Folgenden nicht die These vertreten werden, dass alle evolutionär entstandenen Eigenschaften eine Überlebensfunktion haben, sondern nur jene, dass bestimmte Eigenschaften – wie Schmerz und Lust – evolutionär von Vorteil sind.

kann eine Erniedrigung als Erniedrigung erleben. Lebenspläne, die es entworfen hat, können von anderen durchkreuzt werden. Es kann zu Handlungen gezwungen werden, welche seinen eigenen moralischen Vorstellungen widersprechen. Diese Formen einer möglichen Schädigung sind unabhängig von der Frage des Gedeihens. Würde man einem Mitglied der Zeugen Jehova ohne dessen Zustimmung während einer Operation Blut spenden, missachtete man dessen Recht, eine eigene Konzeption des Guten wählen zu können.[25] Man hätte diesem Menschen geschadet – und dies unabhängig davon, wie die Handlung aus biologisch-medizinischer Sicht zu beurteilen ist.

Behandelt man ein empfindungsfähiges Wesen in einer Weise, dass es Schmerzen empfindet, hat man ihm etwas Schlechtes zugefügt – und dies auch dann, wenn die Tat keinerlei (positiven oder negativen) Einfluss auf das Gedeihen hat. Selbst wenn die Schmerzzufügung letztlich dem Gedeihen eines Lebewesens dient (etwa bei einer veterinärmedizinischen Operation), bleibt sie etwas Schlechtes. Die Tierärztin muss Stress, Schmerz und Leid rechtfertigen und sie muss versuchen, diese möglichst gering zu halten. Gerade das letzte Gebot wäre unsinnig, würden Stress und Schmerz nicht vom Tier selbst als etwas Schlechtes erfahren werden.

Erlebt ein Wesen Schmerz und Leid, dann kann man ihm, so die sentientistische Ansicht, Interessen nicht nur zuschreiben, es hat Interessen. Selbst wenn das Erstreben der Lust und das Meiden von Schmerz biologisch bloß eine funktionale Bedeutung hat und sich auf das Gedeihen und Überleben eines Lebewesens bezieht, ist ethisch gesehen das Erleben und nicht primär das Gedeihen von Bedeutung. Denn erst Lust und Schmerz bzw. Erleben rücken die biologischen Phänomene in den Bereich der Ethik. Nur wenn sie vorliegen, kann man – so die sentientistische Sicht – eine Veränderung als eine Schädigung bewerten und das ethische Nicht Schadens-Prinzip anwenden. Kann ein Wesen einen Eingriff in den eigenen Körper nicht als Schädigung erleben, ist dieser Eingriff moralisch bedeutungslos.

Auf der biologischen Ebene ist der Streit zwischen Sentientisten und Non-Sentientisten nicht zu entscheiden. Denn in Frage steht ein allgemeiner moralphilosophischer Punkt: Auf was bezieht sich das ethische Nicht-Schadensprinzip?

b) Ein Sentientismus hat (im Umgang mit Mensch und Tier) unplausible Konsequenzen.

Non-Sentientisten weisen darauf hin, dass ein zu Ende gedachter Sentientismus unplausible Folgen hätte. Es gibt moralisch relevante Schäden, obwohl sich diese nicht in einem Lust oder Unlust-Empfinden ausdrücken und

[25] Voraussetzung ist, dass die Zugehörigkeit zu den Zeugen Jehova auf einem autonomen Entscheid beruht.

nicht bewusst wahrgenommen werden. Dabei werden sie an Beispiele wie das folgende denken:

Vor einiger Zeit ging durch die Presse, dass einem Betrunkenen ein Dolch dermaßen in den Rücken gestoßen wurde, dass ein Stück der Klinge im Fleisch des Betroffenen stecken blieb. Aus irgendwelchen Gründen hat der Betrunkene, nennen wir ihn Herr X, den Stoß nicht wahrgenommen. Es ist nicht so, dass er sich wegen seiner Betrunkenheit nicht an die Attacke erinnert. Vielmehr war er in einem solchen Zustand, dass ihm die Attacke entging. Er empfand weder während der Tat noch in den folgenden Tagen Schmerz oder Leid. Die in seinem Körper stecken gebliebene abgebrochene Klinge verursachte bei Herrn X auch später keine Beschwerden. Erst nach seinem Unfalltod entdeckt man im Spital die Klinge. Wir können außen vorlassen, ob sich die Geschichte so oder nicht anders zugetragen hat. Für diesen Zusammenhang ist nur die Frage relevant, ob Herr X – wäre alles so gewesen, wie die Zeitungen berichteten – geschadet wurde oder nicht. Non-Sentientisten sind der Ansicht, dieses Beispiel zeige die Absurdität einer sentientistischen Position. Denn gemäß dieser wurde Herrn X in moralisch relevanter Hinsicht überhaupt kein Schaden zugefügt. Dies widerspräche jedoch jedem Common Sense. – Sentientisten müssen zugeben, dass dem Opfer gemäß ihrer Theorie kein Schaden zugefügt wurde. Auf Grund eines Zufalls wurde Herrn X nicht direkt geschadet. Dies sei jedoch keine absurde Konsequenz, sondern bei nüchterner Betrachtung die korrekte Beschreibung des Sachverhalts. Für die moralische Beurteilung, würden sie ferner betonen, sei nicht relevant, ob wirklich ein Schaden zugefügt wurde, sondern allein, ob Herr X überhaupt in der Lage sei, geschädigt zu werden. Dies sei aber der Fall. Für ihn stand eine Vielfalt von Interessen auf dem Spiel, nicht nur jenes, kein Leid zugefügt zu bekommen. Der Täter würde auch in einer sentientistischen Theorie moralisch verurteilt werden.

Non-Sentientisten verweisen zudem auf Beispiele, in denen Wesen keine Lust- und Schmerzempfindung haben. Denken wir dabei an jene Menschen, die auf Grund einer Erkrankung keinen Schmerz empfinden können. Aber auch hier könnten Sentientisten stets darauf verweisen, dass es um urteilsfähige Personen geht, die Überzeugungen, Wünsche und Lebensziele haben. Zudem leiden die Betroffenen an der Erkrankung. Aber wie sieht es aus, wenn ein ansonst empfindungsfähiges nicht-menschliches Lebewesen auf Grund einer Erkrankung oder eines Eingriffs die Empfindungsfähigkeit verlieren würde? Würden wir bei einem Tier das Schmerzzentrum ausschalten, könnte es, wenden Non-Sentientisten gegen die sentientistische Position ein, nicht mehr geschädigt werden. Dies zeige auf, dass die sentientistische Theorie in die Irre gehe. Denn wenn die Beschreibung stimme, könnte man mit diesem Tier tun, was man wolle. Aber man dürfe dieses behinderte Tier doch nicht anders behandeln als ein nicht behindertes. Auch hier könnte der Sentientist darauf verweisen, dass auch bei Fortfall des Lust- und

Schmerzempfindens Emotionen und Gefühle bestehen bleiben könnten. Aber gehen wir davon aus, dass es sich um ein Lebewesen handelt, das nur die elementarste Form des Erlebens kennt, also nur Lust und Schmerz. In diesem Falle muss der Sentientist zugestehen, dass bei Ausschaltung des Lust- und Schmerzempfindens keine Interessen mehr vorliegen. Dass das Wesen früher Interessen hatte, könne nicht als relevant angesehen werden. Wäre dies der Fall, müsste man schließlich auch dem tierischen Kadaver Rechte zugestehen, dass ihm kein Leid zugefügt wird. – Allerdings würde der Sentientist betonen, dass dieses Beispiel nicht anti-sentientistische, sondern anti-individualistische Intuitionen anspricht. Denn das Beispiel richte sich dagegen, dass man behinderte Wesen einer Art anders behandelt als nicht behinderte. Das Beispiel sei also gar nicht für den hier zählenden Fragenkomplex von Bedeutung. – Ein Sentientist und Individualist muss jedoch zugestehen, dass das betreffende Wesen fortan kein Träger moralischer Rechte sein kann. Dies ist eine Konsequenz, die er auf Grund seiner Theorie in Kauf nehmen muss.

Non-Sentientisten könnten versucht sein, dieses Beispiel noch in einen anderen Bereich zu übertragen. Stimmte die obige Überlegung, wäre auch fraglich, ob moralische Pflichten gegenüber Wachkoma-Patienten bestehen. Auch dies zeige die Falschheit einer sentientistischen Position. – Allerdings müsste hier zunächst klar sein, ob Wachkoma-Patientinnen etwas erleben oder nicht. Selbst wenn dies nicht der Fall wäre, würde der Sentientist darauf verweisen, dass der Wachkoma-Patient früher Wünsche und Urteile gefällt hat, die über die Zeit hinweg Beachtung verdienen.

Eine weitere Beispielkategorie arbeitet mit der Manipulation des Lust- und Schmerzempfindens. Würden wir unseren heutigen, an Bluthochdruck, Gelenkerkrankungen und anderen Gebrechen leidenden Masthühnern starke Schmerzhemmer sowie Prozac oder andere Formen von Psychopharmaka verfüttern, könnten wir deren Lust- und Schmerzbilanz vielleicht umkehren. Mit geeigneten Psychopharmaka hätten wir, so dieses Gedankenexperiment, vom Schlüpfen bis zum Köpfen glückliche Hühner vor uns. Auch dies zeige, dass die sentientistische Position irrt. Denn der Sentientist müsste diese Futtermethode befürworten. Allein ein Non-Sentientist könne zeigen, wieso den Tieren geschadet wurde. Denn für ihn blieben die Erkrankungen auch dann Schädigungen, wenn sich diese nicht in mentalen Zuständen wie Leid und Schmerz ausdrücken. – Allerdings würde der Sentientist darauf verweisen, dass es bei diesem Beispiel nicht um das Wohl der Tiere gehe, sondern allgemein um unseren Umgang mit Lebendigem. Für die Tiere sei diese Maßnahme doch in der Tat von Vorteil. Wenn dies nicht der Fall wäre, würde ja in Frage gestellt, wieso wir überhaupt versuchen, Schmerz und Stress der Nutztiere zu minimieren. – Konstruieren wir noch ein Beispiel aus dem menschlichen Bereich: Wir setzen einen zweiten „Kaspar Hauser" unter Drogen, so dass er die soziale Isolierung nicht als negativ erlebt. Nach der Freilassung führt er ähnlich dem echten Kaspar Hauser ein alles in allem glückliches Leben. Haben wir diesem Kaspar Hauser II geschadet? Non-Sentientisten würden dies bejahen. Der Sentientist kann hier nur darauf verweisen, dass man diesem Kaspar Hauser II wahrscheinlich Optionen genommen hat, glücklich zu sein.

Allerdings wird der Sentientist hier zu Recht betonen, dass jeder Versuch, eine Theorie aufgrund der aus ihr erwachsenden konkreten moralischen Urteile und Forderungen zu beurteilen, scheitern muss. Denn wie soll man beurteilen, dass die Folgen moralisch problematisch wären? Entweder wäre der Common Sense der Prüfstein, eine alternative Theorie oder ein nicht-theoretisches Überzeugungssystem. Der Common Sense käme als Prüfinstanz nur in Frage, wenn dieser einen grösseren Gewissheitsgehalt in sich trüge als die Theorie. Dies ist aus den im ersten Kapiteln dargelegten Gründen falsch. Bezieht man sich auf eine alternative Theorie, so entpuppte sich der Einwand, die Theorie habe unplausible Folgen, einfach als die Aussage „Ich vertrete eine andere Theorie." Aber dies ist kein Einwand, sondern nur die Ankündigung einer argumentativen Auseinandersetzung. Widersprechen die Folgen aber nicht theoretisch abgesicherten Überzeugungen, sondern Weltanschauungen und Glaubenssystemen, so heißt der Einwand nur: „Aber diese Theorie kommt für uns Anhänger von x nicht in Frage." Wäre dieser Einwand zugelassen, müssten freilich alle Versuche aufgegeben werden, eine intersubjektiv gültige Ethik zu begründen. Selbst ein Tötungsverbot wäre nicht intersubjektiv begründbar, glauben die Thuggee doch, Morde seien ein Gebot der Göttin Kali.[26] Damit höhlte man die Möglichkeiten eines friedlichen Zusammenlebens aus.

Da unsere moralische Tradition sehr stark von antihedonistischen und non-sentientistischen Gedanken geprägt ist, ist auch klar, dass solche Gegenbeispiele formuliert werden können. Aber andererseits enthält unsere Tradition auch sentientistische Elemente, so dass man bei diesem Spiel auch in eine zweite Halbzeit gehen könnte, wo die Sentientisten die Beispiele konstruieren dürfen. Beispiele, wo Gedeihen auf Kosten von Schmerz und Leid gefördert werden, gibt es deren viele. Aber auf solche Art mit Gedankenexperimenten zu arbeiten, ist unsinnig. In Bereichen, wo wir eine heterogene Tradition haben, können wir gegen unterschiedliche Theorien Intuitionen empor pumpen. Selbst wenn wir keine ambivalente, sondern eine klare moralische Intuition haben, ist nicht klar, dass man der Kraft der Beispiele folgen sollte. Nicht die Intuition ist maßgebend, sondern die richtige Theorie. Es geht allein um die Bedingungen, die erfüllt sein müssen, damit wir in einem genuinen Sinne davon sprechen können, dass ein Wesen Nutzniesser oder Geschädigter ist.

---

[26] Die Thugee waren eine indische Geheimgesellschaft, die Reisende ermorderte und der Göttin Kali, der Göttin der Zerstörung, opferte. Vgl. Dash, Thug.

Fassen wir den bisherigen Stand der Diskussion zusammen. Voraussetzung dafür, dass ein Wesen überhaupt in Frage kommt, um seiner selbst willen moralisch berücksichtigt zu werden, ist, dass es selbst oder andere stellvertretend für es moralische Ansprüche an andere stellen können und dass dem Wesen geschadet und genutzt werden kann. Beide Bedingungen setzen voraus, dass ein Wesen Interessen hat.

- Sentientisten deuten dies in dem Sinne, dass ein Wesen selbst möglicher Nutznießer sein kann. Tun wir einem Wesen Gutes oder Schlechtes, muss ein Wesen (derzeit oder später) in der Lage sein, dies als Gutes oder Schlechtes zu erleben.
- Non-Sentientisten betonen, dass einem Wesen dann geschadet oder genutzt werden kann, wenn es ein eigenes Gut hat. In diesem Sinne könne man auch davon sprechen, dass z.B. Pflanzen geschadet und genutzt werden kann.

Entgegen Feinbergs Hoffnung ist der Streit zwischen Non-Sentientismus und Sentientismus nicht einfach durch die Analyse des Begriffs „Interesse“ zu entscheiden.

7.4 Die Zurückweisung des Non-Sentientismus

Die These der Biozentristen ist, dass allen Lebewesen genutzt und geschadet werden kann. Wenn man einen Rosenstrauch aus der Erde reißt, schadet man nicht nur einem möglichen Eigentümer oder einer möglichen Betrachterin, sondern auch dem Strauch selbst. Dass man einer Pflanze oder einem anderen Lebewesen selbst schaden könne, bezöge sich, so die weitere These, nicht auf ein Empfinden oder auf eine sonstige Form der subjektiven Bewertung, sondern einzig darauf, dass alle Lebewesen gedeihen können und somit ein eigenes Gut haben.

Es ist zuzugestehen, dass wir im Alltag mitunter in dieser Weise sprechen. Allerdings ist noch nicht geklärt, ob es angemessen ist, auf diese Weise zu sprechen. Warum soll es für einen Rosenstrauch schlecht sein, ausgerissen zu werden, aber nicht schlecht für einen Computer, ausgeschaltet zu werden? Meine These ist, dass das Konzept eines Gedeihens nicht erlaubt, davon zu sprechen, einem Wesen würde selbst geschadet oder genutzt. Um dies zu zeigen, werde ich mich auf die Schadensseite beschränken.

Um die These zu verteidigen, muss zunächst kurz etwas über den Schadensbegriff gesagt werden, um dann zu klären, ob die non-sentientistische Schadenstheorie des Biozentrismus überhaupt sinnvoll vertreten werden kann.

Im Alltag sprechen wir von einem Schaden, wenn ein Zustand Z_2 oder ein Prozess P_2 im Verhältnis zu einem Ausgangszustand Z_1 oder einem Ausgangsprozess P_1 – bzw., zeitlich neutral formuliert, einem bestimmten Vergleichszustand oder Vergleichsprozess – eine negativ beurteilte Veränderung darstellt.

Wenn ein Gemälde mit Säure überschüttet und irreversibel zerstört wird oder wenn jemand beim Motorradsport ein Bein verliert, wird dies als ein Schaden bezeichnet. Wichtig ist, dass es sich beim Begriff des Schadens um einen Wertbegriff handelt. Es geht nicht um die Feststellung eines Sachverhalts, sondern um die Bewertung eines Sachverhalts. Bei dem im Kontext einer intersubjektiv verbindlichen Ethik gesuchten Schadensbegriff kann es zudem nicht darum gehen, dass Veränderungen negativ evaluiert werden, sondern es muss darum gehen, ob sie auf diese Weise evaluiert werden sollten, das heißt, ob eine richtige oder angemessene Evaluation vorliegt. Wie sollte das Schadensprinzip angewandt werden, wenn jede einzelne Person selbst festlegen darf, was ein Schaden ist? Es bedarf allgemeiner Kriterien, wann etwas als Schaden zu bezeichnen ist. Um zu bestimmen, was als Schaden zu bewerten ist, braucht es zum einen ein positives Referenzsystem; zum anderen muss klar sein, welche Art von Schadenstheorie man vertritt: eine subjektivistische oder eine objektivistische.

Das Referenzsystem dient dazu, diejenigen Werte oder Güter zu benennen, aufgrund deren eine Veränderung Z_2/P_2 im Verhältnis zu Z_1/P_1 evaluativ negativ zu beurteilen ist. Hierbei kann es sich um einen „Nullwert" handeln wie etwa Leidens- oder Schmerzfreiheit (wobei die negative Veränderung das Eintreten von Leid und Schmerz wäre) oder um positive Werte wie Freude, Schönheit, Gesundheit, körperliche Unversehrtheit oder Leben, aber auch den Marktwert von Gütern, der zum Beispiel für Haftpflichtversicherungen ausschlaggebend ist. Der Biozentrismus schlägt als Referenzsystem das Gedeihen eines Lebewesens vor, der Pathozentrisms Leidens- und Schmerzfreiheit.

Schadenstheorien können entweder subjektivistisch oder objektivistisch sein. Subjektivistisch bedeutet, dass das Vorliegen eines Schadens von der subjektiven Auffassung der Urteilenden abhängt. Ist zum Beispiel jemand der – informierten und wohlüberlegten – Meinung, gesundheitliche Beeinträchtigungen seien kein Schaden, so sind sie auch kein Schaden. Objektivistisch dagegen bedeutet, dass das Vorliegen eines Schadens von subjektiven Auffassungen unabhängig ist. Wenn jemand meint, gesundheitliche Beeinträchtigungen seien kein Schaden, dann ist seine Meinung falsch, sofern richtig ist, dass negative Auswirkungen auf die Gesundheit einen Schaden darstellen. In letztere Richtung gehen sowohl der Biozentrismus wie der Hedonismus. Innerhalb des Sentientismus müssen wir damit eine subjektivistische wie eine objektivistische Position unterscheiden. Wenn der Hedonist sagt, Schmerz und Leid seien für die Person schlecht, so bezieht er sich auf ein Empfinden und einen Bewusstseinszustand (dies die sentientistische Seite), aber er sagt zugleich, dass Schmerz und Leid für den Betroffenen notwendig schlecht sind (dies die objektivistische Seite).

Wenn wir die biozentrische Schadenstheorie beurteilen wollen, müssen wir zunächst deren Referenzsystem genauer in den Blick nehmen, um uns dann der Schadenstheorie zuzuwenden.

7.4.1 Das Referenzsystem

Wenn man sagt, als Referenzsystem des Biozentrismus diene das Gedeihen, ist dies noch zu unbestimmt. Denn was heißt es, dass ein Wesen gedeiht? Um dies zu klären, wird sehr oft auf Gattungsmerkmale Bezug genommen. Ob eine Pflanze gedeiht oder nicht, ist folglich danach zu beurteilen, ob sie jene Fähigkeiten entfaltet und Eigenschaften hat, die eine Pflanze ihrer Art gemäß hat bzw. die Wesen ihrer Art in der Regel entfalten. Referenzsystem wäre das artspezifische Ideal einer optimalen Entwicklung.

Um als Referenzsystem zu taugen, muss es möglich sein, zwischen der Variabilität innerhalb einer Art und der Schädigung eines Lebewesens zu differenzieren. Dies kann man am Beispiel des Kümmerwuchses bei Pflanzen verdeutlichen. Ist Kümmerwuchs selten, entfalten sich die betroffenen Pflanzen nicht so, wie es bei Pflanzen ihrer Art die Regel ist. Vergleichen wir diese Pflanzen mit einem Ideal, wie sich Pflanzen einer Art entwickeln sollten, könnte man annehmen, sie seien in einem schlechten Zustand. Bereits der deutsche Ausdruck Kümmerwuchs drückt eine solche Bewertung aus. Allerdings handelt es sich bei Kümmerwuchs um eine spezifische Reaktion der Pflanze auf bestimmte Umweltbedingungen. Ihr Wachstum entspricht dem, wie sich Pflanzen ihrer Art unter den gegebenen Bedingungen (etwa in der Umgebung größerer Bäume) entwickeln. Es ist vielleicht die optimale Form, wie sich eine Pflanze unter bestimmten Bedingungen entfaltet. Wenn dies so ist, ist aber fraglich, wie man hier das normale Gedeihen eines Wesens beurteilen soll. Abweichungen von einem Art-Ideal als Schäden anzusehen, mag bei einer Leistungsschau eines Zuchtverbands denkbar sein. Aber solche Verbände und Vereine bewerten nach im Verein und Verband geteilten Vorstellungen, wie eine Orchidee, eine Siamkatze oder ein Mops auszusehen haben. Ob ein Abweichen von einem solchen Ideal dem Individuum selbst schadet, ist jedoch zweifelhaft, und wird auch von den Vertretern dieser Verbände und Vereine nicht behauptet. Es handelt sich um eine von Menschen geschaffene Idealvorstellung, die mit dem, was für ein Wesen selbst gut ist, nichts zu tun hat.

Man mag einwenden, dass sich die kümmerwüchsige Pflanze einfach in jener Bandbreite einer „normalen Entwicklung“ bewege, wie sie in der Natur vorkommt. Problematisch und ein Schaden sei Kleinwüchsigkeit erst, wenn sie nicht normal sei. Allerdings hätte man mit dieser Position zum einen Schwierigkeit, Ausnahmen wie den Schimpansen Oliver zu beurteilen. Konnte er wirklich ohne Dressur aufrecht gehen, so wäre dies eine Anormalität, eine Schädigung. Dasselbe gälte etwa für Menschen, die ein absolutes Gehör haben. Denn auch dies ist nicht das Normale. Zum anderen steht man vor dem Problem, dass die üblichen Krankheiten der Lebewesen eben auch Teil einer „normalen Entwicklung“ sind. Einfach auf das zu verweisen, was empirisch „normal“ und „natürlich“ ist, hilft also nichts, wenn es darum geht, ein Referenzsystem festzulegen. Schließlich ist jeder Schaden etwas Normales und Natürliches. Um von Schäden zu sprechen, muss man ein normatives Konzept haben, das beschreibt, wie es von Natur aus sein soll.

Der Biozentrist wird betonen, sein Referenzsystem beziehe sich auf die Entfaltung wesentlicher Fähigkeiten. Sollte einer Eidechse nach dem Verlust eines Schwanzes zwei Schwänze nachwachsen, wäre dies dann ein Schaden, wenn wesentliche Fähigkeiten eingeschränkt werden, welche Eidechsen in der Regel besitzen. Stören die zwei Schwänze z.B. die Fähigkeit der Eidechse zur Fortbewegung, ist es ein Schaden, sonst nicht. Genauso ginge es bei einer Pflanze mit Kümmerwuchs nur darum, ob sie zentrale Fähigkeiten behält, ob sie etwa einen funktionierenden Stoffwechsel hat, sich gegen Fraßfeinde wehren und sich fortpflanzen kann. Aber auch mit dieser Einschränkung kommt man nicht viel weiter.

Jedes auf die Gattung oder die Art bezogene Referenzsystem ist jener Schwierigkeit ausgesetzt, die ich im 1. Kapitel im Zusammenhang mit dem Gedanken einer Vernunftnatur des Menschen vorgebracht habe. Sie setzt voraus, dass es gattungs- und artspezifische Merkmale gibt. Aber dies widerspricht dem, dass sich bei Lebewesen bereits auf der Ebene des Genotyps und mehr noch auf Ebene des Phänotyps keine Gattungsmerkmale finden, sondern sich individuelle Potentiale entfalten. Die Lebewesen entfalten sich nicht gemäß „der natürlichen Art“, sondern wir Menschen klassifizieren Lebewesen künstlich und teilen sie in Arten ein. Ist ein Lebewesen auf Grund seiner genetischen Beschaffenheit unfruchtbar, hat es die relevante Anlage zur Fortpflanzung nicht. Würden wir dies als Schaden bezeichnen, bezögen wir uns erneut auf ein abstraktes Ideal, dieses Mal auf einen biologischen Klassifikationsbegriff. Dies als Referenzsystem artgemäßen Gedeihens zu nehmen, teilte die natürliche Variabilität auf Grund einer veralteten Naturphilosophie in geschädigte und gesunde Wesen, in Normale und Anormale auf.

Wie im Kapitel 5 bemerkt, beziehen sich nicht alle Biozentristen auf Gattungsmerkmale. Einige betonen, dass die individuelle genetische Beschaffenheit berücksichtigt werden muss, wenn ein Referenzsystem formuliert wird. Das individuelle Genom müsse an die Stelle treten, welche in einer alten Naturphilosophie der Gedanke eines Telos einnimmt. Nimmt man diese Spielart des Biozentrismus, legte das individuelle Genom die Ziele eines Wesens fest und formulierte so individuell, was als Gedeihen bezeichnet werden muss. Das Problem für die Formulierung eines solchen Referenzsystems ist jedoch, dass das individuelle Genom die künftige Entwicklung eines Wesens nicht determiniert, sondern dass ein nicht zu unterschätzender Spielraum besteht, wie sich Lebewesen auf Grund ihrer genetischen Beschaffenheit entwickeln können. Betrachten wir dies am Beispiel der Fortpflanzungsfähigkeit. Ob weibliche Bienenlarven später fruchtbar sind, also Königinnen werden, entscheidet sich bei der Aufzucht und durch die Ernährung, die sie erhalten. Ähnliches ließe sich zu den „Freemartins" sagen, jenen Rindern, welche den Begründer der wissenschaftlichen Chirurgie John Hunter ebenso faszinierten wie Charles Darwin. Es handelt sich dabei um ein weibliches Rind mit maskulinem Verhalten und nicht funktionsfähigen Eierstöcken. Diese Tiere werden durch Hormone eines männlichen Zwillings im Uterus steril. Gen-Umwelt-Interaktionen bewirken dann, welche der Anlagen sich verwirklicht. Aber wie kommen wir hier zu einer wertenden Aussage, ob ein Schaden vorliegt oder nicht? Arbeiterbienen und Freemartins bewegen sich im Spektrum der ihnen möglichen Entwicklungspfade. Man könnte also nicht von einer Schädigung sprechen. Ja, dann ist es logisch gar nicht möglich, dass Lebwesen dieses Spektrum überhaupt verlassen. Denn immer, wenn ein Umwelteinfluss eine Änderung des Phänotyps verursacht, bleibt diese notwendig im Rahmen jener Entwicklungspfade, die aufgrund der genetischen Beschaffenheit möglich sind; allenfalls zeigt sich nur, dass das Spektrum breiter ist als gedacht. Innerhalb dieser möglichen Entwicklungspfade liegen dann freilich auch Krebserkrankungen, Stoffwechselstörungen oder der Hungerstod. Auch dies sind Veränderungen, die aufgrund einer spezifischen Gen-Umwelt-Relation auftreten. Die genetische Disposition an Stelle des Telos zu setzen, hilft uns überhaupt nicht.

Ein Referenzsystem, mit dessen Hilfe Schäden festgestellt werden können, muss bestimmte Entwicklungen als positiv und andere als negativ auszeichnen. Eine Möglichkeit wäre, dass es gut ist, bestimmte Fähigkeiten zu haben, und schlecht, sie nicht entfalten zu können. Damit wäre man bei einer *perfektionistischen* Konzeption, die allerdings noch auszeichnen muss, welche Fähigkeiten zu entfalten gut ist. Wäre Fortpflanzung jedenfalls eine dieser Fähigkeiten, würden Arbeiterbienen und Freemartins geschädigt.

Die zweite Möglichkeit stellt eine *funktionalistische* Konzeption dar. Lebewesen sind durch eine spezifische innere Organisation gekennzeichnet, die es ihnen ermöglicht, bestimmte Funktionen auszuführen wie Nahrungsaufnahme, Stoffwechsel oder Reproduktion. Solange sie diese Funktionen ausführen können, sind sie nach diesem Ansatz in einem guten Zustand. Auch eine Pflanze, der man Kümmerwuchs attestiert, hat einen funktionierenden

Stoffwechsel, sie wächst und kann sich fortpflanzen. Sie ist gemäß dieser funktionalistischen Konzeption nicht geschädigt worden. Anders sieht es aus, wenn etwa durch Überdüngung die Nährstoffdichte der Erde so hoch wird, dass das Wasser aus den Wurzeln herausgezogen wird. Man könnte dann von einer Schädigung sprechen, wenn durch Fremdeinwirkung Funktionen beeinträchtigt werden oder durch Umwelteinflüsse die Reaktions- und Anpassungsfähigkeit eines Organismus so überfordert wird, dass Funktionsstörungen eintreten. Sondert ein Baum nach einem Schaden Harz ab, ist dies ein Zeichen, dass seine Funktionen in Ordnung sind. Kann er dies nicht, liegt ein Schaden vor. Die Schädigung würde vor dem Hintergrund von Organisationsprinzipien beurteilt. Auch wenn sich die Organisationsprinzipien eines Lebewesens grundsätzlich von denen von Maschinen unterscheiden sollten, sind Lebewesen und Maschinen doch in einem gleich: Veränderungen werden danach beurteilt, ob und, wenn ja, wie sich das auf ihre Funktionen auswirkt. Die Rede von Funktionen setzt freilich voraus, dass Organismen bestimmte Zwecke haben. Um ein Referenzsystem zu haben, kommt der Biozentrist nicht um eine Antwort auf die Frage herum, auf was hin Lebewesen denn ausgerichtet sind. Erst dann kann er sagen, welche Funktionen denn reibungslos ablaufen sollen. Bei Organismen verweist man hier auf Zwecke, die in den Organismen selbst angelegt sind. Zudem muss das gute Funktionieren etwas sein, dem ein Wert zukommt. Der Funktionalist muss also sagen, dass ein Lebewesen zu überleben und zu reproduzieren sucht und es gut ist, wenn es diese Funktionen ungestört ausleben kann. Ist Reproduktion, hier verstanden als Weitergabe des eigenen Erbguts, eine dieser Zwecke eines Lebewesens, wurde eine Arbeiterbiene oder eine Freemartin geschädigt, falls die Unfruchtbarkeit ihre Reproduktionsfähigkeit beeinträchtigt. Erhöht sich durch die Unfruchtbarkeit hingegen sogar die Chance, dass das eigene Erbgut in der nächsten Generation vererbt wird (indem es die Reproduktionschancen von genetisch Verwandten erhöht), wäre es kein Schaden. Letzteres ist wohl bei Arbeiterbienen der Fall.

Der Biozentrismus hat nur zwei Möglichkeiten. Er kann sich für ein perfektionalistisches oder ein funktionalistisches Referenzsystem entscheiden.

7.4.2 Die Schadenstheorie

Jedes perfektionistische Referenzsystem stützt sich auf eine objektivistische Werttheorie. Unabhängig von subjektiven Einschätzungen muss man das Entfalten wichtiger Fähigkeiten als wertvoll ansehen. Es ist gut, wenn sich eine Eidechse bewegen kann, gut, wenn eine Kuh fortpflanzungsfähig ist und gut, wenn eine Bienenlarve Königin wird. Dabei geht es nicht darum, dass es für die Biene gut ist, Königin zu werden, sondern darum, dass sich etwas in sich Wertvolles verwirklicht. Wenn Fortpflanzungsfähigkeit etwas in sich Wertvolles ist, dann ist es freilich im Sinne eines objektiven Werts etwas Wertvolles, und damit stehen wir vor dem nicht zu lösenden Problem, dass solche objektiven Werte Entitäten sind, die wir ohne Bezug auf eine starke Metaphysik nicht begründen können. Es ist wohl auch nicht die Position, die innerhalb des Biozentrismus vertreten wird. Es geht ihnen ja um das „eigene Gut" von Lebewesen, nicht um das Gute.

Die wenigsten Bioethiker wären damit einverstanden, dass sie auf eine Theorie objektiver Werte angewiesen sind. Die funktionalistische Konzeption stelle im Gegenteil sogar eine wertfreie Beschreibung von Organismen dar. Die Naturwissenschaftler, Tiermediziner oder Gärtner sehen keine Schwierigkeit, eine funktionalistische Position einzunehmen, ohne dies damit zu verbinden, dass Überleben und Reproduktion objektive Werte sind. Es ginge doch, würden sie zudem ausführen, gar nicht um Werte, sondern nur darum, dass bestimmte Entwicklungen für ein Lebewesen empirisch negativ sind. Nach dieser Auffassung sei die Feststellung eines Schadens eine Sache, die Bewertung desselben ein davon unabhängiger Akt. In diesem Kontext ist daran zu erinnern, dass auch Taylor das eigene Gut von Lebewesen als einen rein empirischen Begriff nahm.

Der damit vorgebrachte Einwand, hier würde der Schadensbegriff unnötig evaluativ aufgeladen, geht jedoch in die Irre. Denn empirisch feststellbar ist stets nur eine Veränderung. Breche ich zum Beispiel einen Stab in zwei Teile, ist dies nur eine Veränderung eines Zustands Z_1 in den Zustand Z_2. Ob diese Veränderung einen Schaden darstellt oder nicht, stellt immer eine Bewertung dar. Je nach Art und Verwendung des Stocks wird man das Durchbrechen des Stabs einen Schaden nennen. Sobald man eine empirische Änderung eines Organismus als Schaden bezeichnet, ist dies gleichermaßen eine Bewertung.

Damit Wertaussagen möglich sind, muss auch beim funktionalistischen Referenzsystem gesagt werden, dass Überleben und Reproduktion objektive Werte sind. Denn ansonsten bestünde kein Grund, funktionelle Störungen und Schäden negativ zu beurteilen. Damit stehen wir vor demselben Problem wie bei der perfektionistischen Theorie. Wir brauchen eine starke Metaphysik. Da diese aber in keiner Weise argumentativ hergeleitet wurde, müssen wir diese Schadenstheorie zurückweisen.

Vertreter der funktionalistischen Konzeption könnten versuchen, auf eine subjektivistische Schadenstheorie überzuwechseln. Es ginge nicht darum, dass es objektiv gut ist, zu leben und sich fortzupflanzen, sondern dass dies vom Standpunkt des einzelnen Organismus aus angestrebt wird. Letzteres sei ja genau das, was Lebewesen von Maschinen unterscheide. Aber auch diese Möglichkeit, auf eine subjektivistische Schadenstheorie überzuwechseln, ist den Biozentristen verschlossen, oder besser gesagt, sie ist so lange verschlossen, wie man eine non-sentientistische Position einnehmen möchte.

Grob gesagt gibt es drei mögliche Modelle, denen einige oder alle Organismen entsprechen:

1. Organismen können selbst organisierte Systeme sein, die über Ziele nachdenken können, was ihnen ermöglicht, bewusst Ziele zu wählen und anzustreben.
2. Organismen können selbst organisierte Systeme sein, die Schmerz und Lust empfinden können.
3. Organismen können selbst organisierte Systeme sein, die, ohne etwas zu empfinden oder zu denken, in ihnen selbst angelegte Zwecke verwirklichen.

Lebewesen des Modells 1 und vielleicht noch des Modells 2 kann gemäß einer subjektivistischen Schadenstheorie geschadet werden. Das dritte Modell ist aber dasjenige, das für den biozentrischen Schadensbegriff von Interesse ist. Hiernach sind Organismen selbstorganisierte Wesen, die, ohne es zu wissen oder etwas dabei zu spüren, Zwecke verwirklichen. Inwiefern kann man dann aber davon sprechen, dass sie selbst irgendetwas bewerten? Dass sie Zwecke verfolgen, reicht nicht aus, dies anzunehmen. Wie oben bereits gesagt, ist eigentlich irrelevant, ob Zwecksetzungen durch einen Designer oder den langfristigen natürlichen Prozess der Evolution bestimmt wurden. In beiden Fällen handelt es sich nicht um „eigene Ziele", sondern um extern angelegte Ziele. Dies genügt nicht, um sagen zu können, dass vom ihrem Standpunkt aus etwas wertvoll oder ein Schaden sei. Wo könnte sonst die Bewertung eines Zustands entspringen, auf die eine subjektivistische Schadenstheorie angewiesen ist? Man mag vielleicht sagen, dass (alle) Organismen Informationen verarbeiten und daraus erwachsend flexibel reagieren können. Dies mag man umgangssprachlich als „bewerten" bezeichnen. Aber in diesem Sinne „bewertet" auch ein Schachprogramm oder ein Thermostat Situationen. Auch wenn Lebewesen komplexer sind als diese, ändert sich nichts daran, dass dies nicht das ist, was in subjektivistischen Schadenstheorien unter Bewerten verstanden wird. Denn in diesem Verarbeitungsprozess wird ja nicht einmal ein Werturteil gefällt. Weder der Schachcomputer oder das Thermostat noch ein Bakterium urteilen, dass etwas für sie ein Wert ist.

Dass man Lebewesen mit Maschinen vergleicht, ist für viele ein Kategorienfehler, ja ein Tabuverstoß. Man dürfe beide prinzipiell nicht gleichsetzen. Aber hier wird nicht die These aufgestellt, dass jene Lebewesen solange Maschinen sind, wie sie nicht zur Empfindung und zum Denken fähig sind, sondern nur jene, dass Bakterien, Thermostate und Schachcomputer keine Werturteile fällen. Wenn ich sage, dass Frauen und Fahrräder nicht von alleine fliegen können, sage ich ja auch nicht, dass Frauen Fahrräder sind, sondern nur, dass sie sich in einer Hinsicht gleichen. Auch jemand, der Lebewesen eine grundsätzlich andere Organisationsstruktur zuweist als Maschinen, kann so zugestehen, dass bestimmte Lebewesen in keinem angemessenen Sinne des Wortes dazu in der Lage sind, eine Veränderung zu bewerten. Einen eigenen Standpunkt des Lebewesens selbst gibt es im dritten Modell nicht.

Einen eigenen Standpunkt hätten Mikroorganismen also nur dann, wenn sie nicht Wesen des Modells 3, sondern empfindungsfähige Wesen wären oder einen Geist hätten. Aber wer zu dieser Theorie überwechseln will, hat damit bereits die Grenzen des Nonsentientismus überschritten. Ein Biozentrismus ist, wie sich ebenfalls gezeigt hat, auf die Annahme objektiver Werte angewiesen. Solange keine intersubjektiv nachvollziehbare überzeugende Argumentation für diesen Wertrealismus vorliegt, ist der biozentrische Nonsentientismus zurückzuweisen.

7.5 Können Pflanzen moralische Objekte sein?

Die Art und Weise, wie Pflanzen auf Schäden reagieren, muss uns fremd bleiben. Für uns ist das Erleben von Schäden und Nutzen so eng mit Schmerz und Lust, Trauer und Freude sowie anderen spezifischen Bewusstseinszuständen verbunden, dass wir uns eine andere Form des Erlebens nicht einmal vorstellen können. Die uns Menschen bekannten und vertrauten Bewusstseinszustände stehen in engem Zusammenhang mit der Tätigkeit eines Nervensystems. Selbst wenn Pflanzen etwas erleben, verbietet es sich, Begriffe wie Schmerz oder Lust zu verwenden. Vielleicht kennt die Pflanze etwas Analoges, und die Zufügung eines Schadens kann verortet und in irgendeinem Sinne als unangenehm erlebt werden. Aber es ist ebenso möglich, dass Umweltreize biochemische Reaktionen in Pflanzen auslösen, die im Gegensatz zu den dem Schmerz zugrunde liegenden biochemischen Reaktionen nicht erlebt werden können. Welche der beiden Beschreibungen richtig ist, wissen wir nicht.

Hier können zwei Positionen vertreten werden. Die eine ist, dass uns in einer solchen Situation des Nichtwissens *prima facie* nicht erlaubt ist, andere zu schädigen. Im Zweifel müssten wir zugestehen, dass Pflanzen etwas erleben können und damit mögliche Kandidaten moralischer Pflichten sind. Die zweite ist, dass das, was wir nicht wissen, für uns praktisch irrelevant ist. Solange nicht erwiesen ist, dass Pflanzen etwas erleben, sind sie keine Kandidaten moralischer Pflichten.

Gegen die Position, die sich auf Situationen des Nichtwissens bezieht, kann ein Argument vorgebracht werden, welche eine „reductio ad absurdum“

versucht. Auch bei unbelebten Dingen wissen wir letztlich nicht, dass sie etwas erleben. Wir können uns durchaus vorstellen, dass ein Stein oder ein Fahrrad etwas empfindet; und wir wissen nicht, dass dies nicht der Fall ist. Wie unwahrscheinlich wir es auch halten, wir wissen nicht, ob unser Apple-Laptop nicht doch etwas empfindet, wenn ein Windows Office auf ihm installiert wird. Wenn wir aber in einer Situation des Nichtwissens andere nicht schädigen dürfen, dürfen wir auch unbelebten Dingen keinen Schaden zufügen. Dies hiesse aber, dass nahezu alle unsere Handlungen moralisch relevant wären. Das Wechseln eines Fahrradschlauchs könnte ebenso rechtfertigungspflichtig sein wie das Ausschalten der Stereoanlage oder das Zerbröckeln eines Erdklumpens.

Allerdings würde wohl niemand so weit gehen, dass Argument des Nichtwissens soweit auszudehnen. Zwei Möglichkeiten bestehen, die versuchte Reductio zurückzuweisen.

1. Die erste betont, dass wir nur dann davon auszugehen haben, dass ein Empfinden vorliegt, wenn es Gründe gibt, die einen daran zweifeln lassen, dass kein Empfinden vorliegt. Den Unterschied zwischen Nichtwissen und Zweifel kann man sich an folgendem Beispiel vergegenwärtigen. Die wenigsten Menschen wissen, ob ihre Partner treu sind.[27] Aber es ist eine Sache, es nicht zu wissen, eine andere, daran zu zweifeln, dass sie es sind.
2. Die zweite betont, dass wir nur dann in einer Situation des Nichtwissens sind, wenn die notwendigen Bedingungen der Möglichkeit eines Erlebens erfüllt sind.

Bei der ersten Option ist nicht das Nichtwissen moralisch relevant, sondern der Zweifel. Sind wir im Zweifel, ob ein Lebewesen leidet oder nicht, sollten wir moralisch davon ausgehen, dass Empfindungsfähigkeit vorliegt. Während uns bei einem Stein keine Indizien einen Zweifel nahe legen, gibt es bei (bestimmten) Lebewesen Indizien, die auf eine Empfindungsfähigkeit hindeuten und uns an der Position, dass sie nicht leiden, zweifeln lassen.

Für Naturwissenschaftler hat dies zur Konsequenz, dass sie in moralischen Fragen aufgefordert sind, nicht ihre naturwissenschaftlichen Regeln als Maßstab zu nehmen.[28] Naturwissenschaftlich wäre es falsch, etwas als gegeben anzunehmen, für dessen Existenz wenige Indizien sprechen. Wenn man Indizienbeweise vorlegt, muss eine überzeugende Indizienkette ausgebreitet werden. Moralisch sind wir aufgefordert, bereits ersten Indizien Be-

---

[27] Wirkliche Sicherheit besteht nur, wenn man die Untreue selbst beobachtet hat und kein Zweifel besteht, dass man die Situation angemessen wahrgenommen und beurteilt hat.

[28] Vgl. Dennett, Kinds of Mind, S. 6. „The dictates of morality and scientific method pull in opposite directions here. The ethical course is to err on the side of overattribution, just to be safe. The scientific course is to putt he burden of proof on the attribution.“

deutung zu geben. Eine Anästhesistin ist aufgefordert, aufgrund erster Indizien zu handeln, die auf ein Erwachen aus der Narkose hindeuten.

Sind wir unsicher, ob eine Handlung einem anderen Leid zufügt, haben wir die Handlung zu unterlassen oder zumindest moralisch zu rechtfertigen. Dabei spielt es keine Rolle, ob wir nicht wissen, ob unsere Handlung dem anderen Leid zufügen wird, oder in Unkenntnis darüber sind, ob der andere dies als Leid empfinden wird. Ein Zahnarzt hat sowohl darauf zu achten, ob er nicht zu fest auf einen empfindlichen Zahn schlägt, wie er darauf zu achten hat, ob der Patient trotz Narkose nicht doch etwas empfindet. In beiden Fällen ist allein relevant, dass er den anderen dem Risiko aussetzt, zu leiden.

Um Zweifel zu haben, bedarf es gewisser Indizien, die darauf hindeuten, dass ein Erleben vorliegen kann. Auch wenn man dieser Überlegung folgt, hat dies Auswirkungen auf die Frage, wer zum Kandidatenkreis moralischer Objekte zählt.

Bei Pflanzen fallen einige der Indizien fort., die uns erlauben, auf ein Schmerzempfinden von Tieren zu schließen. So kann weder auf analoge biochemische Prozesse verwiesen werden noch auf Experimente, die Nervengifte verwenden. Da Pflanzen nicht durch rasche Flucht und Bewegung auf eine Schädigung reagieren können, sondern in der Regel örtlich gebunden sind, ist auch das evolutionstheoretische Indiz schwächer. Pflanzen sind nicht im gleichen Maße auf das Warnsignal des Schmerzes angewiesen wie Tiere. Zu prüfen ist jedoch, ob Pflanzen nach einer Situation, die eine Schädigung enthalten könnte, die betreffenden Umstände meiden oder nach einer Nutzensituation ein Suchverhalten zeigen. Beides verweist nicht notwendig auf ein Empfinden, aber es ist ein Indiz: Ein dem Appetenzverhalten von Tieren, die nach Nahrung suchen, vergleichbares „Suchverhalten“ kann beobachtet werden. Pflanzen wachsen aktiv auf mehr Licht zu, durch lokal erhöhtes Wachstum werden ungleich verteilte Nährstoffe und Wasser erschlossen.[29] Allerdings handelt es sich beim Appetenzverhalten um angeborenes, „instinktives“ Such- und Orientierungsverhalten, nicht um erlerntes Meiden und Suchen. Das Vorliegen eines Appetenzverhaltens erlaubt noch nicht, auch die Existenz eines Erlebens anzunehmen. Denn angeborene Verhaltensweisen können zwar mit Lust und Schmerz verbunden sein, dies muss aber nicht der Fall sein. Ein Indiz für ein Erleben hätten wir erst dann, wenn eine erlebte Schädigung oder ein erlebter Nutzen künftiges Verhalten beeinflusst. Treffen Trewavas oben erwähnte Überlegungen zu einem pflanzlichen „Lernen“ zu, ist jedoch nicht ausgeschlossen, dass ein solches Meiden vorkommt. Hier scheint unser Verständnis vom pflanzlichen Verhalten aber insgesamt noch zu ungenügend, um zu sagen, wir hätten Indizien für ein Erleben.

Betrachten wir die zweite Option. Man kann die Position des Nichtwissens *zweitens* verstärken, indem man näher bestimmt, was die hier relevante Situa-

[29] Vgl. Stöcklin, Die Pflanze, S. 29.

tion eines Nichtwissens kennzeichnet. Bezüglich der Möglichkeit eines Erlebens können wir notwendige Bedingungen formulieren. Sind diese nicht erfüllt, folgt, dass ein Lebewesen keine Empfindungsfähigkeit besitzt. Hinreichende Bedingungen für das Vorliegen eines Erlebens können wir allenfalls für jene Wesen formulieren, die jene Art von zentralem Nervensystem haben, über das wir selbst verfügen. Allerdings wissen wir nicht, ob und, wenn ja, auf welche Weise ein Empfinden möglich ist, das auf einer anderen Art von neuronalen Netzwerken, auf ganz anders gearteten biochemischen oder auf elektronischen Prozessen aufbaut. Da wir ein solches uns fremdes Erleben nicht ausschließen können, kann die Frage nach den hinreichenden Bedingungen nicht abschließend beantwortet werden. Das heißt aber, dass wir *nur dann* in einer Situation des Nichtwissens sind, wenn die notwendigen Bedingungen für die Möglichkeit eines Erlebens erfüllt sind, oder wir unsicher sind, ob sie erfüllt sind. Sind die Bedingungen nicht erfüllt, wissen wir, dass kein Erleben vorliegen kann. Eine Reductio ad absurdum ist nicht möglich.

Als notwendige Bedingungen einer Form des Erlebens hatte ich oben das Bestehen von Signalübertragungsketten und das Vorliegen einer Art von komplexer Informationsverarbeitung genannt. Je elementarer die Form des Erlebens ist, desto weniger komplex muss die Informationsverarbeitung sein. Aber irgendeine Form der Informationsverarbeitung muss vorliegen. Oben hatten wir darauf verwiesen, dass die beiden genannten Bedingungen bei einer Pflanze erfüllt sind bzw. erfüllt sein können. Dies ist bei einem Stein oder einem Fahrrad nicht der Fall.

Gegen das Gesagte könnte man einwenden, dass auch bei Computern und Pervasive Computing-Systemen die notwendigen Bedingungen erfüllt seien. Da wir diese selbst konstruieren, mag die Wahrscheinlichkeit, dass eine unerwartete Zusatzleistung wie Erleben vorliegt, erheblich kleiner sein als bei der Pflanze. Allerdings bleibt, dass wir bei künftig noch zu entwickelnden, hochkomplexen Computersystemen nicht ausschließen können, dass sie selbst etwas erleben. Dass aber die Idee einer künstlichen Intelligenz damit einhergehen kann, dass sich für Sentientisten[30] die Zahl der Kandidaten für moralisches Objektsein erhöht, ist kein neuer Gedanke. Diese Konsequenz muss man hinnehmen, wenn man das hier entworfene Argument akzeptiert.[31]

---

[30] Ein Non-Sentientist würde vielleicht bestreiten, dass diese Computersysteme gedeihen können. Solange sie sich nicht selbst reproduzieren können, mag man auch bezweifeln, dass sie Lebewesen sind. Für einen Sentientisten ist weder entscheidend, ob diese Computer „leben" noch ob sie „gedeihen" können. Ihn interessiert allein, dass sie etwas erleben können.

[31] Informatiker könnten sich allenfalls daran stören, dass Pflanzen hier als komplexere Wesen beschrieben werden als Computer. Allerdings werden sie zugeben müssen, dass derzeit kein Computersystem existiert, das auf Umweltreize so komplex und spezifisch reagiert wie eine Pflanze.

Wir können uns damit auch der Frage zuwenden, ob das hier beschriebene Nichtwissen moralisch relevant ist oder nicht. In welcher Situation befinden wir uns, wenn wir den Ast eines Baumes abbrechen? Wir wissen weder, ob wir dem betreffenden Baum etwas Schlechtes antun, noch wissen wir, dass es nichts erlebt. Es geht nicht um eine bloße Spekulation, dass Pflanzen leiden könnten. Solche Spekulationen wären auch in Bezug auf Planeten und Felsen möglich. Es geht um eine Situation, in der wir weder wissen, dass ein Wesen empfindungsfähig ist, noch, dass es dies nicht ist. Zwar gibt es keine Indizien, die auf eine auch nur elementare Form von Erleben hindeuten. Allerdings kann man gegen die Möglichkeit eines Erlebens auch nicht in der Weise argumentieren, dass bei der Pflanze die Bedingungen der Möglichkeit für ein Erleben nicht erfüllt sind. Jene wenigen notwendigen Kriterien, die wir formulieren können, sind oder können bei der Pflanze erfüllt sein. Wir können also nicht sagen, es sei ausgeschlossen, dass Pflanzen etwas empfinden. Wir befinden uns in einer Situation der Unsicherheit. Wir wissen weder, dass Pflanzen nichts empfinden, noch wissen wir, dass sie etwas empfinden. In dieser Situation können wir nicht guten Gewissens sagen, diese Unsicherheit sei und müsse praktisch irrelevant sein. Diese spezifische Form des Nichtwissens kann moralisch relevant sein.

Habe ich – um ein extremes Beispiel zur Verdeutlichung zu nehmen – einen Gegenstand in der Hand, von dem ich nicht weiß, ob es eine Bombe ist oder nicht, und auch nichts darüber sagen kann, ob er explodiert oder nicht, kann ich auch nicht sagen, es handle sich um eine moralisch neutrale Situation, da ich nichts weiß. Da ich die Möglichkeit einer Explosion nicht ausschließen kann, habe ich um- und vorsichtig zu handeln. Eine Dysanalogie besteht darin, dass wir im Falle der Bombe zumindest den Schweregrad einer Schädigung abschätzen können. Aber dass wir dies im Falle der Pflanze nicht können, enthebt uns nicht der Pflicht. Denn auch bei Unkenntnis der Sprengkraft der Bombe muss ich die mögliche Schädigung moralisch berücksichtigen. Allerdings könnte man bezweifeln, dass ich hier wirklich nichts weiß. In der Tat geht es nicht einfach darum, dass wir nichts wissen. Wir wissen, dass wir in einer Situation sind, in der vielleicht einem Wesen geschadet wird. Diese Form des Nichtwissens ist praktisch relevant. Selbst wenn der Sentientismus wahr ist, besteht also kein Grund, Pflanzen aus dem Kandidatenkreis der Träger moralischer Rechte auszuschließen.

Bestehen damit die Befürchtungen der Vegetarierinnen zu Recht, dass es nun, da Pflanzenkost ihre Unschuld verliert, beliebig sei, was wir essen? Würde man eine non-sentientistische Theorie wählen, stünden wir in der Tat vor einem Dilemma. Wollen wir nicht verhungern, müssten wir auf jeden Fall das eigene Gut anderer Wesen zerstören. Ist aber der Sentientismus richtig, sieht die Situation anders aus. Denn dann hätten wir bezüglich Tieren und Pflanzen zwei unterschiedliche moralische Ausgangslagen. Bezüglich der Tiere haben wir Indizien, dass sie leiden. Bei Wirbeltieren und

Kopffüsslern haben wir sogar eine so überzeugende Indizienkette, dass es unvernünftig wäre, die Empfindungsfähigkeit zu verneinen. Bei Pflanzen haben wir dagegen eine Situation der Unsicherheit, in der wir weder wissen, dass sie etwas empfinden, noch wissen, dass sie nichts empfinden. Müssen wir in dieser Situation wählen, was wir essen, ist die Entscheidung klar: Wir haben jene Handlungsoption zu wählen, bei der am unklarsten ist, ob ein Wesen leiden wird. Vor eine Wahl gestellt, haben wir uns für die vegetarische Kost zu entscheiden.

Dies ändert aber nichts daran, dass auch Pflanzen mögliche Kandidaten moralischer Rechte sind. Ein Non-Sentientist würde dies klar bejahen. Ein Sentientist kann nicht ausschließen, dass Pflanzen Träger moralischer Rechte sein können. Insgesamt sind uns also die Gründe ausgegangen, Pflanzen vorschnell aus der moralischen Gemeinschaft auszuschließen.

8. EINE ALTERNATIVE UMWELTETHIK?

8.1 DIE „ÜBERWINDUNG DER OBJEKTFRAGE"

Voraussetzung, dass etwas um seiner selbst willen moralisch zu berücksichtigen ist, ist, dass man in angemessener Weise davon sprechen kann, dass man ihm nutzen oder schaden kann. Weder bio- noch ökozentrische Theorien sind in der Lage, diese Voraussetzung zu erfüllen. Damit Handeln einem Wesen nutzen oder schaden kann, muss es überhaupt als konkrete Entität in der Welt existieren. Aber weder die irdische Biosphäre, Ökotope, noch Populationen, Flüsse oder Berge erfüllen diese Existenzbedingung. Zudem wäre, selbst wenn sie als konkrete Entität existierten, vollkommen unklar, welche Veränderungen als Schaden zu bezeichnen sind. Es ist so gut wie unstrittig, dass Lebewesen existieren und ihnen ontologische Identität zukommt. Allerdings ist der Biozentrismus dann zum Scheitern verurteilt, wenn er, wie es geschieht, eine non-sentientistische Schadenstheorie vertritt. Denn damit ist er auf ein perfektionistisches oder funktionalistisches Referenzsystem angewiesen und muss annehmen, dass der Entfaltung von Fähigkeiten und dem Überleben objektiver Wert zukommt. Wenn sich ein Lebewesen entwickelt, muss dies als wertvoll angesehen werden. Aber der Biozentrismus liefert keine Hintergrundstheorie, welche diese Wertannahmen plausibel machte. Vielmehr weichen die meisten Biozentristen darauf aus, das funktionalistische Referenzsystem als bloß empirische Schadenstheorie zu sehen. Aber von einem Schaden zu sprechen, heißt stets, eine Veränderung als negativ zu bewerten. Die Bewertung auf die Ebene der betroffenen Subjekte zu heben, hilft dem Biozentrist ebenfalls nicht. Denn sobald er Nutzen und Schaden an geistige Akte oder das Empfinden von Lust und Schmerz bindet, hat er bereits den Biozentrismus verlassen und einen ratio- oder pathozentrischen Standpunkt eingenommen. Öko- und Biozentrismus scheiden damit als Kandidaten aus, wenn es darum gilt, die Frage zu klären, welche Wesen um ihrer selbst willen moralisch zu berücksichtigen sind.

Die Zurückweisung des Bio- und Ökozentrismus könnte auf zwei Arten von Kritik stossen. Zum einen könnte man sagen, die ganze Argumentation ginge nicht nur an den eigentlichen Problemen vorbei, die im Umgang mit Lebewesen und Natur bestehen, sie stärke zudem die Position jener, welche für diese Probleme verantwortlich sind. Die zweite Kritik mag sich an der gesamten Methode stören, in der Argumente eingefordert und entwickelt werden. Gefühle und Beziehungen, die zwischen Lebewesen bestehen, wären irrigerweise ausgeklammert worden. Die argumentative Methode sei aber nicht nur falsch, sie habe, hier trifft sich der zweite Einwand mit dem ersten, nicht wenig dazu beigetragen, dass eine gestörte Beziehung zur Natur und zu Lebewesen entstand. Die Betonung analytischer Argumente sei nicht nur methodisch falsch, sondern habe auch praktisch schlechte Folgen.

Beide Kritiken finden sich in Umweltethiken, die ich im Folgenden als Alternative Umweltethik bezeichnen werde. Die Alternative Umweltethik ist der Auffassung, dass die Umweltkrise selbst zu einer Abkehr von bestimmten Denkhaltungen und Lebensweisen auffordere. Denn die Umweltzerstörung sei nicht zuletzt Folge einer bestimmten Logik und Rationalität. Die Umweltkrise ist Symptom dafür, dass der Mensch bisher eine falsche Haltung zur Natur hatte.

Das Kernargument der Alternativen Umweltethik kann man wie folgt zusammenfassen.

1. *Kritische Gegenwartsanalyse*
   Die Umweltkrise ist Symptom für eine Krankheit.

2. *Geschichtsphilosophische These*
   Diese Krankheit liegt in einer falschen Einstellung und falschen geistigen Haltung.

3. *Therapievorschlag*
   Es bedarf einer neuen geistigen Haltung, einer Umkehr unseres Denkens und damit unserer Lebensweise.

In der Alternativen Umweltethik werden zwei unterschiedliche Krankheiten diagnostiziert und dementsprechend auch zwei Therapievorschläge formuliert. „Deep Ecology" oder die „Tiefenökologie" meint, eine „instrumentelle Einstellung gegenüber der Natur" – der Anthropozentrismus – sei zu überwinden. Der Ökofeminismus betont dagegen, dass die Kritik am Anthropozentrismus zu kurz greife. Es bedürfe einer Kritik am Androzentrismus.

8.2 Tiefenökologie (Deep Ecology)

Die Tiefenökologie (Deep Ecology) ist weder eine philosophische Position noch eine ethische Schule, sondern eine *Bewegung.*[1] Sie setzt sich insbesonde-

[1] Die wichtigsten Texte hierzu finden sich in: Sessions, Deep Ecology for the 21st Century.

re für eine andere Form des Umweltschutzes ein, der sich in zweifachem Sinne von einem herkömmlichen, oberflächlichen Ansatz, einer sogenannten „Shallow Ecology" abgrenzt:

Erstens tendiert die herkömmliche Umweltpolitik dazu, nicht bei den Ursachen der Probleme anzusetzen, sondern sie bemüht sich, negative Begleiterscheinungen bisheriger Praktiken mittels der Technologie oder des Ressourcenmanagements abzuschwächen. Ein Beispiel eines oberflächlichen Ansatzes in der Umweltpolitik wäre, störende Begleiterscheinungen der hochindustrialisierten Landwirtschaft wie Inzektizid- und Pestizidverbrauch durch gentechnologische Methoden zu reduzieren. Selbst wenn die technischen Methoden funktionieren und, was im Einzelfall ja zu prüfen wäre, keine zusätzlichen Probleme erzeugen, haben wir hier doch nur oberflächliche Maßnahmen vor uns. Das tiefer liegende Problem, ob es überhaupt eine hochindustrualisierte Landwirtschaft geben sollte, wird aussen vor gelassen. Genauso sind Hybrid-Motoren und mehr noch Biodiesel eine oberflächliche technologische Lösung, den derzeitigen Individualverkehr trotz Ressourcenverknappung unverändert aufrecht zu erhalten, wo es auf tieferer Ebene darum geht, die Verwendung von Autos und generell den mobilen Individualverkehr zu überdenken.

Diese Kritik sieht in der herkömmlichen Umweltpolitik eine Verhaltensweise, die jenem eines Menschen gleicht, der immer raffiniertere Methoden ersinnt, die ausufernden Bestände einer Sammlung zu archivieren. Jede neue Methode wird kurzfristig eine Entlastung bringen, aber über kurz oder lang wird der betreffende Mensch wieder vor demselben Problem stehen: Er wird in den Bergen seiner Sammlung untergehen. Die „tiefe" Lösung wäre hier, den Sinn der Sammlung selbst zu hinterfragen und das Begehren, immer mehr Objekte zu haben, zu zügeln.

Einer reformistischen, auf technologische Maßnahmen aufbauenden Umweltpolitik wird in der Tiefenökologie eine *radikale* Umweltpolitik gegenübergestellt, die auch wagt, das Paradigma eines fortwährenden Wachstums und steten technologischen Fortschritts in Frage zu stellen.

So wichtig diese Überlegungen auch sind, stehen sie ausserhalb des Fokus dieses Buches. Hier geht es nicht darum, wie ein Problem zu lösen ist, sondern um die grundlegendere Frage, was aus welchen Gründen heraus überhaupt als Problem anzusehen ist.

Zweitens ist der herkömmliche Umweltschutz durch eine oberflächliche Denkweise gekennzeichnet, welche ökologische Politik vollständig den Zielen menschlicher Gesundheit und menschlichen Wohlergehens unterordnet. Dieses Denken wird – wie auch hier in diesem Buch geschehen – als Anthropozentrismus gezeichnet. In diesem Verständnis steht Anthropozentrismus, wie oben bereits gesagt, dem ebenfalls stets abwertend gebrauchten Begriff des Eurozentrismus viel näher als den moralphilosophischen wertneutralen Begriffen des Theo-, Ratio-, Patho- Bio- oder Ökozentrismus. Mitunter wird dieser Anthropozentrismus auf einer ratio- oder theozentrischen Position fussen, aber dann in der Regel unbewusst und unreflektiert. Meist fusst der Anthropozentrismus auf vagen ethischen Vorstellungen.

Der Anthropozentrismus steht aus Sicht der Tiefenökologie nicht nur für eine Haltung, in der der Mensch aus der Natur herausgelöst wird. Zudem ist er, so wird gesagt, dadurch geprägt, sich allein auf die instrumentelle Vernunft zu verlassen. Auf Nutzenmaximierung ausgerichtete Wesen suchen ihren eigenen Lebensstandard zu verbessern. Anthropozentrismus steht also auch für Ökonomismus oder, wie es oft irreführend heißt, für „Utilitarismus". Dass eine solche Auffassung mit der ethischen Position des Utilitarismus nichts zu tun hat, muss kaum gesagt werden. Dass es Anhänger eines Ökonomismus gibt, für die alles einen Preis, aber nichts einen Wert hat, muss nicht weiter ausgeführt werden.

Vor dem Hintergrund der Ablehnung eines so verstandenen Anthropozentrismus sind die acht Schlüsselaussagen[2] der Tiefenökologie zu verstehen. Es handelt sich um klare Antithesen zu der anthropozentrischen Werthaltung:

1. Dem Wohlbefinden und Gedeihen menschlichen und nichtmenschlichen Lebens kommt ein Eigenwert zu.
2. Die Biodiversität trägt zur Realisierung dieses Werts bei und stellt ebenfalls einen Wert in sich selbst dar.
3. Menschen haben kein Recht, den Reichtum und die Vielfalt von Lebensformen zu beeinträchtigen, es sei denn, sie tun dies, um lebensnotwendige Bedürfnisse zu befriedigen.
4. Das Gedeihen menschlichen Lebens verträgt sich mit einem substantiellen Bevölkerungsrückgang. Das Gedeihen nicht-menschlichen Lebens *bedarf* eines solchen Rückgangs menschlichen Lebens.
5. Die gegenwärtigen menschlichen Eingriffe in die nicht-menschliche Welt sind unangemessen und verschlechtern die Situation.
6. Die Politik muss deshalb radikal verändert werden. Diese Veränderungen betreffen ökonomische, technologische und ideologische Strukturen.
7. Die ideologische Veränderung liegt hauptsächlich darin, Lebensqualität (im Sinne von Erleben intrinsischen Werts) anzuerkennen, anstatt an einem immer wieder wachsenden Lebensstandard festzuhalten. Es wird eine tiefe Sensibilität gegenüber dem Unterschied zwischen Qualität und Quantität geben.

---

[2] Naess, Die tiefenökologische Bewegung, S. 188.

8. Diejenigen, welche die Punkte 1-7 unterschreiben, haben eine Verpflichtung, sich um die dazu notwendigen Veränderungen zu bemühen.

Welche theoretische Grundposition oder welcher religiöse Glauben Personen dazu bringt, die Plattform anzuerkennen, ist für die Deep Ecology-Bewegung irrelevant.[3] Wichtig ist nur, dass diese Sätze unterschrieben werden.

Dies klingt ein wenig nach einem Glaubensbekenntnis. Als solches könnte man es zur Kenntnis nehmen; und es wäre Privatsache, ob man es unterschreibt oder nicht. Sind die Tiefenökologen jedoch der Auffassung, dass sich alle Menschen nach den Sätzen der Plattform richten sollen, muss es mehr sein als dies. Da sie bewusst auf die Formulierung einer Theorie verzichten, bliebe dann nur eine Möglichkeit. Um intersubjektive Gültigkeit zu haben, müssten sich die Sätze auf einen überlappenden Konsens aller Weltanschauungen und Philosophien stützen. Dies ist allerdings nicht der Fall. Schließlich lehnen etliche Positionen die obigen Schlüsselaussagen explizit und vehement ab. Ratiozentristen etwa könnten die Plattform nicht unterschreiben, ja auch Pathozentristen hätten Schwierigkeiten damit. Tiefenökologen haben daher nur drei Möglichkeiten, wollen sie an dem Gedanken festhalten, die Plattform würde durch einen überlappenden Konsens getragen.

Sie könnten *erstens* zeigen, dass all jene, die man für Ratio- und Pathozentristen hält, in Wirklichkeit keine sind, sondern ebenfalls die Plattform unterschrieben hätten. Auch Kant, so müsste man etwa zeigen, hätte demnach Tieren und Pflanzen einen inneren Wert nicht abgesprochen, sondern ihnen doch eine Form des Wertes zugesprochen (wenn auch nicht jenen inneren Wert, jene Würde, die nur vernünftigen Wesen zukommt). Gelingt dies nicht, so hätte man keinen gemeinsamen Nenner, auf den sich die Vertreter aller ethischen Theorien einigen könnten.

Die *zweite* Möglichkeit wäre, zu zeigen, dass jene Positionen, welche die Sätze der Plattform ablehnen, auf so grundlegenden Fehlern beruhen, dass sie aus dem Kreis ernsthafter Theorien ausscheiden. Aber die Tiefenökologen befassen sich kaum mit Ratio- und Pathozentrismus, sondern nur mit dem Anthropozentrismus. Nur letzteren lehnen sie ab.

---

[3] Arne Naess' eigene Philosophie *Ökosophie T* (T steht für Tvergastein, eine Berghütte in Norwegen) ist nur eine von vielen möglichen Wurzeln von Deep Ecology. Kern dieser Ökosophie T ist der Gedanke der Selbst-Realisierung, der Entfaltung eines „grossen Selbst", das über die eigene Person hinausgeht und auch die Realisierung aller Lebensformen umfasst. Dabei denkt er nicht an ein Aufgehen ins Kollektiv, aber doch an eine gesteigerte Identifizierung mit anderen. Diese Philosophie hat für ihn nicht zuletzt auch didaktische und dialektische Bedeutung. Sie soll andere veranlassen, ihre eigene Position offen zu legen. Im Zentrum von Deep Ecology steht jedoch die Anerkennung der obigen Plattform, keine Theorie.

Die *dritte* Möglichkeit wäre ein Eingeständnis, dass die Annahmen über den Eigenwert nicht-menschlichen Lebens oder der Biodiversität nicht notwendig wörtlich zu verstehen seien, sondern dass es sich hier um pragmatisch bestimmte Formulierungen handelt. Ein von allen geteiltes Ziel könne nur erreicht werden, wenn man alles Leben und die Biodiversität so behandelt, *als o*b ihnen Eigenwerte zukommen. Eine solche pragmatische Lesart müssten die Vertreter aller ethischen Theorien akzeptieren, die einen Anthropozentrismus – im oben beschriebenen Sinne – zurückweisen. Dann müsste man freilich die Frage, wieso der Anthropozentrismus falsch sei, nicht nur überzeugend beantworten, sondern zudem so, dass wiederum Vertreter aller Theorien zustimmen können.

Unter diesen Voraussetzungen ist nur eine Antwortstrategie denkbar: Die Umweltkrise habe deutlich gemacht, dass die Menschheit auf einem Kurs sei, auf dem sie nicht nur die Natur, sondern auch sich selbst zerstört. Allein auf die Folgen zu verweisen, welche dieses Denken für die Natur und die nachhaltige Entwicklung der menschlichen Gesellschaft hat, ist natürlich nicht ausreichend. Es bliebe noch unbeantwortet, warum diese Folgen als negativ zu bezeichnen sind. Aber wenn es um eine Zerstörung allen Lebens und auch allen menschlichen Lebens geht, besteht eine bessere Aussicht, doch einen Grundkonsens aller ethischen Theorien zu finden. Geht es um die Zerstörung der Natur und die Selbstzerstörung des Menschen, werden alle ethischen Theorien dies, wenn auch aus unterschiedlichen Gründen, ablehnen. Sei es, weil hier etwas zerstört wird, dass auf keinen Fall selbst zerstört werden darf, sei es, weil es Leid für die betroffenen Wesen impliziert, das Eigengut von Lebenden oder der belebten Natur zerstört wird. Für die Deep Ecology gäbe es also einen Grundkonsens, von dem ausgegangen werden soll: die Ablehnung des Anthropozentrismus.

Auf einem festen Fundament stünde die Deep Ecology freilich nur dann, wenn eine durch eine anthropozentrische Haltung geleitete Lebenspraxis und Politik wirklich Folgen zeitigen, die von allen ethischen Theorien abgelehnt werden. Dies ist eigentlich nur dann möglich, wenn dadurch die Bedingungen menschlichen Lebens auf der Erde zerstört werden. Sofern die Folgen auch nur ein wenig schlechter einzuschätzen sind, bröckelte der Grundkonsens sofort wieder weg. Dies ist die erste Schwierigkeit: die Prognose muss wirklich stimmen. Die zweite liegt in der positiven Antwort, welche die Deep Ecology gibt.

Der übergreifende Konsens aller wohlwollenden ethischen Theorien ist viel zu dünn, um eine Ausgangsbasis zu liefern, auf denen umweltpolitische Ansätze aufbauen könnten. Nehmen wir hierzu nochmals die acht Schlüsselaussagen in den Blick:

Dass (1) dem Wohlbefinden und Gedeihen aller Lebewesen ein Wert zukommt, würden zwar nicht nur Bio- und Ökozentristen sagen, sondern auch theologische Vertreter der Lehre von der moralischen Sonderstellung des Menschen. Allerdings unterscheiden sich die Positionen stark, wenn es um das Gewicht geht, dass Interessen nicht-menschlicher Lebewesen zukommt. In einer theozentrischen Ethik würde zwar der relationale Wert nicht-menschlichen Lebens anerkannt, aber dieser wäre unvergleichlich kleiner als jener, der diesem in einem egalitären Biozentrismus zugesprochen wird. Auf dieser Basis können keine eindeutigen tiefenökologischen Lösungen formuliert werden. Allenfalls eine gewisse Rückhaltung und Sorgfalt im Umgang mit nicht-menschlichen Leben mag in einem Binnenkonsens akzeptiert werden. Alle Positionen, die weiter gehen als dies und etwa eine vegane Lebensweise fordern, würden nicht mehr durch den Binnenkonsens getragen.

Satz (2) der tiefenökologischen Plattform fordert, sich für „Reichtum und Vielfalt von Lebensformen“ einzusetzen. Dass Biodiversität ein Wert zukommt, mag in vielen ethischen Theorien angenommen werden. Aber strittig ist, welcher Art dieser Wert ist, ein Eigenwert, ein inhärenter Wert oder ein instrumenteller Wert. Naess verkleinert seine Zustimmungsbasis, wenn er sagt, biologische Vielfalt stelle wie kulturelle Vielfalt einen Wert in sich selbst dar, der unabhängig ist „von jeglicher Kenntnis, jeglichem Interesse oder jeglicher Wertschätzung desselben durch irgendein bewusstes Wesen.“[4] Aber damit ist immer noch offen, welche praktischen Konsequenzen sich daraus ergeben. Erstens haben wir hier das Problem der Wertkonflikte: Die Tiefenökologie fordert ja z.B. auch, den Eigenwert jedes Lebewesens zu achten (Satz 1). Wie soll dann aber im Konfliktfall zwischen Individualwohl und Erhalt der Biodiversität entschieden werden? Dürfen, ja sollen eingeschleppte und eingewanderte Lebewesen, seien es fremde Tiere (Neozoen), Pflanzen (Neophyten) oder Pilze (Neimyceten) getötet werden, um die Biodiversität zu sichern? Soll man Wildkaninchen in Australien töten oder den Riesen-Bärenklau bekämpfen? Zu diesem und anderen Konflikten findet sich keine Antwort. In Bezug auf Biodiversität kommt ein zweites Problem hinzu. Arne Naess bemerkt zu Satz 2 der Plattform, dass „das Leben selbst, als ein Prozess über eine Entwicklungszeit hin, eine Zunahme an Vielfalt und Reichtum beinhaltet.“ Ob dies empirisch korrekt ist, ist schon fraglich. Aber selbst wenn, stellt sich ein Problem: Wenn Vielfalt geschätzt wird, weil sie „natürlich“ ist, ist fraglich, wieso die Reduktion der Vielfalt durch den Menschen etwas Schlechtes ist. Da auch der Mensch Teil der Natur ist, wäre ein natürlicher Prozess durch einen anderen ersetzt worden. Hier müsste man ein neues Argument haben, um zu begründen, dass der eine Prozess hin zu einer höheren Vielfalt normativ besser ist als jener, der durch den Menschen eingeleitet wird.

Dass (3) der Mensch nur soweit in Reichtum und Vielfalt der Lebensformen eingreifen darf, dass seine lebensnotwendigen Bedürfnisse gestillt werden, würden auch nur die Vertreter der wenigsten Theorien unterschreiben.

[4] Naess, Die tiefenökologische Bewegung. S.189.

Vertreter der Lehre von der moralischen Sonderstellung des Menschen erlauben dem Menschen hier weit mehr Eingriffe.

Dass (4) eine Reduktion der menschlichen Bevölkerungszahl moralisch notwendig sei, mag als Zielbestimmung wenig strittig sein; aber wenn es um das Ausmaß und die Art und Weise dieser Reduktion geht, besteht zwischen Ethikern bereits starker Dissens. Die diesbezüglichen Auffassungen der Tiefenökologie würden wohl die wenigsten unterschreiben. Nehmen wir nur dieses Zitat von Arne Naess:

> Diese Schätzungen einer optimalen menschlichen Bevölkerungszahl variieren. Einige quantitative Schätzungen sprechen von 100 Millionen, 500 Millionen oder einer Milliarde, aber alle erkennen an, dass eine langfristige Verringerung durch sanfte, aber wirkungsvolle Maßnahmen notwendig ist. Dies wird eine Bevölkerungszunahme bei Tausenden von Spezies ermöglichen, die heute durch menschliches Eingreifen beeinträchtigt sind.[5]

Wie immer auch diese „sanften“ Maßnahmen aussehen, es ist schwer zu sehen, wie sie mit einem Recht auf Selbstbestimmung zu vereinbaren wären. Tiefenökologen könnten einwenden, dass es hier um ein objektiv gültiges moralisches Gebot gehe: Der Respekt vor dem Eigenwert von Lebewesen rechtfertige diese Einschränkung. Allerdings geht es nicht darum, dass hier die Freiheit des einzelnen dort zu enden habe, wo die Freiheit des anderen beginnt Die Reduktion der menschlichen Bevölkerungszahl hat positive Auswirkungen auf Mitglieder nicht-menschlicher Spezies. Wenn dies aber die These ist, reduziert sich erneut die Zahl der Weltanschauungen und Philosophien, welche die Plattform unterstützen.

Alle Unterzeichner der Plattform werden (5) die derzeitigen Eingriffe des Menschen in die Natur für unangemessen halten. Dies ist ja der Grund, dass sie der Tiefenökologie zustimmen. Aber daraus ergibt sich keine Einigkeit darüber, was angemessene Eingriffe sind. Genauso ist es einfach, Zustimmung zur These zu finden, dass (6) Änderungen auf technologischer, politischer und ökonomischer Ebene notwendig sind. Offen bleibt nur, welche Änderungen erforderlich seien.

In positiver Hinsicht ebenfalls offen ist, was es bedeutet, dass (7) ein stetig steigender Lebensstandard nicht alles ist, sondern es auf die Qualität ankommt. Ein religiöser Ethiker wird beim Begriff Qualität wohl an anderes denken als ein Hedonist. Allerdings ist dies noch einer der klarsten Punkte. Insgesamt fordert die Tiefenökologie zu einer Mässigung auf.

Zusammenfassend kann man also festhalten: Den Plattformgedanken können die Vertreter einiger Weltanschauungen und Philosophien zustimmen, aber nicht alle. Getragen wird die Plattform dabei weniger von gemeinsa-

---

[5] Naess, Die tiefenökologische Bewegung, S. 196.

men Zielen, denn von einer Ablehnung des Anthropozentrismus. Eine rein instrumentelle Haltung gegenüber der Natur und den daraus entstandenen Folgen wird zurückgewiesen. Getragen wird dies durch den Gedanken, dass diese Auffassung von allen ethischen Theorien und allen Weltanschauungen geteilt wird. Zu allen anderen ethischen Fragen muss die Tiefenölologie eine Antwort schuldig bleiben, sofern diese intersubjektive Verbindlichkeit beanspruchen will.

8.3 Ökofeminismus

Der Ökofeminismus[6] grenzt sich an einer entscheidenden Stelle kritisch von der Deep Ecology-Bewegung ab. Die Deep Ecology-Bewegung sieht einen verbreiteten Anthropozentrismus als die Wurzel der Herrschaft über die Natur. Dabei verkennt sie, so der Ökofeminismus, dass nicht Anthropo-, sondern *Androzentrismus* (andro: das Männliche) Quell des Übels ist. Indem die Deep Ecology-Bewegung die Wurzeln der Umweltzerstörung geschlechtsneutral zu beschreiben sucht, bleibt sie a) im androzentrischen Denken verhaftet. Zudem werden Frauen b) beschuldigt, ebenso im anthropozentrischen Denken verhaftet zu sein. Den Unterdrückten wird so vorgeworfen, selbst zu unterdrücken.[7]

Der Ökofeminismus sieht eine Parallele zwischen der Unterdrückung der Frau und der Unterdrückung der Natur. Zwischen beiden Bereichen der Unterdrückung gibt es ebenso eine enge Beziehung wie zwischen Frau und Natur:

1. Die androzentrische Denkweise trennt zwischen Geist und Körper, Kultur und Natur, Mensch und Natur, Mann und Frau, wobei der erst genannte Begriff stets etwas kennzeichne, welchem ein höherer Wert, ein höheres Prestige und ein höherer Status zugesprochen werden.
2. Ein unterdrückendes und patriarchalisches Denken drückt sich auch in der Unterdrückung der Natur aus.
3. Einem analytischen, beziehungslosen „objektiven“ oder „wissenschaftlichen“ männlichen Denken wird ein gefühlsbetontes und beziehungsfreundliches weibliches Denken gegenübergestellt. Der Mensch dürfe nicht aus der Natur herausgelöst werden. Vielmehr gilt es, zurückzukehren zu organistischen Konzeptionen der Natur, welche eine Kooperation von Mensch und Natur vorsahen.

---

[6] vgl. insbesondere: Warren, The Power and Promise of Ecological Feminism, und Plumwood, Nature, Self, and Gender.

[7] vgl. zu dieser Diskussion: Fox, The Deep Ecology-Ecofeminism Debate.

4. Der Ökofeminismus fordert einen anderen erkenntnistheoretischen Zugang. Die rationale Analyse, welche Wesen ein moralischer Status zukommt, geht in die Irre und bleibe dem Androzentrismus verhaftet. Nicht die Ethik ist Kern einer Umweltphilosophie, sondern das Durchdenken jener allgemeinen Denkgewohntheit, welche der Unterdrückung von Natur und Frau zugrunde liegt. Auch die Umweltethik ist nach ökofeministischer Ansicht in einem Rationalismus verfangen, den es zu überwinden gilt.

Es wäre zu fragen, ob eine solche Bipolarität zwischen männlichem und weiblichem Denken wirklich besteht. Wir können hier aussen vor lassen, ob sich dabei überhaupt so stark geschlechter- und nicht vielmehr genderspezifische Unterschiede finden lassen. Schließlich müssen wir auch nicht diskutieren, ob es nicht doch denkbar, ja belegt ist, dass Unterdrückte mitunter selbst unterdrücken. Hier sollen die normativen Aussagen im Vordergrund stehen. Was ins Auge sticht ist, dass die Gut/Schlecht Polarisierung der Werte beibehalten, aber einfach diametral umgekehrt wird. Die normative These ist, dass ein von androzentrischen Einflüssen freies weibliches Denken eine angemessene Haltung zur Natur bedingt, in der man sich nicht positiv aus der Natur herausgehoben sieht, sondern als ein Teil derselben. Wie schon bei der Tiefenökologie beruht diese These auf einer Verurteilung bestehender Missstände. Allerdings stellt auch eine solche Verurteilung ein Werturteil dar, das begründungsbedürftig ist. Auch bei anderen impliziten Werturteilen wünschte man eine Ausformulierung. Dass etwa beziehungsbetontes Denken besser ist als eines, in dem Beziehungen und Abhängigkeiten nicht dasselbe überwiegende Gewicht zugesprochen werden, ist noch eine leere These: Man müsste aufzeigen, welche Beziehungen aus welchen Gründen aufgenommen und beibehalten werden sollen.

Für diese Arbeit ist aber eine andere Wertung von weit höherer Bedeutung: die Kritik an einem um Objektivität bemühten analytischen Denken. Führt es wirklich in die Irre und ist ein beziehungsfreundliches Denken, das Gefühlen und Emotionen eine zentrale Rolle gibt, wirklich normativ überlegen? Wäre dies der Fall, läge dieser Arbeit generell die falsche Methode zugrunde. Es wäre Teil eines „rationalistischen" und „szientistischen" Denkens, das selbst zur Umweltzerstörung beigetragen hat.

Dass das Werkzeug der Rationalität auch für schlechte Zwecke eingesetzt werden kann, ist trivial. Rationalität wäre freilich nur dann abzulehnen, wenn dieses Werkzeug nur für schlechte Zwecke eingesetzt werden kann oder dessen Anwendung am Ende immer negativ zu beurteilen ist. Dies wäre eine starke These. Aber um sie prüfen zu können, müssten wir freilich erst wieder wissen, was negativ zu beurteilen ist. Welche Kriterien ständen hier zur Wahl?

1) Moralische Intuitionen

Hier finden sich jene Ansätze, welche sich bemühen, unsere moralischen Intuitionen zu rekonstruieren. Dies wäre ein hervorragendes Kriterium, wenn moralische Intuitionen die moralische Wahrheit erschließen. Aber weder ist klar, *was* die Intuitionen wahrnehmen, noch, *wie* sie es tun. Es ist weit plausibler, Intuitionen als Widerspiegelung traditioneller Überzeugungen zu nehmen. Dann aber sind moralische Intuitionen einfach eine Form von Autoritätsargumenten. Weil es immer schon so gemacht und gedacht wurde, muss es weiter so gemacht und gedacht werden. Das Autoritätsargument (argumentum ad verecundiam) reiht man allerdings unter den Fehlschlüssen ein. Dass eine Autorität etwas sagt, ist kein Garant für die Wahrheit einer Aussage.

2) Rationale Argumentation

Kriterium für die Richtigkeit moralischer Urteile ist hiernach die Nachvollziehbarkeit der Argumente, die für sie sprechen. Es gibt eine Reihe von Kriterien, mit der wir gute und schlechte Argumente unterscheiden können. Begriffliche Klarheit, logische Schlüssigkeit und (sofern vorhanden) Übereinstimmung mit empirischen Fakten. Hier finden wir jene Moraltheorien, die sich um die Nachvollziehbarkeit von Argumenten bemühen. In diesem Kontext finden sich insbesondere die sogenannt metaphysikfreien Ethiken. Diese Ethiken zeichnen sich durch einen Verzicht auf spekulative Aussagen aus. Es dürfen keine Voraussetzungen benutzt werden, die sich nicht jedenfalls im Prinzip gegenüber jedermann rational rechtfertigen lassen.

3) Gefühle und Emotionen

Als dritte Möglichkeit kämen Gefühle und Emotionen in Frage. Aus diesem Bereich müssten jene Kriterien stammen, auf die Ökofeministen aufbauen. Dies ist das noch zu prüfende alternative Kriterium. Dabei kann es nicht darum gehen, ob Gefühle und Emotionen in der Moral eine Rolle spielen. Ich wüsste nicht, wie man bezweifeln sollte, dass ihnen etwa bei der Motivation zum moralischen Handeln oder bei moralischen Sanktionen eine wesentliche Rolle zukommt. Genausowenig ist die Frage angeschnitten, ob man sich die Entstehung der Moral im Laufe der Evolution anders erklären kann als unter Verweis auf Emotionen und Gefühle. Es muss alleine interessieren, ob Gefühle eine Begründungsfunktion haben können.

Es ist nicht zu leugnen, dass die nicht-menschliche Natur Gefühle und Emotionen auslöst. Bestimmte Naturareale können beim menschlichen Betrachter ein Gefühl der Ehrfurcht auslösen. Auch der Anblick eines Tigers kann mit der Empfindung verbunden sein, dass es gut ist, dass es solche

Tiere gibt. Ein solches Erleben ist keine „übernatürliche Form der Wahrnehmung“, sondern etwas, das wir bei uns selbst und an anderen beobachten können. Die Rocky Mountains oder auch die Greina-Hochebene sind Landschaften, die in Menschen ohne Zweifel Gefühle der Ehrfurcht wecken können. Die meisten Menschen empfinden eine Welt mit Tigern besser als eine ohne diese. Aber eine ganz andere Frage ist, ob ein solches, wenn auch nachvollziehbares Erlebnis oder Empfinden eine moralische Forderung rechtfertigen kann, dass andere Personen etwas tun oder lassen sollen. Dabei stehen wir vor einem unüberbückbaren Problem: Natur und Naturentitäten können solche Gefühle wecken, aber sie wecken sie nicht notwendig in allen Menschen. Die einen mögen sich am Anblick einer Kreuzspinne erfreuen, die anderen werden das Tier emotionslos betrachten und andere mit Furcht oder gar mit Abscheu.

Sollen ethische Überlegungen, die sich auf Gefühle oder auch auf ästhetische Erfahrungen stützen, mehr sein als bloße Proklamation eigenen Erlebens, dann müsste in den Gegenständen, die diese Gefühle oder ästhetischen Erfahrungen auslösen, etwas innewohnen, dass notwendig dieses innere Erleben auslöst. Damit sind wir erneut bei jener Diskussion, die wir im Kontext moralischer Intuitionen kennengelernt haben. Sind Schönheit und Erhabenheit Eigenschaften natürlicher Objekte, die alle Menschen erfahren müssen, oder handelt es sich hier um kulturell erlernte Vorstellungen, die bei Vertretern bestimmter Kulturen bestimmte Erlebnisse bedingen? Selbst wenn das Gefühl der Erhabenheit notwendig ausgelöst wird, bliebe noch eine zweite Frage, ob daraus bestimmte moralische Forderungen erwachsen. Die Aussage „Der Anblick des jagenden Tigers ist erhaben, aber ich erschieße ihn“, ist kein Widerspruch in sich selbst. Auch Sympathie und Mitleid helfen nicht. Mitleid tritt nicht notwendig ein, wenn ein anderes Wesen leidet. Ein hungernder Kojote kann Mitleid in Menschen auslösen, dies muss aber nicht der Fall sein. Hat eine Person Mitleid mit dem Kojoten, wird sie sehr oft versuchen, dem leidenden Lebewesen zu helfen. Aber was ist, wenn dies nicht geschieht? Was könnte uns dann erlauben, moralische Forderungen an sie zu stellen? Ja, selbst wenn wir eine Antwort auf diese Frage hätten, müssten wir noch klären, was die mitleidige Person tun darf und was nicht. Darf sie den Kojoten töten? Muss sie ihm Futter geben? Aber das hieße, sie müsste ein anderes Tier töten, um den Kojoten zu füttern. Sobald wir solche Fragen in den Blick nehmen, müssen wir die gefühlsmässige Seite ausser Acht lassen und stattdessen argumentieren.

Die Notwendigkeit des Arguments zeigt sich auch, wenn es darum geht, wie Personen miteinander umgehen sollten, die unterschiedliche Gefühle haben. Niemand kann jemand auffordern, Mitleid zu empfinden. Entweder empfindet man es oder nicht. Geht es um andere Gefühle, mag ein Dialog schnell zum Sandkastendisput werden „Es ist erhaben.“ „Nein, es ist nicht erhaben." „Ist es aber doch!" Käme Gefühlen die Begründungsfunktion ethischer Urteile zu, kämen wir aus dieser Situation nicht heraus.

Dabei geht es nicht darum, dass auf Gefühle aufbauende Argumentationen mitunter Konflikte verschärfen und zudem das weitere Gefühl moralischer Überlegenheit auslösen können. Denn wer die „richtigen" Gefühle der Ehrfurcht nicht hat, muss ja ein „rationalistischer", „kalkulierender", „kalter" Kopf sein. Und wieso sollte man dessen Haltung dann überhaupt ernst nehmen? Der Gegner wird also nicht als gleichberechtigter Diskurspartner anerkannt, er zeigt Unzulänglichkeiten, die ihn aus dem Diskurs ausschließen. Aber mit gutem Recht kann man hier einwenden, das gälte auch, wenn man die Kehrseite betrachtet. Wer nur gefühlsmäßig argumentiert, gilt als „gefühlsdusslig" und „realitätsfern"; und wiederum auf Grund dieser Zuschreibung besteht Gefahr, als Diskurspartner nicht ernst genommen werden zu müssen. In beiden Situationen ist eine Eskalation der Konflikte vorprogrammiert.

Das eigentliche Problem ist, dass Konflikte nicht überwunden werden können, wenn es allein um Gefühle ginge. Auch wenn man das Gefühl als authentische Einstellung des anderen respektiert, bleibt dem anderen nur zu sagen, dass er nicht dasselbe empfindet. Um weiter zu kommen, muss eine gemeinsame Basis gefunden werden. Diese liegt aber nicht im Bereich der Gefühle, sondern im Bereich rationaler Argumente. Argumentiert jemand anderes für eine Position, die man bisher ablehnt, besteht stets die Möglichkeit, überzeugt zu werden. Hat der andere ein überzeugendes Argument vorgebracht, kann der andere nicht sagen: „Deine Argumentation ist schlüssig und korrekt; ich denke aber, sie ist falsch." Denn dies ist eine in sich widersprüchliche Aussage.

Der Verweis auf Gefühle kann in Argumenten eine Rolle spielen. Aber bei der Suche nach einer intersubjektiv verbindlichen Ethik muss die Argumentation im Vordergrund stehen, nicht das Gefühl. Diesen Aspekt des Ökofeminismus muss man zurückweisen. Wie sieht es aber insgesamt mit dieser Alternativen Umweltethik aus?

Der Ökofeminismus möchte einer in der traditionellen Umweltethik vernachlässigten Sensibilität stärkere Bedeutung und Beziehungen eine bedeutendere Rolle geben sowie die jeweilige konkrete partikulare Ausgangssituation des Akteurs hervorheben. Dass Personen eine konkrete Ausgangssituation haben und in ihrem Leben Beziehungen eine bedeutende Funktion spielen, ist unbestritten. Aber dies ist eine empirische These. Fraglich ist jedoch, ob man den eigenen Beziehungen in ethischer Hinsicht diese Bedeutung geben darf oder zu einem unparteiischen Standpunkt verpflichtet ist. Ob ethische Urteile von einem archimedischen Standpunkt aus erfolgen dürfen, wird nicht nur von den Ökofeministinnen bestritten. Vielleicht haben sie Recht darin, dass Ausgangspunkt moralischer Überlegungen jene konkrete Person sein soll, die wir empirisch sind, und dass diese zu Recht ihren eigenen Beziehungen moralische Bedeutung zuweist. Es geht hier nicht darum, dass die Ökofemistinnen Unrecht haben. Es ist nur darauf zu verweisen, dass die von ihnen vorgebrachten Überlegungen bei weitem nicht das tragen, was sie tragen sollen. Die ethische Frage, ob moralische Urteile von einem archimedischen Standpunkt aus erfolgen sollen, lässt sich nicht über den Verweis auf Geschlechterunterschiede beantworten. Ebenfalls ist sie nicht durch eine Kritik an den negativen Konsequenzen einer androzentrischen Haltung zu entscheiden und auch nicht durch einen Verweis auf die positiven Folgen einer ökofeministischen Haltung. Denn von welchem Standpunkt aus soll über die Richtigkeit und Falschheit von Konsequenzen entschieden werden? Hier stellt sich beim Lesen der Schriften von Ökofeministinnen dasselbe Unbehagen ein wie bei der Lektüre der tiefenökologischen Texte. Sie fordern zu einer neuen moralischen Haltung auf, aber nie erfolgt eine Begründung, warum man diese Haltung einnehmen soll.

Die Überlegungen der Alternativen Umweltethik ändern nichts an den bisherigen Überlegungen. Bevor ich zu den positiven Überlegungen über die richtige ethische Theorie übergehe, werde ich noch auf ein Thema eingehen, dass bisher ausgeklammert wurde: die Frage des Artenschutzes. Dieses Thema soll zudem genutzt werden, aufzuzeigen, welche praktischen Folgen sich aus den verschiedenen Antworten auf die Frage nach den moralischen Objekten ableiten. Zudem wird sich erneut zeigen, welche Bedeutung der Frage nach moralischen Güterabwägungen zukommt.

9.
UND WAS IST MIT DEM ARTENSCHUTZ?

9.1 CODFISH-ISLAND

Der Kakapo ist ein flugunfähiger Eulenpapagei. Vor der Besiedlung Neuseelands gab es Hunderttausende dieser Vögel, heute, im Jahr 2008, sind es gerade einmal einundneunzig. Menschliche Jagd spielte eine Rolle, aber nicht die ausschließliche. Die Kakapos hatten jenen Tieren, welche die menschliche Ausbreitung begleiteten, nichts entgegenzusetzen. In Neuseeland gab es zuvor keine räuberischen Säugetiere, weder Fuchs, Wieselartige noch Katzen. Die Kakapos waren so weder zur Flucht noch zur Verteidigung vorbereitet und wurden trotz ihrer Größe (von sechs bis sieben Pfund Gewicht) eine leichte Beute für die Säuger. Noch ein anderer Umstand kam hinzu. Kakapoweibchen legen nur alle drei oder vier Jahre ein Ei. Dies mochte früher vorteilhaft gewesen sein, verhinderte es doch eine Überbevölkerung der Insel. Aber durch die geringe Nachwuchszahl wirkten sich die Jagd der Säuger und das Ausrauben der Nester durch Ratten umso stärker aus.

Um das Aussterben der Kakapos zu verhindern, entschloß sich die neuseeländische Regierung zu einer einschneidenden Maßnahme. Zwei Inseln (Codfish- und Barrier-Island) wurden für die Ansiedlung der noch lebenden Kakapos vorbereitet, indem alle dort lebenden Tiere, die nicht zur „Urbevölkerung" gehörten, getötet wurden. Dazu gehörten nicht nur Säuger, welche als blinde oder ordentliche Passagiere menschlicher Schiffe auf die Insel gelangt waren, sondern auch jene neuseeländischen Tiere, welche erst vor kurzer Zeit dorthin gelangten. In ihrem Buch „Die letzten ihrer Art" schreiben der Schriftsteller Douglas Adams und der Zoologe Mark Carwardine:

> Codfish-Island ist eine der letzten Zufluchtstätten für viele Vögel, die man sonst fast nirgendwo auf der Welt mehr vorfindet. Genau wie Barrier Island war die Insel erbarmungslos von allem gesäubert worden, was ursprünglich nicht dort gewesen war. Sogar der flugunfähige Weka, ein fieser, aufrührerischer, entenähnlicher Vogel, der in anderen Gebieten Neuseelands zu den Ureinwohnern zählt, war ausgerottet worden. Er gehörte nicht zu den Ureinwohnern von Codfish-Island und griff Cooks Sturmschwalben an, die sehr wohl dazugehörten.[1]

[1] Vgl. Adams & Carwardine, Die letzten ihrer Art, S.165.

Die letzten Kakapos wurden eingefangen und auf diese Inseln geflogen. Ende der 80er Jahre lebten hier 40 Tiere, die meisten davon Männchen. Um sie zu schützen, kontrollierten Wildhüter weiterhin die Küsten, um mögliche neue Raubtiere zu töten. Gefährlich waren insbesondere zufällig anlegende Boote. Eingeschleppte Ratten oder eine trächtige Katze konnten den gesamten Kakapo-Bestand einer Insel gefährden. Diese Anstrengungen zeigten Wirkung, die Zahl stieg auf 90 Tiere.[2] Der Schutz eines Kakapos kostet freilich etlichen Säugern das Leben. Die Frage ist, ob dies moralisch gerechtfertigt ist.

9.2 Unsere Common Sense-Einstellung zum Artenschutz

Beziehen wir uns auf den moralischen Common Sense, haben wir keine Probleme, die Maßnahmen zum Kakaposchutz zu verteidigen. Stehen wichtige gesellschaftliche Ziele und Werte auf dem Spiel, ist die Tötung einer Vielzahl von Tieren ein moralisch erlaubtes Instrument. Und Artenschutz würden viele zu jenen gesellschaftlichen Zielen zählen, wegen derer der Tod einzelner Tiere in Kauf genommen werden darf.

Artenschutz wird von den meisten Mitgliedern unserer Gesellschaft moralisch für richtig gehalten. Dies kann mit einer Reihe von Beispielen belegt werden.

- Vertreter von in ihrer Existenzberechtigung angezweifelten Zoologischen Gärten betonen die Notwendigkeit ihres Wirkens für den Artenschutz. Sie meinen, aus der moralischen Befürwortung des Artenschutzes auch eine Rechtfertigung ihrer eigenen Institution ableiten zu können.
- Wenn gegen die Verwendung von Schimpansen in der Aidsforschung argumentiert wird, weist man selten auf deren kognitive Fähigkeiten hin, aber weit häufiger darauf, dass Schimpansen vom Aussterben bedroht sind.
- Gegner technischer Grossanlagen, etwa von Staudämmen oder Kanälen, geben dem Argument, der Bau führe zur Vernichtung bedrohter Arten, ein großes Gewicht. Dass auch Angehörige nicht bedrohter Arten bedroht sind, wird dagegen selten der Erwähnung wert gefunden.

[2] Vgl. zum aktuellen Stand des Kakaposchutzes die Website: http://www.kakaporecovery.org.nz/

- Rettet Herr Meier eine Taube vor den Fängen eines Turmfalken, wird er sich möglicherweise hinterher Vorhaltungen darüber anhören müssen, warum er dieser bedrohten Art noch ihre Beute entreisst.
- Wenn sich Tierhalter oder Anwohner gegen die Belästigung durch Krähen und Rabenvögel wehren, haben sie kaum eine Chance gegen das Argument, diese Vögel gehören zu den geschützten Arten.

Die moralische Forderung zum Artenschutz beinhaltet nach allgemeiner Auffassung die Pflicht, Arten durch Schaffung von Brutplätzen und geeigneten Biotopen, durch Züchtung in Gefangenschaft und Rückführung in die Natur zu erhalten. Zur Verpflichtung, nicht zu schaden, tritt hier eine Fürsorgepflicht.

Es ist allerdings zu fragen, ob unsere Einstellung zum Artenschutz wirklich begründet werden kann. Im Folgenden werden wir prüfen, wie die vorgestellten umweltethischen Theorien mit dem Artenschutzgedanken umgehen. Dabei werden sich zugleich noch einmal die unterschiedlichen praktischen Konsequenzen dieser Ansätze abzeichnen.

9.3 Paradigmatische Antworten zum Artenschutz

1) Theozentrische Ethik und der Erhalt der Schöpfung

Laut der Schöpfungsgeschichte schuf Gott ein jedes Wesen „nach seiner Art". Nehmen wir nur die Zeilen zu Meerestieren und Vögeln:

> Gott schuf große Walfische und alles Getier, das da lebt und webt, davon das Wasser wimmelt, ein jedes nach seiner Art, und alle gefiederten Vögel, einen jeden nach seiner Art. Und Gott sah, daß es gut war. Und Gott segnete sie und sprach: Seid fruchtbar und mehret euch und erfüllet das Wasser im Meer, und die Vögel sollen sich mehren auf Erden.[3]

Durch Gottes Bejahung und Segnung der gesamten Schöpfung werden auch die Einzelwesen zu etwas Schützenswertem. Aber im Vordergrund steht doch die Art; sie ist Ausdruck eines göttlichen Willens bzw. ein Gedanke Gottes. Mehr als deutlich wird dies im biblischen Sintflutmythos.

Noah wird nicht angeheißen, so viele Lebewesen wie möglich zu retten. Ihm wird die Bewahrung der Arten übertragen.

> Und du sollst in die Arche bringen von allen Tieren, von allem Fleisch, je ein Paar, Männchen und Weibchen, dass sie leben bleiben mit dir. Von den Vö-

[3] Vgl. 1. Moses 20-22.

geln nach ihrer Art, von dem Vieh nach seiner Art und von allem Gewürm auf Erden nach seiner Art: von den allen soll je ein Paar zu dir hineingehen, dass sie leben bleiben.[4]

Im Sintflut-Mythos drückt sich klar der Gedanke aus, dass die Art Vorrang vor dem Individuum hat. Das einzelne Tier (von anderen Lebewesen ist nicht die Rede) ist ersetzbar. Milliarden Tiere dürfen der Bestrafung der Menschen zum Opfer fallen, nicht jedoch die Art.[5]

Handelt der Mensch gemäß Gottes Willen, muss er Arten schützen. Der Erhalt der Art ist Teil des Bundes mit Gott, ist Teil des treuhänderischen Auftrags des Menschen.

2) Pathozentrische Ethik und der Vorrang des Individualschutzes

Pathozentristen haben kein direktes Argument zu Gunsten des Artenschutzes. Nicht Arten leiden, sondern nur die Mitglieder von Arten. Leidet das Mitglied einer bedrohten oder gefährdeten Art, so fällt dies nicht mehr ins Gewicht, als das Leiden irgendeiner anderen Art.[6]

Das Artensterben ist für den Pathozentristen nur dann bedeutsam, wenn Tiere durch fehlenden sozialen Kontakt oder fehlende Nahrungsressourcen leiden. Nur dann fiele auch ins Gewicht, zu den letzten einer Art zu gehören. Abhängig davon, ob tierisches Leid stets einer Güterabwägung zugängig ist, werden sie die obige Beispiele freilich unterschiedlich beurteilen.

Ist eine Güterabwägung stets zulässig, würden Pathozentristen die obigen Beispiele wohl wie folgt beurteilen:

- Dienste für den Artenschutz wären, wenn sie überhaupt zählen, kein starkes Argument zugunsten der Institution Zoologischer Gärten. Entscheidend ist die Frage, ob bei den in Zoologischen Gärten gehaltenen Tieren das Leiden deren Freude überwiegt.
- Krähen und Rabenvölker dürften gejagt werden, wenn sie Anwohnern und Nutztieren ein Ausmaß an Leid zufügen, das jenes den Rabenvögeln zugefügte Leid übersteigt.
- Wenn das Leiden der Taube, vom Turmfalken gefasst zu werden, grösser ist, als jenes des Turmfalken zu hungern, dann wäre das Handeln Herrn

[4] Moses 1.6. In Moses 1.7 heißt es dann „Von allen reinen Tieren nimm zu dir je sieben, das Männchen und sein Weibchen, von den unreinen Tieren aber je ein Paar, das Männchen und sein Weibchen. Desgleichen von den Vögeln unter dem Himmel je sieben, das Männchen und sein Weibchen, um das Leben zu erhalten auf dem ganzen Erdboden.

[5] Diese gewaltige Opferung von Lebewesen, die nicht selbst Schuld auf sich geladen haben, kann nur dann als moralisch zulässig angesehen werden, wenn Leben und Leid einzelner Tiere (so gut wie) nicht moralisch in Gewicht fallen und wenn auch dem Menschen kein von Gott unabhängiger Wert zukommt. Alles Leben steht zu Gottes freier Verfügung.

[6] Vgl. hierzu auch: Regan, Case for Animal Rights, S. 359.

Meiers zu befürworten. Es könnte allenfalls sein, dass Eingriffe in natürliches Geschehen insgesamt negative Auswirkungen haben. Aber auch dann gälte die Forderung, nicht einzugreifen, unabhängig davon, ob eine seltene Vogelart involviert ist.

Darf man empfindensfähigen Wesen kein Leid zufügen, um anderen etwas Gutes zu tun, wäre es falsch, Tierversuche durchzuführen oder Tiere für technische Grossprojekte zu opfern. Aber das ist unabhängig davon falsch, ob es sich um Mitglieder bedrohter Arten handelt oder nicht.

Pathozentriker lehnen viele Praktiken ab, die zum Artensterben beitragen, etwa den Handel mit Pelzen, Häuten und Elfenbein oder allgemein den Tierhandel. Allerdings geht es hier um das Leid der betroffenen individuellen Tiere, nicht um Tierarten. Es gibt vom pathozentrischen Standpunkt aus keine Gründe, dass Tiere schon deshalb besonderen Schutz verdienen, weil sie Mitglieder einer aussterbenden Art sind. Ist der Pathozentrismus begründet, kommt dem Artenschutz nur eine sekundäre, indirekte Bedeutung zu.

3) Der Biozentrismus und das Gut von Populationen und Arten

Da nach dem Biozentrismus nur Lebewesen ein eigenes Gut haben, haben auch für Biozentristen die Arten nur insofern eine Bedeutung, als durch Artenschutz das individuelle Gut von Lebewesen gefördert werden kann.

Taylor diskutiert in „Respect for Nature", ob Populationen ein eigenes Gut haben. Arten kommen für ihn nicht als mögliche Kandidaten für den Status eines moralischen Objekts in Frage. Denn die Art ist eine Klassifikation des Menschen, keine ontologisch bestehende Einheit. Das eigene Gut von Populationen ist für Taylor moralisch nicht relevant, da es sich – wie oben ausgeführt – in das Gut einzelner Individuen aufteilen lässt. Nur die individuellen Lebewesen haben ein eigenes Gut, das sich unabhängig vom Gut anderer Entitäten definieren lässt.[7]

Für Taylor kommt Populationen daher nur indirekt moralische Bedeutung zu. Durch den Erhalt oder die Förderung von Populationen begünstigt man das Gut einzelner Mitglieder dieser Population. Es kann freilich auch sein, dass durch einen solchen Populationenschutz das individuelle Gut von Lebewesen anderer Populationen geschädigt wird.

Dass ein Lebewesen einer aussterbenden Spezies angehört, ist nicht notwendig ein Grund, es gegenüber anderen Lebewesen zu privilegieren.

[7] Taylor, Respect for Nature, S. 69.

- Biozentristen könnten prinzipiell sagen, dass sie nicht zur Verteidigung einer Taube ein anderes Lebewesen töten wollen. Falls Biozentristen in natürliches Geschehen eingreifen, entscheidet sich das Taube-Falken-Beispiel allein daran, wessen basale Interessen stärker verletzt werden.
- Zoologische Gärten werden nach den Auswirkungen auf das Gut von Lebewesen bewertet. Die ethische Beurteilung hängt davon ab, ob Zoologische Gärten eine ausbeuterische Haltung gegenüber der Natur zum Ausdruck bringen. Zudem wäre zu prüfen, ob Zoologische Gärten basale oder nicht basale Interessen von Tieren verletzen. Arterhaltung ist keine Überlegung, der grosse Bedeutung zukäme.
- Beim Beispiel der technischen Grossprojekte würde ein egalitärer Biozentrist wie Taylor darauf verweisen, dass hier basale nicht-menschliche Interessen nicht-basalen menschlichen Interessen geopfert werden. Dass der Bau dieser Projekte zu den zentralen Interessen des Menschen gehört, welche in Ausnahmefällen auch gegen basale Interessen abgewogen werden können, wäre zu bezweifeln – Taylor würde den Bau wohl ablehnen. Ob Angehörige bedrohter Arten oder nicht-bedrohter Arten betroffen sind, spielte bei dieser Überlegung keine Rolle. Auch wenn Karpfen gefährdet wären, die in allen Nachbargewässern dutzendfach zu finden sind, würde er sich gegen den Bau aussprechen.

5) Ökozentrismus und Artenschutz

In einer ökozentristischen Position zählt auch das Gut kollektiver Entitäten. Hier wird die Ansicht vertreten, Populationen hätten einen Eigenwert. Ob Arten zählen, ist jedoch fraglich. Denn Taylors Punkt, dass Arten nicht selbst in der Natur bestehen, muss auch von Ökozentristen berücksichtigt werden.

Allerdings betonen dennoch einige Ökozentristen, dass auch Arten existieren und ein eigenes Gut haben. Holmes Rolston III schreibt z.B.:

> Auch bei einer Spezies kann man auf einer anderen Stufe von biologischer Identität sprechen, einer biologischen Identität, die sich im Laufe der Zeit genetisch behauptet. Identität kommt nicht notwendig allein den einheitlichen oder zusammengesetzten Organismen zu, sie kann auch in der Behauptung einer bestimmten genetischen Struktur über eine gewisse Zeit hinweg bestehen. (...) Selbst eine Spezies ist ein wertendes Wesen. Spezies haben eine biologische Identität, die sie durch die Zeit hinweg verteidigen, auch wenn sie keine subjektiven Erfahrungen machen. Spezies gibt es wirklich; die Existenz einer Bär-Bär-Bär-Folge ist ebenso gesichert wie alles, was wir über die empirische Welt zu wissen meinen. Spezies stecken voller Leben,

sie sind Prozesse, sie sind Ganzheiten, und sie haben eine gewisse Einheit und Integrität.[8]

Rolston illustriert dies dann an folgenden Beispielen:

> Wenn ein Wolf einen Elch reißt, leidet der einzelne Elch sehr, aber *Cervus canadensis* leidet nicht. Der Spezies geht es besser. Denn Wölfe werden Elche in Zukunft schwerer fangen können. Wenn es bestimmte Raubtiere nicht mehr gibt und in Folge davon eine Spezies so überhand nimmt, dass es ihr zum Überleben nicht mehr reicht, müssen die Förster mitunter der Spezies helfen, indem sie einzelne ihrer Mitglieder töten.[9]

Stimmte dieses Argument, hätte der Ökozentrist Gründe, warum der Falke gegenüber der Taube zu privilegieren ist, wieso Schimpansen nicht in Tierversuchen eingesetzt werden sollten oder wieso seltene Fischarten nicht technischen Grossprojekten zu opfern sind. Allerdings ist das Argument gleich mehreren Einwänden ausgesetzt:

Die „genetische Struktur" des als ausgestorben geltenden tasmanischen Wolfes besteht fort, wenn auch in konservierten Föten. Heißt dies, dass man eine Pflicht hätte, die konservierten Föten zu bewahren? Müsste man dem Tod des letzten lebenden tasmanischen Wolfs geringere Bedeutung zusprechen als bisher angenommen, weil die genetische Struktur ja fortbesteht? Hier widerspricht das Argument jenen moralischen Intuitionen, denen es wohl eigentlich gerecht werden möchte.

Im Wolf-Elch-Beispiel wird eine Zusatzprämisse implizit vorausgesetzt: Das Überleben der Art rechtfertigt die Tötung einzelner Mitglieder. Nur so kann das Leid des einzelnen Elches durch den Vorteil für die Spezies aufgehoben werden. Aber mit welcher Begründung besteht ein solcher Vorrang der Spezies vor dem Wohl des Individuums?

Wenn von einer sich „über die Zeit behauptenden genetischen Struktur" die Rede ist, ist unklar, ob es sich auf die in den Zellkernen zu findenden biochemischen Einheiten, das jeweilige konkrete Genom der Lebewesen, bezieht oder auf den ideellen Bauplan dieses Genoms einer Spezies. Es ist hilfreich, diese Unterscheidung mit den in der philosophischen Diskussion einschlägigen Begriffen von „Type" und „Token" zu erfassen: Ein Type ist ein abstrakter Gegenstand, der in konkreten Gegenständen, den Tokens, realisiert wird. So ist jeder einzelne Fernseher ein Token eines bestimmten Types „Fernseher"; ebenso ist jedes konkrete Schwein ein Token des Types „Schwein". Bezieht sich Railton auf die Tokens, ist einzuwenden, dass nicht alle Gene von Generation zu Generation weitergegeben werden. Das jeweilige Genom eines einzelnen Elches weicht von dem Genom seiner Nach-

[8] Rolston, Werte in der Natur, S. 256 und S. 259.
[9] Ebd., S. 259.

kommen ab. Auf Ebene der Tokens besteht keine genetische Struktur fort. Bezieht es sich auf die Types, können diese als ideelle, abstrakte Einheiten nicht „aussterben“. Aber solchen abstrakten Einheiten können keine Interessen zugeschrieben werden.

Sicher gibt es in der Natur Ketten von Nachfahren. Aber nicht die Kette existiert real, sondern nur die einzelnen Individuen. Es ist zu bestreiten, ob eine Spezies wirklich ein „wertendes Wesen“ ist, deren Fortpflanzungsstrategie das Individuum ist. Es gibt kein Einzelwesen „Cervus canadensis“, sondern nur einzelne Lebewesen, die wir als Elche, als cervus canadensis, kategorisieren. In diesem Sinne kann man zum Beispiel auch eine Wolf-Wolf-Reihe annehmen. Allerdings stellt sich dann die Frage, wieso diese Reihe als Einheit betrachtet werden soll, eine Wolf-Wolf-Wolfshund-Wolfshund- Hund-Folge jedoch nicht.

6) Ratiozentrische Gründe für den Artenschutz

Nimmt man eine ratiozentrische Position oder eine anthropozentrische Haltung ein, bestehen mehrere Gründe, wieso Lebewesen geschützt werden sollten, weil sie einer aussterbenden Spezies angehören.

Der Erhalt mancher Arten ist für Personen bzw. für den Menschen wünschenswert,

(1) weil sie unerlässliche Grundlagen ihrer Nahrung bilden.

Die Existenz mancher Arten ist wünschenswert, weil diese Lebewesen unerlässliche Grundlagen der Nahrung sind. Mancher mag hier vorschnell nur an die Ernährung durch tierische „Produkte“ denken. Aber auch wenn wir auf Fleisch, Milch- und Eierspeisen verzichten können, sind wir auf pflanzliche Nahrung angewiesen. Es ist undenkbar, dass sich eine Person ernähren könnte, ohne auf Lebendiges (und sei es in Form von Mikroorganismen, Krill, etc.) zurückzugreifen.

(2) weil Personen die Mitglieder der Art, ihre Produkte oder aus diesen gewonnene Substanzen für medizinische Zwecke nutzen.

Man denke an Heilkräuter, an Arten, welche narkotisierende Substanzen erzeugen oder welche wir für die Erzeugung von Impfsera verwenden. Auch hier gilt, dass Personen wohl stets auf den Bestand bestimmter Arten angewiesen sind. Die physikalische und anorganische Chemie allein wird niemals alle diese Substanzen ersetzen können.

(3) weil Personen durch sie angenehme Produkte gewinnen.

Seien es Wolle, Seide, Tee, Kaffee, Tabak, Kakao – auf wie viele Annehmlichkeiten ihres Lebens müssten Personen verzichten, wenn es neben ihnen keine anderen biologischen Arten gäbe.

Neben diesen Punkten ist der Fortbestand von Arten aber auch aus Gründen zu fordern, die mit „höheren" Interessen von Personen zusammenhängen. Der Schutz seltener Arten ist wünschenswert,

(4) weil sich Personen aus den Eigenschaften oder Fähigkeiten von deren Mitgliedern Erkenntnisse erhoffen.

Die biologische Wissenschaft verhilft auf mannigfaltige Weise zu neuen Erkenntnissen. Wer weiß, welchen Erkenntnisfortschritt die Studien zu Sozialverhalten und Kommunikation bei Primaten, Walen oder Elefanten erbringen? Die Biochemie lernt anhand von und bedient sich vorhandener Arten. Der wissenschaftliche Fortschritt beruht zu keinem geringen Teil auf Erkenntnissen, zu denen uns die Beobachtung, die Analyse von und Versuche mit nicht-menschlichen Lebewesen verhelfen.

(5) weil das Aussterben dieser Arten einen kulturellen Verlust darstellen würde.

Hier sind Arten zu nennen, welche in Literatur- und Kunstgeschichte Eingang gefunden haben, wie Nachtigallen oder Lerchen und die einige Personen auf keinem Fall missen wollen. Etliche Arten haben religiöse oder magische Bedeutung (wie Kreuzdorn und Tormentill). Einige Arten haben Bedeutung als Symbol für Berufsgruppen (Äskulapnatter) oder Nationen (Ahorn, Adler).

(6) weil die Existenz von Angehörigen dieser Spezies Personen einen ästhetischen Genuss bereitet, sei es durch Aussehen, Verhaltensweise oder soziale Struktur.

Hier muss man freilich unterscheiden: Ästhetischer Genuss richtet sich entweder auf den Artenreichtum, der selbst ästhetischen Genuss bereitet, oder auf Eigenschaften von Tieren. Betrachten wir zunächst nur die Eigenschaften von Tieren: Dies hätte im Artenschutz zur Folge, dass Personen sich nicht nur bemühen sollten, Arten zu erhalten, sondern auch, dass wir sie in der jetzigen Erscheinungsform bewahren sollten. Nehmen wir das Zebra. Dass es als außereuropäisches Tier schon allen unseren Vorschulkindern bekannt ist, verdankt es nur seinen Streifen. Nimmt man die Streifen einmal beiseite, haben wir einen recht unauffälligen Vertreter der Gattung Pferd vor uns. Stellen wir uns folgenden Fall vor:[10] In der afrikanischen Zebrapopulation setzt sich eine (sich dominant vererbende) Mutation durch, deren Träger keine Streifen mehr haben und ein eintönig gräulich weißes Fell besitzen. Hieße das, dass Personen versuchen sollten, die weniger werdenden gestreiften Tiere zu erhalten? – Die Antwort ist „Ja". Dabei spielt es keine Rolle, dass sich die Träger der Mutation, da sie sich nicht als letal erweist, in den Populationen behaupten würden und Personen künstlich in die Beschaffenheit der Art eingreifen würden. In der ratio- und mehr noch anthropozentrischen Ethik ist allein entscheidend, dass der Mensch wünscht, dass ein Bestand gestreifter Zebras erhalten wird.

Aus diesem Standpunkt, Arten auch mit ihren jetzigen Eigenschaften zu erhalten, folgt nicht nur, dass Personen sich bemühen müssten, dass es immer gestreifte Zebras gibt. Sollten bestimmte Eigenschaften nur bei freilebenden Tieren auftreten, dann können Personen sich nicht damit zufrieden geben, dass der Fortbestand einer Tierart durch Zoopopulationen garantiert scheint. Alle Nachfahren von Cheetah und Judy ersetzen nicht den Witz von Goodalls wilden Schimpansen. Kein Zootiger kann den ästhetischen Genuss bereiten, den der freilebende Tiger verschafft.

Ästhetische Überlegungen sprechen aber nicht nur für den Erhalt der Arten mit ihren jetzigen Eigenschaften, sondern teilweise auch für den Erhalt einer bestimmten Zahl von Angehörigen dieser Art. Aus dieser Sicht wäre wünschenswert, wenn auch heute lebende Personen den Anblick der endlosen Bisonherden der amerikanischen Prärie genießen könnten. Nachdem die Forderung, den amerikanischen Bison vor dem Aussterben zu schützen, inzwischen erfüllt ist, könnte man heute die Forderung erheben, den Bisonbestand in einem weitgehenden Maße zu erhöhen.[11]

(7) weil das Aussterben einer Art eine Gefahr für Personen andeuten könnte.

Artensterben ist ein Indikator, dass Prozesse ablaufen, die auch Personen gefährden könnten. Gelingt es, Umweltbedingungen so zu beeinflussen, dass Artensterben ausbleibt, hat man zugleich Bedingungen geschaffen, welche – in der Regel – auch Gesundheit und Leben von Personen sicherstellen.

Aus solchen das menschliche Wohl in Betracht ziehenden Überlegungen kann man also begründen, wieso aus ratio- und anthropozentrischer Sicht bestimmte Arten (in ihrer jetzigen Erscheinungs- und Lebensform) erhalten

---

[10] Dieses Beispiel verdanke ich Russow, Why Do Species Matter?, S. 104.
[11] Dies Argument kann natürlich auch für verschiedene Pflanzenarten vorgebracht werden.

bleiben sollten. Aber wir haben damit noch nicht die gesuchte Begründung des Artenschutzes.

Um was geht es nämlich im Artenschutz? Drei Punkte sind hervorzuheben.

(i) Vom Aussterben bedrohte Arten sollten erhalten bleiben.

Man sollte sich also darum bemühen, zu verhindern, dass bedrohte oder gefährdete Arten wirklich aussterben. Die Wege, die man hierzu einschlägt, sind vielfältig und von unterschiedlichem Ertrag. Man kümmert sich um Aufzucht in Gefangenschaft und Wiederaussetzung, hütet Brutreviere und Nistplätze, kämpft gegen internationalen Tierhandel und Heimhaltung exotischer Tiere, kauft keine Produkte, für deren Herstellung Mitglieder vom Aussterben bedrohter Tierarten getötet wurden (also keine Schildkrötensuppe, Schneeleopardenfelle, keinen Waltran), bemüht sich um die Schaffung kleiner Biotope oder – und hier beginnt Artenschutz vielleicht erst, effektiv zu sein – tritt dafür ein, die Ursachen des Artensterbens zu beseitigen.

(ii) Man sucht zu verhindern, dass weitere Arten in Gefahr geraten, auszusterben.

Hier sind die Wege beschränkter und auch die Zahl der Leute geringer, die sich um einen solchen präventiven Artenschutz bemühen. Aber die Forderung, dass man dies tun sollte, würde wohl von jedem unterschrieben, der die Forderung nach Artenschutz akzeptiert.

(iii) Die Bemühungen um Artenschutz sollten unabhängig von den Eigenschaften sein, die die Mitglieder vom Aussterben bedrohter Arten haben.

Nicht nur für Personen nützliche, angenehme, skurrile oder lehrreiche Tierarten sollten bestehen bleiben. Der „nützliche" Marienkäfer sollte vielmehr ebenso erhalten bleiben wie der „Schädling" Blattlaus; die kulturhistorisch bedeutsame Äskulapnatter ebenso wie ein in den Geschichtsbüchern, Gedichten und Romanen so gut wie nie auftretender Vogel, etwa der Zippammer. Und der schöne Segelfalter hat nicht mehr Schutzrechte als der (relativ) unscheinbare Dukatenfalter. Kriterium des Artenschutzes ist allein der Umstand, dass der Fortbestand einer Art durch die Verringerung ihrer Zahl oder ihres ökologischen Lebensraums bedroht ist. Seltenheit ist ein Aspekt, der moralisch von Bedeutung ist.

Hier haben wir eine Lücke in der bisherigen Begründungsskizze ausgemacht: Es mag nämlich Arten geben, deren Mitglieder dem Menschen zu keinerlei Nutzen, Vorteil oder ästhetischem Genuss verhelfen, ja, es mag Arten geben, deren Existenz für den Menschen eher Nachteile als Nutzen mit sich zu bringen scheinen. Was sollte falsch daran sein, wenn Moskito und Tsetsefliege ausgerottet werden? Ratio- und anthropozentrisch ist zunächst nur die Forderung eines eingeschränkten Artenschutzes zu begründen.

a) Man könnte hier einwenden, dass bei keiner Pflanzen- oder Tierart ausgeschlossen sei, dass die Eigenschaften ihrer Mitglieder Personen irgendwann einmal Vorteile erbringen könnten. Doch dann würde man die eventuelle und ungewisse Möglichkeit eines Nutzens gegen das gegenwärtige existente Leid abwiegen. Die Pflicht, Schäden zu vermeiden, hat hier Vorrang vor der Verpflichtung, Gutes zu tun.

Es bleibt, dass anthropozentrische Gründe den Erhalt der meisten, aber nicht aller Spezies rechtfertigen.

b) Das ästhetische Argument (6) scheint weiterzureichen. Auch wenn wohl nicht jede Art aus ästhetischen Gründen schützenswert ist, kann man vielleicht sagen, dass die Vielfalt der Arten selbst ein ästhetischer Genuss ist, den man zukünftigen Generationen erhalten sollte.

Aber wir nehmen die Vielfalt der Arten weniger wahr, als dies angenommen wird. Die wenigsten Spezies der Insektenwelt werden von uns zur Kenntnis genommen oder sind uns überhaupt bekannt. Der ästhetische Reiz einer artenreichen Umwelt könnte uns auch durch weniger Arten vermittelt werden.

c) Im Gegensatz zum eingeschränkten Artenschutz stellt der allgemeine Artenschutz einen Versuch dar, eine Spezies unabhängig von den Eigenschaften ihrer Mitglieder zu erhalten. Es ist der Versuch, den Artenreichtum der Erde möglichst in seinem jetzigen Zustand zu erhalten. Dahinter ruht, wie Norton sagt, die Vorstellung, dass eine Welt mit n + 1 Arten – für Personen – wünschenswerter ist als eine Welt mit n Arten.[12] Wie kann man dies aber begründen?

Es gibt einen möglichen Weg, von einem beschränkten zum allgemeinen Artenschutz zu kommen. Dafür müssen folgende Überlegungen verteidigt werden:

---

[12] Vgl. hierzu: Norton: On the Inherent Danger of Undervaluing Species.

(a) Durch die feste Einbettung in Biotope und Ökosysteme hat das Aussterben einer Art (in vielen, vielleicht in allen Fällen) zur Folge, dass auch weitere Arten aussterben.

So geht man z.B. davon aus, dass das Aussterben einer Pflanzenart das Aussterben von fünfzehn Tierarten zur Folge hat. Das Aussterben von Arten zieht eine sich ständig potenzierende Zahl aussterbender Arten nach sich.

(b) In diese Spirale des Artensterbens werden auch jene Arten einbezogen, die für den Menschen einen ästhetischen Wert oder sonstigen Nutzen haben. Ein spezieller und eingeschränkter Artenschutz ist nicht möglich, wenn er nicht in einen allgemeinen Artenschutz eingebettet ist.

So ist es für Personen nicht nur wünschenswert, dass bestimmte Arten existieren oder eine ausreichende Vielfalt von Arten fortbesteht, sondern wünschenswert, dass die jetzt bestehende Zahl von Arten fortbesteht.

Um keine Missverständnisse aufkommen zu lassen, sind vier Randbemerkungen erforderlich:

- Die vorgebrachte Begründung gilt nicht für Nutztiere. Das Aussterben einzelner Nutztierarten hat keine vergleichbaren Auswirkungen auf das allgemeine Artensterben.
- Ebenfalls ohne Einfluss auf die Spirale des Artenssterbens sind jene Arten, die allein unter den künstlichen Lebensbedingungen eines Zoos erhalten werden (wie z.B. der Davidshirsch). Zoologische Gärten leisten in solchen Fällen, in denen die Mitglieder einer Art nicht mehr freigesetzt werden, nur einen Beitrag zum speziellen Artenschutz. Die Aufzucht von Tieren für die Wiederaussetzung könnte von anderen Institutionen, die durch Fläche, lokale Lage und Publikum nicht so stark behindert sind, vielleicht besser ausgeführt werden. Das oben zitierte Argument vieler Zoodirektoren muss also relativiert werden. Der durch Zoos erbrachte Beitrag zum Artenschutz ist vielleicht zu gering, als dass er allein die Belastung der Zootiere aufwiegen könnte.
- Das Argument hat schließlich auch keine Auswirkungen auf die Züchtung neuer *freizusetzender* Arten. Denn das Argument begründet nicht, dass es besser ist, wenn n + 1 Arten bestehen, als wenn nur n Arten bestehen. Das Argument sagt nur, dass ein mit negativen Folgen verbundenes Artensterben nur dann verhindert werden kann, wenn man allgemeinen Artenschutz betreibt.
- Auch wenn ich das Argument eben als ratio- und anthropozentrische Überlegung vorgestellt habe, kann man es ohne Schwierigkeit auf andere empfindungsfähige Lebewesen übertragen.

Wichtig ist jedoch, dass zwei Anmerkungen vorgenommen werden müssen. Nimmt man eine nicht-anthropozentrische Position ein, dürfen die Angehörigen seltener Arten *erstens* nicht nur noch als bloße Ressourcen gesehen werden. Zwar wird auch dann nicht geleugnet, dass es die oben genannten ästhetischen, wissenschaftlichen und medizinischen Interessen gibt. Allerdings dürfen Lebewesen nicht auf die Befriedigung dieser Interessen reduziert werden. Die Behandlung von Tieren und anderen Lebewesen darf sich ferner nicht alleine am Maßstab dieser Interessen ausrichten.[13]

Zweitens muss betont werden, dass die meisten der oben genannten Gründe (1)-(7) zwar *im Interesse* von nicht-personalen bzw. nicht-menschlichen Lebewesen sein mögen, aber sie selbst in der Regel – im sentientistischen oder nicht-sentientistischen Sinne – kein Interesse daran haben. Dies gilt für die Gründe (2) und (4), wo es um den wissenschaftlichen Nutzen geht, für den kulturellen Grund (5) und vielleicht auch für die ästhetische Überlegung (6). Auch wenn das obige Argument als pathozentrische Überlegung formuliert werden kann, ist es derzeit doch vorrangig eine Überlegung aus ratio- und anthropozentrischer Sicht.

Das obige Argument sagt zunächst nur, dass ein allgemeiner Artenschutz für Personen wünschenswert ist, und dies selbst dann, wenn eine anthropozentrische Haltung eingenommen wird. Damit ist aber noch nichts zum Stellenrang des Artenschutzes gesagt. Ob ein technisches Grossprojekt gebaut werden soll, hängt im Wesentlichen von der Stärke ab, die der Forderung, Arten zu schützen, zukommt. Dabei geht es im Anthropozentrismus, nicht um Abwägung mit anderen Werten und Normen; Artenschutz ist keine Forderung der Moral, sondern des Eigeninteresses. Ob ein technisches Großprojekt umgesetzt wird, entschiede sich im Rahmen einer Interessenabwägung.

Sobald man den Ratio- und Anthropozentrismus verlässt, sprechen für den Artenschutz weit schwächere indirekte Gründe. Wie ist dann aber zu entscheiden, wenn Pflichten gegenüber Einzelwesen der Forderung des Artenschutzes widersprechen?

9.4 Zurück nach Codfish-Island

Betrachten wir noch einmal das Beispiel von Codfish-Island. Der Konflikt betrifft hier sowohl die Tötung der nicht-einheimischen Tiere zu Beginn des

[13] Vgl. hierzu auch: Regan, Case for Animal Rights, S. 361.

Kakaposchutzes wie die Tötung von Katzen oder Ratten zum Schutz der Vogelpopulation. Andere Lebewesen können wir in diesem Beispiel ausklammern. Es geht um einen Konflikt zwischen Tier- und Artenschutz.

Wie der Konflikt zu entscheiden ist, hängt vorrangig davon ab, ob den betroffenen Tieren ein Lebensrecht zukommt. Kommt ihnen ein moralisches Recht zu, dass sie vor der Tötung durch andere schützt, dürfte man ihr Leben nicht Allgemeinguterwägungen opfern. Das Recht auf Leben verbietet, den Träger des Rechts zu töten, um das Leben anderer zu retten, mehr noch schützt es davor, dessen Leben den Interessen anderer zu opfern. Dies hätte aber klare Konsequenzen in einer Situation, in der das Lebensrecht Artenschutzüberlegungen gegenübersteht. Diese wurden oben ja gerade als Allgemeinguterwägung entwickelt.

Gehen wir zunächst aber davon aus, dass wir Katzen, Ratten, Wiesel oder Wekas *kein Lebensrecht* zuschreiben können. Falls wir Tieren oder anderen Lebewesen kein Recht auf Leben zusprechen, heißt dies nicht notwendig, dass ihre Tötung moralisch neutral ist. Im Regelfall verursacht eine Tötung Leiden. Auch bei Fehlen eines Lebensrechts kann es moralisch falsch sein, Wekas aus bloßem Zeitvertreib zu erschießen. Bei jeder Tötung von Tieren müsste dann weiterhin geklärt werden, ob ein vernünftiger Grund vorliegt, der so stark ist, dass er die Tat rechtfertigt.

Haben wir im Falle Codfish-Island ausreichende Gründe? Wir können uns hier nicht auf das obige Argument beziehen. Codfish- und Barrier-Island sind isolierte Biotope. Das Aussterben der Kakapos hat keine Auswirkungen auf die Spirale des Artensterbens. Das heißt: Wir müssten einen Grund suchen, der speziell die Erhaltung des Kakapo begründen würde.

Dies scheint auch Ansicht der Wildhüter zu sein. Adams und Cowardine zitieren einen Kakaposchützer wie folgt:

> Wir können nicht mehr tun, als ihren Fortbestand zu unseren Lebzeiten zu sichern, sie unserer Nachfolgegeneration in möglichst gutem Zustand zu übergeben und auf Teufel komm raus hoffen, dass sie so ähnlich über diese Vögel denkt wie wir.[14]

Welche inhärenten Werte die Kakaposchützer auch im Sinn haben (das Aussehen, das Verhalten, die kulturelle Bedeutung oder das Alter der Art), sie beziehen sich dabei auf die Art. Der inhärente Wert wird dem Type, der Art, zugesprochen, und erst indirekt den Tokens, den Individuen. Kakapos werden im obigen Argument als Verkörperung einer Idee, als Vertreter einer Art gesehen, nicht als Individuen. Die Tokens sind nur wichtig, weil sie diesen Type verkörpern, oder genauer, sie sind so lange wichtig, wie es für den Fortbestand der Art von Bedeutung ist, dass jedes einzelne Individuum überlebt. Sollten Kakapos jemals wieder in genügender Zahl vorhanden

---

[14] Adams & Cowardine, Die letzten ihrer Art, S. 180.

sein, könnte es für Wildhüter Gründe geben, die es erlauben, ja möglicherweise sie sogar verpflichten, einzelne Kakapos zu töten. Der inhärente Wert des Types wäre dann nicht mehr durch die Tötung von Tokens gefährdet.

Wer einem Wesen oder Gegenstand einen inhärenten Wert zuschreibt, hat Grund, diesen Gegenstand oder dieses Wesen zu schützen. Ob eine zum Schutz desselben vorgenommene Maßnahme moralisch erlaubt ist, hängt – stehen keine moralischen Rechte auf dem Spiel – von einer Güterabwägung ab. Die Höhe des inhärenten Wertes ist gegen jene Werte abzuwägen, die durch den Schutz des Gegenstands zerstört oder beeinträchtigt werden. Wir können eine Handlung Patricia Cornwells als Beispiel nehmen. Um herauszufinden, ob der Künstler Walter Sickert Jack the Ripper gewesen war, kaufte sie Gemälde Sickerts und schlitzte eines davon auf, um DNA Spuren suchen zu können. Hier stehen zwei inhärente Werte auf dem Spiel. Der inhärente Wert, welcher den Gemälden Walter Sickerts zukommt auf der einen, und der inhärente Wert zu wissen, wer sich hinter dem Pseudonym Jack the Ripper verbirgt, auf der anderen Seite. Wie bei inhärenten Werten typisch hängt es hier vom Betrachter ab, ob und wenn ja, einen wie hohen inhärenten Wert er diesen Gütern zuschreiben würde. Kunstfreunde werfen Cornell vor, unmoralisch zu handeln und haben für sie einen neuen Namen geprägt: „Patricia the Ripper." Andere werden Cornwells Einschätzung teilen, dass die Möglichkeit, das Rätsel um Jack the Ripper zu lösen, stärker zählt als eines von vielen Werken eines Künstlers, den nur Eingeweihte kennen. In anderen Fällen wird die Güterabwägung unumstritten sein. Ginge es um für alle Menschen zentrale Fragen, etwa den Ursprung allen Lebens, zählte dieses Wissen für die meisten wohl mehr als ein Gemälde Sickerts. Ob es auch einem Gemälde DaVincis vorzuziehen ist, ist eine andere Frage.

Gehen wir im Folgenden einmal davon aus, dass die Güterabwägung im Falle von Codfish-Island ergibt, dass der inhärente Wert, den wir der Art der Kakapos zuschreiben, gewichtiger ist, als die Interessen der Tiere, nicht getötet zu werden. Selbst dann wäre der Kakaposchutz noch nicht gerechtfertigt. Denn selbst wenn eine ethische Güterabwägung zu Gunsten einer Seite spricht, ist stets zu prüfen, ob das Gewicht der gegen die Handlung sprechenden Gründe nicht reduziert werden kann. Stets muss untersucht werden, ob das Ziel nicht auch auf andere Weise oder mit milderen Mitteln erreicht werden kann. Für das Codfish-Island-Beispiel ist dies der Fall. Der Type könnte auch auf andere Weise bewahrt werden, durch die Weiterzucht der Tiere in Zoologischen Gärten. In diesen wären Vorkehrungen zum Schutz der Kakapo möglich, bei denen auf die Tötung von Säugern verzichtet werden könnte. Kapakoschützer würden dagegen wohl einwenden, dass es ihnen nicht einfach darum geht, dass Kakapos in geschützen zoologischen Anlagen überleben, sondern dass es in der Natur weiterhin Kakapos gibt. Sie in „freier Natur" erleben zu können, ist Teil dessen, was den inhärenten Wert ausmacht. Allerdings ist Codfish-Island alles andere als „freie

Natur". Dort wird versucht, einen vergangenen Zustand der neuseeländischen Natur zu rekonstruieren und am Leben zu erhalten. Halten die Kakaposchützer dies für etwas anderes als einen Zoologischen Garten, haften sie einer Illusion an. Damit wird ihr Grund, die Kakapos auf Codfish-Island zu schützen, aber irrational. Auch wenn man den inhärenten Wert in Betracht zieht, den Kakapos für Neuseeländer haben, sind die Aktionen von Codfish-Island damit nicht gerechtfertigt. Die Tötung von Säugern wäre also selbst dann nicht gerechtfertigt, wenn diesen kein Lebensrecht zukommt.

Man wird denken, dass die Antwort ebenso klar ist, wenn Tieren ein Lebensrecht zukommt. Das Leben der Säuger und „nicht-einheimischen" Vögel darf nicht für den Schutz der Arten geopfert werden. Dies kann man noch illustrieren, indem kontrafaktische Beispiele aus dem Humanbereich formuliert werden, wie zum Beispiel dieses: Im Jahre 1770 stellen intelligente Außerirdische fest, dass die Tasmanier auf Grund der Einwanderung aus anderen Erdteilen aussterben werden. Sie beschließen daher, die bisherigen Bewohner Tasmaniens auf eine kleine polynesische Insel umzusiedeln. Um sie dort vor Infektionskrankheiten und den Übergriffen anderer Menschen zu schützen, säubern sie die Insel vor der Ansiedlung der Tasmanier von allen Menschen und führen in den folgenden Jahren tägliche Kontrollfahrten durch, um Neueinwanderung zu unterbinden. Dass wir diese Maßnahme moralisch ablehnen, liegt nicht daran, dass wir den Schutz von Ethnien oder Kulturen moralisch für bedeutungslos halten. Wir sind vielmehr der Ansicht, dass dieser Zweck nicht die hier eingesetzten Mittel erlaubt. Kommt Wesen ein Lebensrecht zu, schützt dieses sie davor, dass andere dieses Leben für einen vermeintlich guten Zweck opfern. Das Lebensrecht schützt Individuen davor, ihr Leben zugunsten des Allgemeinwohls zu verlieren.

Aber der Eindruck, dass die moralische Beurteilung der Maßnahmen in Codfish-Island so eindeutig und klar ist, sofern allen Tieren ein Lebensrecht zukommt, täuscht. Dies liegt nicht daran, dass das Lebensrecht von Katzen, Ratten oder Wieseln von dem Lebensrecht von Menschen zu unterscheiden wäre. Ob einem Wesen ein Recht zukommt, ist eine digitale Frage: Entweder hat man ein moralisches Recht oder man hat es nicht. Man kann es weder im kleineren noch im größeren Maße haben, noch kann es verschiedenen Typen eines Lebensrechts geben. Haben nicht-menschliche Tiere ein Lebensrecht, ist es jenes Lebensrecht, das wir heute alleine Menschen zuschreiben. Es ist ein Recht, das gegen Allgemeinwohlerwägungen schützt.

Vertritt man keinen ethischen Absolutismus, muss man allerdings einräumen, dass moralische Rechte nicht gänzlich einer Güterabwägung entzogen sind. Stehen moralische Rechte anderer auf dem Spiel, ist eine Güterabwägung moralisch zulässig. Die Kakaposchützer könnten nunmehr darauf verweisen, dass es auch ihnen darum ginge, Leben zu erhalten. Sie schützen Kakapos davor, durch andere getötet zu werden. Würde man ihr Handeln auf das Außerirdischen-Beispiel übertragen, müsse man sich vorstellen, dass diese Außerirdischen Tasmanier retten, die von mordlustigen Piraten verfolgt würden. Dann sei es aber doch zulässig, den nahezu Schutzlosen gegen die schwerbewaffneten Angreifer beizustehen.

Man kann einwenden, dass auch in dieser Situation die Verhältnismäßigkeit der Mittel zu berücksichtigen sei. Den Schutzlosen helfen zu dürfen, heißt nicht notwendig, den Angreifer töten zu dürfen. Die Kakaposchützer können freilich erwidern, dass die oben genannten Ausweichmöglichkeiten der Umsiedlung nun nicht mehr in Frage kommen. Sofern Tiere Träger moralischer Rechte sind, dürfe man auch nicht zu schnell daran denken, sie in einem Zoologischen Garten zu halten. Was würde man von den Außerirdischen halten, welche die Tasmanier immer wieder auf unbewohnte Inseln umsiedeln, sie aber stets wieder einfingen, sobald ein Pirat naht, um die Tasmanier dann schließlich in einem Landschaftsgarten anzusiedeln? Lassen wir einmal den Gegeneinwand offen, dass die Zuschreibung eines Lebensrechts nicht notwendig damit einhergeht, auch alle anderen moralischen Rechte, wie hier Freiheitsrechte, zuzuschreiben. Nehmen wir also an, dass die Umsiedlung bei Zuschreibung von Rechten kein angemessenes Mittel mehr ist. Folgt dann, dass ein Recht besteht, in Nothilfe zu töten?

Herkömmlich wird, wie im dritten Kapitel geschildert, darauf verwiesen, dass der Handelnde nur die direkten Folgen seiner Tat zu verantworten hat, nicht aber die Nebenfolgen. Dass Säuger die Kakapos töten, läge damit nicht in dem Bereich, den die Handelnden zu verantworten haben. Zu verantworten haben die Neuseeländer nur, ob sie die Säuger töten. Zudem wird hier auf eine Tun-Unterlassen-Differenz verwiesen. Hat man die Wahl, ob man ein Wesen direkt tötet oder es nur unterlässt, das Leben eines Wesens zu retten, so wiegt die Tötung so viel schwerer, dass man es vorziehen sollte, nicht zu töten. Dass eine Unterlassung auch nur auf intuitiver Ebene immer weniger Gewicht hat, ist zu hinterfragen. Lockt eine Person eine andere in eine Falle und unterlässt sie es dann, ihr zu helfen, wird dies wohl als ebenso schwerwiegend gewichtet wie eine aktive Tötung. Nicht zufällig gibt es im Recht den Sachverhalt der „Tötung durch Unterlassung". Was als Tun-Unterlassen-Differenz gilt, ist wohl nichts anderes als eine Variante der Position der eingeschränkten Verantwortung. Denn nur wenn man diese nimmt, erklärt sich, warum bestimmte, aber eben nur bestimmte Formen der Unterlassung moralisch von geringerem oder sogar ohne Gewicht sind. Aber genau diese Lehre von der eingeschränkten Verantwortung des Menschen ist, wie wir gesehen haben, auf metaphysische Voraussetzungen angewiesen, auf die wir auf der Suche nach intersubjektiv begründbaren Normen nicht zurückgreifen dürfen. Wir dürfen jetzt nicht mehr so schnell sagen, dass es nur darum geht, keine Tiere zu töten. Auch das Lebensrecht der Kakapos kommt in den Blick. Der zweite zu diskutierende Fall, dass Tieren ein Lebensrecht zukommt, ist nicht einfacher zu beantworten als der erste, wo ihnen kein solches Recht zukommt. Im Gegenteil stehen wir nun vor der Frage, wie eine Situation zu beurteilen ist, wenn das Lebensrecht des einen nur dadurch zu schützen ist, dass ein anderes Lebensrecht missachtet wird. Jene Konflikte zwischen moralischen Rechten, welche die Lehre der eingeschränkten Verantwortung ausschließt, stehen nun wieder im Raum.

Um hier weiterzukommen, müssen wir moraltheoretisch ganz am Anfang beginnen. In diesem Neuaufbau muss dann auch abschließend beantwortet werden, welche Wesen moralische Objekte sind, wem welche Rechte zustehen und wie im Falle von Konflikten vorzugehen ist. All dies wird im Teil III geschehen, in dem es nach dem nun erfolgten Ausschluss einiger Positionen um einen Neuaufbau geht.

III
DIE ANSPRÜCHE UND RECHTE ANDERER

10.
THEORIEN STATT COMMON SENSE-POSITIONEN

Wir haben drei Fragen zu beantworten:

- Die erste ist, warum wir überhaupt moralische Pflichten gegenüber anderen Wesen haben.
- Die zweite ist, gegenüber welchen Wesen wir moralische Pflichten haben.
- Die dritte ist, ob und wenn ja, unter welchen Bedingungen wir ein Recht haben, Interessen anderer Wesen in Güterabwägungen einzubeziehen.

Antworten auf diese Fragen müssen von einer Art sein, dass sie jedem zur Moral fähigen Wesen überzeugende Gründe liefern, ihnen gemäß zu leben. Ethische Normen müssen somit, dies notwendige Bedingung für ihre Richtigkeit, für alle nachvollziehbar und von einer Art sein, dass jeder sie als handlungsanleitend ansieht. Vielleicht sind wir schon froh, wenn wir Gründe ausfindig machen können, die allen menschlichen Personen einleuchten. Noch besser wäre es freilich, Argumente herauszuarbeiten, die für alle moralfähigen Wesen nachvollziehbar sind, also auch für fiktive Vernunftwesen wie die Srivani.

Will man die Frage nach den moralischen Objekten weiter klären, muss man zunächst zwischen jenen Ansätzen unterscheiden, die sich auf ethische Theorien beziehen, und solchen, die am moralischen Alltagsdenken ansetzen. Im ersteren Falle muss die Frage, wer zur moralischen Gemeinschaft gehört, im Bezugssystem der jeweiligen Theorie diskutiert werden. Im zweiten Falle wird versucht, die Alltagsmoral kohärenter zu gestalten, so dass Tiere und andere nicht-menschliche Lebewesen in angemessener Weise moralisch berücksichtigt werden. Ich werde mich zunächst mit letzterem Versuch auseinandersetzen, um dann angesichts dessen Scheiterns die drei zentralen ethischen Theorien in den Blick zu nehmen.

10.1 Das Argument der gleichen Berücksichtigung

Das Argument der gleichen Berücksichtigung richtet sich nicht an den philosophischen Skeptiker, sondern an Personen, welche davon ausgehen, dass bestimmte moralische Normen gelten. Es sucht moralisch sozialisierte Personen zu überzeugen, dass es ein Gebot der Logik ist, alle Tiere als Gleiche zu berücksichtigen.

Ausgangspunkt ist das Prinzip der gleichen Berücksichtigung oder kurz: das Gleichheitsprinzip. Das Gleichheitsprinzip besagt: bei einer moralischen Beurteilung sollte alles, was in den moralisch relevanten Eigenschaften gleich ist, gleich beurteilt werden. Alles, was in den moralisch relevanten Eigenschaften ungleich ist, sollte dagegen (gemäß dem Maß der Ungleichheit) ungleich beurteilt werden. Das Prinzip der gleichen Berücksichtigung ist also nicht mit der Forderung zu verwechseln, es solle allen das Gleiche gegeben werden. Niemand käme auf die Idee zu fordern, dass ein Patient mit einem gebrochenen Arm dieselbe Notfallversorgung erhalten sollte wie eine Patientin mit einem akuten Herzinfarkt. Die Art der Erkrankung ist in diesem Falle sehr wohl moralisch relevant und rechtfertigt eine Ungleichbehandlung. Die unterschiedlichen Erkrankungen der Personen A und B wären dagegen nicht moralisch relevant, wenn es um die Frage geht, welche der beiden Patienten mit Respekt und Achtung zu behandeln ist. Das Gleichheitsprinzip verlangt, Individuen gleich zu behandeln, es sei denn, es gibt einen relevanten Unterschied, der einen dazu berechtigt, sie ungleich zu behandeln.

Zu den moralischen Normen, die in unserer Moral angelegt sind, gehört das Prinzip der Leidensvermeidung. Ursula Wolf hält dies sogar für ein wesentliches Element der Moral. Moralische Normen seien diejenigen, „die das Handeln gegenüber anderen Wesen regeln und sich auf Leidvermeidung beziehen.“[1] Entscheidend ist in diesem Zusammenhang nicht die Frage, wie zentral das Prinzip der Leidensvermeidung ist, sondern nur, dass Ethik unter anderem Normen begründet, die darauf zielen, dass Menschen auf andere Wesen Rücksicht nehmen und von dem Verletzen anderer zurückgehalten werden.[2] Wenn dies aber der Fall ist, müsste stets begründet werden, wieso auf Tiere keine Rücksicht zu nehmen ist.

Das Argument lautet demnach:

(A) *Das Gleichheitsprinzip*
Alles, was in allen moralisch relevanten Aspekten gleich ist, sollte gleich behandelt werden.

(B) *Das Leidens-Argument*
Alle empfindungsfähigen Tiere gleichen den Menschen in der Beziehung, dass sie leidensfähig sind.

---

[1] U. Wolf, Das Tier in der Moral , S. 59.

[2] Vgl. in diesem Zusammenhang auch Rollin, Animal Right and Human Morality, S. 30.

(C) *Prinzip der Leidensvermeidung*
Es ist moralisch falsch, Menschen Leid zuzufügen.

Daraus wird abgeleitet:

(D) *Erweitertes Prinzip der Leidensvermeidung*
Es ist moralisch falsch, empfindungsfähigen Wesen Leid zuzufügen.

Dem Versuch, Pflichten gegenüber nicht-menschlichen Lebewesen über den Gleichheitsgedanken zu begründen, stehen mehrere Einwände entgegen.

- Auch das Gleichheitsprinzip wird einzig auf Grund vortheoretischer Überzeugungen akzeptiert. Sind dies aber bloß historische und kulturelle Ideen, so müsste erst geklärt werden, wieso wir uns auf diesen Grundsatz stützen können.
- Eine Ausdehnung etwa des Verbots, anderen zu schaden, ist mit dem Problem behaftet, dass auch die moralischen Normen und Rechte begründet werden müssen. Der Verweis auf die traditionelle Anerkennung einzelner Normen und Rechte kann nicht genügen. Wenn ich so sicher geglaubte Aspekte des eigenen Denkens wie die Mensch-Tier-Barriere kritisch hinterfragen muss, darf ich auch nicht einfach konkrete Normen und Rechte, die ich internalisiert habe, stillschweigend und unhinterfragt als gültig akzeptieren. Solange die Frage einer möglichen Begründung dieser Normen nicht beantwortet ist, dürfen wir nicht daran denken, ihren Geltungsbereich zu diskutieren.
- Zudem stehen dem Gleichheitsargument die Einwände von Seiten mancher Vertragstheoretiker und Kantianer entgegen, dass eine solche Ausdehnung nicht rational bzw. nicht vernünftig geboten sei. Für sie besteht kein logischer Zwang, das Prinzip der Leidensvermeidung über den Bereich des Menschen hinaus auszudehnen. Moral beschränkt sich ihnen zufolge allein auf die wechselseitigen Beziehungen von Personen. Die Einwände dieser Theorien außer Acht zu lassen, wäre fatal. Denn einzig Theorien können klären, welche unserer vortheoretischen Überzeugungen aufrechterhalten werden sollen.

Das Argument der gleichen Berücksichtigung kann mithin nicht überzeugen. Will man die einleitend formulierten drei Fragen beantworten, kommt man nicht umhin, sich ethischen Theorien zuzuwenden.

10.2 Drei ethische Theorien

Gesucht sind Theorien, welche intersubjektiv verbindliche Normen begründen können. Dabei geht es nicht nur darum zu begründen, was man selbst tun soll, sondern auch darum, anderen gegenüber begründen zu können, warum sie etwas tun oder nicht tun dürfen. Nicht das „Was soll ich tun/sein" ist zu begründen, sondern dass man andere dazu auffordern darf, ja, auffordern muss, dass sie etwas tun oder unterlassen sollen. Das „Du sollst!" ist zu begründen. Die Tugendethik, welche sich vorrangig mit der Frage, was man für eine Person sein soll und damit mit der ersten Frage befasst, werde ich damit ausklammern. Ein Intuitionismus, der sich auf eine besondere Werterfahrung bezieht, ist nicht begründbar. Denn die Annahme objektiver Werte, die man durch eine besondere ethische Wahrnehmung erschließt, ist auf Voraussetzungen angewiesen, die nicht intersubjektiv begründet werden können. Es bleiben damit noch drei Theorien: Vertragstheorie, Kantianismus und Utilitarismus.

10.2.1 Vertragstheorie

Gemäß der Vertragstheorie ist Moral eine implizite Übereinkunft zwischen rationalen Personen. Für Vertragstheoretiker ist es eine Frage der Klugheit, moralische Normen zu befolgen. Personen, die an ihrem langfristigen Wohlergehen interessiert sind, binden sich selbst an moralische Normen und sind bereit, das öffentliche Gut einer Moral zu erzwingen. Denn die Institution der Moral fördert und sichert langfristig das eigene Wohl. Um dies zu zeigen, wird in einem Gedankenexperiment zunächst eine Situation angenommen, in der keine moralischen Regeln bestehen.

Die klassische Version dieses Gedankenexperiments findet sich in Kapitel 13 von Hobbes „Leviathan". Ohne Moral zu leben, heißt nichts anderes, als alles tun zu dürfen, was man tun will. Indem damit jeder einen Anspruch auf alles, ein Recht auf alles, erheben kann, muss es notwendig zu Konflikten kommen. Jede Person muss stets Angriffe befürchten, weil andere das beanspruchen, was man selbst haben möchte oder selbst hat. Angriffe drohen zudem von denen, die präventiv das ihre und die Ihren zu schützen suchen. Auch wenn Dritte altruistische Neigungen haben, besteht doch nie Sicherheit, selbst Hilfe zu bekommen, wenn man sie benötigt. Niemand kann zudem sicher sein, dass er in der Lage ist, sich selbst zu schützen. Trotz aller Unterschiede sind Menschen insofern Gleiche, als jeder für jeden eine potentielle Gefährdung darstellt. In einer Welt ohne Moral lebt jeder so in steter Bereitschaft zu kämpfen und im Bewusstsein, dass er jederzeit attackiert werden könnte. Jeder lebt in ständiger Furcht und der drohenden Gefahr eines gewaltsamen Todes. Gemäß Hobbes kann dieser Zustand nur dadurch überwunden werden, dass die Betroffenen eine Übereinkunft treffen, die zum Nutzen aller ist. Sie einigen sich auf Regeln und auf einen Schiedsrichter, der die Macht hat, diese Regeln zu erzwingen. Dies ist für Hobbes der Staat.

Spätere Vertragstheoretiker betonen, dass es keiner Zentralmacht bedarf, um den Urzustand zu überwinden. Da die Nachteile eines „Kriegs aller gegen alle" für alle offenkundig sei, bilde sich im Zusammenspiel rationaler Personen das öffentliche Gut der Moral heraus, an deren Normen sich der einzelne bindet und deren Einhaltung er gegenüber anderen einfordert. Da das Bestehen einer Moral zum langfristigen Vorteil für jeden einzelnen ist, kann man jeder Person Gründe nennen, warum sie sich an moralische Normen zu halten hat.

Gemäß der Vertragstheorie ist es im Interesse jedes einzelnen, sich an gewisse moralische Normen zu halten. Für jede Person ist es klug, jene Wesen moralisch zu berücksichtigen, die sie bei Nichteinhalten von Normen dafür strafen können, die also ein gewisses Drohpotential haben. Zudem wird sie auch um schutz- und hilfsbedürftige Menschen besorgt sein. Denn jede Person muss stets damit rechnen, selbst einmal schutz- und hilfsbedürftig zu sein. Da sie jedoch, so diese Standardsicht, stets Mitglied der Spezies Mensch bleibt, besteht für sie kein Grund, auch nicht-menschliche Tiere direkt moralisch zu berücksichtigen.[3] Alle nicht-menschlichen Tiere sind nur insofern für den Vertragsinhalt von Belang, als sich rationale Personen um ihr Wohlergehen sorgen und ihr Leiden vermeiden wollen. Tiere werden nur indirekt über die Interessen rationaler Personen berücksichtigt. Das Interesse der Tierschutzbewegung, die Situation der Versuchs- und Nutztiere zu verbessern, mag etwa dazu führen, dass sich alle Vertragsparteien auf Tierschutznormen einigen. Das Leiden von Tieren ist aber nicht direkt relevant. Andererseits würde Anlass bestehen, Außerirdische zu berücksichtigen, vorausgesetzt sie haben ein Drohpotential. In diesem Falle ist es im Interesse jedes einzelnen Menschen, die Interessen der Außerirdischen zu berücksichtigen. Die andere Seite dieses Arguments ist freilich: Hätten Menschen kein Drohpotential gegenüber den Außerirdischen, besteht für diese kein Grund, irgendeinen Menschen moralisch zu berücksichtigen.

Diese Formulierung darf nicht als Einwand gegen die Theorie gelesen werden. Eine Theorie darf nicht deshalb verworfen werden, weil man die Folgen ablehnt, die sich aus ihr ergeben. Wer dies tut, sagt nichts anderes, als dass er eine andere ethische Theorie befürwortet – und müsste demzu-

3 Vgl. hierzu auch Wolf, Das Tier in der Moral, S. 31. Die Standardsicht, dass sich vertragstheoretisch keine direkten Pflichten gegenüber Tieren begründen lassen, wird äußerst klar von Peter Stemmer vorgestellt. Vgl. Stemmer, Handeln zugunsten anderer, S. 264-275.

folge den Nachweis erbringen, dass diese Theorie die überlegene und richtige ist. Zudem müsste er zeigen, dass die Vertragstheorie auf falschen oder willkürlichen Prämissen fußt. Dies ist aber nicht so einfach zu zeigen. Die Vertragstheorie verzichtet auf jede Annahme, die den Glauben an eine übernatürliche Entität voraussetzt. Sie arbeitet nicht mit offensichtlich falschen empirischen Annahmen. Weder sind Personen reine Egoisten noch reine Altruisten. Sie begeht auch nicht den Selbstwiderspruch, vor Erfindung der Moral moralische Normen vorauszusetzen. Die Institution des Versprechens bildet sich nach dieser Theorie, weil Personen einsehen, dass es klug ist, Versprechen zu halten; aber der Vertrag ist mitnichten eine Form eines wechselseitigen Versprechens. Auch das „Recht auf alles" ist kein moralischer Anspruch, den Menschen naturrechtlich haben. Gibt es keine Normen, dürfen Personen einfach tun, was sie wollen. Gegen die sparsamen Prämissen der Vertragstheorie kann man nur schwer Einwände erheben. Die Vertragstheorie ist ein in sich schlüssiges Gedankengebäude.

Allerdings hat es – würden viele sagen – einen Schönheitsfehler: Moralische Normen beruhen vertragstheoretisch allein auf Klugheitsüberlegungen. Nach unserem Alltagsverständnis heben sich moralische Normen von Klugheitsregeln ab. Moralische Handlungserwartungen sind einzuhalten – egal, welche Wünsche und Interessen eine Person hat. Sie gelten unbedingt. Dies kann man am Beispiel der Loyalität erläutern. Sicherlich ist es möglich, sich aus strategischen Gründen loyal zu verhalten. Loyalität ist in diesem Fall ein Mittel, um ein Ziel zu erreichen. Wenn man eine dauerhafte Anstellung oder eine Gehaltserhöhung will, mag Loyalität strategisch ratsam sein. Loyalität im moralischen Sinne zeichnet sich dagegen dadurch aus, dass sie auch dann gefordert ist, wenn es nicht im eigenen Interesse ist, loyal zu sein. Auch wenn sich Illoyalität lohnt, muss sie unterbleiben. In schwierigen Situationen, in denen auch der Freund mit dem Rücken zur Wand steht, ist es ein Wagnis, loyal zu sein. Aber gerade hier erweist sich, ob man wirklich loyal ist. Loyalität als moralisches Gebot ist in dem Sinne unbedingt, dass sie auch dann als Handlungsaufforderung gilt, wenn eigene Interessen und Wünsche in eine andere Richtung weisen. Egal, was man in diesem Moment gerade will, man muss loyal sein. Diese Unbedingtheit moralischer Forderungen, die moralische Normen auch von Tischmanieren oder anderen guten Manieren unterscheidet, zeigt sich noch an anderer Stelle: Wir erwarten von allen anderen, nicht zu lügen und keine Versprechen zu brechen – und dies unabhängig von ihren jeweiligen Interessen und Wünschen. Vertragstheoretiker müssen in Kauf nehmen, dass ihr moralisches Sollen diese Ebene unbedingter Forderungen nicht erreicht. Es bleiben Klugheitsregeln. Auch hier würden sie insistieren, Moral sei begründetermaßen nicht mehr. Die Annahme unbedingter Sollens-Sätze sei eine Annahme, die durch frühere Weltanschauungen und Theorien in die Welt gesetzt wurde.

Wer diesen Verlust nicht in Kauf nehmen will, wird sich gegen die Vertragstheorie entscheiden. Allerdings muss er dann begründen, warum bestimmte Normen unbedingt gelten. Als Alternative bieten sich zwei Theorien an, der Kantianismus und der Utilitarismus.

10.2.2 Kantianismus

Der zweite Theoriekandidat ist der Kantianismus – also die Gruppe jener Ethikentwürfe, die ihre Wurzeln im Werk Immanuel Kants haben. Dabei handelt es sich um eine Form der strikten Deontologie: es gibt Handlungen, die unabhängig von den Folgen in sich moralisch schlecht und unbedingt zu unterlassen sind. Wenn man fragte, wieso sie zu unterlassen sind, würde ein Kantianer auf die Autonomie des Menschen verweisen, also auf die Fähigkeit, sich selbst frei an moralische Gesetze binden zu können. Personen müssen ihre eigene Autonomie wie die Autonomie anderer achten und respektieren. Moralische Pflichten finden wir nach Kant nur in einem Feld wechselseitiger Ansprüche moralischer Subjekte. Es sind jene Normen, an die sich autonome Wesen binden würden.

Kant wird teilweise als Vertreter einer Position gelesen, die Autonomie als Gattungseigenschaft annimmt. Würde man Kant so interpretieren, müsste man ihn gegen den Einwand verteidigen, es gebe keine solchen Gattungsmerkmale. Allerdings kann man Kant auch als Vertreter eines ethischen Individualismus lesen. In diesem Falle verdiente nicht die Vernunftnatur des Menschen Achtung, sondern jenes Vermögen, moralisch und vernünftig zu entscheiden, über das (viele) Menschen verfügen. Kant spricht hier auch von der „Menschheit". Unter „Menschheit" versteht Kant ein Bündel von Fähigkeiten, die alle damit zu tun haben, dass wir als Vernunftwesen in der Lage sind, unsere Ziele frei zu wählen und unser Handeln am moralischen Grundprinzip, dem Kategorischen Imperativ, auszurichten.

Gleiche Achtung und gleichen Respekt schuldet man Wesen, die konkret über das Vermögen verfügen, moralisch zu entscheiden. Der Kreis der moralisch Gleichen umfasst in dieser „ratiozentristischen" Theorie nicht alle Menschen, denn nicht alle Menschen sind Personen. Nicht-menschliche Lebewesen haben (andererseits) als moralisch Gleiche zu zählen, sofern sie als Individuen über das Vermögen der moralischen Urteilsfähigkeit verfügen. Besitzt ein Schimpanse das Bündel jener Fähigkeiten, die ein Wesen in die Lage versetzen, die Wahl seiner Ziele am kategorischen Imperativ auf ihre Zulässigkeit überprüfen zu können, so kommt auch ihm Würde zu. Die hier einschlägige Originalformulierung der sogenannten Zweckformel des Kategorischen Imperativs lautet wie folgt: „Handle so, dass du die Mensch-

heit, sowohl in deiner Person, als in der Person eines jeden andern, jederzeit zugleich als Zweck, niemals bloß als Mittel brauchest".[4]
Ein Zweck ist alltagssprachlich etwas, das wir hervorbringen oder erreichen möchten. Zum Beispiel kann es ein Zweck oder Ziel sein, innerhalb eines Jahres 20 Kilo abzunehmen. Die Menschheit ist allerdings nicht in diesem Sinn ein Zweck. Um die Differenz zu markieren, spricht Kant denn auch häufig von „Zweck an sich". Damit will er etwas bezeichnen, wogegen man nicht handeln darf, etwas, das unser Handeln limitieren soll. Genauer gesagt bedeutet dies: Es gibt absolute Grenzen hinsichtlich der Weise, wie wir Menschen in der Verfolgung unserer Ziele behandeln dürfen, Grenzen, die unter keinen Umständen überschritten werden dürfen. Warum gibt es solche Grenzen? Kants Antwort lautet: Weil Zwecke an sich einen absoluten Wert (eine Würde) haben. Wer dies nicht respektiert, der behandelt die Menschheit in der anderen Person nicht als solchen Zweck an sich, sondern als bloßes Mittel. Näher betrachtet ist es eine bestimmte Eigenschaft des rationalen Willens, der dieser absolute Wert zukommt. Kant bezeichnet sie als Autonomie. Damit meint er, wie bereits ausgeführt, vor allem die Fähigkeit, sich an rationale (selbstauferlegte) Verhaltensstandards, insbesondere den Kategorischen Imperativ zu binden. Diese Fähigkeit einzuschränken oder zu vernichten, ist grundsätzlich falsch. Keine noch so positiven Konsequenzen können dies je rechtfertigen.

Nur vernünftigen Wesen kommt nach Kant ein innerer Wert, eine Würde zu. An dieser Stelle können wir offen lassen, wie Menschen zu berücksichtigen sind, die keine Personen sind und es auch nicht werden können. Auf jeden Fall besitzen nicht-menschliche Tiere nicht die Fähigkeit zur Autonomie. Selbst wenn Menschenaffen oder Delphine rationale Wesen sind, haben sie doch kaum die Fähigkeit, sich selbst moralische Gesetze aufzuerlegen. Auch wenn Denken und Gefühlsleben der Tiere heute anders beurteilt werden als zu Kants Zeiten, müssen heutige Kantianer zum selben Schluss kommen:

> Dass der Mensch in seiner Vorstellung das Ich haben kann, erhebt ihn unendlich über alle anderen auf Erden lebenden Wesen. Dadurch ist er eine Person und, vermöge der Einheit des Bewusstseins, bei allen Veränderungen, die ihm zustoßen mögen, eine und dieselbe Person, d.i. ein von Sachen, dergleichen die vernunftlosen Tiere sind, mit denen man nach Belieben walten und schalten kann, durch Rang und Würde ganz unterschiedliches Wesen.[5]

[4] Kant, Grundlegung zur Metaphysik der Sitten, BA67.
[5] Kant, Anthropologie in pragmatischer Hinsicht, S. 407.

Gegenüber Lebewesen, die keine Personen sind, bestehen nur indirekte Pflichten. Kant formuliert hier das so genannte „pädagogische Argument". Ein verrohender Umgang mit Tieren kann negative Auswirkungen auf unseren Umgang mit Menschen haben. Also sollten wir Tiere nicht quälen, da uns dies dazu verleiten könnte, auch Personen Leid zuzufügen. In der „Vorlesung zur Ethik" schreibt Kant:

> Wenn ... jemand seinen Hund totschießen lässt, weil er ihm nicht mehr das Brot verdienen kann, so handelt er gar nicht wider die Pflicht gegen den Hund, weil der nicht urteilen kann, sondern er verletzt dadurch die Leutseligkeit und Menschlichkeit in sich, die er in Ansehung der Pflichten der Menschheit ausüben soll. Damit der Mensch solche nicht ausrotte, so muss er schon an den Tieren solche Gutherzigkeit üben, denn der Mensch, der schon gegen Tiere solche Grausamkeit ausübt, ist auch gegen Menschen ebenso abgehärtet.[6]

Wenn Tiere von Menschen so verschieden sind, dass sie bloß als Mittel gebraucht werden dürfen, mag fraglich erscheinen, wieso Grausamkeit gegenüber Tieren solche negativen Auswirkungen hat. Wenn wir Füllfederhalter unsorgfältig behandeln und sie absichtlich zerbrechen, härten wir uns auch nicht in einer Weise ab, welche die Gefahr entstehen lässt, wir würden Menschen grausam behandeln. Denn auch bei dieser Handlung ist uns bewusst, dass es sich um Füllfederhalter und nicht um Menschen handelt. Dasselbe gilt aber für den positiven Fall, durch unser Mitgefühl gegenüber Tieren in unserem Mitgefühl gegenüber Menschen gestärkt zu werden. Wenn jemand etwas, sagen wir sein Auto, fürsorglich behandelt und pflegt, heißt dies ja auch nicht, dass er dadurch zu einem sorgsamen Umgang mit Menschen geschult wird. Wenn der Umgang mit Tieren aber jene Auswirkungen hat, von denen Kant spricht, kann der Unterschied zwischen Mensch und Tier nicht so erheblich sein, wie es Kants Mittel-Zweck-Trennung annimmt.

Allerdings geht dieser Einwand an Kants Theorie vorbei. Moralische Verpflichtungen bestehen zwar nur gegenüber vernünftigen Wesen. Kant bestreitet jedoch nicht, dass das Leid empfindungsfähiger Wesen unser Mitgefühl erregt. Ob wir mit einem leidenden Wesen mitfühlen oder nicht, ist aber eine Frage der persönlichen Einstellung. Da Tiere (d.h. nichtmenschliche Tiere) keine moralischen Akteure sind, besteht zudem auch keine Reziprozität. Beides führt dazu, dass das Mitleid gegenüber Tieren nach Kant auf einer nicht intersubjektiv verbindlichen Ebene liegt. Allerdings ist es insofern relevant, als eben indirekte Auswirkungen denkbar sind. Das Verhalten gegenüber Tieren kann Auswirkungen darauf haben, wie sich vernünftige Wesen gegenüber anderen vernunftfähigen Wesen verhalten.

---

[6] Kant, Vorlesung zur Ethik, S. 302f. Vgl. auch: Die Metaphysik der Sitten, S. 579.

Eine solche pädagogische Wirkung tritt nicht ein, wenn wir unsere Aggressionen an Dingen auslassen, die nicht unser Mitleid erwecken.

Ist Kants pädagogisches Argument korrekt, dürfte man mit nichtempfindungsfähigen Wesen tun, was man wollte, dürfte gegenüber Tieren aber nicht grausam sein. Tom Regan vertritt die These, dass die kantianischen Grundannahmen noch stärkere Auswirkungen auf den Umgang mit nicht-menschlichen Lebewesen hätten. Er knüpft an die Idee der Gleichheit der Individuen an, die zentraler Bestandteil unserer Gerechtigkeitskonzeptionen sei.[7] Individuen sollten seiner Ansicht nach gleich geachtet werden, sofern sie den gleichen Eigenwert[8] haben. Regan unterscheidet den Eigenwert analog zu Taylors Begriffsunterscheidungen von intrinsischen (im Gegensatz zu instrumentellen) Werten, wonach etwas um seiner selbst willen gut ist, wie etwa ästhetischer Genuss oder Freude. Ein Leben, das intrinsisch besser ist als ein anderes, hat keineswegs einen größeren Eigenwert. Um dies an einem Beispiel zu illustrieren: eine Person, die ihr Leben der Wissenschaft widmet, hat (nach weit verbreiteter Ansicht) ein intrinsisch besseres Leben als jemand, der ein Leben lang Kegeln spielt, aber beiden kommt derselbe Eigenwert, dieselbe Würde zu. Diese Differenzierung gibt unser traditionelles Verständnis von Menschenwürde wieder. Egal, welche Fähigkeiten ein Mensch hat, hat er – als Mensch – den gleichen Anspruch auf Achtung und Respekt. Regan vertritt eine egalitaristische Position, die jede Privilegierung des Menschen ablehnt. Tier und Mensch sind in allen Situationen als Gleiche zu behandeln. Genauso wenig wie man Menschen ohne Einwilligung Leid zufügen oder sie töten darf, um dadurch einen höheren Zweck zu erreichen, darf man Tieren Leid zufügen oder sie töten, um einen höheren Zweck zu erreichen.[9]

Selbst wenn die kantische Theorie auf einem sicheren Fundament ruhte, was noch zu prüfen ist, wäre diese Ausdehnung jedoch unzulässig. Betrachten wir dies noch etwa näher: Einen Eigenwert besitzen nach Regan jene Wesen, welche die Fähigkeit zur Autonomie haben. Allerdings stellt Regan dem kantianischen Verständnis von Autonomie eine Alternative gegenüber. Ein Wesen ist autonom, wenn es auf seine eigene Weise eigene Ziele anstreben und eigene Wünsche befriedigen kann. Es muss Meinungen, Wünsche, Absichten und einen gewissen Zukunftsbezug haben. Regan fasst dies unter

[7] Regan, The Case for Animal Rights, S. 235f.

[8] Regan selbst verwendet den Ausdruck „inhärenter Wert". Vgl. Regan, The Case for Animal Rights, S. 235-239.

[9] Egalitaristische und hierarchische Position spiegeln sich in der öffentlichen Diskussion in der Tierschutz- bzw. Tierrechtsbewegung wider. Der Tierschutz bemüht sich, Nutztiere vor Leid, Schmerzen, Stress und Beeinträchtigung arteigener Funktionen zu schützen, ohne Tiernutzung in Wissenschaft, Landwirtschaft und Ernährungsindustrie prinzipiell in Frage zu stellen. Vertreter einer Tierrechtsposition lehnen Güterabwägungen von tierischen und menschlichen Interessen ab und sind damit kategorisch gegen die Nutzung von Tieren in den genannten Bereichen.

den Begriff, dass sie „empfindende Subjekte eines Lebens" sind. Wir müssen allen Wesen, denen ein Eigenwert zukommt, mit gleicher Achtung und gleichem Respekt begegnen. „Subjekte eines Lebens" dürfen nicht bloß als Mittel angesehen werden, sondern stets auch als Zweck an sich. „Subjekte eines Lebens" sind nach Regans Auffassung alle Säugetiere und auch eine Reihe anderer Wirbeltiere.[10] Dies heißt, diesen Tieren kommt die gleiche Würde zu wie Menschen. Tiere dürfen nach Regans Auffassung also nicht bloß als Ressourcen oder bloß als Mittel behandelt werden. Konsequent fordert Regan die völlige Abschaffung des Gebrauchs von Tieren in der Wissenschaft, die völlige Auflösung kommerzieller Tierwirtschaft und die völlige Beseitigung kommerzieller Jagd und Fallenstellerei.[11]

Die an Rechten bzw. einem Würdekonzept orientierte Tierethik geht damit weit über Tierschutzforderungen hinaus. Bloßer Tierschutz wird von Regan abgelehnt, weil „etwas Stroh, mehr Raum und einige Gefährten (...) das grundlegende Unrecht nicht beseitigen – nicht einmal anrühren können –, das unserer Behandlung und unserer Auffassung von Tieren als unseren Ressourcen zugrunde liegt. Ein Kälbchen, das getötet und gegessen wird, nachdem es eingesperrt war, wird so betrachtet und behandelt; aber auch eins, das – wie man so schön sagt – „humaner" aufgezogen wird."[12]

Zulässig ist seiner Ansicht nach allenfalls die Tötung von Tieren in Notwehr. Interessanterweise gibt aber auch Regan im Zweifelsfalle dem Mensch Vorrang vor dem Tier. Regan diskutiert ebenfalls das Szenario, dass nach einem Schiffsuntergang entschieden werden muss, ob ein Mensch oder ein Hund weiterleben darf.[13] Auch wenn seiner Auffassung nach mit Hund und Mensch gleichberechtigte Subjekte eines Lebens im Rettungsboot sitzen, spricht er sich dafür aus, den Menschen zu retten. Denn er ist der Ansicht, der Tod sei für selbstbewusste Wesen ein größerer Schaden. Die Rettung des Menschen ist seiner Ansicht nach mit einer Position zu vereinbaren, in denen Menschen und Tiere gleiche Rechte haben.[14] Ob dies so ist, soll hier zunächst offen bleiben. Die Frage, ob und wenn ja, wann Güterabwägungen zulässig sind, werde ich im Kapitel 15 behandeln. Wichtiger als die Frage, was es heißt, dem Weg der Theorie bis zum Ende zu folgen, ist jene, ob man überhaupt diesen Weg einschlagen darf. Dagegen sind gewichtige Einwände zu formulieren.

Die Auffassung, Tieren könnten Meinungen, Wünsche, Absichten und Zukunftsbezug zugeschrieben werden, bedürfte einer eingehenderen Analyse, als Regan selbst sie vornimmt. Man muss hier, wie James Rachels betont,

---

[10] Menschliche Embryonen und Föten sind dagegen nach Regan keine Subjekte eines Lebens. Auch tierischen Embryonen oder Pflanzen kommt kein Eigenwert zu.

[11] Vgl. Rachels, The Case for Animal Rights, Kap. 11.

[12] Regan, In Sachen Rechte der Tiere, S.29.

[13] Regan, The Case for Animal Rights, S. 351.

[14] Vgl. Pluhar, Beyond Prejudice, S. 288-295.

unterscheiden, ob Lebewesen bloß (biologisch) am Leben sind oder ob sie (biographisch) ein Leben führen.[15] Ein Leben führen heißt, Beziehungen zu Menschen und anderen Tieren zu pflegen, einen Beruf auszuüben, Pläne zu hegen, Hobbys nachzugehen. Ob nicht-menschliche Tiere ein Leben führen, ist in einem weit höheren Grade fraglich, als der Umstand, dass sie leidensfähig sind.

Ein Problem dieser Position stellt zudem dar, dass eine kantische Position der Achtung gegenüber der Autonomie auf die Achtung gegenüber „Subjekten eines Lebens" ausgedehnt werden soll. Der Umstand, dass ein Wesen autonom ist, verbietet nach Kant, es als bloßes Mittel zu gebrauchen. Bloß als Mittel gebraucht zu werden, missachtet die Würde jener, die autonom sind. Ihre Fähigkeit, selbst moralisch urteilen zu können, wird geleugnet. Es ist jedoch zu bestreiten, dass man hier mit einem schwächeren „Autonomie"-Begriff arbeiten darf. Kant geht bewusst von der Fähigkeit aus, (moralische) Werturteile zu fällen. Allein dieser Fähigkeit kommt absoluter Wert zu. Eine Ausdehnung des Begriffs auf andere Fähigkeiten läge nicht in Kants Sinne und widerspräche den Grundannahmen seiner Theorie. Auf Kant kann sich Regan nicht berufen.

Regan hat Recht, dass wir auch dann von einem Eigenwert (im Sinne der Menschenwürde) sprechen, wenn Menschen nicht im kantischen Sinne autonom sind. Allerdings muss bezweifelt werden, ob Kant diese Zuweisung eines Eigenwerts ebenfalls befürwortet hätte. Dass wir diesen Menschen Würde zusprechen, liegt zudem nur bedingt an der kantischen Theorie. Weit einflussreicher ist die Lehre von der moralischen Sonderstellung, die sich auf Gottesebenbildlichkeit und Vernunftnatur des Menschen aufbaut. Aber Tiere sind nach traditioneller Auffassung weder Gottes Ebenbild, noch kann man ihnen eine Vernunftnatur zusprechen. Regan begeht hier den Fehler, sich auf Intuitionen zu beziehen, die aus genuin speziesistischen Auffassungen stammen. Man kann sich aber nicht auf Mauern stützen, die man zuvor eingerissen hat.

Folgt man Kant, muss sich der Ausschluss von Güterabwägungen auf vernünftige Wesen beschränken. Nur für diese gilt das Instrumentalisierungsverbot, dass sie niemals nur als Mittel, sondern stets auch als Zweck anzusehen sind. Kants Ansatz wäre überzeugend, wenn sich der absolute Wert der Autonomie begründen ließe. Versuchte ein Kantianer einem Srivani zu begründen, warum Versuche an Personen zu unterlassen sind, müsste er genau diesen Punkt begründen. Er hätte ihm Gründe zu nennen, warum Wesen, die über Autonomie verfügen, immer auch als Zweck und niemals nur als Mittel zu behandeln sind. Hier stehen wir freilich vor einem Problem. Kants Theorie entspricht unseren eigenen Erwartungen, dass „Moral mit der Würde und Freiheit des Menschen und mit seiner Selbstbehauptung als freies

[15] Rachels, Created from Animals, S. 208f.

Wesen zu tun habe".[16] Kant hat vor dem Hintergrund dieser Erwartungen ein elegantes System entworfen. Aber er strebt keine kohärentistische Theorie an, sondern eine Ethik, die jeden Skeptiker mit zwingenden Argumenten überzeugt. Daher wäre es falsch, die Stärke der kantischen Theorie danach einzuschätzen, wie elegant sie ist oder wie stark sie unseren Erwartungen entspricht. Es kann nur zählen, wie gut die Begründung ist. Kant verweist hier auf die Fähigkeit, sich Ziele zu setzen, als Voraussetzung dafür, dass überhaupt etwas von Wert ist. Da ohne das Vermögen, sich Ziele setzen zu können, nichts von Wert wäre, muss dem Vermögen selbst ein absoluter Wert zukommen. Aber dieses Argument beweist keinen absoluten Wert für diese Fähigkeit. Sicher ist richtig, niemand könne etwas für wertvoll ansehen, wenn er nicht über die Fähigkeit verfügt, sich rationale Verhaltensstandards zu geben. Nur, auch Sauerstoff, Zellteilung oder das Leben sind Voraussetzungen, um mir selbst Verhaltensstandards setzen zu können. Gleichwohl muss ich nicht zwingend annehmen, Sauerstoff, Zellteilung oder dem Leben komme ein absoluter Wert zu. Kant hat diesen Punkt später in der Richtung korrigiert, indem er den absoluten Wert der Autonomie als ein „Faktum der Vernunft" bezeichnete.[17] Als dieses ist es freilich eine bloße Setzung, ein Dogma. Eine Ethik, die auf einer solchen Setzung basiert, ist aber ein metaphysisches System. Als Grundlage einer intersubjektiv verbindlichen Moral scheidet der Kantianismus aus.

Es ist kein Zufall, dass dieser Begründungsansatz in der Kant-Diskussion nur eine untergeordnete Rolle spielt. Die Überzeugungskraft der kantischen Philosophie liegt nicht darin, eine zwingende Begründung zu liefern. Die Formulierungen der kategorischen Imperative haben eine davon unabhängige rhetorische Kraft. Dies gilt insbesondere für die Zweckformel: Wir sollten Menschen (bzw. vernünftige Wesen) nicht in einer Weise behandeln, in der sie als bloße Mittel gebraucht werden. Um die wirkliche argumentative Kraft dieser Formulierung zu entfalten, müsste sie aus der kantischen Theorie herausgelöst und in andere Begründungsansätze eingebettet werden.

10.2.3 Utilitarismus

Gemäß konsequentialistischer Theorien entscheidet sich die Frage, was moralisch richtig ist, ausschließlich auf Grund der voraussichtlichen Handlungsfolgen. Die bekannteste Spielart des Konsequentialismus ist der Utilitarismus, gemäß dem eine Handlung dann moralisch geboten ist, wenn sie bestmöglich zur Verwirklichung des Glückes aller Betroffenen beiträgt. Glück kann dabei verstanden werden im Sinne von Freude bzw. Abwesen-

[16] Steinvorth, Klassische und moderne Ethik, S. 68.
[17] Vgl. Kant, Kritik der praktischen Vernunft, A55ff.

heit von Leid (Hedonismus), dies ist die klassische Position von Jeremy Bentham, oder im Sinne von Wunscherfüllung, so der sogenannte Präferenzutilitarismus von Richard M. Hare und Peter Singer. Als Theorie, die radikal auf den Bezug auf Intuitionen verzichtet, wurde der Utilitarismus von Bentham entworfen und vertreten; seine Auffassungen müssen der Referenzpunkt sein, wenn es darum geht, den Utilitarismus als ethische Theorie vorzustellen.

Jeremy Bentham sieht den Utilitarismus als eine wissenschaftliche Ethik. Was traditionell für richtig gehalten wird, dürfe unser Handeln nicht leiten. Statt einfach Vorurteilen zu vertrauen, müsse man Moral auf ein solides Fundament stellen. Ausgangspunkt für ihn ist eine hedonistische Position, wonach der einzelne klugerweise Freude anstreben und Leid meiden soll. Freude und Leid sind die beiden einzigen Werte, die unser Handeln lenken. Was der einzelne tun soll, kann sich allein danach entscheiden, inwiefern die Handlung von Nutzen ist, das heißt, dazu beiträgt, Freude herbeizuführen oder Leid zu vermeiden. Das Utilitätsprinzip wird so zunächst auf individueller Ebene eingeführt. Dabei bewegt sich Bentham in den Fußspuren Epikurs und Hobbes. Dass Freude für einen selbst gut und Leid für einen selbst schlecht ist, ist selbstevident. Man kann sie nicht anders wahrnehmen. Bentham weicht aber von Epikur und Hobbes ab, wenn es um die Regeln gemeinschaftlichen Lebens geht. Entwickelt Epikur und Hobbes eine Vertragstheorie, so Bentham eine konsequentialistische Theorie. Auch die Regeln der öffentlichen Moral werden seiner Ansicht nach gemäß dem Utilitätsprinzip ausgewählt. Betreffen Handlungen nicht nur einen selbst, sondern auch andere, müssen auch sie gemäß dem Utilitätsprinzip, also ihrem Beitrag zu individueller Freude und Leidvermeidung, bewertet werden. Denn Freude und Leid sind die einzigen Maßstäbe richtigen Handelns, über das wir verfügen. Ohne diese gibt es keinen Maßstab.[18] Berücksichtigt werden müssen dabei die Folgen für alle Betroffenen, denn es gibt kein Argument, das den Ausschluss einzelner Betroffener rechtfertigen könnte. Zudem müssen alle Betroffenen als Gleiche berücksichtigt werden. Von einem unparteiischen Standpunkt aus kommt dem Streben des einen nach Glück keine höhere Bedeutung zu als dem Streben eines anderen. Alle müssen als Gleiche behandelt werden. Jeder zählt als einer und keiner mehr als einer. Wenn aber (1) die Folgen für alle Betroffenen zu berücksichtigen sind, (2) alle Betroffenen gleiches Gewicht haben und (3) einziger Maßstab des Richtigen Freude und Leid sind, so folgt daraus, dass es geboten ist, jene Handlung zu wählen, welche bestmöglich dazu beiträgt, das Glück aller Betroffenen zu befördern.

Bentham betont, dass diese Argumentation für das Nützlichkeitsprinzip nicht weiter begründet werden kann, aber auch keines weiteren Beweises

[18] Bentham, An Introduction to the Principles of Morals and Legislation, S.4.

mehr bedarf.[19] Man muss Bentham zu Gute halten, dass seine Version des Utilitarismus gegen die meisten vorgebrachten Einwände immun ist.

Standardmäßig wird zum Beispiel moniert, der Utilitarismus habe unmoralische Folgen. Stimmt die utilitaristische Theorie, dürfe man einen töten, um vielen zu helfen; ja, dies könne sogar geboten sein. So sei es etwa geboten, eine alte Erbtante zu töten, um deren Geld an viele Arme zu verteilen. Unabhängig davon, ob dies wirklich aus dem Utilitarismus folgt, wird hier allerdings überhaupt kein Argument formuliert. Denn woher wissen wir, dass diese Konsequenz unmoralisch ist? Zu glauben, dass sie unmoralisch ist, ist kein Argument. Damit der Einwand Gewicht bekommt, müsste man eine alternative Theorie haben, deren Wahrheit bewiesen werden könnte. Hat man diese nicht, kommt dem Verweis auf unmoralische Folgen keine argumentative Kraft zu.

Dass der Utilitarismus den Menschen überfordere oder dass durch die Aufforderung zu einem allgemeinen Interessenkalkül die Bedeutung eigener Ziele und Interessen, also die eigene Identität, verloren ginge, sind andere eingebürgerte Einwände. Aber auch diese verweisen letztlich nur darauf, dass man nicht will, dass der Utilitarismus die richtige Theorie ist. Denn wäre er es, müsste man die Forderungen auf sich nehmen und zu verwirklichen suchen, ob man will oder nicht. Der Verweis auf eine Überforderung und den Verlust der Identität ist solange kein Einwand, bis eine Theorie vorliegt, die zeigt, dass dies nicht geschehen darf.

Weit weniger noch ist der Einwand ernst zunehmen, dass Bentham einfach die Ideologie des englischen Besitzbürgertums vertrete – weshalb der Utilitarismus als Kaufmannsmoral abzulehnen sei. Dieser Einwand hat schon Schwierigkeiten damit, dass Bentham selbst ein politischer Radikaler war, der als einer der ersten für das Frauenstimmrecht oder gegen Diskriminierung Homosexueller eingetreten ist. Aber ungeachtet dessen, wie man Bentham selbst einordnet, ist dieser auf hinter Theorien liegenden Interessen verweisende Einwand nur dann ein Argument, wenn es falsch ist, diese Interessen zu haben. Um das zu zeigen, bedarf es indes wiederum einer Theorie. Wird die Richtigkeit einer solchen Theorie, also etwa einer marxistischen Geschichtsphilosophie, aber einfach implizit vorausgesetzt, entpuppen sich die sogenannt „kritischen" Argumente letztlich als rein dogmatische Argumente.

Schließlich wird dem Utilitarismus auch noch vorgeworfen, dass er keine Gerechtigkeitstheorie hat. In der Tat ist die Verteilung des Glücks und des Leids für Bentham irrelevant. Allerdings müsste man, will man Bentham hier kritisieren, zunächst eine Theorie der Gerechtigkeit haben. Dass bestimmte Intuitionen missachtet werden, reicht wiederum nicht aus, um Benthams Ansatz zurückzuweisen.

---

[19] Ebd.

Insgesamt ist der Utilitarismus als eine ernsthafte Alternative zur Vertragstheorie anzusehen. Für den Kontext dieser Arbeit relevant ist, dass der Utilitarismus nicht speziesistisch ist. Allein Freude und Leiden bilden den Maßstab, anhand dessen man Handlungen beurteilen darf. Wessen Freude und Leiden es ist, ist dabei moralisch irrelevant. Bentham geht davon aus, dass der Bereich der moralischen Objekte nicht auf die Mitglieder der menschlichen Gattung beschränkt werden darf, sondern auf Mitglieder anderer Gattungen auszudehnen ist. Er schreibt in einer berühmten Fußnote:

> Der Tag wird kommen, an dem auch den übrigen lebenden Geschöpfen die Rechte gewährt werden, die man ihnen nur durch Tyrannei vorenthalten konnte. Die Franzosen haben bereits erkannt, dass die Schwärze der Haut kein Grund ist, einen Menschen schutzlos den Launen eines Peinigers auszuliefern. Eines Tages wird man erkennen, dass die Zahl der Beine, die Behaarung der Haut und das Ende des os sacrum sämtlich unzureichende Gründe sind, ein empfindendes Lebewesen dem gleichen Schicksal zu überlassen. Aber welches andere Merkmal könnte die unüberwindliche Grenzlinie sein? Ist es die Fähigkeit zu denken oder vielleicht die Fähigkeit zu sprechen? Doch ein erwachsenes Pferd oder ein erwachsener Hund sind weitaus verständiger und mitteilsamer als ein Kind, das einen Tag, eine Woche oder sogar einen Monat alt ist. Doch selbst, wenn es nicht so wäre, was würde das ändern? Die Frage ist nicht: Können sie denken? Oder können sie sprechen?, sondern: Können sie leiden?“[20]

Ist die Ausdehnung der moralischen Gemeinschaft auf alle empfindungsfähigen Wesen bei Bentham noch in einer Fußnote untergebracht, wird sie von Peter Singer ins Zentrum der Überlegungen gerückt. Der von Singer gewählte Buchtitel „Animal Liberation“ sucht bewusst den Anschluss an Sklavenbefreiung und andere Emanzipationsbewegungen. Tierisches Leid zählt gleich wie menschliches Leid. Der von Singer angeprangerte Speziesismus besteht u. a. darin, dass Menschen bereit sind, Tieren ein Maß an Schmerzen und Leid zuzufügen, welches sie Menschen aus demselben Grund nicht zufügen würden.

Im Utilitarismus werden nicht die Individuen selbst in den Blick genommen, sondern die Lust oder das Leid von Wesen. Das heißt aber auch, dass Lebewesen ersetzbar sind.[21] Wenn ich den Hund Fido töte, habe ich damit die Gesamtsumme des Glücks auf der Welt verringert. Töte ich Fido aber, nachdem ein zweiter Hund gerade einen Welpen geworfen hat, hat sich die Glückssumme der Welt nicht verändert. Es spielt keine Rolle, ob Fido am nächsten Tag seine Wünsche erfüllt bekommt oder der neue Welpe. Die Glücksumme verringerte sich aber, wenn kein neuer Hund geboren würde. Wenn dies so ist, haben wir aber ein Argument dafür, Tiere für menschliche

---

[20] Bentham, Introduction to the Principles of Morals and Legislation, S.283.
[21] Vgl. Singer, Praktische Ethik, S. 138-142.

Zwecke zu nutzen. Denn auf Grund der Nutzung werden nichtmenschliche Tiere geboren. In diese Richtung zielt der berühmte Aphorismus von Leslie Stephen „Das Schwein hat ein stärkeres Interesse nach der Nachfrage an Speck als irgend jemand sonst. Wären wir alle Juden, gäbe es überhaupt keine Schweine."
Singer weicht hier jedoch vom klassischen Utilitarismus Benthams insofern ab, als für ihn nur bestimmte Tiere ersetzbar sind, nämlich jene, die keine Personen sind. Als Person bezeichnet er ein denkendes intelligentes Wesen, das Vernunft und Reflexion besitzt und sich als sich selbst denken kann, als dasselbe denkende Etwas in verschiedenen Zeiten und an verschiedenen Orten. Wie Singer die These begründet, dass Personen nicht ersetzbar sind, bleibt aber weitgehend unklar. Eine Möglichkeit bestünde darin zu betonen, die Tötung einer Person würde das Befolgen langfristiger Pläne unterbinden und die Reise eines Lebens abbrechen. Aber warum sollte nicht der eine langfristige Plan durch einen anderen ersetzt werden? Warum kann man nicht eine erfreuliche Reise durch eine andere ebenso erfreuliche ersetzen? Eine zweite Möglichkeit besteht darin, zu betonen, es habe sich in der Moral bewährt und als nützlich erwiesen, Personen als nicht ersetzbar zu behandeln. Wir hätten dann eine regelutilitaristische Begründung. Aber kann man dies behaupten? Dass Personen in unserer Tradition als nicht ersetzbar gelten, liegt daran, dass unsere Tradition eben nicht utilitaristisch geprägt ist. Ein Versuch, das Ersetzbarkeitsproblem des Utilitarismus zu lösen, kann aber kaum als gelungen bezeichnet werden, wenn man dabei theoretische Ressourcen nicht-utilitaristischer Theorien anzapft.[22]

Ist es unumgänglich, sich zu entscheiden, ob man bei einem Schiffbruch einem normalen erwachsenen Menschen oder einem Hund das Leben retten sollte, fordert Singer auf, den Menschen vorzuziehen.[23] Dies liegt nicht daran, dass es sich einmal um einen Menschen handelt und einmal um einen Hund, sondern daran, dass erwachsene Menschen im allgemeinen in einem (weit) höheren Maße jene Eigenschaften haben, die für die Beurteilung der Tötung – neben der Frage, ob Tötung und Sterben mit Leiden verbunden ist – moralisch relevant sind. Normale erwachsene Menschen haben Selbstbewusstsein, Pläne für die eigene Zukunft und sinnvolle Beziehungen zu anderen Menschen und Lebewesen. Singer schreibt daher nur dem Menschen ein Recht auf Leben zu.

---

[22] Die Unterscheidung zwischen bloß empfindungsfähigen Wesen und Personen ist auch relevant, wenn es um das Tötungsverbot geht. Vgl. Singer, Praktische Ethik, S. 130ff. Dieses Thema werde ich in Kapitel 13 behandeln.

[23] Pluhar bestreitet daher, dass eine Position – wie etwa die von Singer – überhaupt egalitaristisch genannt werden kann. Singer vertritt für sie eine „Ungleiche-Rechte-Position" (vgl. Pluhar, Beyond Prejudice, S. 294). Warren geht in dieselbe Richtung wie Pluhar, wenn sie betont, Singers Pathozentrismus habe nicht die Gemeinschaft der Gleichen erweitert, sondern nur die Klasse jener Wesen, die als leidensfähig gelten und der Grausamkeit ausgesetzt sein können (vgl. Warren, The Moral Status of Great Apes, S. 318).

Egalitarist ist Singer damit nur in einem schwachen Sinne: Bei der Berücksichtigung moralisch relevanter Eigenschaften darf die Gattungszugehörigkeit keine Rolle spielen. Singer fordert keinen Verzicht auf eine Güterabwägung, sondern eine wirklich gerechte Güterabwägung. Die Interessen von Tieren sollen gleich berücksichtigt werden wie die Interessen von Menschen. In Fragen der Tierversuche z.B. bringt Singer keinen prinzipiellen Einwand vor. In seiner Kritik der Tierversuche stützt er sich vielmehr auf empirische Belege, tierische Interessen würden in der Regel zu gering gewichtet, ein mutmaßlicher Nutzen durch die Versuche sei fragwürdig oder der versprochene medizinische Gewinn könnte auch auf anderem Wege erzielt werden. Es ist für Singer aber durchaus denkbar, dass der bei einem Tierversuch zu erwartende Nutzen für Mensch und Tier so groß ist, dass es gerechtfertigt ist, Tieren in diesem Versuch Leid zuzufügen. Allerdings folgt aus dem Gebot, tierisches und menschliches Leid gleich zu berücksichtigen, nach Singer auch, dass die Bedeutung des Versuchs es dann auch rechtfertigen würde, den Versuch mit einem geistig behinderten Menschen durchzuführen. Wer Versuche an geistig behinderten Menschen ablehnt, sollte nach Singers Ansicht konsistenterweise auch Tierversuche ablehnen.

Hier steht er freilich erneut vor einem Problem: Der Verweis auf geistig behinderte Menschen appelliert an den moralischen Common Sense. Damit sucht Singer aber argumentative Hilfe bei einer Position, die er selbst entschieden kritisiert: die Lehre von der moralischen Sonderstellung des Menschen. Denn Versuche an geistig behinderten Menschen werden in unserem Common Sense abgelehnt, weil ihnen als Menschen eine Würde zugesprochen wird. Als Utilitarist müsste er dagegen so weit gehen, wie ihn seine Theorie trägt. Genau dies würde Bentham fordern, der mit dem Utilitarismus gerade eine Moraltheorie zu entwickeln suchte, die vom Gängelband der Tradition unabhängig ist. Und auch Singer pflegt gegen speziesistische Intuitionen stets einzuwenden, es gäbe einen Vorrang der Theorie.[24] Aber er gibt keine Antwort auf die Frage, wieso die einen Intuitionen hinfällig seien, nicht aber jene, die zum Tragen kommen, wenn man Versuche an geistig behinderten Menschen in den Blick nimmt.

Ob ein Versuch an geistig behinderten Menschen oder Tieren zulässig ist, erweist sich in einem strikten Utilitarismus bei der Prüfung, ob der Versuch das größte Wohl für alle Betroffenen erzeugt. Der Appell an die moralische Intuition, ob man einen Versuch an geistig behinderten Menschen durchführen dürfe, darf keine Rolle spielen. Ist die utilitaristische Theorie richtig, dürfte man nicht einwenden, wir seien intuitiv nicht bereit, diese Konsequenzen zu tragen. Denn es gibt einen eindeutigen Vorrang der Theorie. Allerdings ist fraglich, ob man die utilitaristische Theorie akzeptieren muss.

---

[24] Vgl. Singer, Ethics beyond Species, S.78ff.

Wenn ich oben sagte, der Utilitarismus sei gegen die meisten Standardeinwände immun, war bereits angedeutet, dass es mindestens einen Einwand gibt, der dem Utilitarismus Kopfzerbrechen bereiten muss. Dieser betrifft den Übergang von einem individuellen Nützlichkeitsprinzip zur Forderung, das größtmögliche Glück für alle Betroffenen zu befördern. Würde ein Utilitarist mit einem Srivani diskutieren, wäre es eine Sache, ihn davon zu überzeugen, dass Freude und Leiden Maßstab sind, das für sich richtige zu wählen. Da die Forschung der Srivani auf Leidminderung zielt, bestünden hier gute Chancen, ihn von der Richtigkeit der Position zu überzeugen. Eine andere Sache ist es jedoch, ihm Gründe zu nennen, dass er die Lust bzw. Erfüllung der Präferenzen anderer Personen berücksichtigen und das Glück aller Betroffenen maximieren muss.

Hier hilft auch nicht, dass Bentham das Nützlichkeitsprinzip nur als Antwort auf die Frage ansieht, was moralisch richtig ist, und nicht auf jene, warum man moralisch handeln soll. Bei letzterem verwiese Bentham auf Sanktionen, also die Furcht vor Leid.[25] Wenn man das Bestehen einer Moral voraussetzt, könnte man in der Tat eine solche Arbeitsteilung vorschlagen. Das Utilitätsprinzip könnte dann allein dazu verwendet werden, bisherige Normen zu prüfen und zu korrigieren. Auf die Frage, warum der einzelne sie befolgen sollte, könnte man dann auf ein entwickeltes Sanktionssystem verweisen. Ein solcher revisionistischer Ansatz verbietet sich jedoch, wenn man bestehenden Normen jede Autorität abspricht und sie allein als Vorurteile bezeichnet. Nimmt der moralische Akteur diese Kritik an der Tradition ernst, wird er fragen, wieso er sich überhaupt nach diesen moralischen Normen ausrichten soll. Dass er Sanktionen anderer zu befürchten hat, liefert ihm zwar ein Motiv, den traditionellen Normen zu folgen, aber er würde sich damit einfach aus Furcht alten Vorurteilen unterwerfen. Dies liefert ihm aber keinen Grund, die Normen verbessern und reformieren zu wollen. Auf diese Frage, warum man denn die Moral verändern soll, würde Bentham wohl antworten, dass jede Person Grund hat, sich an rationalen, informierten, letztlich aufgeklärten Prinzipien zu orientieren. Aber damit ist das Problem nicht gelöst. Denn warum soll man Traditionen reformieren? Man könnte ja auch einfach auf sie verzichten. Um sich hier für eine Reform auszusprechen, muss das moralische Subjekt einen Grund haben, sich überhaupt für die Institution der Moral auszusprechen. Und damit wären wir erneut vor der offenen Frage, auf welche der Utilitarismus keine Antwort hat. Wieso soll das Leid anderer berücksichtigt werden?

Dieses Grundproblem des Utilitarismus wäre kleiner, wenn Leiden und Freude bzw. Präferenzerfüllung objektive Werte wären. Auch wenn dann immer noch nicht klar ist, warum der einzelne *verpflichtet* ist, Freude zu maximieren und Leid zu minimieren, gälte dann, dass es moralisch wünschenswert wäre, dies zu tun. Wenn Freude ein objektiver Wert wäre, gäbe

[25] Vgl. Hart, Essays on Bentham, S. 86ff.

es für jeden Grund, Freude herbeizuführen. Man verwirklichte dann das, was in sich wertvoll und wünschenswert ist. Dann spielte es auch keine Rolle, wer Freude hat, ob ich etwa mir selbst oder einem entfernt lebenden Unbekannten eine Freude machte. Es käme nur auf die Quantität und Dauerhaftigkeit der Freude an; für das Subjekt wäre es stets wünschenswert, sie zu mehren, unabhängig davon, wer sich freut. Wenn dies eine Pflicht ist (was noch zu zeigen wäre), verlagerte sich die Normativität in „die Freude“ und „das Leid“. Man wäre bei objektiven Wertannahmen. Weder Bentham noch Hare oder Singer beziehen sich jedoch auf einen Wertrealismus, sie lehnen ihn vielmehr als unbegründbar ab. Ausgangspunkt ist für sie das individuelle Glück des einzelnen, drücke es sich nun in einer Bilanz von Freude und Leid oder der Präferenzerfüllung aus. Warum dann aber die Freude eines anderen oder die Erfüllung eines Wunsches einer anderen überhaupt eine moralische Pflicht begründet, lassen sie offen.

Wäre der Utilitarismus eine reine Rechtsphilosophie – und in diese Richtung geht es zumindest bei Bentham –, wäre das Problem kleiner. Dann könnte man sagen, die in der Legislative tätigen Personen hätten den Auftrag, Gesetze für die gesamte Gemeinschaft zu formulieren. Damit seien sie aber auf einen Standpunkt der Unparteilichkeit verpflichtet, und diesen einzunehmen hieße, dass sie utilitaristische Kalküle vorzunehmen haben. Aber hier geht es nicht um eine mögliche rechtsphilosophische Position, sondern um eine ethische. Für ethische Utilitaristen spielen staatliche Grenzen, die für eine Legislative maßgebend sind, keine Rolle. Die Pflicht, das Glück anderer zu befördern, bezieht sich auf alle empfindungsfähigen Wesen, egal wo, ja sogar, egal wann sie leben. Auch Fernwirkungen des eigenen Handelns sind zu berücksichtigen und das Leid aller gleich zu berücksichtigen. Der Ausschluss des Leids anderer vertrüge sich nicht mit dem unparteilichen Standpunkt, den man als Utilitarist einzunehmen hat und der bei weitem die Grenzen rechtgebender Gewalt überschreitet. Damit müssen Utilitaristen aber eine Antwort auf die Frage geben, wieso man diesen unparteiischen Standpunkt einnehmen und nach dessen Richtschnur handeln soll.

Keine befriedigende Antwort wäre es zu sagen, dass Moral einfach durch diesen Standpunkt gekennzeichnet sei. Denn erstens wäre dies – unabhängig von sprachlichen Intuitionen – noch zu begründen. Zudem wäre damit noch nicht erklärt, wieso jemand diesen unparteilichen Standpunkt einnehmen sollte. Die Frage, warum man überhaupt moralisch handeln soll, bliebe weiterhin vollkommen ungeklärt.

Das Grundproblem bleibt. Auch wenn es plausibel sein mag, dass Glück bzw. die Erfüllung von Präferenzen für einen selbst gut ist, ist damit noch nicht gezeigt, warum einen das Glück anderer oder gar aller Betroffenen zu interessieren hat und wieso man die Pflicht hat, es zu befördern. Man kann hier auch nicht Bentham zustimmen, ein weiterer Beweis sei ebenso unnötig wie unmöglich. Denn es handelt sich hier nicht um irgendein kleines Randproblem, sondern um die zentrale Frage, welche ethische Theorien zu beantworten haben: Wieso haben wir überhaupt moralische Pflichten gegenüber anderen Wesen? Dass solche bestehen, setzen Utilitaristen einfach voraus. Die eigentliche Begründungsfrage lassen sie offen, und damit scheidet auch die utilitaristische Theorie als Alternative zur Vertragstheorie aus.

11. VERTRAGSTHEORIE – SKEPTISCH, NICHT NATURRECHTLICH VERSTANDEN

In unserer Diskussion, wie moralische Pflichten im Allgemeinen und moralische Pflichten gegenüber nicht-menschlichen Lebewesen im Besonderen zu begründen sind, ist nur eine Möglichkeit geblieben: die Vertragstheorie, also die Auffassung, dass Moral eine Erfindung rationaler Personen ist, um das gemeinsame Leben zu regeln. Nach der Vertragstheorie besteht freilich nach einer verbreiteten Ansicht für Akteure kein Grund, auch nicht-menschliche Tiere um ihrer selbst willen moralisch zu berücksichtigen. Wir müssen jedoch noch prüfen, ob diese Ansicht wirklich auf stichhaltigen Gründen beruht. Zu prüfen ist dies insbesondere angesichts der Ressourcen, die uns für eine Begründung moralischer Normen zur Verfügung stehen. Wollen wir allen moralfähigen Wesen Gründe geben, sich zu verpflichten, etwas zu tun, dürfen wir uns weder auf Traditionen, noch auf übernatürliche Entitäten oder unbegründete Prämissen beziehen. Die Vertragstheorie ist der einzig verbleibende ethische Ansatz, welcher diese Bedingungen erfüllt. Daher muss noch einmal näher gefragt werden, wer in einer Vertragstheorie zu den moralischen Objekten zählt, und zudem muss weiter spezifiziert werden, welche Version der Vertragstheorie überhaupt vertreten werden sollte. In diesem Kapitel wird zunächst ein Abriss einer Vertragstheorie vorstellt, im Kapitel 12 geht es dann um die Frage, ob direkte moralische Pflichten gegenüber allen empfindungsfähigen Wesen begründet werden können.

11.1 Skeptische und naturrechtliche Versionen der Vertragstheorie

Es ist sinnvoll, zwischen zwei Familien der Vertragstheorie zu differenzieren. Moralische Normen sind auf Grund der ersten eine Erfindung des Menschen und entstehen, weil es für Personen klug ist, sich freiwillig an diese Normen zu binden. In diesem Falle könnte man sagen, dass dem Menschen „von Natur her“ alles erlaubt ist, er ein Recht auf alles hat. Die zweite Version der Vertragstheorie geht davon aus, dass bestimmten Lebewesen, Menschen oder Personen, bereits „von Natur aus“ Rechte zukommen. Dies kann ein Recht auf Gleichheit sein, zudem könnten von Natur aus konkrete Freiheits- und Anspruchrechte bestehen. Demnach wäre Personen auch „in einem Naturzustand“ nicht alles erlaubt.

Ausgangspunkt der erstgenannten, wie man auch sagen kann, skeptischen Version der Vertragstheorie ist ein Akteur, der noch keine moralischen Gebote und Verbote kennt, dem nichts verboten ist und der tun darf, was immer er will. Thomas Hobbes spricht davon, der Mensch habe „im Naturzustand“ ein Recht auf alles. Leben solche moralfreien Personen gemeinsam in einer Welt mit begrenzten Gütern, muss es notwendig zu Interessenkonflikten kommen. Will man sich nicht stets gegen Übergriffe anderer verteidigen müssen, ist es im Interesse aller, dass bestimmte Normen öffentlich anerkannt werden. Gemäß Hobbes bedarf es deshalb einer Einigung auf Gewaltverzicht und die Übertragung von Macht an eine politische Instanz, die in der Lage ist, Normen zu erzwingen. Erst durch die Möglichkeit der Sanktionierung werden demnach Normen geschaffen. David Hume, dem ich in dieser Hinsicht fortan folge, bestreitet, dass es einer Zwangsgewalt bedarf. Es ist für alle – Schwache wie Starke, Gesunde wie Kranke, Egoisten wie Altruisten – von Vorteil, auf bestimmte Verhaltensoptionen zu verzichten und Verhaltensstrategien zu wählen, die eine friedliche Kooperation ermöglichen. Moralische Normen bilden sich wie andere Konventionen von selbst, wenn rationale Akteure langfristig zusammenleben. Der Begriff der Vertragstheorie ist insofern irreführend, als man annehmen könnte, ein realer Vertragsabschluss sei erforderlich. Jedoch geht es nur darum, dass eine solche Einigung im Interesse aller liegt und dass sich Personen daher auf diese Regel einigen würden, würden sie hypothetisch einen Vertrag schließen.

Nehmen wir ein einfaches Beispiel zur Illustration. Zwei Nachbarn wollen möglichst laut ihre Lieblingsmusik hören. Leider haben sie zutiefst unterschiedliche Geschmäcker, so dass das Ausleben ihrer Vorlieben dem jeweils anderen alle Freude verleidet, ja, ihn verärgert. Sich einfach mit Gewalt gegen den anderen durchzusetzen, ist nicht möglich. Denn beide müssen davon ausgehen, dass der andere so stark und klug ist, dass er einem selbst schaden könnte. In dieser Situation liegt es im Interesse beider, eine Lösung zu finden, die auf der einen Seite den Streit mit dem Nachbarn begrenzt, zweitens aber ermöglicht, die eigene Vorliebe auszuleben, und drittens verhindert, der verhassten Musik des anderen zuhören zu müssen. Die einzige Lösung, welche alle drei Bedingungen erfüllt, ist, eine solche Lautstärke zu finden, dass man die eigene Musik so laut stellt, wie es möglich ist, ohne dass sie in der Nachbarwohnung zu hören ist. Es ist nicht so, dass die beiden erst einen Vertrag abschließen müssen, bevor sie diese Lösung ausprobieren. Vielmehr werden beide – unabhängig von einer Vereinbarung – diese Verhaltensstrategie klugerweise auswählen und befolgen. Würde man aber eine Nachbarschaftsordnung formulieren, wäre diese Regel der gegenseitigen Rücksichtsnahme genau jene, auf die sich beide einigen würden. Die Alternative zu dieser Regel wäre nur der Versuch, die eigene Vorliebe auf Kosten des anderen ausleben zu können. Dies hätte eine Eskalation der Gewalt zur Folge, die beiden das Leben erschweren und verderben würde.[1]

Gemäß der skeptischen Vertragstheorie stellt ein Verzicht auf bestimmte Handlungsoptionen und eine Selbstbindung an moralische Regeln den optimalen Weg dar, eigene Lebensentwürfe zu verwirklichen, ohne in einen Krieg aller gegen alle zu verfallen. Moralische Normen werden aus Klugheit gewählt, weil es sich besser mit ihnen, denn ohne sie lebt. Gegenpart zur skeptischen Vertragstheorie bildet die, wie man sagen kann, naturrechtliche Variante, gemäß welcher Menschen von vorneherein gleiche Rechte zukommen. Eine solche, unser heutiges Menschenrechtsdenken bestimmende Ansicht, wird etwa von John Locke vertreten. Nach Locke hat der Mensch von Geburt aus ein Recht auf sich selbst und ein Recht auf alles, das er durch seine Arbeit erwirbt. Das Recht auf sich selbst ist freilich durch das Verbot des Suizids eingeschränkt, jenes auf Aneignung von Eigentum dadurch, dass für andere stets genügend vorhanden sein muss, um selbst Eigentum zu erwerben. Um diese beiden Einschränkungen zu begründen, muss Locke jedoch die Existenz Gottes voraussetzen. Da Gott der eigentliche Herr über das Leben ist, darf der Mensch nur eingeschränkt über sein Leben und seinen Körper verfügen; der Suizid ist ihm untersagt, da der Mensch nicht das zerstören darf, was nicht ihm, sondern Gott gehört. Auch die Einschränkung der Aneignung von Eigentum setzt voraus, dass Gott die Erde allen Menschen übereignet hat und daher kein einzelner Mensch den anderen Menschen verwehren darf, selbst Eigentum zu erwerben. Ohne den Bezug auf Gott fällt die Annahme einer natürlichen Einschränkung der Befugnisse des Menschen in sich zusammen.[2]

Ein alternativer Ansatz wurde von den Theoretikern der sogenannten Leveller vorgelegt. Einen Platz in der Geschichte der Moralphilosophie hat ihnen erstmals MacIntyre[3] zugewiesen. In seiner Schrift „A Short History of Ethics“ setzt er bei ihnen den Beginn einer modernen säkularen Ethik an. Die Leveller selbst sind keine Agnostiker oder Atheisten, sondern gläubige Christen – allerdings solche, die vom Glauben der Mächtigen abwichen.

---

1 Es wird Situationen geben, in denen mehrere gleich gute Regelungsmöglichkeiten bestehen und sich unterschiedliche Konventionen herausbilden können. Ob man im Strassenverkehr Links- oder Rechtsverkehr wählt, ist beliebig. Allerdings bestehen in vielen Situationen Regelungsmöglichkeiten geht, die vorteilhafter sind als andere. Verlassen Passagiere in zwei Reihen ein Flugzeug, gibt es keine bessere Variante als das sogenannte „Reißverschlusssystem“. Anderer Ansicht ist hier Russell Hardin, der davon ausgeht, dass stets mehrere Konventionen denkbar sind. Vgl. Hardin, David Hume: Moral and Political Theorist, S. 86ff.

2 Vgl hierzu allgemeiner: Waldron, God, Locke, and Equality.

3 Vgl. MacIntyre, A Short History of Ethics, Kap. 11.

Gerade weil sie gemäß ihres eigenen Glaubens leben wollten, betonten sie Religionsfreiheit und Toleranz und forderten sie moralische Rechte:

> Jedem einzelnen Individuum in der Natur ist ein individueller Besitz durch die Natur verliehen, gegen den andere nicht vorgehen und den sie nicht an sich reissen dürfen. … Kein Mensch hat Macht über meine Rechte und Freiheiten, noch ich über die von jemanden, ich darf lediglich ein Individuum sein, mich meiner und meines eigenen Besitzes erfreuen, und darf mir nicht mehr selbst zuschreiben oder mich irgendweiter bemessen; denn wenn ich so handele, bin ich einer, der anmaßend in die Rechte anderer Menschen übergreift und in sie eindringt, wozu ich kein Recht habe.[4]

Niemand hat demnach ein Recht gegenüber einem anderen, wenn er nicht auf einen Vertrag (also die Zustimmung des anderen) und die Erfüllung seiner ihm daraus erwachsenden Verpflichtungen verweisen kann. Auch wenn es ein von allen geteiltes Interesse auf Selbsteigentum, Selbstbestimmung und Freiheit geben sollte, so steht doch die Frage in dem Raum, wieso jeder einzelne die Selbstbestimmung anderer anzuerkennen und ihn als Gleicher zu akzeptieren hat. Die Leveller beziehen sich hier wiederum auf Gott oder setzen die Moral und das Bestehen moralischer Rechte einfach voraus.

Auch spätere Menschenrechtstheoretiker werden diese Lücke nur dadurch ausfüllen, dass sie von einer selbstevidenten Anerkennung der Menschenrechte ausgehen, eine Position, die auch die Autoren der französischen und amerikanischen Menschenrechtserklärung kennzeichnet. Aber das auffällige wäre dann, dass etwas im 18. Jahrhundert plötzlich als selbstevident angenommen wird, aber nicht zu einem früheren Zeitpunkt. Wichtiger ist jedoch, dass die Intuition, dass etwas evident anmutet, keine Begründungsfunktion hat.

Ebenso wenig hilft der Verweis, in der Idee der Menschenrechte ziehe man eine Lehre aus der Geschichte. Wie im 2. Kapitel diskutiert, muss man sich hier nicht nur mit dem Vorwurf des historischen Fehlschlusses auseinandersetzen. Zudem müsste man erst erklären, wieso aus der Geschichte gerade diese Lehre zu ziehen ist und keine andere. Aus dem „Terror" nach der französischen Revolution zogen zeitgenössische Kritiker ja gerade den gegenteiligen Schluss, dass sich die Idee der Menschenrechte historisch als falsch erwiesen habe. Warum soll dann aber dies falsch und die eigene positive Deutung richtig sein?

Man kommt nicht umhin festzustellen, dass Rechte einfach postuliert, nicht begründet werden. Sie stehen letztlich in der Luft. Bentham nannte das Postulat von Menschenrechten daher spöttisch Unsinn auf Stelzen. Auch wenn man die Menschenrechtserklärungen der amerikanischen und französischen

---

[4] Richard Overton, An Arrow Against all Tyrants.

Regierungen dem utilitaristischen Kalkül von Bentham vorziehen möchte und es viel lieber hätte, wenn Rechte begründet wären, muss unvoreingenommen doch festgehalten werden, dass Benthams Kritik den wunden Punkt trifft (was freilich noch nichts über die Richtigkeit seines eigenen Ansatzes sagt). Dass es Rechte geben soll und dass es gerade die in den Erklärungen festgehaltenen sind, wird einfach behauptet. Der zweite Strang der Vertragstheorie setzt voraus, was eigentlich zu begründen ist: die Anerkennung moralischer Rechte und der Respekt vor der gleichen Freiheit anderer.

Dies gilt auch für die ebenfalls zu dieser naturrechtlichen Familie der Vertragstheorie zählende Theorie von John Rawls. Rawls setzt zwar keine inhaltlichen moralischen Normen voraus, jedoch das formale moralische Prinzip der Universalisierbarkeit und Unparteilichkeit. Ausgangspunkt seiner vertragstheoretischen Überlegung ist, welche Gerechtigkeitsprinzipien Personen wählen würden, die sich hinter einem Schleier des Nichtwissens (veil of ignorance) befinden. Die Metapher des „Schleiers des Nichtwissens" bezeichnet eine Situation, in der man nichts über die eigene Stellung innerhalb der Gesellschaft, den eigenen sozialen Status, die Einkommens- und Vermögenslage, die geistigen und physischen Fähigkeiten, besondere psychologischen Neigungen, die Hautfarbe, die Rasse, das Geschlecht oder die Religionszugehörigkeit weiß. Versetzt man sich hypothetisch in diese Lage, wird man solche ethischen Grundsätze wählen, mit denen man leben kann, egal als welche Person man sich entpuppt, nachdem der Schleier des Nichtwissens gelüftet wird. Der Schleier des Nichtwissens ist letztlich ein Gedankenexperiment, das verdeutlichen soll, was Personen wählen, die einen moralischen Standpunkt eingenommen haben, und nicht irgendeinen moralischen Standpunkt, sondern einen, der Unparteilichkeit und Universalisierbarkeit voraussetzt. Damit zeigt sich bei Rawls dieselbe Begründungslücke wie im Utilitarismus. Er weist dessen These der Maximierung des Gesamtnutzens zurück, setzt aber genauso voraus, dass moralische Antworten durch Unparteilichkeit und Universalisierbarkeit gekennzeichnet sind. Zur Frage, wieso man diesen Standpunkt aber einnehmen soll, wird nichts gesagt. Auch hier wird Moral vorausgesetzt, aber nicht begründet.

Als Begründungsansatz bleibt einzig der skeptische Ansatz. Dagegen richten sich jedoch mehrere Einwände. Der erste lautet, dass es für den einzelnen nie klug sei, sich nach moralischen Konventionen auszurichten. Gerade weil Personen das Richtige nicht um des Richtigen willen, sondern aus einem Nutzenkalkül heraus tun, stelle sich das Problem moralischer Trittbrettfahrer. Die optimale Lösung für jeden einzelnen Akteur ist, dass sich alle anderen an moralische Normen halten, nur er selbst nicht. Denn so profitiert er von der Moral, ohne die Nachteile zu haben, seine Verhaltensoptionen beschränken zu müssen.

Aber ist Trittbrettfahren wirklich die optimale Strategie? Moralische Normen bilden sich heraus, weil sie im langfristigen Nutzen der Akteure sind. Der langfristige Nutzen, der sich aus der strikten Einhaltung der moralischen Regeln ergibt, wird sich nur einstellen, wenn sie nicht auf einer expliziten Kalkulation im Einzelfall beruht, sondern sie einfach um ihrer selbst willen befolgt werden. Haben sich Konventionen entwickelt, bilden sich bei moralischen Akteuren im Laufe der Zeit Dispositionen heraus, gemäß den Konventionen zu handeln. Dabei entwickelt sich auch eine innere Einstellung, richtiges Handeln emotional gutzuheissen und falsches abzulehnen. Diese Dispositionen können zudem, sind sie einmal entstanden, im Einzelfall nicht einfach abgeschaltet werden. Scheinen im Einzelfall einer Person die durch die Normverletzungen bestehenden Vorteile groß genug, dies zu wagen, drohen ihm die mit der Moral verbundenen öffentlichen Sanktionen. Da er nie sicher sein kann, diesen zu entfliehen, bleibt es im Allgemeinen klug, moralisch zu sein. Trittbrettfahren ist somit nicht die optimale Strategie.

Der zweite Einwand betont, dass die Vertragtheorie dem Phänomen der moralischen Verpflichtung nicht gerecht wird. Moralische Normen gelten, so eine verbreitete Auffassung, unbedingt. Unbedingt heißt, dass man sich an das moralisch Richtige zu halten hat, egal was man will. Sie gelten unabhängig davon, ob ihre Befolgung eigenen (unmittelbaren) Wünschen entspricht oder mit einem Nutzen verbunden ist. Sie werden daher als moralische Pflichten bezeichnet. Weil es Pflichten sind, kann ihre Einhaltung von den Normadressaten – denjenigen, an die sich die Normen richten – eingefordert werden. Das moralisch Gesollte ist nach der skeptischen Vertragstheorie jedoch etwas, was Personen wählen, weil es in ihrem langfristigen Vorteil ist, dass es die Institution der Moral gibt. Der einzelne verzichtet auf bestimmte Freiheiten, weil das Leben dann, wenn man moralkonformes Verhalten von anderen erwarten kann, friedlicher und leichter und damit besser ist.

Obzwar moralische Normen auf der Begründungsebene an Interessen gebunden sind, ist ihre Befolgung unabhängig davon geboten, was Menschen momentan wollen. Ob dies dem entspricht, was man unter „unbedingten", „kategorischen" Normen versteht, sei dahingestellt. Allerdings stellt sich die Frage, wieso moralische Normen in einem strikten Sinne „unbedingt" sein sollen. Dass wir so sprechen, ist kein Argument. Und zudem zu erklären. Dieser Sprachgebrauch wurzelt schließlich in bestimmten Ethikkonzepten; solchen, die an der Begründungsfrage scheitern. Wenn man von dem ausgeht, was begründet werden kann, ist das, was die Vertragstheorie als moralische Pflichten definiert, die einzige Form moralischer Pflichten, die wir begründen können.

Selbst wenn man schluckt, dass der (vermeintlich) kategoriale Unterschied zwischen Klugheitsnormen und moralischen Pflichten verloren geht, wird eine skeptische Vertragstheorie den Erwartungen vieler, was eine Moraltheorie liefern soll, immer noch nicht gerecht. Insbesondere unterläuft sie den Anspruch, dass es in der Moral um etwas geht, was dem Menschen grundsätzlich entzogen ist. Wer nur dann von Moral sprechen würde, wenn diese Tabus und etwas Heiliges begründet, muss stets von einem skeptischen Ansatz enttäuscht werden, wenn er nicht sogar mit emotionaler Abneigung reagiert.

Alle anderen ethischen Ansätze, die vielleicht näher an unsere bisherigen Erwartungen, was Moraltheorien liefern sollten, herankommen, haben sich als nicht begehbar erwiesen. Vertragstheoretiker würden daher betonen, dass diese Enttäuschung unumgehbar, aber heilbar sei. Würde ein Teenager seine Vorstellungen vom anderen Geschlecht aus Marvelcomics bezogen haben, mag er auch von der Realität enttäuscht sein, wenn das auserwählte Wesen weder eine geheime Identität noch Superkräfte hat und auch optisch von dem erträumten Ideal abweicht. Allerdings würden wir hier doch erhoffen, ja erwarten, dass sich der Teenager der Wirklichkeit stellt und seine unerfüllbaren Hoffnungen aufgibt. Genauso wünschenswert wäre es, würde der Vertragstheoretiker sagen, einfach die Realität zu akzeptieren, dass Moral nichts gänzlich dem Menschen Entzogenes ist.

Auch wenn die skeptische Vertragstheorie manchem als eine unbefriedigende Alternative erscheinen mag, so ist sie die einzige Möglichkeit, intersubjektiv verbindliche Normen zu begründen. Mit Conan Doyles Sherlock Holmes können wir sagen: „Wenn du das Unmögliche ausgeschlossen hast, muss das, was übrig bleibt, die Wahrheit sein."

11.2 Im Interesse jedes Einzelnen – Wunscherfüllungstheorie oder Hedonismus?

Auch wenn das moralisch Gesollte einfach als Konvention gelernt und internalisiert wurde, muss der Handelnde, würde er auf dessen Geltung hinterfragt, begründen können, warum dieser Konvention Folge zu leisten ist. Hierfür dienen die Überlegungen, dass es im aufgeklärten Eigeninteresse aller ist, bestimmte Normen zu wählen. Die vertragstheoretischen Argumente dürfen nicht als retrospektive Argumente über das, was historisch war, aufgefasst werden, sondern es sind Gedankenexperimente, in denen der rationale Akteur Situationen bedenken muss, wie er sich in hypothetischen, aber möglichen Situationen zu verhalten hat. Der Naturzustand, bei dem vertragstheoretische Überlegungen einsetzen, wäre also quasi Level 1, auf dem die Suche nach Regeln für eine Kooperation startet.

Wir können damit auch sagen, dass es eigentlich zwei Typen genealogischer Argumente gibt. Retrospektive Argumente haben eine aufklärende bzw. kritische Funktion. Sie helfen zu erklären, wieso wir bestimmte Auffassungen haben. Intuitionen werden zudem in einen Begründungszusammenhang gerückt, womit aufgezeigt wird, was vorausgesetzt werden muss, damit man die Intuition teilen kann. Indem vor Augen geführt wird, welche impliziten Annahmen man unterschreiben muss, damit die Intuition wahr wird, erhalten wir die Möglichkeit, bestimmte Intuitionen zu akzeptieren oder zu verwerfen. Genauso kann es auch sein, dass die historische Rekonstruktion selbst zu verwerfen ist. Genealogische Argumente sind überprüfbar, können verworfen, revidiert oder bestätigt werden. Solche retrospektive Argumente haben in normativer Hinsicht eine kritische Funktion. Sie helfen allerdings nicht bei der entscheidenden Frage, welche Aussagen über das moralisch Gesollte wir positiv treffen dürfen. Hier bedarf es jener Gedankenexperimente, sprich prospektiver Argumente, wie sie die skeptische Vertragstheorie generiert.

Die Vertragstheorie vertritt die These, dass es im Interesse jedes einzelnen ist, dass bestimmte moralische Normen anerkannt werden. Statt vom Interesse jedes einzelnen zu sprechen, kann man auch sagen, dass es für jeden einzelnen klug (rational) ist, sie zu wählen. Um näher zu fassen, wie diese These zu verstehen ist, müssen wir zunächst darauf eingehen, was es überhaupt heißt, dass etwas klug für einen selbst ist.

Auf der einen Seite sprechen wir von Klugheit dann, wenn es zum Erreichen eines Ziels klug ist, ein bestimmtes Mittel zu benutzen. Habe ich Durst, ist es rational, ein Glas Wasser, aber irrational, ein Glas Spülflüssigkeit zu trinken. Kriterien der Rationalität wären die Geeignetheit und die Wirksamkeit des Mittels. Ein Glas Wasser zu trinken, ist rational, weil es geeignet ist, dieses Ziel zu erreichen; das Trinken der Spülflüssigkeit ist ungeeignet. Ob etwas als Mittel geeignet ist oder nicht, ist letztlich eine reine Faktenfrage.

Auf der anderen Seite sagen wir auch in Bezug auf bestimmte Ziele, dass sie rational sind oder nicht. Durst stillen zu wollen, würde niemand als irrationales Ziel bezeichnen. Als irrational würde man Ziele bezeichnen, die nicht zu verwirklichen sind, z.B. das Ziel, ohne technische Hilfsmittel fliegen zu wollen. Aber auch erreichbare Ziele werden mitunter als irrational bezeichnet. Will jemand so lange Alkoholika trinken, bis er ins Koma fällt, würden viele dieses Ziel als irrational bezeichnen, und dies, obwohl geeignete Mittel zur Verfügung stehen und es durchaus ein erreichbares Ziel ist. Das Ziel selbst als irrational zu bezeichnen, stellt keine Faktenfrage, sondern eine Bewertung dar.

Umstritten ist jedoch, was es heißen kann, ein Wunsch sei nicht rational. Wir müssen hier zwischen den Standpunkten der Wunscherfüllungstheoretiker und der Hedonisten unterscheiden.

Wunscherfüllungstheoretiker[5] gehen davon aus, dass es für eine Person gut ist, wenn sich ihre Wünsche verwirklichen. Es ist daher rational, alles zu tun, dass sich Wünsche erfüllen. Sie würden aber nicht sagen, dass es rational ist, jeden Wunsch zu erfüllen. Vielmehr gehen sie davon aus, dass rationale Wünsche bestimmten formalen Kriterien genügen müssen. Rational seien jene Wünsche, die man im informierten und urteilsfähigen Zustand hat.[6] Es mag sein, dass der Wunsch unseres potentiellen Komasäufers nicht informiert war, er sich über die Folgen und gesundheitlichen Auswirkungen nicht klar war. Zudem mag der Wunsch sich bereits im angetrunkenen Zustand herausgebildet haben. Im angetrunkenen Zustand mag er nicht in der Lage gewesen sein, die Situation und Konsequenzen des Wunsches zu verstehen und auf Grundlage dieses Verstehens frei zu entscheiden. Er war bezüglich des genannten Wunsches nicht urteilsfähig.

Was wäre jedoch, wenn der Wunsch des potentiellen Komatrinkers informiert und urteilfähig erfolgt? Man mag vielleicht bezweifeln, dass dies der Fall sein kann. So mag man vielleicht fragen, ob der Wunsch im Einklang mit anderen Wünschen der Person steht, etwa dem Wunsch, gesund zu bleiben. Allerdings ist dieser Einwand eigentlich schon damit beantwortet, dass es sich um einen informierten und urteilsfähigen Wunsch handelt. Die Person ist über die Folgen informiert, versteht sie und entscheidet, sie in Kauf zu nehmen. Einmal dieses Erlebnis zu haben, ist es aus Sicht des Wünschenden wert, gesundheitliche Spätfolgen in Kauf zu nehmen. Die Wunscherfüllungstheoretiker müssen hier sagen, dass es für den potentiellen Komatrinker rational ist, den rationalen Wunsch zu erfüllen. Dies ist dann in seinem Interesse.

Allerdings zeigt sich hier ein Problem der Wunscherfüllungstheorie. Denn wieso soll es für die Person gut sein, diesen Wunsch zu verwirklichen? Es mag zwar eine verbreitete Intuition sein, dass das, was gut für eine Person ist, damit zusammenhängt, was eine Person selbst will. Aber schon auf intuitiver Ebene haben wir Probleme mit dieser Position. Jeder wird sich an Situationen erinnern, in denen es für einen selbst nicht gut war, wenn Wünsche und Interessen erfüllt wurden, und an andere, wo es nicht schlecht war, dass ein Wunsch nicht erfüllt wurde. Aber nicht Intuitionen sind ausschlaggebend, sondern allein, dass die Wunscherfüllungstheorie keine Antwort auf die Frage hat, wieso es denn für eine Person gut ist, rationale und informierte Wünsche zu erfüllen.

---

[5] Die im Folgenden kurz angeschnittene Wunscherfüllungstheorie wird im deutschsprachigen Raum unter anderem von Hoerster und Stemmer einer Vertragstheorie zugrunde gelegt. Vgl. Hoerster, Ethik und Interesse, und Stemmer, Handeln zugunsten anderer.

[6] Vgl. Hoerster, Ethik und Interesse, S. 23-26.

Die zweite Schwierigkeit ist, dass die Wunscherfüllung unabhängig von den damit verbundenen subjektiven Erfahrungen gut sein soll. Hat sich der informierte und urteilsfähige Wunsch des Komatrinkers erfüllt, war es gut für ihn; dies aber auch dann, wenn das Erlebnis enttäuschend und (wenn man bei diesem Beispiel so sagen darf) ernüchternd ausfiel. Die Wunscherfüllungstheorie mag einwenden, dass dies darauf hinweist, dass dies nicht das war, was er wünschte. Aber wenn man den Inhalt des Wunsches weiter anfüllt und wünscht, bestimmte Erfahrungen zu haben, geht man von der Wunscherfüllungstheorie bereits einen Schritt weg. Denn wenn es heißt, man solle bestimmte Erfahrungen wünschen, ist das Ereignis aufgrund der Erfahrungen gut und nicht, weil sich der Wunsch erfüllte.

Dies alles hat letztlich mit einer dritten Schwierigkeit zu tun. Bereits von ihrer Struktur her gibt die Wunscherfüllungstheorie keine Antwort auf die Frage, was im Interesse einer Person ist. Denn bei dieser Frage geht es für den einzelnen darum, was es verdient, gewünscht zu werden, nicht darum, was gewünscht wird.

Wunscherfüllungstheoretiker würden zugestehen, dass es philosophiegeschichtlich in der Tat darum ging, dass man etwas wünschen soll, weil es gut ist, und nicht darum, dass es gut ist, weil man es sich wünscht. Sie würden aber sagen, dass die Vorstellung objektiver Werte nicht mehr aufrecht zu erhalten ist. Genau deshalb sei es unausweichlich, auf eine subjektivistische Werttheorie überzuwechseln. Oben hatte ich bereits mehrfach darauf hingewiesen, dass die Konzeption objektiver Werte in der Tat zurückzuweisen ist. Hierin stimme ich den Wunscherfüllungstheoretikern zu. Allerdings ordnen sie in die Konzeption der objektiven Werte auch den Hedonismus ein, dies ist aber falsch.

Der Hedonismus[7] vertritt die These, dass das prudentiell Gute und Schlechte einzig in bestimmten mentalen Zuständen besteht.[8] Allein Lust und Freude (angenehme Erfahrungen) sind um ihrer selbst willen wünschenswert; allein Schmerzen und Leiden (unangenehme Erfahrungen) um ihrer selbst willen nicht wünschenswert. Dabei geht es nicht darum, dass Lust oder Freude an sich wertvoll sind. Es geht nicht um objektive Werte. Vielmehr sind es Erfahrungszustände, die notwendig positiv erlebt werden. Es handelt sich um intrinsische Werte.

Wie im Kapitel 7 angeschnitten, ist es wichtig, Lust und Schmerz phänomenal angemessen zu beschreiben. Es sind nicht Empfindungen, die positiv oder negativ beurteilt werden, sondern Empfindungen, die als Empfindun-

---

[7] Diese Theorie wird sorgfältig entwickelt in: Bachmann, Prudentieller Hedonismus. Zum Hedonismus sei für den deutschsprachigen Raum ebenso verwiesen auf Dessau/Kanitscheider, Von Lust und Freude.

[8] Weltzustände, verstanden als außermentale Zustände, spielen in dieser Hinsicht keine Rolle.

gen in sich als positiv oder negativ erfahren werden. Schmerz ist ein intrinsisch schlechtes Erleben, Lust ein intrinsisch Gutes. Genauso ist Leiden notwendig ein als schlecht erlebter mentaler Zustand, Freude ein notwendig als positiv erlebter mentaler Zustand. Genauer gesagt gibt es eine Heterogenität innerer mentaler Zustände, die mit einem positiven hedonischen Moment oder negativen hedonischen Moment gekennzeichnet sind. In diesem Kontext relevant ist allerdings nur, dass wir ein Erleben haben, das notwendig in sich als gut bzw. als nicht gut erfahren wird.

Der Hedonismus ist eine objektivistische Theorie des Guten. Das, was gut ist, entscheidet sich nicht auf Grund von Auffassungen und Meinungen, sondern ist unabhängig davon. Sagt jemand, „Freude zu haben, ist schlecht für mich", so ist Freude für diese Person nicht deshalb etwas Schlechtes, weil sie dieser Auffassung ist; vielmehr irrt sich die betreffende Person. Ihre Ansicht ist falsch.

Freude zu erleben, ist für den, der Freude erfährt, etwas in sich Gutes. Da sie intrinsisch wertvoll ist, wird Freude um der Freude willen gewünscht. Sie verdient, gewünscht zu werden. Im Hedonismus entsteht auch nicht das Problem, auf die Frage „Warum ist dies gut für mich?" am Ende ohne Antwort dazustehen. Gerade dies ist aber bei der Wunscherfüllungstheorie der Fall. Hat eine urteilsfähige und informierte Person einen Wunsch, kann sie sich stets fragen: „Wieso soll es gut für mich sein, wenn sich der Wunsch erfüllt?" Ja, selbst wenn sich der Wunsch erfüllte, kann sie fragen, ob es für sie gut war, dass der Wunsch in Erfüllung ging. Die Frage, ob es schlecht war, Schmerzen erlebt zu haben, kann jeder beantworten, der je Schmerzen hatte. Es ist schlecht.[9] Natürlich kann der Leidende geistig einen Schritt neben sich treten und sagen, dass das Leid in einem größeren Zusammenhang, etwa in Bezug auf künftige Freuden, positiv zu bewerten sei. Aber auch wenn dies so ist, ändert sich nicht, dass das Leid selbst als schlecht erfahren wird. Auch wenn man sagt, es sei gut gewesen, zum Zahnarzt zu gehen, heißt dies nicht, dass eine schmerzhafte Behandlung gut war. Sie wurde als schlecht erfahren. Die mit dem Zahnarztbesuch verbundenen Schmerzen nimmt man nur in Kauf, um spätere stärkere Schmerzen und größeres Leid zu verhindern.

Wenden wir dies auf die obigen Beispiele an, ist der Wunsch, sich ins Koma zu trinken, gemäß dem Hedonismus dann rational, wenn die zu erwartende Freude größer ist als das Leid. Ist dies – wie empirisch anzunehmen ist – nicht der Fall, ist dieser Wunsch irrational. Als Durstiger Wasser zu trinken, ist klug; denn es bereitet Freude und verhindert den mit Durst

[9] Hilft ein mit Schmerz verbundener Eingriff, langfristig mehr Freude zu haben, war es alles in allem klug, diesen Schmerz auf sich genommen zu haben. Aber der Schmerz selbst war als Schmerz unangenehm und wurde als schlecht erlebt. Selbst bei Schadensfreude ist die Freude selbst etwas, das man positiv erlebte. Nur ist es moralisch falsch, sich am Schaden anderer zu freuen.

verbundenen Schmerz. In dieser Situation Spülmittel zu trinken, ist dagegen irrational. Denn es erzeugt Schmerz, lindert aber nicht den mit Leid verbundenen Durst.

Ob es gut für einen selbst ist, wenn sich ein Wunsch verwirklicht, kann erst beurteilt werden, wenn er es erlebt. Dass ich vorgestern Buddy Holly hören wollte, gestern Leonard Cohen, liegt nicht zuletzt daran, dass ich mich je nach Grundstimmung an anderer Musik erfreue. Ob beides gut für mich war, entscheidet sich nicht daran, ob meine Wünsche erfüllt wurden, sondern wie ich beides erlebte. So ist es kein Widerspruch zu sagen, „Vorgestern war es gut für mich, dass ich hörte, was ich wollte; heute aber nicht." Auch hier erweist sich der Hedonismus der Wunscherfüllungstheorie überlegen. Denn es geht direkt darum, was für die Person selbst gut ist. Bei der Wunscherfüllung geht es um einen Weltzustand („Ich höre heute, wie ich wünschte, Buddy Holly"), wie sich dieser Weltzustand aber auf die Person selbst auswirkt, ist irrelevant. Genau diesen Aspekt, die Auswirkungen auf die betroffene Person selbst, nimmt der Hedonismus in den Blick. Erst der Hedonismus wird dem Umstand gerecht, dass es bei dem prudentiell Guten darum geht, was für eine Person selbst gut ist.

Wenn es in der Vertragstheorie darum geht, was im Interesse von urteilsfähigen und informierten Personen ist, so darf sie sich nicht auf die Wunscherfüllungstheorie abstützen, sondern sie muss auf einen Hedonismus aufbauen. Es ist klug für Personen, Freude und Lust zu erleben, und schlecht, Leiden und Schmerz zu erleben. Je mehr Freude und Lust und je weniger Leid und Schmerzen empfindungsfähige Wesen erfahren, desto besser ist die prudentielle Qualität ihres Lebens. Ist eine Handlung geeignet, angenehme Zustände im Leben zu erhöhen, ohne gleich viel oder mehr unangenehme Zustände hervorzurufen, hat eine Person ein Interesse an dieser Handlung. Wenn im Folgenden von Interessen die Rede ist, handelt es sich um Vorhaben, Handlungen oder Maßnahmen, die geeignet sind, die Gesamtsumme angenehmer hedonischer Momente im Leben zu erhöhen, oder um jene, die geeignet sind, die Gesamtsumme unangenehmer mentaler Zustände im Leben zu verringern.

11.3 Schädigungsverbot, Hilfspflichten und Freiheitsrechte

Ist das Leben ohne Moral „einsam, arm, elend, brutal und kurz",[10] ist es

[10] Hobbes, Leviathan, Kap.13. Im Englischen nennt er das Leben im Naturzustand „solitary, poor, nasty, brutish, and short". Zur Verbindung, Übereinstimmung und Differenzen zwi-

klug, moralische Normen zu definieren. Denn diese ermöglichen es, ohne Furcht die Freuden von Freundschaft und gemeinschaftlichem Leben genießen zu können, sich an Besitz und den Genüssen des Lebens zu erfreuen und die Leiden zu vermeiden, die mit einem durch Missgunst und ständige Gewaltbereitschaft gekennzeichneten Zusammenleben verbunden sind. So haben Personen ein Interesse daran, dass eine Norm öffentlich anerkannt wird, die es verbietet, andere zu schädigen. Epikur definiert sogar genauso den „Gesellschaftsvertrag".

> Das der (menschlichen) Anlage entsprechende Recht ist ein Abkommen, einander nicht zu schädigen und sich nicht schädigen zu lassen.[11]

Wenn man das Einhalten einer öffentlich anerkannten Moral als Pflicht bezeichnet, so haben Personen, die in einer durch moralische Normen geprägten Gesellschaft leben, eine Pflicht, niemandem zu schaden. Die anderen haben dann nicht nur ein Interesse daran, dass ihnen andere nicht schaden. Sie haben einen moralischen Anspruch darauf. Einen moralischen Anspruch zu haben, heißt, ein moralisches Recht zu haben. Aufgrund einer Norm der Nicht-Schädigung erwächst so einerseits eine Pflicht, niemandem zu schaden, wie andererseits ein Recht, dass einem nicht geschadet wird. Aus letzterem erwächst auch ein Recht, sich gegen mögliche Schäden zu schützen.

Referenzsystem, was als Schaden gilt, ist das Leiden. Nimmt man Leid- und Schmerzfreiheit als Nullpunkt, so wäre jede herbeigeführte negative Veränderung, das Eintreten negativer hedonischer Zustände, eine Schädigung des anderen.

Will eine Person A einer Person B etwas zufügen, was bei dieser voraussichtlich Leiden verursacht, ist dies moralisch untersagt. Allerdings ist denkbar, dass Person A das Recht, dies zu tun, von B übertragen wird. Willigt jemand in eine Schädigung ein, ist sie erlaubt. Diese Erlaubnis kann direkt erfolgen oder indirekt. Indem Personen einwilligen, dass es eine moralische Norm gibt, anderen nicht zu schaden und sich nicht schädigen zu lassen, hat man damit indirekt eingewilligt, dass diese Norm öffentlich erzwungen werden kann. Auch wenn ein Tadel, ein Vorwurf oder eine andere Sanktion eines anderen diesem Leid zufügt, sind solche Handlungen erlaubt. Die Einhaltung der Nichtschädigungsnorm darf erzwungen werden.

Für etliche hat Moral freilich weniger damit zu tun, andere nicht zu schädigen, als zugunsten anderer zu handeln und ihnen Gutes zu tun. Ist es klug, auch eine Norm einzuführen, anderen zu helfen? In dieser allgemeinen Form kann dies nicht begründet werden. Zwischen der Schädigungsnorm

---

schen Epikur und Hobbes vergleiche das Kapitel „The Social Contract" in: Wilson, Epicureanism and the Origins of Modernity, S. 178-199.

[11] Vgl. Epikur, Entscheidende Lehrsätze, 31. Siehe auch 33 und 35.

und einer Hilfsnorm besteht ein wichtiger Unterschied, und zwar auf Seiten derjenigen, denen die Norm zugute kommt. Denkt eine Person, ihre Handlung könnte beim anderen Leid verursachen, obwohl sie dies nicht tut, hat sich die Situation des Betroffenen nicht verändert. Auf Grund dieser unnötigen Unterlassung wurde ihm weder ein Nutzen noch ein Schaden zugefügt. Irrt jedoch jemand, der einem anderen nutzen will, so ändert sich die Situation dessen, dem er helfen wollte. Was als Hilfe gedacht war, kann dem anderen schaden. Auch wenn wir mitunter wissen oder zu wissen meinen, was dem anderen nutzt, darf diese Irrtumsquelle nicht unterschätzt werden.

Personen haben verschiedene Anlagen und unterschiedliche Geschmäcke, Gewohnheiten und Ansichten. Was bei dem einen hedonisch angenehme Gefühle auslöst, löst beim anderen vielleicht solche in stärkerem oder schwächerem Grade aus, ja, kann sogar unangenehme Gefühle auslösen. Selbst beim einzelnen müssen dieselben Dinge nicht stets dieselben hedonischen Gefühle auslösen. Das Hören derselben CD kann an einem Abend erfreuen, am anderen stören. Auch wenn es für alle klug ist, nach demselben zu streben, haben Personen doch unterschiedliche Interessen. Es gibt unterschiedliche Wege, die zu Lust und Freude führen.

Dies ist ein Grund, Hilfspflichten zum einen auf jene zu begrenzen, bei denen die Irrtumsgefahr am kleinsten ist, also auf Nahestehende wie Angehörige und Freunde. Zum anderen ist sie auf Situationen zu beschränken, in denen wirklich Hilfe notwendig ist, weil sich die betroffene Person nicht selbst helfen kann.

Ansonsten ist es am günstigsten, Personen die Freiheit zu lassen, ihre eigenen Interessen zu verwirklichen, also auf die ihnen gemäße Weise ein hedonisch reiches Leben zu erstreben. Hierfür spricht nicht nur, dass unterschiedliche Menschen trotz des gleichen Ziels unterschiedliche Interessen haben, sondern mehr noch, dass auch nur die betroffene Person erkennen kann, ob ein Lebensziel, ein Vorhaben oder ein Lebensstil für sie geeignet ist. Denn nur sie erfährt jene hedonischen Gefühle, welche diese Frage beantworten, ob es gut für sie ist oder nicht. Andere können auf Grund von Analogieschlüssen und Erfahrungen bestimmte Schlüsse ziehen, was wahrscheinlich gut für die anderen ist, aber es gibt nur eine einzige Person, die mit Gewissheit erkennen kann, was gut für sie ist.

Beide Punkte zusammengenommen, die Unterschiedlichkeit der Interessen und die heuristisch bevorzugte Erste Person-Perspektive, ergeben, dass es klug ist, dass Personen versuchen dürfen, auf ihre eigene Weise ihre je eigenen Interessen zu verwirklichen. Auch wenn sich die betroffene Person im Einzelfall irren mag, ist es langfristig besser, sie frei entscheiden zu lassen. Damit sind wir freilich dabei, das ein moralisches Freiheitsrecht im Interesse aller ist, dass Personen ihre eigene Interessen verfolgen dürfen, solange sie nicht andere schädigen. Ausnahme ist wiederum, dass sie dieses Recht auf andere übertragen.

Entscheidungen über das eigene Leben und den eigenen Körper sind damit dem Individuum selbst übertragen. Stimmt diese Überlegung, hätten wir genau jene Situation, welche von den Leveller beschrieben wird. Jede einzelne Person hat ein Recht, alle Fragen zu entscheiden, die nur ihr eigenes Leben und ihren eigenen Körper betreffen. Niemand hat ein Recht über eine andere Person, es sei denn, dass man dieses Recht durch Zustimmung oder eine andere Übereinkunft erhalten hat.

In diesem Buch geht es nicht primär darum, das Konzept einer Vertragstheorie zu entwerfen, sondern um eine Klärung, welche Wesen moralisch zu berücksichtigen sind und welche Pflichten gegenüber nicht-menschlichen Lebewesen bestehen. Nimmt man diese Frage, scheint die Vertragstheorie ein denkbar schlechter Ansatzpunkt. Es ist nur dann zu vermeiden, anderen Wesen zu schaden, und nur dann geboten, diesen zu helfen, wenn es im Interesse aller moralfähigen Personen ist, dies zu tun. Damit scheinen nichtmenschliche Tiere keine moralischen Objekte zu sein. Weder besteht die Gefahr, bei Nichtbefolgen einer Norm von diesen Wesen sanktioniert zu werden, noch die Chance, dass sie uns in Not und Bedrängnis beistehen. Aber diese Überlegung greift zu kurz. Da wir selbst jederzeit vergegenwärtigen müssen, nicht moralfähig zu sein, ist es in unserem Interesse, dass sich Schutzpflichten und Hilfsgebote nicht nur auf moralfähige Wesen beschränken. Personen haben sogar ein besonderes Interesse, dass moralische Normen sie gerade in jenen Fällen schützen, in denen sie sich nicht selbst schützen können; und dies gilt zu keinem Zeitpunkt mehr, als wenn sie nicht selbst handlungsfähig sind. Denn gerade dies sind die Situationen, in denen man große Leiden zu haben pflegt. Nur eine solche Moral liegt im wohlverstandenen Eigeninteresse, welche auch nicht-rationalfähige Wesen schützt. Betrachten wir diesen Punkt aber langsamer.

12. DAS GEDANKENEXPERIMENT VON DER VERLORENEN WELT

Um die These zu verteidigen, dass auch in einer Vertragstheorie moralische Pflichten gegenüber nicht-menschlichen Tieren begründet werden können, werde ich von einer Situation ausgehen, in der sich eine kleine Schar von Menschen auf einem belebten Hochplateau wiederfindet. Auf Grund nicht weiter zu erörternder Umstände besteht für sie keine Möglichkeit, das Hochplateau wieder zu verlassen. Die Menschen haben sich darauf einzustellen, dass sie und ihre Kinder ihr weiteres Leben auf dem Hochplateau verbringen. Insgesamt leben neben sieben Erwachsenen sechs Kinder von ein bis drei Jahren in dieser verlorenen Welt, die auch von einer Vielzahl nicht-menschlicher Lebewesen bewohnt wird. Zu strategischen Überlegungen sind sechs Personen in der Lage:

- Der erste ist auf Grund seines spiritualistischen Glaubens ein überzeugter *Dualist*. Er meint, dass alle und nur Menschen eine immaterielle Seele besitzen. Dieser Dualist hat Gefallen an den einheimischen Schweinen gefunden und zwei Ferkel gefangen, die er zu mästen, schlachten und essen beabsichtigt.
- Die zweite, eine *Vegetarierin*, hält es moralisch für falsch, Schweine zu mästen und zu schlachten. Sie hat zwei Kinder, die ein und zwei Jahre als sind. Zudem betreut sie mehrere Tiere, unter anderem ein Ferkel.
- Die dritte ist tiefgläubige Anhängerin einer Religion, nach welcher jedes zweitgeborene Kind an seinem 3. Geburtstag geopfert werden muss, um diesem selbst wie auch seiner Familie ein ewiges Leben im Paradies zu ermöglichen. Sie nenne ich die *Kultistin*. Sie hat zwei Töchter, die jüngste ist zwei Jahre alt.
- Der vierte, ein *Muslim*, hat zwei Kinder von einem und drei Jahren, die er leidenschaftlich liebt. Eines davon ist körperlich und geistig schwer behindert.
- Die fünfte Bewohnerin, eine Agnostikerin, ist *Paraplegikerin* und ist auf Betreuung durch andere angewiesen.
- Und der sechste ist aus religiösen Gründen überzeugt, dass jedes Leben heilig ist. Dieser *Veganer* betreut zugleich seinen in einem fortgeschrittenen Stadium an Demenz erkrankten Großvater. Bereits in der mittleren Phase seiner Erkrankung hatte dieser kein Verständnis von der eigenen Zukunft mehr gehabt. Bis auf körperliche Stimulierungen reagiert er nun

nicht mehr auf seine Umwelt. Es steht außer Frage, dass er nicht mehr in der Lage ist, strategische Überlegungen anzustellen und umzusetzen.

Es könnten auch jeweils hundert oder tausend Personen sein, welche die jeweilige Rolle einnehmen. Der Einfachheit halber gehe ich von einer kleinen Population aus.

Die sechs Personen, die zwischen 14 und 60 Jahre alt sind, entstammen unterschiedlichen Traditionen und teilen keinen gemeinsamen religiösen Glauben. Setzen wir ferner voraus, dass sich keiner der sechs als allein lebender Eremit behaupten könnte, ohne dabei auf Güter zurückzugreifen, welche auch von den anderen begehrt werden. Zudem gibt es einige Aufgaben, die allen Vorteile bringen würden, aber auch nur von allen oder zumindest mehreren gemeinsam gemeistert werden können. Alle können in Konkurrenz zueinander geraten und sind zumindest punktuell auf Kooperation mit anderen angewiesen.

Sind die Überlegungen der skeptischen Vertragstheorie korrekt, liegt es im Interesse aller Personen, selbstbestimmt über Fragen des eigenen Lebens zu entscheiden. Zudem werden sie die Anerkennung bestimmter Abwehrrechte wie ein moralisches Recht auf Unversehrtheit gutheißen. Die allgemeine Anerkennung von moralischen Normen ist für jede einzelne Person insbesondere dann von Bedeutung, wenn sie selbst geistig und körperlich nicht auf der Höhe ist und sich nicht helfen kann. Niemand will zu Zeiten der eigenen Urteils- oder Handlungsunfähigkeit Spielball der Interessen anderer sein. Wenn eine Person etwa ein Verbot befürwortet, andere zu schädigen, dann eines, das sie auch dann schützt, wenn sie selbst einmal handlungs- oder urteilsunfähig ist. Die Bewohner werden also anerkennen, dass der Paraplegikerin und dem Demenzkranken das gleiche Recht auf Unversehrtheit zusteht wie allen anderen. Dass die beiden kein Drohpotential haben, ist irrelevant. Es geht allein darum, dass Personen nur so sicher sein können, im Falle einer möglichen Krankheit nicht Opfer der anderen zu werden.

Davon abzuheben ist die Frage, ob auch ein Hilfs- und Unterstützungsanspruch besteht. Ist es Sache des Einzelnen, Fragen, die nur ihn selbst betreffen, selbst zu entscheiden, sind Hilfsmaßnahmen zunächst auf die Zustimmung des Empfängers angewiesen. Niemand darf der Paraplegikerin, sofern sie urteilsfähig ist, unbefragt helfen, einfach, weil sie hilfsbedürftig ist. Die Achtung ihres Rechts auf Selbstbestimmung verlangt, anzuerkennen, dass Sie selbst zu entscheiden hat, wer sie pflegt und wie sie gepflegt werden will. Hat sie nicht die Mittel, ihre eigenen Vorstellungen umzusetzen, mag sie Hilfe erbitten. Erst dann tritt die Frage auf, ob einzelne ihr helfen sollten oder ob man ein gemeinsames Betreuungssystem errichtet, das diesbezügliche Rechte und Pflichten jedes einzelnen definiert. Wie dies in der verlorenen Welt auch sei, stets wäre ausgeschlossen, einer urteilsfähigen Person zu helfen, welche dies ausdrücklich verneint.

Anders sieht es freilich aus, wenn die Betroffenen nicht in der Lage sind, frei und informiert zu entscheiden, sie also nicht urteilsfähig sind. Hat sich die Person nicht vorgängig, das heißt zu Zeiten ihrer Urteilsfähigkeit, anders geäußert, ist vom mutmaßlichen Willen auszugehen. Verunfallt einer der Bewohner der verlorenen Welt und liegt ohnmächtig und blutend am Boden, müssen die anderen davon ausgehen, dass er die Hilfe befürworten und wünschen würde. Dasselbe gilt für den demenzkranken Großvater. Falls dieser (für sein eigenes künftiges Leben notwendige) Hilfe mündlich oder mit Gesten zurückweist, ist dies nicht maßgebend. Würde man ihm hier ein solches Recht zusprechen, hieße dies, dass man zulässt, dass er sich selbst schädigt, weil er nicht verstehen kann, um was es geht. Es ist im Interesse eines jeden einzelnen, dass man in einer möglichen Zeit der eigenen Urteilsunfähigkeit so behandelt wird, wie es im eigenen besten Interesse ist. Ist jemand nicht urteilsfähig, hat er nicht das Recht, sich zu schaden oder notwendige Hilfe zurückzuweisen.

Die kognitiven Eigenschaften und Fähigkeiten eines Demenzkranken werden sich so stark von jenen der früheren gesunden Person unterscheiden, dass es eine ernsthafte und wichtige Frage ist, ob zwischen beiden eine personale Identität besteht. Man könnte daher einwenden, dass kein Grund besteht, sich um jene Lebensphasen zu sorgen, in denen das, was die eigene personale Identität ausmacht, nicht mehr vorhanden ist. Aber selbst wenn ein Demenzkranker nicht mehr über jene Wertüberzeugungen verfügt, die er als Gesunder besaß, so besteht zwischen den beiden doch eine Kontinuität des Bewusstseins. Diese Kontinuität besteht nicht zuletzt in den Erfahrungen von Schmerz und Leid. Dass man sich als Gesunder dafür interessiert, wie man selbst während einer späteren Demenzerkrankung behandelt wird, kann man also nicht einfach als irrational abtun. Genauso wenig kann man diese Haltung auf voraussetzungsreiche metaphysische Konzepte der Personalität reduzieren, in denen eine immaterielle Ich-Essenz angenommen wird. Es ist durchaus im eigenen wohlverstandenen Eigeninteresse, sich davor zu schützen, dass andere einem in späteren Lebensphasen, in denen man dement ist, ein Leid zufügen.[1]

Selbst wenn alle diese Verhaltensstrategien wählten, blieben in der verlorenen Welt mehrere Konflikte bestehen, wie zum Beispiel jener um die rituelle

---

[1] Damit haben wir noch keine Antwort darauf, wie ethische Konflikte entschieden werden sollen, die im Zusammenhang der Demenz auftreten. So können prospektive Willenserklärungen von Gesunden im Widerspruch zum besten Interesse des Demenzkranken stehen. Ob in solchen Situationen Patientenverfügungen, ein mutmaßlicher Wille oder Fürsorgeüberlegungen leitend sein sollen, ist eine andere Frage, die hier nicht interessieren kann. Es genügt, dass man klugerweise strategische Überlegungen bezüglich der Zukunft machen darf, die auch Situationen einschließt, in denen man nicht mehr urteilsfähig ist.

Kindestötung. Die Kultistin vertritt die Auffassung, dass ihre Familie, auch ihre zweitgeborene Tochter, ein ewiges glückliches Leben gewinnt, wenn sie das Opfer durchführt. Die anderen lehnen das Opfer ab und werden versuchen, die Tat zu verhindern. Besteht hier Hoffnung auf eine friedliche Einigung?

Solange religiöse Überlegungen eine Rolle spielen, haben wir folgende Situation: In den Augen der Kultanhängerin irren die anderen und verschließen sich der Wahrheit. Die anderen halten wiederum sie für eine religiös Verblendete und werden auch Gewalt einsetzen, um ihre Kulthandlung zu unterbinden. Ob ihnen dies gelingt, ist eine Frage der Machtverhältnisse. Eine friedliche Lösung dieses Konflikts ist nur in drei Fällen möglich:

- Einer Partei gelingt es, alle anderen von der Richtigkeit ihres Glaubens zu überzeugen.
- Eine Partei hat die Macht, ihre Überzeugungen durchzusetzen und die Andersgläubigen und Andersdenkenden dazu zu zwingen, gemäß ihrer Gebote zu leben.
- Alle Parteien kommen zur Einsicht, dass Glaubensauffassungen bei der Lösung ihrer Konflikte keine Rolle spielen dürfen.[2]

Die erste Möglichkeit können wir als unwahrscheinlich ausklammern. Setzt sich in der verlorenen Welt ein Glaube durch, dann wohl aus dem Grunde, dass eine Mehrheit die Macht hat, ihn durchzusetzen. Allerdings bedarf es hierfür klarer Mehrheitsverhältnisse und einer eindeutigen Machtverteilung. Sind diese Voraussetzungen nicht gegeben (wie in unserer heutigen Gesellschaft oder eben in der verlorenen Welt), wird man nur dann weiterkommen, wenn alle Beteiligten zum Schluss kommen, dass sie beim Aushandeln von Lösungen ausschließlich Argumente benutzen dürfen, die einer intersubjektiven Prüfung zugängig sind. Alle Personen hätten die Freiheit, in allem, was nur sie selbst betrifft, gemäß des eigenen Glaubens zu leben, sie müssen aber darauf verzichten, öffentliche Konflikte unter Berufung auf ihre religiösen Überzeugungen lösen zu wollen. Erst die Anerkennung dieser Einsicht ermöglicht eine Moral, die von allen zwangsfrei akzeptiert werden kann.

Die Kultistin könnte betonen, dass das, was sie mit ihren Kindern tue, ja genau ihre Privatsache sei. Da alle klugerweise Religionsfreiheit akzeptierten, müssten alle einsehen, dass sie und ihre Familie gemäß ihres eigenen Glaubens leben und sterben dürfen. Damit setzt sie freilich voraus, dass ihre Tochter als Gläubige aufzufassen ist. Wenn dies aber nicht der Fall ist – und bei einer Zweijährigen darf man schlicht nicht annehmen, sie habe freiwillig

---

[2] Dies kann selbst eine Klugheitsentscheidung sein (ich schütze meinen eigenen Glauben, wenn alle auf die Erzwingung von Glaubensauffassung verzichten) oder auf Überlegungen zur intersubjektiven Begründungskraft religiöser Argumente basieren.

einen religiösen Glauben gewählt –, muss sie ihr Kind als Individuum behandeln, das eigene Interessen und Ansprüche hat. Man könnte daraus folgern wollen, dass die Mutter ihr Kind dann nicht mehr opfern darf; und die anderen Bewohner der verlorenen Welt hätten, um die öffentliche Moral zu stützen, eine Pflicht, die Kulthandlung zu verhindern.

Allerdings besteht hier eine Begründungslücke. Wir dürfen als Vertragtheoretiker nicht einfach voraussetzen, dass auch Kindern moralische Rechte zukommen. Jeder kann und muss sich vorstellen, einmal schwach und unmündig zu werden. Aber niemand wird wieder ein Kind. Wir können auch nicht davon ausgehen, dass es, egal welche Lebenspläne eine Person hat, in ihrem Interesse ist, dass Kindern nicht geschadet wird. Es gibt Menschen, die kein Interesse am Wohl anderer Menschen Kinder haben, ja, sogar solche, die nicht einmal das Wohl der eigenen Kinder interessiert. Personen scheinen also einmal aus strategischen Gründen sagen zu müssen „Alte schwache und unmündige Personen sollen geschützt werden, denn ich könnte einmal eine solche werden und will nicht, dass mir andere dann Leid zufügen", das andere Mal könnten einzelne aber sagen „Junge Schwache und Unmündige müssen nicht geschützt werden, denn ich selbst werde nie wieder jung sein."

Kann diese Haltung konsequent durchgehalten werden? Eine mögliche Antwort auf diese Frage ist, dass nahezu alle Eltern daran interessiert sind, dass Moral auch den eigenen Kindern Sicherheiten bietet. Die anderen könnten deshalb bereit sein, aus Rücksicht gegenüber den Eltern Kindern Rechte zuzuschreiben. Aber damit würden Kinder nicht um ihrer selbst willen, sondern um der Eltern willen in den moralischen Schutzbereich aufgenommen. Wer ebenfalls solche indirekt begründeten Rechte hätte, hinge allein davon ab, über welche Macht ihre jeweilige Stellvertretung verfügen würde. Wären Veganer und Vegetarierin stark genug, müssten andere um deren willen auch den Tieren Schutz gewähren. Aber ist dies wirklich der einzige Weg, Kinder in den Schutzbereich der Moral einzubeziehen?

Wir können in dem Gedankenexperiment von der verlorenen Welt davon ausgehen, dass nicht nur die meisten Eltern, sondern auch eine Reihe der anderen eine „natürliche" Zuneigung zu Kindern haben und allein dadurch angehalten sind, sie zu schützen. Zudem werden die meisten Erwachsenen gerade beim Anblick leidender Kinder Mitleid empfinden. Der Verweis auf Empathie, natürliche Gefühle und Mitleid ist freilich mit einem Problem behaftet, das man besser anhand eines anderen Konflikts der verlorenen Welt erläutern kann. Auch die Vegetarierin und der Veganer könnten in der verlorenen Welt an das Mitgefühl des Dualisten appellieren. Aber selbst wenn dieser Mitgefühl mit den Ferkeln hat, wird der Dualist es dennoch als falsch ansehen, sich davon leiten zu lassen. Menschen essen, könnte er sagen, nun einmal Tiere. So niedlich die Ferkel auch seien und so stark sie auch seinen Schützerinstinkt wachriefen, müsse man diesem Mitgefühl doch widerstehen und es überwinden. Der direkte Appell an Empathie reicht also nicht aus, um andere davon zu überzeugen, dass sie eine Verpflichtung haben, nicht nur erwachsene und alte Menschen vor Schäden zu schützen, sondern auch Kinder.

Man könnte versuchen, moralische Ansprüche von Kindern retrospektiv zu begründen. Alle Personen waren auf Hilfe angewiesen, als sie selbst Kinder waren. Da sie von einer allgemeinen Hilfsverpflichtung profitiert haben, sollten sie nun ebenfalls Kindern helfen. Das retrospektive Argument scheitert jedoch daran, dass es eine moralische Verpflichtung voraussetzt, nämlich jene, empfangenes Gutes zu entgelten. Aber in einer prospektiven Ableitung moralischer Normen dürfen keine moralischen Verpflichtungen vorausgesetzt werden, im Gegenteil sollen sie ja gerade hergeleitet werden.

Die Menschen der verlorenen Welt müssen damit rechnen, noch lange auf dem Hochplateau zu bleiben. Alle jetzigen Erwachsenen haben daher ein Interesse daran, dass die neue Generation sie in jener Zeit unterstützt, in der sie sich selbst nicht mehr helfen können. Um aber auf die Hilfe der Jüngeren zählen zu können, ist es wichtig, dass diese auch in ihrer Kindheit durch ein Recht auf Unversehrtheit geschützt werden. Allerdings haben die Personen, sofern dieses Argument stimmt, nur ein Interesse am Schicksal jener Kinder, die künftig handlungsfähig sein werden. Was ist aber mit Kindern, bei denen ausgeschlossen ist, dass sie einem später helfen werden? Im Falle der verlorenen Welt wäre also fraglich, wie man sich moralisch gegenüber dem schwerstbehinderten Kind verhalten sollte.

Um eine allgemeine, alle Kinder berücksichtigende Norm zu begründen, kann man wie folgt argumentieren: Das Recht auf Unversehrtheit schützt das Interesse, von anderen nicht geschädigt zu werden, also Leid und Schmerz zugefügt zu bekommen. Setzen wir hypothetisch voraus, dass die Personen in der verlorenen Welt dieses Recht auf Unversehrtheit so gestalten wollen, dass sie selbst in späteren Lebensphasen geschützt sind, und dies auch dann, wenn sie nicht mehr urteilsfähig sind; aber keine Abwehrrechte von Kleinkindern und Kindern bestehen, sofern diese schwerstbehindert sind. Denn nach der obigen Überlegung hat jede Person ein Eigeninteresse, dass Menschen mit Demenz vor der Schädigung durch andere geschützt werden, aber nicht notwendig eines, auch einem schwerstbehinderten Kind diese Rechte zuzusprechen. Dies hieße, dass die Personen eine Altersgrenze ziehen müssten, ab welcher sie urteils- und handlungsunfähigen Menschen Rechte zubilligen. Junge Personen, so etwa auf der verlorenen Welt die Vierzehnjährige, würden dann jedoch keine Norm akzeptieren, bei der Gefahr bestünde, dass sie selbst aus dem Schutzbereich der Moral hinausfielen, sofern sie urteils- und handlungsunfähig werden. Wo immer die Grenze gezogen wird, hätten wir die Situation, dass einzelnen Menschen zum Zeitpunkt T_1 ein Recht auf Unversehrtheit zukommt, nicht aber zum Zeitpunkt

T_2, und dies, ohne dass sie sich in einer relevanten Hinsicht verändert hätten. Zu beiden Zeitpunkten sind sie im gleichen Sinne und gleichen Maße leidensfähig.

Man könnte sagen, damit hätte man dasselbe Problem, das man aus der Abtreibungsdiskussion kennt. Auch hier haben wir ein Kontinuum, in dem durch Fristenlösung eine Grenze gezogen wird, welche jene Embryonen trennt, die durch einen Schwangerschaftsabbruch getötet werden dürfen, und jene, bei denen dies nicht der Fall ist (oder präzise: jene, bei denen dies nur im Falle einer schweren Behinderung erlaubt ist). Man könnte auch hier sagen: Obwohl zwischen dem Fötus am 82. Tag und dem am 85. Tag kein relevanter Unterschied besteht, ist man doch bereit, nach der 12. Schwangerschaftswoche eine Grenze zu ziehen, welche damit dem Fötus am 85. Tag moralisch stärkere Recht gibt als am 82. Tag. Allerdings besteht eine Dysanalogie. Wer für eine Fristenlösung eintritt, geht davon aus, dass sich während der Embryonalentwicklung aus einem Wesen ohne moralische Rechte aufgrund sich kontinuierlich verändernder Eigenschaften ein Wesen mit moralischen Rechten entwickelt. Wesen, welche die moralische relevante Eigenschaft (etwa Empfindungsfähigkeit) nicht haben, erwerben diese langsam in einem Entwicklungsprozess. Wenn hier eine Grenze gezogen wird, dann genau in dem Sinne, wie man per Definition festlegt, dass man keinen Hügel, sondern einen Berg vor sich hat, oder wie eine Gesellschaft bestimmt, dass man mit sechzehn oder achtzehn Jahren den Führerschein erwerben darf. Im Unterschied zu dieser Diskussion um das Kontinuumsargument haben wir beim obigen Argument bezüglich der moralischen relevanten Eigenschaft (das Interesse, nicht leiden zu müssen) überhaupt keine Entwicklung. Auf beiden Seiten der Grenze stehen Menschen, die im selben Maße ein Interesse haben, nicht zu leiden. Es ist aber eine Sache, eine Grenze zu ziehen, wenn wir eine kontinuierliche Entwicklung der moralisch relevanten Eigenschaft haben, eine andere aber, wenn diese gleich bleibt.

Im letzteren Falle wissen die moralischen Akteure stets, dass bezüglich des relevanten Interesses der Leidvermeidung kein Grund zur Ungleichbehandlung besteht, sie beide aber doch ungleich behandeln. Hier wird die Berechtigung dieser Grenzziehung stets hinterfragt und dadurch auf Dauer unterhöhlt werden. Da die Gefahr besteht, dass die gewählte Verhaltensstrategie langfristig instabil wird und unterlaufen wird, kann nur eine Norm langfristig von Nutzen sein, nämlich jene, in der allein das eigentliche Schutzziel im Vordergrund steht: das Verbot der Schädigung durch andere.

Fassen wir das eben Gesagte zusammen, so werden die strategisch denkenden Personen der verlorenen Welt es für klug halten, wenn von allen anerkannt wird, dass nicht nur die eigene Unversehrtheit, sondern auch jene von Kindern zu bewahren ist. Auch den sechs Kindern werden die anderen ein Recht auf Unversehrtheit zusprechen. Dies gilt für alle sechs Kinder, auch für das schwerstbehinderte Kind. Ob dieses jemals urteilsfähig ist oder jemals für sich selbst sorgen kann, spielt keine Rolle. Denn für die Frage der Zuschreibung eines Rechts auf Unversehrtheit ist die Urteilsfähigkeit irrelevant. Das geistig behinderte Kind und der demenzkranke Großvater haben ebenso ein Recht auf Unversehrtheit wie die anderen Menschen in der verlorenen Welt.

Wenn man dies alles aber annimmt, sind – und dies mag manchen überraschen – freilich auch die vom Dualisten gehaltenen Ferkel im Kreis der moralisch zu berücksichtigenden Wesen, und dies gilt auch für alle anderen empfindungsfähigen Wesen. Denn wie alle anderen religiösen und metaphysischen Ideen darf der Speziesismus in einer Moral, die intersubjektiv verbindlich sein soll, keine Rolle spielen. Wenn es im Interesse aller ist, dass auch nicht urteilsfähige Wesen in ihrer Unversehrtheit geschützt werden, so dürfen wir bei der Zuschreibung von Rechten nicht in eine Mensch-Tier-Dichotomie zurückfallen. Wir sind zu einem ethischen Individualismus verpflichtet. Ob es sich um ein Schwein oder einen Menschen handelt, relevant ist allein, dass es im Interesse aller ist, eine Moral zu wählen, die einen auch effektiv schützt, wenn man nicht urteilsfähig ist. Genauso wenig wie die Religion der Kultistin dieser ein Recht gibt, ihr Kind zu opfern, genauso wenig liefert der religiöse Glaube des Dualisten an eine immaterielle Seelensubstanz diesem einen Anspruch, das Tier schlachten zu dürfen. In beiden Fällen ist ein Recht auf Unversehrtheit zu beachten,[3] und in beiden Fällen haben die anderen Bewohner der verlorenen Welt guten Grund, die Handelnden von ihrer Tat abzuhalten.

Man könnte argumentieren, dass es nicht im Interesse der Personen der verlorenen Welt liegt, das Recht auf Unversehrtheit so weit auszudehnen. Sie selbst müssten Opfer erbringen und auf Verhaltensoptionen verzichten, ohne selbst etwas zu gewinnen. Ihr langfristiges Wohl sei doch besser garantiert, wenn nicht-menschliche Wesen keine moralischen Rechte haben. Sie selbst wären dadurch keineswegs gefährdet. Es gäbe also einen nicht-religiösen, rein prudentiellen Grund, das Recht auf Unversehrtheit auf Menschen zu beschränken.

Man könnte ferner sagen, der biologische Speziesbegriff liefere, wenn es auch ein künstliches Konstrukt ist, eindeutige Grenzen. Wir können den Menschen heute ohne Schwierigkeit auch von seinen nächsten Verwandten abgrenzen. Allerdings verdankte sich der Gegenstand der Moral dann den

---

[3] Dieses Ergebnis widerspricht den Ansichten anderer Autoren, die eine interessenorientierte Ethik liefern. Sofern diese vertragstheoretische Argumente nur nutzen, um bestehende Moralvorstellungen zu rekonstruieren, müssen diese Positionen hier nicht interessieren. Denn das normativ Geforderte wird dort von der Tradition vorgegeben. Ebenfalls müssen hier nicht jene Autoren interessieren, die unkritisch und unhinterfragt von einer Mensch-Tier Dichotomie ausgehen.

Zufällen der Geschichte. In einer verlorenen Welt wäre eine solche Beschränkung schwer möglich. Denn dort leben, dies ist eine Eigenart dieser von Conan Doyle erdachten Welt, nicht nur Wesen, die wir rezenten Spezies zuordnen, sondern auch Wesen, die wir sonst nur aus paläontologischen Handbüchern kennen. Würden neben rezenten Menschen noch andere Hominiden in der verlorenen Welt leben, Neanderthaler oder Floresmensch, wäre die Beschränkung auf die Spezies Mensch kaum aufrechtzuerhalten. Lebten auch Homo Erectus und Proconsul noch, fiele es bald schwer, eine effiziente Grenze zu ziehen. Dass eine solche möglich ist, verdanken wir dem Zufall, dass nur der Homo Sapiens fortbestand. Man könnte freilich einwenden, dass uns nur interessieren muss, mit welchen Wesen wir derzeit zusammenleben. Nehmen wir also an, dass die Menschen die einzigen Hominoiden der verlorenen Welt sind.

Selbst dann ist die Überlegung, das Recht auf Unversehrtheit und andere moralische Ansprüche aus Klugheitsgründen auf Menschen zu beschränken, folgendem Einwand ausgesetzt: Mit dem gleichen Argument könnte man auch für den Rassismus argumentieren. Selbst wenn alle die Vorurteilsstruktur rassistischen Denkens erkannt haben, könnte eine mächtige Gruppe kaukasischer Abstammung doch weiterhin ein Interesse an einer weiteren Ungleichbehandlung der Schwächeren haben. Nehmen wir an, in der verlorenen Welt habe eine Person, und zwar die Paraplegikerin, eine andere Hautfarbe als die anderen. In diesem Falle hätten die anderen auf Grund ihrer Erkrankung kaum Repressionen von ihr zu befürchten, sollten sie ihr keine oder geringere moralische Rechte zusprechen. Dennoch wäre es für alle unvernünftig, dies zu tun. Denn dies hieße, dass neben jenen primären Interessen, denen Moral dienen soll, wie jenem, nicht leiden zu müssen, noch andere sekundäre Faktoren eine Rolle spielen, welche bestimmen, ob und wenn ja, in welchem Grade diese Eigenschaften im Einzelfall schützenswert sind. Interessen der Mächtigen bestimmten dann, was – über die eigentlichen Schutzziele hinaus – über den moralischen Status entscheidet. Auf die Frage, wie die Ungleichheit zu begründen ist, gibt es dann nur die Antwort, dass diese Aufteilung im Interesse der Mächtigen ist. Würde man solche Diskriminierungen zulassen, wäre prinzipiell jeder in Gefahr, selbst einmal aufgrund solch sekundärer Eigenschaften geringere Rechte zugesprochen zu werden. Auch ein Dualismus, Veganismus oder eine Religionszugehörigkeit könnten von Seiten der Mächtigen aus Anlass sein, deren Vertretern geringere Rechte zuzusprechen. Um dies zu vermeiden, ist es im Interesse aller, dass sich moralische Normen ausschließlich auf den Schutz jener Interessen konzentrieren, um derenthalben die Institution der Moral erfunden wird.

Im Kapitel 10 hatte ich die Standardüberlegung vorgebracht, keine eigeninteressierte Person müsse damit rechnen, ein Tier zu sein. Diese Überlegung setzt letztlich einen Speziesismus voraus. Wieso betont man denn sonst bloß, dass niemand davon ausgehen muss, ein Tier zu werden? Schließlich darf der einzelne doch auch davon ausgehen, nie einer anderen „Rasse“ oder Kultur anzugehören. Für die meisten ist es zudem keine Option, ein anderes Geschlecht zu haben. Ohne die Annahme einer kategorialen Trennung von Mensch und Tier müsste nur festgehalten werden, dass niemand damit rechnen muss, überhaupt ein anderer zu sein. Man kann nur in bestimmte Situationen geraten, und ein Interesse haben, dann in bestimmter Weise behandelt zu werden. So müssen Personen damit rechnen, dass ihnen andere Leid zufügen, und sie haben ein Interesse, dass dies unterbleibt. Es ist, stimmen die obigen Argumente, rational, nur dieses eigentliche Schutzgut in den Blick zu nehmen, also jene Interessen, die durch moralische Normen geschützt werden sollen. Sekundäre Eigenschaften wie Alter, Geschlecht, Ethnie dürfen keine Rolle spielen. Dann ist freilich auch die Spezieszugehörigkeit ohne Bedeutung.

Man kann dies durch folgendes Zusatzargument erhärten: Menschen empfinden nicht nur angesichts menschlichen Leids Mitleid. Beschränkte sich der Geltungsbereich des Rechts auf Unversehrtheit auf Menschen, bestünde das Problem, das sich Mitleid einmal in moralische Normen umsetzt, einmal nicht. Dass dies möglich ist, zeigt sich in unserer heutigen Moral. Allerdings hat diese ein metaphyisches Hintergrundsystem, das eine Ungleichbehandlung nicht nur rechtfertigt, sondern gebietet. Stimmen die Einwände gegen die Lehre von der moralischen Sonderstellung des Menschen, so darf dieses Hintergrundssystem keine Rolle spielen. Damit muss sich jede Person aber stets fragen, wieso sich Mitleid einmal in moralischen Normen niederschlägt, das andere Mal nicht. Man mag sagen, dass es nichts ausmachte, wenn sich einige Personen auch um das Wohl der Tiere kümmern. Aber es ist ja nicht nur das. Immer wieder werden Handelnde, die Tiere für den eigenen Vorteil nutzen wollen, von anderen moralisch kritisiert und hinterfragt. Beide Seiten sehen dabei die Moral auf ihrer Seite. Das Moralsystem selbst wäre also, dies das Zusatzargument unstabil. Können wir uns nicht mehr aus metaphysischen Gründen heraus auf eine Mensch-Tier-Dichotomie stützen, gewinnen wir ein stabiles Moralsystem nur dann, wenn wir uns ausschließlich auf die Schutzziele, wie etwa das Interesse auf Leidensvermeidung, konzentrieren.

Dass solche Zentrifugalkräfte zu erwarten sind, kann man an folgendem Beispiel erläutern. Das „Great Ape Project“ schlägt vor, auch den (anderen) grossen Menschenaffen Menschenrechte zu gewähren. Sobald dieser Vorschlag unterbreitet wird, hört man immer wieder den Einwand, warum denn die grossen Menschenaffen gegenüber anderen Tieren privilegiert werden sollen. Die Verwandtschaft zu uns sei doch ein unzureichender Grund, eine solche Sonderstellung zu rechtfertigen. Da hier eine metaphysische Hintergrundstheorie fehlt, welche eine Sonderstellung der Menschenaffen einfordert, scheint den meisten selbstverständlich, auch andere Tiere den grossen Menschenaffen gleichzustellen. Bestünde aber nicht die Lehre von der moralischen Sonderstellung des Menschen, wäre es genauso selbstverständlich, andere Tiere dem Menschen in moralischer Hinsicht gleichzustellen.

Sicher bestehen gewaltige Vorteile, wenn wir andere Tiere nicht als moralische Objekte behandeln. Tierversuche geben Hoffnung, dass Krankheiten geheilt werden und toxische Gefahren eingedämmt werden. Fleischkonsum bereitet vielen eine keineswegs zu unterschätzende Freude. Die Landwirtschaft müsste Ertragseinbussen befürchten, sobald Schmerz und Leid von nicht-menschlichen Tieren genauso zu berücksichtigen ist wie jene von Menschen. Auch auf gewisse Freizeitvergnügen etwa im Sport (Sportfischerei, Pferdessport) müsste verzichtet werden. Dass es hier klug sein soll, Verzicht zu üben, scheint zunächst mehr als fragwürdig. Es muss schon etwas Großes auf dem Spiel stehen, um diesen Verzicht selbst zu begründen. Aber genau dies ist der Fall. Sind wir nicht „Gottes ausgewählte Gattung“, sondern individuelle empfindungsfähige Lebewesen neben anderen, so stößt ein Urteil, dass gleiches Leid ungleich zu berücksichtigen ist, rational wie emotional auf Widerstand. Es bestünden also stete Zentrifugalkräfte, die ohne die Annahme, dass der Mensch als Mensch aus metaphysisch-religiösen Gründen aus der sonstigen Natur herausragt, nicht gebändigt werden können.

13. DIE TÖTUNGSFRAGE

13.1 DIE FRAGESTELLUNG

Fragt man nicht gerade einen Philosophen, wird man wohl hören, dass sowohl die Zufügung von Leid wie auch die Tötung ein Übel ist. Ob der Tod im Vergleich zum Leid stets das größere Übel darstellt, wird umstrittener sein. Handelt es sich um ein starkes, dauerhaftes und nicht zu linderndes Leid, werden manche für sich selbst sagen, sie zögen den Tod diesem Leid vor. Andere würden sich auch in solchen Situationen für das Leben entscheiden. Auf größere Einigkeit wird man dagegen bei der These stoßen, dass die Tötung und Ermordung das Schlimmste ist, was man einer Person antun kann. Ganz anders sieht dies aus, wenn es um nicht-menschliche Lebewesen geht. Auch Autoren, die es für falsch oder mindestens für begründungsbedürftig ansehen, Tieren Schmerzen und Leiden zuzufügen, halten die Tötung eines Tiers mitunter für weniger schlimm als das Zufügen von Leid, ja, vielleicht sogar für eine moralisch neutrale Tat.

Stark ausgeprägt ist diese Haltung etwa im Schweizer Tierschutzrecht. Ziel des Gesetzes ist es, (Wirbel-)Tiere vor der Zufügung von Leid, Schmerz, Stress und Schäden zu schützen. Geht es um die Tötung von Tieren, wird aber nicht einmal ein vernünftiger Grund verlangt; es ist erlaubt, Tiere zu töten. Höchstens indirekte Gründe wie Eigentumsverhältnisse, Artenschutzüberlegungen oder Jagd- und Angellizenzen rücken das Töten von Tieren in den Anwendungsbereich der Schweizer Rechtsnormen. Auswirkungen hat diese Konzentration auf das Leid auch für die rechtliche Beurteilung von Tierversuchen. Tötet man ein Tier während der Narkose, so gilt dies nach Schweizer Recht als nicht belastender Versuch, und dieser muss, obzwar meldepflichtig, genauso wenig vor eine Tierversuchskommission wie eine zoologische Verhaltensstudie.

Die unterschiedliche Beurteilung der Tötung von Mensch und Tier könnte natürlich wiederum eine Folge traditioneller Moralvorstellungen sein. Die Tötung eines Menschen gilt in theozentrischen Ansätzen als eine Missachtung der Gottesebenbildlichkeit. Der Täter maßt sich zudem etwas an, das nicht dem Menschen, sondern Gott zusteht; denn in dessen Hand und nicht jener des Menschen liegt das Leben des Menschen. Tötung anderer und Selbsttötung sind gemäß dieser Position nicht unterschiedlich zu beurteilen, sondern sie sind beide gleichermaßen falsch und gleich verwerflich. Ausnahmen vom Tötungsverbot bestünden nur dann, wenn die Tötung im Einklang mit dem Willen Gottes geschieht, wie dies etwa fundamentalistische Terroristen, Krieg führende Parteien oder Befürworter der Todesstrafe für sich in Anspruch nehmen. Als moralisch ganz und gar schlecht muss die Frage erscheinen, ob ein Leben für den Menschen selbst noch lebenswert ist. Der einzelne muss darauf vertrauen, dass sein Leben sinnvoll und gut ist, denn Gott will ja, dass er lebt. – In dieser Konzeption hätten wir kein Problem, die unterschiedliche Beurteilung der Tötung von Mensch und Tier zu begründen. Nur die Tötung eines Menschen missachtet ein Tabu. Das Leben der Tiere steht dem Menschen dagegen ausdrücklich zur Verfügung.

Interessanter ist in diesem Zusammenhang die These, dass die unterschiedliche Beurteilung der Tötung von Mensch und Tier nicht einfach auf traditionellen Glaubensannahmen fußt, sondern darauf, dass der Tod für nicht-menschliche Tiere kein Übel und damit keine Schädigung darstellt, für Personen aber schon. Nicht immer wird diese starke These vertreten, dass der Tod nur für Personen ein Übel ist, sondern mitunter auch eine schwächere, dass der Tod von Tieren doch ein kleines, wenn auch zu vernachlässigendes Übel sei.

In diese Richtung scheint auch Jeremy Bentham zu gehen. Oben hatte ich nur einen Teil seiner tierethischen Fußnote wiedergegeben, das bekannte und oft zitierte Ende dieser Fußnote. Relativ selten findet sich der vorhergehende Teil:

> Wenn es nur darum ginge, gegessen zu werden, gäbe es sehr gute Gründe, dass es uns erlaubt sein sollte, jene zu essen, die wir essen möchten: uns ginge es dadurch besser und ihnen niemals schlechter. Sie kennen die ewigen Vorahnungen künftigen Leids nicht, die wir haben. Der Tod, den sie durch unsere Hand erleiden, ist im Allgemeinen und kann zumindest immer ein schnellerer und daher leidfreierer sein als jener, der sie durch den unausweichlichen Gang der Natur erwarten würde. Wenn es nur ums Töten ginge, gäbe es sehr gute Gründe, dass es uns erlaubt sein sollte, jene zu töten, die uns belästigen. Uns ginge es schlechter, wenn sie leben, und ihnen ginge es, da sie tot sind, nie schlechter. Aber gibt es irgendeinen Grund, warum es uns erlaubt sein sollte, sie zu quälen? Nicht einen, den ich sehen kann. Gibt es irgendwelche Gründe, warum es uns nicht erlaubt sein sollte, sie zu quälen? Ja, verschiedene.[1]

Bentham nimmt nicht nur Quantität und Dauer tierischen Leids in den Blick, sondern er vergleicht das mit der Tötung verbundene Leid zugleich mit jenem, das sie erleiden würden, falls sie nicht geschlachtet würden, sondern an einer Krankheit stürben. Da nach Benthams Ansicht ferner die Furcht vor künftigen Übeln bei Tieren keine Rolle spielt, spräche utilitaristisch, betrachtete man nur die Tötung selbst, nichts dagegen, Tiere zu töten, um deren Fleisch zu essen. Angesichts der Freude am Fleischkonsum wäre

1 Bentham, Introduction to the Principes of Moral and Legislation, S. 282.

es sogar moralisch geboten. Allerdings darf man, würde Bentham weiter sagen, nicht nur die Tötung betrachten, sondern die Gesamtsumme des Leids, das mit einer Praxis verbunden ist. Ob man Tiere essen dürfe, hinge davon ab, wie Tiere zu Lebzeiten gehalten wurden. Zu seinen Lebzeiten aß Bentham Fleisch; hätte er die heutigen „Produktionsformen" gekannt, wäre er für deren Verbot eingetreten. Was für unseren Kontext aber wichtiger ist: Wenn Bentham die Differenz zwischen Leidzufügung und Tötung betont, so ist diese auch bei Personen zu beachten. Auch bei Personen stellt der Tod selbst keine Schädigung dar; moralisch relevant sind die Furcht vor dem Tod, das leidvolle Sterben und die durch den Tod entgangene Freude. Die Furcht vor dem Tod kennen nach Bentham nur Personen. Auffällig ist dagegen, dass die entgangene Freude in der Fußnote nicht erwähnt wird. Wenn der Verlust künftiger Freude bei Personen zählt, müsste dies auch bei einer Kuh oder einem Schwein der Fall sein. Warum Bentham denkt, die Gesamtbilanz aus Freude und Leid würde durch Schlachtung verringert, bleibt in dieser Fußnote unterbestimmt. Denn Bentham darf weder von seiner hedonistischen Werttheorie noch von seiner Naturphilosophie her einen kategorialen Unterschied zwischen der Tötung von Personen und nichtmenschlichen Tieren annehmen. Verständlich wird Benthams Gedanke nur, wenn die Gesamtlebensbilanz von Freude und Leid in Betracht gezogen wird. Nimmt er an, dass die wegen ihres Fleisches gehaltenen Tiere in ihrem Leben[2] mehr Freude als Leid erfahren, so ist die menschliche Nutzung auch zu ihrem Vorteil..[3]

Bentham geht davon aus, dass Tötung moralisch falsch ist, weil (menschliches) Leben insgesamt mehr Freude als Leiden enthält und Tötung damit den Betroffenen eines künftigen Guts beraubt. Ob dies die beste Antwort ist, die im Rahmen einer sentientistischen Position gegeben werden kann, muss allerdings noch geprüft werden. Denn damit widerspräche der Hedonist Bentham dem anderen Hedonisten Epikur, für den der Verlust eines künftigen Guts keine Rolle spielt. Die Diskussion dieser beiden Positionen wird klären, ob ein Verbot, andere empfindungsfähige Wesen zu schädigen, einfach deswegen ein Tötungsverbot umfasst, weil eine Tötung solcher We-

---

[2] Das Argument, ohne die menschliche Nutzung hätten sie nie gelebt, ist aber keine gute Begründung. Denn hätten sie nie gelebt, hätte man ihnen weder nützen noch schaden können, da sie ja nie existiert hätten. Zudem ist strittig, ob es auch dann besser ist, geboren worden zu sein, wenn die prudentielle Lebensbilanz positiv ist. Denn hätte P nicht existiert, hätte es niemand gegeben, der die angenehmen Seiten des Lebens verpasst hätte. Die Abwesenheit der Freuden wäre daher nicht schlecht für P gewesen.

[3] Die utilitaristische Bilanz sieht natürlich anders aus, wenn Tiere in ihrem Leben mehr Leid denn (als) Freude erfahren. In diesem Falle wäre es besser für sie, nicht geboren worden zu sein. Ist die menschliche Freude am Fleischkonsum kleiner als das durch die Tierhaltung erzeugte Leid, wären Menschen aus utilitaristischer Sicht noch nicht zu einer vegetarischen Lebensweise verpflichtet. Es hiesse vielmehr, die Haltungsbedingungen der Masttiere so zu verbessern, dass Tiere nicht leiden. Vgl. hierzu: Hoerster, Haben Tiere eine Würde?, S. 75ff.

sen eine Schädigung darstellt. Wäre diese Argumentation erfolgreich, folgte aus obigen Überlegungen zum Schädigungsverbot ein Lebensrecht aller empfindungsfähigen Wesen. Allerdings werde ich im Folgenden gegen Bentham argumentieren. Nimmt man einen sentientistischen Standpunkt ein, ist der Tod kein Übel. Das heißt nicht, dass ich Tötung für einen moralisch neutralen Akt ansehe. Vielmehr werde ich mich dafür aussprechen, die Tötungsfrage von jener der Schädigung zu trennen. Ich werde daher noch andere mögliche Antworten in den Blick nehmen, wieso die Tötung anderer etwas Schlechtes ist, und dies selbst dann, wenn sie nicht mit der Zufügung von Leiden verbunden ist. Die erste nimmt jene Konsequenzen in den Blick, welche ein fehlendes Tötungsverbot für Personen hätte. Personen haben im Gegensatz zu rein in der Gegenwart lebenden Wesen auf die Zukunft bezogene Wünsche, ein Überlebensinteresse. Deshalb kommt Personen ein Recht auf Leben zu, das nichtmenschlichen Tieren abzusprechen ist. Zudem werde ich die These prüfen, ob Tötung anderer deshalb falsch ist, weil sie das Recht missachtet, selbst über den eigenen Körper zu verfügen. Über dieses Recht verfügen, wie ich zeigen möchte, nicht nur Personen, sondern alle empfindungsfähigen Wesen, die in der Lage sind, selbständig zu leben.

13.2 Töten als Schädigung anderer

Wer bei der Frage, ob Tötung eine Schädigung darstellt, zu einer bejahenden Antwort neigt, muss einem Einwand begegnen können, der vor fast 2500 Jahren formuliert wurde. Epikur betonte damals, dass das vermeintlich größte aller Übel, der Tod, überhaupt kein Übel und daher nicht zu fürchten ist.

Bevor auf dessen Argument eingegangen werden soll, müssen wir uns einen Punkt in Erinnerung rufen: Die Frage, ob ein Sachverhalt eine Schädigung ist, ist unabhängig davon zu beurteilen, wie diese Schädigung entstanden ist. Leid ist etwas für mich Schlechtes, und dies unabhängig davon, ob ich aufgrund einer Krankheit, eines Unfalls oder durch absichtliches Handeln anderer leide. Genauso geht es im jetzigen Kontext nicht allein darum, ob eine unerwartete und leidfreie Tötung durch jemand anderen einem Wesen schadet, sondern zum Beispiel auch darum, ob der unerwartete Tod im Schlaf als eine Schädigung zu bezeichnen ist. Nur wenn letzteres der Fall ist, darf man davon reden, dass der Tod einen Schaden darstellt. Auch wenn dies vielleicht überflüssig ist, muss zudem betont werden, dass in einer sentientistischen Position wie jener Epikurs leidvolles Sterben klarerweise eine Schädigung darstellt. Nur ob der Tod selbst eine Schädigung darstellt, ist umstritten.

Von einer sentientistischen Position aus gibt es zwei Möglichkeiten, diese Frage zu beantworten:

Die erste Antwort ist, dass der Tod selbst überhaupt kein Schaden ist. Dies ist die epikureische Antwort.[4] Der Tod erfüllt keine der beiden Bedingungen, die es erlauben, von einer Schädigung zu sprechen. Die Existenzbedingung sagt, dass nur solche Wesen geschädigt werden können, die existieren. Tod und Existenz schließen sich aber aus. Wenn der Tod da ist, ist man selbst nicht mehr da.[5] Solange man da ist, ist aber der Tod nicht da. Die zweite Bedingung, die Erfahrungsbedingung, fordert, dass eine Schädigung erfahren werden können muss. Sind wir tot, können wir aber nichts mehr bewusst erfahren.[6] Epikur lehrt daher, man solle den Tod nicht fürchten. Er ist kein Übel. Zu jenen Normen, auf die man sich vertragstheoretisch einigt, könnte freilich auch nach Epikur ein Tötungsverbot gehören. Aber wenn, dann nicht deshalb, weil der Tod ein Übel ist.

Die zweite Antwort ist, dass der Tod einem selbst künftige Freuden nimmt.[7] Tötet man jemand, beraubt man ihn aller positiven hedonischen Erfahrungen, die er zu einem späteren Zeitpunkt gehabt hätte, wäre es nicht getötet worden. Man beraubt ihn seines „praemium vitae". Dies ist die sentientistische Version der sogenannten Deprivationstheorie[8], das heißt der Auffassung, dass der Tod deshalb ein Übel ist, weil er einem etwas nimmt. Im Sinne dieser Deprivationstheorie sagt man nach dem Tod einer Person: „Sie hätte noch viel erreichen, viel bewirken, viel erleben können. All dies wurde ihr durch den Tod genommen." Genauso wird ein unerwarteter Tod eines Gesunden oft anders beurteilt als jener eines Menschen, dem vom Arzt prognostiziert wurde, dass er im besten Falle noch wenige Monate leben wird. Besteht der Schaden darin, dass der Tod mögliche Freuden raubt, ist die Schädigung durch den Tod genauso ein graduell zu gewichtender Schaden wie das Leid, bei dem es ja auch kleineres oder größeres Leid gibt. Wenn ein Fötus durch eine Abtreibung getötet wird, nimmt man ihm die Freude, die er gehabt hätte, wenn er nicht abgetrieben worden wäre. Ja, man müsste sogar sagen, dass der Tod hier ein schwerer Schaden ist; denn ein zehnwöchiger Fötus hat eine größere Lebensspanne vor sich als ein zwölfjähriges Kind und hat so – ceteris paribus – mehr positive hedonische Er-

---

[4] Vgl. zur epikureischen Argumentation insbesondere: Warren, Facing Death.

[5] Dies setzt voraus, dass es weder eine unsterbliche Seele noch eine Leben nach dem Tod gibt. Mit dem Tod endet für den einzelnen Menschen alles. Dies ist die materialistische Position Epikurs. Da Bewusstsein nicht vom Körper gelöst werden kann, ist es – hier argumentiert er analog zu heutigen Hirnforschern – ausgeschlossen, dass ein Bewusstsein den Körper überlebt.

[6] Epikur verneint jegliche Vorstellung eines Lebens nach dem Tod. Die Vorstellung einer von materiellen Zuständen unabhängigen Substanz lehnt er ab. Mit dem Tod des Körpers stirbt auch der Geist. Viele moderne Hirnforscher sind in dieser Hinsicht Epikuräer.

[7] Vgl. Wolf, Sterben, Tod und Tötung, S. 244.

[8] Vgl. Warren, Facing Death, S. 17-56 und Feldman, Confrontation with the Reaper, S. 139-142.

fahrungen zu erwarten als dieses. Genauso wäre der Tod einer Achtzigjährigen für diese ein kleinerer Schaden als der Tod für ein zwölfjähriges Kind darstellt. Damit ist, um dies zu betonen, noch nichts über die Tötungsnorm gesagt. Aber es könnte im Konfliktfall eine Rolle spielen, wo es unvermeidlich ist, dass Personen sterben. Eine weitere Besonderheit dieser Position ist, dass der Tod nicht stets ein Schaden wäre, sondern manchmal sogar von Nutzen. Es wäre nämlich befremdlich, wenn nur die entgangenen Freuden zu berücksichtigen sind, nicht aber Leiden und Schmerzen. Ist bei einem Menschen in Zukunft mehr Leid als Freud zu erwarten, so wäre der Tod für ihn kein Schaden, sondern von Nutzen.

Diese beiden Punkte, dass der Tod ein graduelles Übel ist und auch von Nutzen sein kann, spielten nur dann eine Rolle, wenn die Auffassung begründet ist, der Tod sei wegen des Verlusts künftiger Freuden ein Übel. Dagegen sind aber zwei Einwände möglich. Wird etwas allein deshalb zum Schaden, weil es mit hypothetischen Möglichkeiten verglichen wird, so kann erstens alles, was einem passiert, als Schaden bezeichnet werden, denn es hätte immer besser kommen können. Zweitens werden hier Erfahrungen berücksichtigt, die im Falle einer Tötung nie existent werden.

Sicherlich beraubt der Tod einen der Möglichkeit, künftig etwas zu erleben. Wenn eine 45jährige Person aber nachts einen Sekundentod stirbt, so ist es seltsam zu sagen, sie hätte noch fünfzig, sechzig Jahre leben können und sei nun um diese Zeit beraubt. Denn sie hat ja gerade nicht weiterleben können. Um überhaupt von Verlust sprechen zu können, müsste es eine Zahl von Lebensjahren geben, mit denen man rechnen darf, ja, die einem zustehen. Erst dann dürfte man sagen, der Tod ermögliche es nicht, dieses Spektrum voll auszuschöpfen. Aber selbst wenn es – statistisch betrachtet – eine optimale Zeitspanne gibt, die menschliche Organismen funktionieren können, so heißt dies nicht, dass jeder dieses optimale Alter erreicht, noch, dass es einem zustünde, dies zu erreichen. Die 45jährige Person verliert durch den Tod nichts, das ihr zusteht. Natürlich können wir sagen, es wäre schön für sie gewesen, wenn sie weitere Jahre gelebt hätte. Aber wenn bereits ein Vergleich zu möglichen Welten einen Schaden konstituiert, höhlt man den Begriff des Schadens gänzlich aus. Es hätte immer etwas geschehen können, das besser gewesen wäre als das, was wirklich eintrat. Unter dieser Voraussetzung schadete mir selbst meine Ehe. Denn es hätte sein können, dass ich mit einer anderen Frau noch glücklicher gewesen wäre. So unwahrscheinlich mir dies auch erscheinen mag, ist es dennoch möglich, und deshalb hätte mir meine Heirat geschadet. Ist etwas bereits dann ein Übel, weil etwas besseres hätte eintreten können, ist alles ein Übel.

Man könnte versucht sein zu erwidern, dass sich der Tod insofern von anderen Ereignissen unterscheide, als alles besser sei als der Tod. Damit müsse man ihn ein Übel nennen, während andere Ereignisse und Entscheidungen, bei denen es denkbar wäre, dass bei einem anderen Verlauf oder einer anderen Entscheidung Besseres passiert wäre, noch keine Übel darstellen müssen. Aber auch wenn sich die Aussage „Etwas Besseres als den Tod finden wir allemal" sogar im Volksmärchen findet, so ist doch nicht gesagt, dass sie begründet ist. Wenn im eigenen künftigen Leben weit mehr Leid als Freude zu erwarten ist, so ist nicht gesagt, dass das Weiterleben dem Tod vorzuziehen sei. Auch wenn Bentham Recht hat, dass das Leben in der Regel mehr Freude als Leid enthält, so bliebe, dass der Tod nicht notwendig ein Übel ist. Man könnte ferner einwenden, dass es hier doch allein um die Tötung geht. In einem utilitaristischen Kalkül müssten aber stets mögliche Handlungsfolgen in Betracht gezogen werden. Auch in vertragstheoretischen Überlegungen gehe es darum, welche möglichen Folgen ein Handeln oder Unterlassen hat. Die Bewertung hypothetischer Möglichkeiten gehöre so zum Kern moralischen Urteilens. Genau deshalb müsse man bei der Tötungsfrage die mit dem Weiterleben verbundenen Freuden und Leiden notwendig mit dem Tod vergleichen. Ist das Weiterleben aber in der Regel von Vorteil, ist es falsch, jemanden zu töten.

Allerdings stellt sich die Frage, was hier als Vergleichsmaßstab zum Weiterleben herangezogen wird. Spontan wird man denken, dass beim Tod einfach keine Freuden und kein Leid vorhanden sind und man so eine Nullachse als Vergleichskriterium hätte. Allerdings gibt es diese Nullachse gerade nicht. Es gibt kein Wesen, das Leid oder Freude empfinden könnte; und damit gibt es nichts, mit dem die Freuden oder das Leid eines möglichen Weiterlebens verglichen werden könnten. Es ist ja gerade das Wesen des Todes, dass jene Achse, auf denen man Leiden und Freuden verzeichnen könnte, abreißt. Stirbt jemand, gibt es ab dem Zeitpunkt des Todes niemanden, der glücklich oder unglücklich sein könnte.

13.3 Die Differenz zwischen Gegenwartswesen und Personen

Viele werden einwenden, dass der Tod allein deswegen ein Übel sei, weil man überleben will. Auch wenn man ein Überlebensinteresse nicht explizit ausformuliert, so hat eine Person auf die Zukunft bezogene Wünsche, die den Wunsch weiterzuleben implizieren. Würde man mich selbst zum jetzigen Zeitpunkt töten, raubte man mir die Möglichkeit, mein fertiges Buch zu sehen. Auch wenn dies für die Welt vielleicht kein Schaden wäre, so doch sicher für mich. Ein zukunftsbezogener Wunsch könnte nicht in Erfüllung gehen. Die Überlegung, dass zukunftsbezogene Wünsche, ein Überlebensinteresse, durch ein Recht auf Leben geschützt werden, ist ein denkbarer Grund, die Tötung von nicht-menschlichen Tieren in moralischer Hinsicht von der Tötung von Personen abzuheben. Wenn man die aktuelle Literatur betrachtet, ist es sogar der vorherrschende Grund, die Tötung von Tieren von der Tötung von Personen abzuheben. Deshalb gehe ich im Folgenden ausführlich auf dieses Argument ein, obwohl dies – wie sich zeigen wird – heißt, argumentativ noch einmal einen Schritt zurück zu machen und eine gewisse Redundanz zuzulassen.

Voraussetzung dieser Auffassung ist, dass nicht-menschliche Tiere Gegenwartswesen sind. Auch ihre Wünsche erstrecken sich auf die Zukunft, aber nur auf eine relativ nahe Zukunft.[9] Eine durstige Katze habe den Wunsch, *sofort* zu trinken. Lauere sie vor einem Mauseloch, habe sie den Wunsch, dass *sofort* eine Maus erscheint. Es fehlten Katzen aber Wünsche, die langfristiger in die Zukunft bezogen sind. Es gebe keine zukunftsbezogenen Wünsche, aus denen sich ein Überlebensinteresse ableiten lasse. Katzen haben nach dieser Sicht nur ein „punktuelles Überlebensinteresse“. Hoerster schreibt:

> Wenn der Wunsch beispielsweise einer Katze, etwas zu fressen, befriedigt und deshalb vergangen ist, so gehört auch das mit diesem Wunsch verbundene Überlebensinteresse der Vergangenheit an. Vielleicht folgt dem vergangenen Wunsch ein neuer Wunsch mit einem weiteren, mit *diesem* Wunsch verbundenen Überlebensinteresse, vielleicht auch nicht. Jedenfalls aber hört die Kette der Wünsche spätestens in dem Augenblick auf, in dem die Katze einschläft. Eine schlafende Katze hat also kein Überlebensinteresse.[10]

Die Schilderung des Katzenbeispiels mag manchen noch nicht befriedigen. Verstärken wir diesen Zweifel und betrachten wir folgende Situation: Was ist, wenn eine Katze einschläft, bevor ihr Wunsch zu trinken erfüllt wurde? Hat sie dann vor dem Einschlafen ein zu beachtendes Interesse, während des Schlafes keines und anschließend, wenn sie wieder erwacht und mit Sicherheit wieder durstig ist, wieder eine neues?

Manche tierische Verhaltensweisen wirken von außen betrachtet so, als ob tagelang anhaltende Wünsche verwirklicht werden sollen, so etwa, wenn Wölfe einer Bisonherde folgen.[11] Die entscheidende Frage ist freilich, ob die Wölfe von Anfang einsehen, dass langfristiges Handeln erforderlich ist, um ihre Wünsche zu erfüllen. Vielleicht wollen sie ihre Beute auch möglichst sofort erlegen, scheitern aber immer wieder dabei. Ihr Verhalten setzt nicht notwendig voraus, dass sie dauerhafte Wünsche haben, es könnte eine Kette kurzfristiger Wünsche sein. Voraussetzung, dass wir von zukunftsbezogenen Wünschen sprechen können, wäre entweder, dass ihre Jagd langfristigen selbst ersonnenen Strategien folgte, oder aber mindestens, dass sie sich stets

---

[9] Vgl. unter anderem: Spaemann, Tierschutz und Menschenwürde, S. 77, Höffe Der wissenschaftliche Tierversuch, S. 135, und Hoerster, Haben Tiere eine Würde?, S. 71ff.

[10] Hoerster, Abtreibung im säkularen Staat, S. 92.

[11] Vgl. Regan, Why Death Harms Animals, S. 154.

beim Aufwachen an den vergangenen Wunsch erinnern. Übertragen wir diese Überlegungen auf die schlafende Katze, ist einerseits möglich, dass sie am Morgen aufs Neue Durst hat, sich aber nicht erinnert, auch beim Einschlafen diesen Wunsch gehabt zu haben. Dann wäre die betreffende Katze ein reines Gegenwartswesen. Andererseits könnte es sein, dass sie sich erinnert, durstig eingeschlafen zu sein. Dann generiert sie keinen neuen Wunsch, sondern hat denselben Wunsch wie am Tag zuvor. Dies entspräche dem, dass mein heutiger Wunsch, dieses Buch zu beenden, eben kein neuer Wunsch ist, sondern derselbe, den ich nun seit einigen Monaten habe. Erst wenn sich die Katze erinnert, dass sie früher denselben Wunsch hatte, dürfte man von dauerhaften Wünschen sprechen. Ob man an strategische in die Zukunft gerichtete Wünsche denkt oder an eine durch Erinnerung möglich werdende Dauerhaftigkeit von Wünschen, in beiden Fällen ist entscheidend, dass die jeweiligen Lebewesen erkannt haben, dass sie über den Zeitablauf identisch sind – oder um es metaphysisch nicht ganz so anspruchsvoll zu sagen: man nimmt an, dass sie über den Zeitablauf hinweg identisch sind. Nicht die Langfristigkeit und Zukunftsbezogenenheit von Wünschen wäre dann relevant, sondern das Bestehen einer personalen Identität.[12]

Wer bestimmte Tiere als Gegenwartswesen bezeichnet, spricht ihnen letztlich personale Identität ab. Personale Identität ist dabei von der ontologischen Identität zu unterscheiden. Wie zentral dieser Unterschied ist, kann man an der Position Tom Regans verdeutlichen, der es ablehnt, zukunftsbezogenen Wünschen eine so entscheidende Rolle zu geben. Für die Zuweisung eines Lebensrechts ist für Regan allein ausschlaggebend, dass Tiere einen über die Zeit hinweg reichenden Bewusstseinsstrom haben, eine – wie er sagt – psycho-physische Identität. Damit meint er, dass nichtmenschliche Tiere über die Zeit hinweg dieselben bleiben.[13] Der Hund Fido ist ohne Zweifel immer dasselbe Wesen. Der Hund hat dieselben Nahrungspräferenzen wie am Tag zuvor, hat dieselben Sympathien und Antipathien gegen andere Individuen und Örtlichkeiten, hat dieselben Charakterzüge, das heißt, er ist so aggressiv oder friedfertig wie zuvor, genauso faul oder rege. All dies kennzeichnet aber nur die ontologische Identität, also das, was Fido als individuelles existierendes Wesen charakterisiert, nicht die personale. Wir können aber nicht wissen, ob sich Fido selbst als durch die Zeit fortbestehendes Wesen begreift, er also auch über personale Identität verfügt. Auf diese personale Identität käme es aber nach unseren Überlegungen an. Fido selbst müsste wissen, dass er gestern dasselbe Wesen war

[12] So auch Hoerster, Haben Tiere eine Würde?, S. 72. Hoerster ist der Auffassung, dass man nicht-menschlichen Tieren wie Hunden, Katzen und Schweine keine personale Identität zuschreiben darf. Hoerster nimmt die grossen Menschenaffen und davon abgestuft die Zahnwale aus der Charakterisierung von Tieren als Gegenwartswesen aus. Allerdings spricht er auch ihnen eine sich über längere Zeit erstreckende personale Identität ab. Vgl. Hoerster, Haben Tiere eine Würde, S. 77f.

[13] Regan, Why Death Harms Animals, S.155.

wie heute und heute dasselbe wie morgen. Seine Antipathien gegen einzelne Individuen zum Beispiel müssten dann an Erinnerungen geknüpft sein, dass diese ihm in Vergangenheit dies oder jenes getan haben; und er muss dies auf sich selbst beziehen können.

Es muss an dieser Stelle nicht lange ausgeführt werden, dass der Begriff des personalen Lebens sich nicht auf Angehörige bestimmter Spezies bezieht. Es gibt Menschen, die reine Gegenwartswesen sind und kein personales Leben führen, und andere Lebewesen, denen wir personales Leben nicht absprechen können. Sowohl die Annahme, dass nicht-menschliche Tiere eine personale Identität besitzen, wie jene, dass dies nicht der Fall ist, sind mit der Vorstellung einer Kontinuität zwischen empfindungsfähigem und personalem Bewusstsein vereinbar. Die Frage ist nur, welche die korrekte Beschreibung des Bewusstseins der meisten nicht-menschlichen Tiere ist. Geht es um die Frage, ob wir spezielle Pflichten gegenüber Wesen mit personaler Identität haben, würde bereits ausreichen, dass wir letztere nicht verneinen können, aber ausreichende Indizien haben, dass sie sich als über die Zeit identische Wesen ansehen. Im ethischen Bereich gilt im Gegensatz zur Naturwissenschaft, dass man im Zweifelsfall von dem Bestehen einer Eigenschaft ausgehen sollte. Wäre personale Identität zum Beispiel für die Tötungsfrage relevant, hieße dies also, dass wir im Zweifel eher vom Bestehen dieser Eigenschaft auszugehen haben. Wenn wir sicher sind, dass ein Wesen kein personales Leben führt, dürften wir ihm ein Recht auf Leben absprechen. Bestehen aber Indizien, die auf eine personale Identität hindeuten, sollten wir die Eigenschaft der personalen Identität zubilligen.

Haben wir aber bei Fido, das heißt hier bei einem x-beliebigen Hund, Grund anzunehmen, dass er über eine personale Identität verfügt? Fidos Reaktionen deuten an, dass Erinnerungen und Erwartungshaltungen eine Rolle spielen. So erinnert er sich an Orte und Personen, und er erwartet von Personen bestimmte Handlungen, zum Beispiel, dass er etwas zu essen erhält. Jean Claude Wolf schließt daraus, dass die „Annahme völlig punktueller Lust- und Schmerzempfindungen" falsch sei.[14] Er schreibt: „Der Mythos vom Tier, das zwar Lust und Schmerz empfindet, aber im Augenblick aufgeht, ist weder phänomenologisch noch empirisch korrekt."[15] Selbst wenn Erfahrungen und Erinnerungen eine Rolle spielen, bleibt aber offen, ob Fido sich selbst als über die Zeit identisch begreift.

Die Antwort auf diese Frage ist an dieser Stelle allerdings noch so lange ohne Belang, wie offen ist, ob personale Identität wirklich für die Tötungsfrage von Relevanz ist. Die erste Möglichkeit, eine solche These zu verteidigen, wäre, dass personalem Leben ein objektiver Wert zukommt, der dem Leben von Gegenwartswesen abgeht. Genauso wie der Begriff „Mensch" wird auch „Person" oft in einem moralisch aufgeladenen Sinne gebraucht.

---

[14] Wolf, Töten von Tieren?, S. 76.
[15] Ebd. S. 77.

Ist jemand Person, kommen ihm bestimmte Rechte zu. Als ein wertneutraler Begriff, der klärt, wann eine Tat einem Wesen moralisch zugerechnet werden darf und wer moralische Pflichten hat, wird der Begriff selten gebraucht. Aber sobald man „Person" mit dem Konzept eines Eigenwerts oder einer Würde verbindet, steht man vor dem Problem, dass dieser Wert ja noch begründet werden muss. Damit würde man sich erneut auf den metaphysischen Treibsand objektiver Werte begeben. Die zweite Möglichkeit wäre, dass es einen Unterschied macht, ob ich zukunftsbezogene Wünsche frustriere oder kurzfristige. Damit bestehen aber zwei Probleme. Erstens wäre fraglich, wieso zwischen der Frustration von kurzfristigen und zukunftsbezogenen Wünschen ein qualitativer Unterschied bestehen soll. Zudem ist offen, wieso Wunscherfüllung überhaupt etwas Positives und das Frustrieren von Wünschen überhaupt etwas Schlechtes sein soll, und dies selbst dann, wenn die Frustration als solche nicht erlebt wird.

Nehmen wir den ersten Punkt, so müssen wir bei der Tötung drei Situationen unterscheiden: Ein Gegenwartswesen stirbt im Tiefschlaf, hier wird kein Wunsch frustriert. Zweitens mag ein Gegenwartswesen bei Bewusstsein sterben, hier werden kurzfristige Wünsche frustriert. Zudem kann eine Person sterben, hier werden – egal, ob die Person bei Bewusstsein ist – zukunftsbezogene Wünsche frustriert. Damit besteht, geht es allein um die Erfüllung und das Frustrieren von Wünschen, sehr wohl ein Unterschied, ob man ein bewusstloses Gegenwartswesen oder eine bewusstlose Person vor sich hat. Denn nur in einem Fall werden Wünsche missachtet. Das hieße, dass es einen Unterschied machte, ob man bewusstlose Gegenwartswesen tötet oder eine Person. Ginge es um das Frustrieren von Wünschen oder daraus abgeleiteten Interessen, wäre die Tötung des ersteren moralisch neutral. Dann stellte sich aber immer noch die Frage nach Gegenwartswesen, die bei Bewusstsein sind. Die Frage, warum es schlimmer sein soll, einen kurzfristigen, als einen langfristigen Wunsch zu frustrieren, bliebe noch unbeantwortet. Wäre dies der Fall, wäre es schlimmer, eine Katze dürsten zu lassen, wenn sie sich daran erinnert, dass sie bereits beim Einschlafen Durst hatte, als wenn dies nicht der Fall ist. Aber dies leuchtet kaum ein. Es ist in diesem Beispiel doch weitaus nahe liegender, die Schwere des Schadens an der Stärke des Durstes zu bemessen. Wird ein auf einem starken Bedürfnis aufbauender Wunsch nach Flüssigkeit frustriert, ist dies auch dann ein größerer Schaden als die Missachtung eines schwachen Dursts, wenn das erste ein Gegenwartswesen ist und das zweite eine Person. Dass die Frustration langfristiger Wünsche qualitativ höher zu gewichten ist als jene kurzfristiger, ist falsch. Mitunter ist die Frustration kurzfristiger Wünsche schlimmer als jene langfristiger. Was bedeutet dies für das Überlebensinteresse? Unbestreitbar ist, dass nur Wesen, die personale Identität besitzen, Wünsche haben, was sie selbst künftig erleben wollen.[16] Dies folgt aus dem, was man

[16] Vgl. Hoerster, Haben Tiere Würde?, S.72f.

unter personaler Identität versteht: die Vorstellung, über die Zeit hinweg dasselbe Wesen zu sein. Allerdings haben auch Gegenwartswesen ein kurzfristiges punktuelles Überlebensinteresse. Spielt die Langfristigkeit eines Wunsches aber keine Rolle, müsste auch hier die Tötung verboten sein. Auch wenn dem so ist, ist dies noch kein Einwand dagegen, dass das Recht auf Leben nur das Überlebensinteresse zu schützen hat. Moralische Normen dienen dazu, langfristige Interessen strategisch planender Personen abzusichern. Die Tötungsnorm schützt, so etwa Hoerster, das Interesse, künftig weiterzuleben. Die Frustrierung kurzfristiger Wünsche mag ein Schaden sein, aber es sei im Interesse eigeninteressierter Akteure, allein Überlebensinteressen durch ein Recht auf Leben zu schützen. Genau hier liegt aber das Problem. Ich hatte oben dagegen argumentiert, dass die Erfüllung irgendwelcher Wünsche etwas ist, das im Interesse von Personen liegt. Das Interesse richtet sich auf hedonische Empfindungen, nicht auf die Erfüllung von Wünschen.

Um die wichtigsten Punkte hier nochmals mit anderen Worten zu zusammenzufassen: Die Wunscherfüllungstheorien können nicht beantworten, wieso es gut für eine Person ist, dass ein Wunsch erfüllt ist. Sie erfüllen zudem weder das Existenz- noch das Erfahrungskriterium. Beginnen wir mit der Erfahrungsbedingung: Der Wunsch, eine Freundin möge gesund werden, mag erfüllt werden, nachdem ich schon lange fortgezogen bin und den Kontakt zu ihr verloren haben. Aber wie kann ein Weltzustand, von dem ich nichts erfahre, für mich selbst gut sein? Auch die Existenzbedingung ist nicht erfüllt: Ja, der Wunsch mag in Erfüllung gehen, lange nachdem ich selbst gestorben bin. Wie kann etwas einer Person nutzen oder schaden, die überhaupt nicht mehr existiert? Wird ein Wunsch erst nach dem Tod frustriert, hieße dies, dass einem Wesen zu einem Zeitpunkt geschadet wird, in dem es überhaupt nicht existiert. Nehmen wir ein Beispiel: Stan Libuda wünschte sich, dass Schalke 04 Meister wird. Nach seinem Tod im Jahr 1996 erschien es Mai 2001 kurzzeitig, dass sein Wunsch in Erfüllung geht. In der Nachspielzeit fiel freilich doch das entscheidende Tor für Bayern München. Vielleicht würden einige sagen, dass es gut war, dass Libuda dies nicht erleben musste. Aber niemand wird ernsthaft sagen, Libuda habe an diesem Tag Schaden genommen. Man kann nur jemanden oder etwas nutzen oder schaden, der oder das existiert.

Der Wunsch weiterzuleben ist sicherlich an die Existenz gebunden. Es ist von seiner Natur her kein Wunsch, der sich post mortem erfüllen könnte. Wenn also auch die Theorie, Wunscherfüllung sei etwas für die Person Gutes, Problemen ausgesetzt ist, so doch nicht diesem. Allerdings liegen hier die Schwierigkeiten auf der Kehrseite: Die Frustration dieses Wunsches kann nicht als für die Person schlecht bezeichnet werden. Da man bereits im Moment des Todes nicht mehr existiert, kann die Frustration dieses Wunsches kein Schaden sein. Egal ob Person oder Gegenwartswesen, es gibt niemanden, dessen Interesse frustriert wird.

Die Unterscheidung von Gegenwartswesen und Personen, kurzfristigen Wünschen und dem Überlebensinteresse ist für die Tötungsfrage irrelevant, und dies einfach deswegen, weil nicht die Erfüllung von Wünschen prudentiell gut ist, sondern hedonisch gute Erfahrungen. Der Hedonist ist aber gezwungen zu sagen, dass der Tod kein Übel ist.

13.4 Verteidigung des Sentientismus

Dass der Tod selbst kein Übel sein soll, wird vielen eine so seltsame Vorstellung sein, dass sie doch wieder einer non-sentientistischen Position zuneigen mögen. Sie werden insistieren, dass eine Schädigung auch dann vorliegen kann, wenn der Betroffene sie selbst nicht mehr bewusst erfährt. Sie werden also bestreiten, dass man sich an die Erfahrungs- und Existenzbedingung halten sollte. Im Folgenden werde ich mich auf eine Verteidigung der Erfahrungsbedingung beschränken.

Wir müssen hier zwischen zwei Fragen unterscheiden; erstens jener, wann eine Handlung als Missachtung des Nicht-Schadensprinzips moralisch zu verurteilen ist, und zweitens der Frage, wann ein Eingriff eine Schädigung darstellt. Dies ist am besten an einem Beispiel zu erläutern: Stellen Sie sich vor, Sie sitzen gerade in einem Zimmer und arbeiten an ihrem Schreibtisch, während sie ein Verwandter absichtlich für zwei Stunden einschließt. Sie arbeiten so konzentriert, dass sie dies überhaupt nicht merken. Als sie das Zimmer nach drei Stunden verlassen wollen, ist die Tür offen; auch später erfahren Sie nie, dass sie eingeschlossen waren.

Die Antwort auf die erste Frage, ob der Verwandte moralisch richtig oder falsch gehandelt hat, hängt von seinen Absichten ab und davon, mit welchen Auswirkungen er hätte rechnen können. Auf jeden Fall wäre seine Handlung rechtfertigungspflichtig. Er musste zum Zeitpunkt seiner Tat damit rechnen, dass Sie vor Ablauf der zwei Stunden den Raum verlassen wollen. Bei einem vergeblichen Versuch, die Tür zu öffnen, hätten sie gelitten, und dies umso mehr, da sie ja nicht wussten, wie lange Sie eingesperrt sein würden. Für die Beurteilung der Handlung selbst ist alleine diese prospektive Beurteilung zum Zeitpunkt der Handlung selbst entscheidend. Sofern der Verwandte damit rechnen muss, ihnen Leid zuzufügen, ist seine Handlung verboten. Er missachtete das Nichtschadensprinzip. Dass der Eingesperrte später nichts merkte, ist für die moralische Beurteilung unbedeutend. Der Handelnde hat die voraussichtlichen Folgen seines Tuns moralisch zu verantworten.

Hat er Ihnen aber, dies ist die zweite Frage, geschadet? Ein Hedonist und Sentientist würde dies verneinen. Dass Sie den Raum nicht verlassen konnten, haben Sie ja nicht einmal bemerkt. Ein Sentientist würde also sagen, dass die Tat des Verwandten moralisch rechtfertigungspflichtig, vielleicht sogar falsch war, dass Sie als Eingeschlossener aber selbst keinen Schaden erlitten. Anders sieht es für Non-Sentientisten aus. Sie würden betonen, dass die Freiheitseinschränkung auch dann als Schädigung anzusehen ist, wenn sie nicht bemerkt worden wäre. Der Handelnde nahm Ihnen, dem Eingeschlossenen, Handlungsoptionen und schränkte damit Ihre Freiheit ein. Für eine non-sentientistische Position reichte es nicht aus zu sagen, dass die Freiheitseinschränkung ja hätte bemerkt werden können. Damit erweiterte man die sentientistische Position über die reale Schädigung hinaus auf potentielle Fälle, hätte aber noch keine non-sentientistische Position erreicht. Diese besagt, dass die Freiheitseinschränkung unabhängig davon, ob sie von dem Eingeschlossenen bewusst erfahren wird, eine Schädigung darstellt. Sie wäre also zum einen dann falsch, wenn der Eingeschlossene es als positiv erlebt, eingeschlossen zu sein, und zum anderen dann, wenn der Eingeschlossene nicht bewusst wahrnehmen konnte, dass dies geschehen ist.

Das erste wäre recht befremdlich. Auf Intuitionen dürfte man sich bei der Verteidigung dieser Thesen nicht berufen. Sollte man wirklich sagen, eine Frau schädige ihren Mann (wenn auch mit seiner Einwilligung), wenn dieser sie bittet, nachts die Haustür zuzuschließen und ihren Schlüssel (sie haben nur einen) mitzunehmen, um nicht selbst später bei ihrer Heimkehr für sie aufschließen zu müssen? Auch die zweite Annahme führte zu befremdlichen Konsequenzen, etwa jener, dass es eine Leiche schädigte, würde sie in einen Raum eingeschlossen. Allenfalls könnte man eine Position vertreten, dass hier eine frühere Willensbekundung des Verstorbenen zu respektieren wäre. Aber auch dabei sollte die Frage, ob dies moralisch geboten ist, von jener unterschieden werden, ob man den Verstorbenen selbst schädigt, wenn man sich nach der Vorgabe richtet. Auch wenn Versprechen, die man Gestorbenen gegeben hat, zu halten sind, muss dies nicht heissen, dass es dem Verstorbenen schadet, wenn man sie nicht hält. Eine Schädigung setzt voraus, dass ein Wesen, das geschädigt wird, in diesem Moment lebt und diese Schädigung selbst real als Schädigung erfährt.

Das Beispiel des abgeschlossenen Zimmers soll nur den Unterschied erklären zwischen der moralischen Beurteilung einer Handlung, die vom Wissen zur Tatzeit ausgeht und also eine ex ante-Beurteilung darstellt, und der stets ex post vorgenommenen Beurteilung, ob eine Schädigung vorliegt. Auch wenn das Beispiel intuitiv für eine sentientistische Position einnehmen mag, gibt es natürlich andere Beispiele, die unsere Intuitionen auf andere Positionen lenken. Nehmen Sie an, ein Fremder mischt K.o.-Tropfen in ihren Drink, durch den sie bewusstlos zusammenbrechen. Der Täter nutzt ihre Bewusstlosigkeit, um sie zu vergewaltigen. Stunden später erwachen Sie im eigenen Bett. Eine Reihe von Umständen führt dazu, dass Sie nie erfahren, was ihnen geschehen ist. Für das einzige Rätsel, die verlorene Zeit, finden Sie selbst eine plausible Erklärung. Wiederum müssen wir die moralische Seite aussen vorlassen. Der Täter konnte nicht damit rechnen, dass Ihnen Wissen und Leid erspart blieben. Die einzige hier relevante Frage stellt die Schädigungsfrage dar. Der Sentientist muss sie für diesen Fall verneinen. Wieso soll man dann aber eine solche Position annehmen, die zu solchen Konsequenzen führt? Der Grund ist, dass wir uns wiederum nicht auf Intuitionen abstützen dürfen, sondern auf jene Theorien und Weltanschauungen einzugehen haben, welche sich in diesen Intuitionen ausdrücken. Da wir religiöse Positionen ausklammern müssen, kommen folgende Positionen in Frage:

- der *Perfektionismus*, nach dem in der Vervollkommnung bestimmter Fähigkeiten und Kapazitäten ein Wert liegt. Etwas ist von Nutzen für ein Lebewesen, wenn sich dadurch seine (art-)spezifischen Fähigkeiten und Kapazitäten entfalten können, und alles schadet ihm, was diese Entwicklungsfähigkeit einschränkt und negiert.
- die *Wunscherfüllungstheorie*, nach der es von Wert ist, wenn (rationale und informierte) Wünsche in Erfüllung gehen. Es ist von Nutzen, wenn das eintritt, was sich das Wesen wünschte, und von Schaden, wenn dies nicht geschieht.
- der *Hedonismus*, gemäß dem Freude und Lust in sich gut und Leid und Schmerz in sich schlecht sind. Etwas nutzt einer Person, wenn sie dadurch Freude und Lust erfährt, und etwas schadet ihr, wenn sie dadurch Schmerz empfindet oder gar leidet.

Theoretiker, welche Intuitionen eine Begründungsfunktion zubilligen und eine Position einnehmen wollen, welche Intuitionen kohärent widerspiegelt, müssen zu Mischformen dieser Theorien kommen. Die sogenannte Objektive Liste-Theorie ist ein Beispiel hierfür. Da dieser methodische Ansatz in dieser Arbeit aber gerade als falsch zurückgewiesen wird, kommen diese Ansätze hier nicht in Betracht, sondern nur die drei Theorien.

In der Diskussion um Tötung werden teilweise *perfektionistische* Intuitionen angesprochen. Um zu zeigen, dass der Tod von Übel ist, nennt Nagel unter anderem das Beispiel eines Erwachsenen, der sich auf Grund einer Verletzung so verändert, dass er geistig einem glücklichen Neugeborenen gleicht.[17] Noch schwerer als diese Privation wiege jene des Todes. Dass perfektionistische Intuitionen bestehen, ist unbestritten. Aus ihnen schöpft Mills Diktum, es sei besser, ein unzufriedener Sokrates zu sein als ein glückliches Schwein, seine Plausibilität. Aber wieso soll „höheren Fähigkeiten" dieser

[17] Nagel, Letzte Fragen, S.22.

Wert zukommen? Es ist fraglich, ob sie notwendig als intrinsisch wertvoll erfahren werden. Ohne Zweifel kann man hohe geistige Kompetenzen haben, ohne sie zu schätzen. Dass sie wertvoll sind, muss daher vom Erleben unabhängig begründet werden. Hierfür bedarf es aber metaphysischer Zusatzannahmen. Dass die höheren Fähigkeiten einen objektiven Wert haben, und es so positiv ist, sie zu erwerben, und negativ, sie zu verlieren, bedarf einer besonderen Werttheorie. Es wurde versucht, eine solche Theorie zu entwerfen. Ein Kantianer würde sagen, dass Vernunft ein innerer Wert, eine Würde, zukommt. Aber diesen Wert muss Kant, wie oben ausgeführt, letztlich voraussetzen. Eine Begründung fehlt. Für Aristoteles war relevant, dass Vernunft jene Eigenschaft ist, die wir mit Göttern teilen. Mit dem Verweis auf göttliche Eigenschaften würden auch Neuplatoniker argumentieren. Aber diese Ansätze verweisen auf religiöse und metaphysische Systeme, die nicht intersubjektiv vermittelt werden können. So stark der Perfektionismus auch unsere Intuitionen prägt, so schwach ist doch seine Begründung.

Wunscherfüllungstheorien werden nicht einmal der Struktur dessen gerecht, was es heißt, etwas zu wünschen. Es ist nicht so, dass etwas gut wird, weil man es sich wünscht; man wünscht sich vielmehr etwas, da man meint, es sei gut. Die Frage, warum ich mir etwas wünschen soll, kann gemäß der Wunscherfüllungstheorie allein im Vergleich zu anderen Wünschen entschieden werden. Aber wie immer man auch bei Konflikten entscheidet, wenn sich zwei Wünsche widersprechen, stets bleibt die Antwort auf die Fragen offen: Warum soll es gut sein, dass sich dieser Wunsch erfüllt? Für diese Frage fehlt jede Antwort.

Es ist gerade der Vorteil hedonistischer Antworten, dass sich analoge Fragen - also etwa: Warum soll es für ein Wesen schlecht sein, wenn es leidet? - überzeugend beantworten lässt. Leid wird notwendig als schlecht erfahren. Der Hedonismus hat als einzige Theorie kein Problem zu begründen, dass etwas für ein Wesen schlecht ist. Dass Leid schlecht ist, kann niemand bestreiten, der je Leid erfuhr. Leid wird notwendig als schlecht erfahren. Wenn der Hedonismus auf Begründungsebene klar zu bevorzugen ist, heißt dies, dass wir sowohl am Existenzkriterium wie am Erfahrungskriterium festzuhalten haben. Etwas schadet einer Person nur dann, wenn sie es als negativ erfährt. Das heißt aber für den Tod, dass Epikurs Argument in Kraft bleibt. Der Tod ist kein Übel. Wenn dem aber so ist, dürfen wir die Tötung nicht einfach als besondere Form der Schädigung betrachten. Wir haben damit aber zu prüfen, ob es innerhalb einer Vertragstheorie andere Gründe gibt, die Tötung zu verbieten.

13.5 Tötungsverbot und Lebensrecht

Oben habe ich eine funktionalistische Auffassung der Moral vertreten. Moral dient dazu, das Zusammenleben von Individuen zu regeln. Es ist im Interesse von Personen, dass gewisse Normen universell anerkannt werden. Die Entscheidung, welche Norm gelten sollte oder nicht, fußt dabei auf prospektiven strategischen Überlegungen.

Man könnte annehmen, dass es integraler Bestandteil dieser Überlegungen ist, vorzeitigen Tötungsfällen vorzubeugen. Unabhängig, auf welchem Weg Personen ihr Glück suchen, sei es im Interesse aller, dass eine Norm verbietet, jemanden wider seinen Willen zu töten. Damit würde – egal, ob der Tod ein Übel ist oder nicht – eine eigene Lebensführung gegen Fremdeinwirkung abgesichert und ein Mittel gewählt, die Summe der einem möglichen Freuden zu erhöhen. Neben einer Norm, welche die Schädigung anderer verbietet, sollte zudem ein Tötungsverbot bestehen. Dieses Argument steht aber vor einem simplen Problem: Ist der Tod kein Übel, haben wir ihn nicht zu fürchten; haben wir ihn nicht zu fürchten, müssen wir ihm auch nicht vorbeugen.

Aber müssen wir dies wirklich sagen? Nicht jede vorbeugende Maßnahme sucht, ein Übel zu verhindern; mitunter geht es darum, alle Hindernisse auszuräumen, die dem Erreichen eines Ziels entgegenstehen. Wir müssen zwischen Maßnahmen unterscheiden, mit denen wir ein Übel verhindern wollen, und solchen Maßnamen, bei denen wir Hindernisse aus dem Weg zu räumen suchen, die selbst kein Übel sind. Dass ich den Regenschirm in meiner Tasche habe, liegt daran, dass ich es unangenehm empfinde, in nassen Kleidern durch die Stadt zu gehen. Dies ist ein Beispiel für den ersten Fall. Dass ich meinen Wecker stelle, ist ein Beispiel für den zweiten Fall. Schlaf selbst ist sicherlich kein Übel. Dennoch wird man zu verhindern suchen, dass man einen wichtigen Termin verschläft oder zur ungünstigen Zeit einschläft. Denn dadurch könnte Leid entstehen. Genau dies ist aber auch beim Tod der Fall. Strategisch handelnder Personen wollen zu Recht möglichst viel Freude und werden Maßnahmen ergreifen, welche für dieses Ziel notwendig sind. Auch wenn man den Tod nicht zu fürchten hat, ist es nicht irrational, zur Krebsvorsorgeuntersuchung zu gehen, jeden Morgen ungeliebte Gymnastikeinheiten zu machen – oder ein allgemeines Tötungsverbot zu befürworten. Denn damit erhöht sich die Chance, die Verwirklichung seiner Pläne erleben zu können und dabei Freude zu haben. Es ist also klug, ein Tötungsverbot einzurichten. Denn damit ist jeder Person ein Recht auf Leben garantiert, dass jede Person davor geschützt wird, wider Willen von anderen getötet zu werden – und dies unabhängig, ob sie beim Sterben leidet oder nicht. In diesem Fall geht es nicht wie im Deprivationsargument darum, dass der Tod künftige Freude raubt und deshalb als Schaden zu betrachten ist. Vielmehr geht es darum, dass Personen Maßnahmen ergreifen, um möglichst viel Freude im Leben zu haben. Ein Tötungsverbot gehört zu diesen. Es zu befürworten, ist auch dann klug, wenn der Tod selbst kein Übel ist.

Man mag einwenden, wieso denn dann ein Tötungsverbot moralisch sanktioniert werde, nicht aber eine Pflicht zu Gymnastikstunden und Krebsvorsorgeuntersuchungen eingeführt würde. Alles hätte ja denselben Zweck. Bisher haben wir nur einen Grund, warum uns interessiert, länger zu leben (um mehr Freude zu erfahren), aber keinen, wieso nur eine der Maßnahmen, die man treffen kann, als moralische Norm formuliert wird. Damit sind wir beim eigentlichen Kern.

Oben hatte ich ausgeführt, dass es aus gutem Grunde Abwehrrechte gegen die Schädigung durch andere gibt, aber keine Pflicht, anderen Freude zu bereiten. Insgesamt ist es für alle besser, wenn jeder auf seinem eigenen Weg versucht, glücklich zu werden. Jedem kommt die Freiheit zu, über seinen Körper und sein Leben selbst zu entscheiden, es sei denn, er schädigt dadurch andere. Dieses Freiheitsrecht schließt ein, jene Maßnahmen zu wählen, die man selbst für geeignet hält, Freude zu vermehren und Leid zu verhindern. Ob man morgendliche Gymnastikstunden durchführt, hängt nicht zuletzt davon ab, wie viel Freude man daran hat. Ist das Leid bei der Gymnastik größer als jene Freude, die man durch die dadurch verlängerte Lebenszeit gewinnt, ist es sogar irrational, Gymnastik zu betreiben. Selbst wenn es für alle rational wäre, Krebsvorsorge durchzuführen, bliebe es in der Freiheit des einzelnen, sie abzulehnen. Anders beim Tötungsverbot. Hier geht es darum, dass niemand anders in die eigene Freiheit eingreift. Hat eine Person das Recht, selbst über ihren Körper zu entscheiden, ist ein Tötungsdelikt nichts anderes als ein Eingriff in die Rechte anderer. Ein Recht auf Leben zu haben, hieße dann, dass jede Person davor geschützt wird, wider Willen von anderen getötet zu werden. Tötet jemand einen anderen, maßt er sich ein Recht an, dass nicht er hat. Eine Norm, die dies untersagt, schützt Personen auch dann vor der Tötung durch andere, wenn die Tötung nicht mit Leid verbunden ist. Ob der Tod ein Übel ist oder nicht, spielt für die Tötungsnorm keine Rolle.

Schutzziel des Tötungsverbots ist letztlich das Recht, frei über den eigenen Körper und damit auch über das eigene Leben entscheiden zu dürfen. Würde man „frei“ im Sinne von „informiert und urteilsfähig entscheiden können“ verstehen, wäre dieses Recht auf Personen beschränkt. Aber ist es wirklich im Interesse des einzelnen, dass er zu Zeiten, in denen er nicht urteilsfähig und informiert ist, kein Freiheitsrecht auf den eigenen Körper hat? Eine solche vollkommene Preisgabe des Rechts auf den eigenen Körper wäre doch nicht im eigenen Interesse. Denn dann könnten andere auch Tätigkeiten verhindern, die Freude bereiten. Es ist klüger, erst dann eine Ausnahme für dieses Recht zuzubilligen, wenn die Gefahr einer Selbstschädigung besteht. Erst dann mag man anderen ein Recht zubilligen, akute

Selbstschädigungen zu verhindern oder fürsorgliche Maßnahmen zu ergreifen. Die Übertragung des Rechts kann sich daher nur auf das beschränken, was zur Verhinderung der Selbstschädigung erforderlich ist. Das Recht auf den eigenen Körper wäre damit nicht nur Personen zuzubilligen, sondern allen, die frei und allein leben können. Versuche, eine Selbstschädigung zu verhindern, kann eine urteilsfähige Person unterbinden, indem sie ihr Recht auf ihren eigenen Körper und damit auch das Recht, sich selbst schädigen zu dürfen, einfordert. Selbstschädigendes Handeln in einem nicht-urteilsfähigen Zustand dürfte dagegen unterbunden werden. Auf diese Weise hat die Person auf der einen Seite größtmögliche Freiheit und auf der anderen Seite doch den Schutz davor, sich im urteilsunfähigen Zustand selbst zu schaden.

Passanten haben demnach ein Recht, einen betrunkenen oder einen demenzkranken Menschen daran zu hindern, eine Autobahn zu überqueren. Aber dieses Recht, eingreifen zu dürfen, bedeutet nicht, dass man mit beiden tun dürfte, was man will. Sofern sie sich nicht selbst gefährden, muss man ihnen erlauben, frei zu handeln – und dies nicht etwa deshalb, weil Wunscherfüllung gut für sie ist, sondern weil auch sie ein Recht auf Freiheit haben. Würde ein Fan Houdinis versuchen, sich gefesselt begraben zu lassen, besteht dann eine Pflicht, ihn nicht einfach gewähren zu lassen, sondern ihn zunächst zurückzuhalten. Sobald klar ist, dass er alle Folgen überdacht hat und ohne Zwang handelt, sich zusätzlich noch vergewissert hat, dass er seine Fähigkeiten nicht maßlos überschätzt, muss man ihm erlauben, sein kalkuliertes Risiko einzugehen.

Die Ausdehnung der Schädigungsnorm auf nicht-menschliche Tiere beruhte auf folgenden Überlegungen. Rationale Personen wählen solche moralische Normen, die sie auch zu jenen Zeiten schützen, in denen sie nicht urteilsfähig, aber empfindungsfähig sind. Es ist sogar eine der Hauptfunktionen der Moral, Personen dann vor Eingriffen anderer zu schützen, wenn sie sich nicht selbst schützen können. Eine moralische Norm ist dann am stabilsten, so die weitere damalige Überlegung, wenn die Norm direkt das Schutzziel in den Blick nimmt. Ferner darf der Speziesismus genauso wenig wie andere metaphysische und religiöse Ideen bei der Festlegung der Norm oder ihrer Reichweite eine Rolle spielen.

Was bedeutete es aber, wenn diese Überlegungen richtig sind und es notwendig ist, das Recht auf den eigenen Körper auch auf nicht-menschliche Wesen zu übertragen? Erstens hieße dies, dass das Töten wildlebender Tiere untersagt ist. Jagd und Fischerei könnten nicht mehr gerechtfertigt werden, sofern es dabei um sportliche Interessen oder den Verzehr der Tiere geht. Ob Jagd und Fischerei erlaubt sind, um die Biodiversität zu wahren, werden wir prüfen, wenn es im Kapitel 15 nochmals um den Kakaoposchutz geht. Dort wird auch zu diskutieren sein, ob man Tiere töten darf, um andere Tiere zu retten. Zweitens bedeutete dies, dass wir jene Tiere, die in unserer Obhut sind und insofern unserer Fürsorge obliegen, vor Selbstschädigung zu schützen haben So lässt man den eigenen Hund nicht auf eine viel befahrene Strasse rennen. Aber auch wenn diese Tiere nicht vollkommen frei über ihren Körper verfügen dürfen, kommt den Haltern doch nicht jenes uneingeschränkte Recht über diesen zu, das es erlaubte, sie zu töten. Damit ist freilich auch die schmerz- und leidfreie Tötung von Tieren untersagt. Ginge es nur um die Leidvermeidung, wäre immer noch denkbar gewesen, dass sich die moralische Forderung auf eine Verbesserung der Haltungsbedingungen und Tötungsweise beschränkte. Jetzt ist die gesamte Praxis grundsätzlich in Frage gestellt. Man mag einwenden, dass der von Personen geforderte Verzicht größer sei als das, was sie an Sicherheit gewännen. Es ginge ja nicht nur um einen Verzicht auf die Freude an der Jagd oder beim Fischen, sondern auch um die gesamte Wirtschaft, die mit dem Fleischkonsum verbunden ist. Dürfe man diesen wirklich zumuten, auf ihre bisherige Einnahmequelle zu verzichten?

Es ist zu betonen, dass es hier nicht darum geht, ob eine Abschaffung der Praxis realistisch zu erwarten ist. Es geht allein um die grundsätzliche Frage, was moralisch geboten ist. So ist also nur zu prüfen, ob die Interessen jener, die von der modernen Massentierhaltung profitieren, in die Überlegung über die Zulässigkeit der Praxis einfließen dürfen. Dies ist nicht der Fall. Es würde nämlich die gesamte moralische Argumentation auf den Kopf stellen, wenn die Zulässigkeit einer Praxis anhand jener Interessen beurteilt würde, die von einer Praxis profitieren, sofern sie eingeführt würde. Im vertragstheoretischen Kalkül ist zunächst zu entscheiden, ob die Praxis selbst zulässig ist und jene Gewinne, die man durch diese Praxis erwirbt, moralisch legitim sind. Ist dies nicht der Fall, sind die Interessen jener, die auf Grund der Realisierung der Praxis entstehen, moralisch genauso illegitim wie die Praxis selbst. Genau aus diesem Grunde dürfen Diebe nicht auf den Verlust verweisen, der bei einer Rückerstattung des gestohlenen Guts anfiele, und aus diesem Grunde empfinden es nicht nur wir heute, sondern empfanden es auch deren Zeitgenossen für stoßend, dass nach Ende des Sklavenhandels die Sklavenhalter und Eigentümer der Plantagen durch das britische Parlament entschädigt wurden und nicht die befreiten Sklaven. Realpolitisch war dies wohl damals die einzige Möglichkeit, eine Mehrheit für die Abschaffung des Sklavenhandels zu erreichen; aber es war falsch. Immerhin war es damals noch realpolitisch möglich, einen international florierenden Wirtschaftszweig zu beenden Ein Ende der „Tierproduktion" scheint utopisch. Das heißt, dass es um die moralische Frage gehen muss, ob jeder einzelne Fleisch essen sollte. Stimmt meine bisherige Argumentation, ist dies zu verneinen. Die These, es sei ein Unterschied, ob man Personen tötet oder nicht-menschliche, empfindungsfähige Tiere, ist nicht aufrecht zu erhalten.

14. WELCHE WESEN SIND UM IHRER SELBST WILLEN MORALISCH ZU BERÜCKSICHTIGEN?

Moral ist, im oben umrissenen vertragstheoretischen Konzept, ein öffentliches Gut, das Personen erfinden, um das gemeinsame Miteinander zu erleichtern. Es könnte den Anschein haben, dass damit nur strategisch denkende Wesen um ihrer selbst willen moralisch zu berücksichtigen sind. Um zu zeigen, dass dem nicht so ist, muss noch etwas näher geklärt werden, was es in einer Ethik, die sich nicht auf übernatürliche Entitäten bezieht, überhaupt heißen kann, dass ein Wesen um seiner selbst willen moralisch berücksichtigt wird.

14.1 GEGENÜBER WEM BESTEHEN DIREKTE PFLICHTEN?

Der Gedanke, dass nur strategiefähige Wesen um ihrer selbst willen zählen, lässt sich nicht zuletzt darauf zurückführen, dass man ethische Theorien dieser Art etwas unglücklich als Vertragstheorien zu bezeichnen pflegt. Ein Vertrag setzt wechselseitige Abkommen voraus, in dem zwei oder mehrere Personen Vereinbarungen über Rechte und Pflichten treffen. Dass man einen Vertrag schließen kann, setzt wiederum bestimmte Fähigkeiten voraus, wie zum Beispiel das Vorliegen zukunftsbezogener Wünsche, Urteilsfähigkeit oder das Vermögen, die Vertragserfüllung einfordern und einklagen zu können. Kurz, nur Personen können Verträge schließen. Direkte Pflichten hat man in einer Theorie, die von realen Vereinbarungen ausgeht (ich nenne dies in Folge ein genuines Vertragsmodell), nur gegenüber den Vertragspartnern. Betreffen Vereinbarungen auch andere Wesen, handelt es sich um indirekte Pflichten. Aus der Verpflichtung gegenüber dem Vertragspartner erwachsen, sofern vereinbart, weitere Verpflichtungen gegenüber anderen Wesen, mit denen man selbst keine Verträge abgeschlossen hat oder gar keine Verträge abschließen konnte. Ein zwischen der Führung einer Vorschule und den Eltern abgeschlossener Vertrag verpflichtet beispielsweise die Verantwortlichen der Vorschule, sich in bestimmter Weise gegenüber den ihnen anvertrauten Kindern zu verhalten. Allerdings schulden sie dies – im Sinne des genuinen Vertragsmodells – nicht den Kindern selbst, sondern den Eltern, mit denen sie eine Vereinbarung schlossen. In einem genuinen Vertragsmodell werden Kinder, demenzkranke Menschen, aber auch Tiere und andere nichtmenschliche Lebewesen nur dann einbezogen, wenn Stellvertreter deren Interessen advokatorisch geltend machen. In diesem genuinen Vertragsmodell bestehen demnach gegenüber allen nicht vertragsfähigen Wesen, etwa menschlichen Kleinkindern, demenzkranken Menschen oder nicht-menschlichen Lebewesen keine direkten, sondern allein indirekte Pflichten.

Die im 11.Kapitel umrissene Theorie setzt jedoch keine reale Vereinbarung voraus. Sie begründet zwar Normen, auf welche sich Personen einigen würden, sollten sie einen Vertrag abschließen; aber ein solcher hypothetischer Vertrag ist kein notwendiges Element der Theorie. Moral erwächst nach diesem Konzept daraus, dass bestimmte Verhaltensstrategien vom Standpunkt jedes einzelnen aus rational sind. Agieren rationale Wesen miteinander, werden sie bestimmte Verhaltensregeln wählen und diese mit der Zeit internalisieren. Entscheidend für die Wahl einer Verhaltensstrategie ist allein, dass sie im langfristigen aufgeklärten Eigeninteresse ist. Die Verpflichtungen von Lehrern erwüchsen in diesem Modell nicht aus einem Vertrag, sondern aus Überlegungen, wie sich Lehrer rational verhalten sollten. Nur wenn Lehrer das Wohl der Kinder ins Zentrum stellen, sie fürsorglich behandeln und in ihren Fähigkeiten zu fördern suchen, werden ihnen Kinder anvertraut werden. Auch unabhängig von einem Übereinkommen werden sie diese Handlungsstrategie wählen. Obwohl genau diese Inhalte in einen hypothetischen Vertrag einfließen würden, bedarf es dieses Übereinkommens nicht. Die Verantwortlichen der Vorschule sollten klugerweise so handeln. Die Rede von einer indirekten Pflicht wäre in diesem Modell verfehlt. Denn hier leiten sich die Pflichten gegenüber den Kindern nicht aus Verpflichtungen gegenüber den Eltern ab.

Die Pflichten werden freilich nicht um der Kinder willen, sondern letztlich aus Eigeninteresse gewählt. Man mag also einwenden, dass sich damit in einem hypothetischen vertragstheoretischen Ansatz das Feld jener Wesen, die um ihrer selbst willen zu berücksichtigen sind, nicht vergrößert, sondern verkleinert. Den Akteuren gehe es nicht um andere, sondern letztlich nur um sich selbst. Die Verantwortlichen der Vorschule seien im Eigeninteresse am Fortbestand ihres Berufs und ihrer Einrichtung interessiert, nicht an den Kindern. Diese seien nur Mittel, das Eigenwohl zu befördern. Dieser Einwand trifft natürlich genauso das genuine Vertragsmodell. Beide fußen auf Überlegungen eines aufgeklärten Eigeninteresses.

Dieser Einwand wird nicht dadurch abgeschwächt, dass sich das aufgeklärte Eigeninteresse nicht nur auf die eigene Person bezieht. Nahezu jede Person hat altruistische Empfindungen, liebt andere oder ist in anderer Weise mit ihnen gefühlsmäßig verbunden. Personen freuen sich, wenn es anderen gut geht und leiden mit anderen mit. Gerade letztere Beziehungen zeichnen sich zudem dadurch aus, dass es direkt um das Wohl des anderen geht. So sagt ein liebender Mann aufrichtig: „Ich möchte nicht um meiner willen, sondern um meiner Frau willen, dass es ihr gut geht." Das aufgeklärte Eigeninteresse von Personen ist also nur in Ausnahmefällen in einem engen Sinne egoistisch, sondern schließt (nahezu) immer Interessen ein, die sich auf das Wohl anderer beziehen. Freilich sind auch diese auf andere bezogenen Interessen stets an die eigene Person, die eigenen Gefühle und Emotionen gebunden. Zudem haben Personen zu anderen eine unterschiedlich enge Beziehung. Dass etwa ein Vorschullehrer alle Schüler gleich behandeln und achten sollte, folgt nicht aus seinen emotionalen Beziehungen zu diesen, im Gegenteil ist es mitunter eine Forderung der Moral, von Gefühlen abzusehen. Obzwar wir Interessen am Wohl anderer haben, spielt für die Begründung moralischer Pflichten das aufgeklärte Eigeninteresse die entscheidende Rolle. Erst mit Rückbezug auf dieses kann man anderen überzeugende Gründe nennen, warum sie dies oder jenes tun oder unterlassen sollen.

Mitleid und Empathie befreien die vertragstheoretischen Konzepte ebenfalls nicht von diesem Einwand, dass das Wohl des anderen nicht direkt zählt. Auch wenn Mitleid dazu führen kann, dass einzelne um eines anderen willen handeln, muss Mitleid doch erst einmal vorliegen; zudem sind wiederum Situationen denkbar, wo Handelnde aus rationalem Grund dem Mitleid zuwider handeln. Das Mitleid mit einer Schülerin, die bei einer Prüfung betrogen hat, mag noch so groß sein. Es gibt Gründe, diesem Mitleid in sich zu widerstehen und sie durchfallen zu lassen – und dies nicht aus außermoralischen, sondern aus moralischen Gründen. Auch diese Begründungspflicht wird von einer auf das Eigeninteresse aufbauenden Theorie geleistet. Denn wiederum ist es im langfristigen Vorteil von Lehrern und Schülern gerecht zu sein.

Allerdings werden die Kritiker erneut sagen, dies zeige gerade das Problem auf. Das Wohl anderer interessiert hier immer nur indirekt, während das langfristige Wohl der Lehrer direkt zähle. Dass sich Akteure aus außermoralischen Gründen oder aus Mitleid heraus um das Wohl anderer kümmern und um dieser anderen selbst willen handeln, ändert überhaupt nichts daran, dass es in moralischer Hinsicht keine direkten Pflichten gibt.

14.2 Kein Eigenwert und keine Würde

Aber kann man mehr erreichen? Vertragstheoretisch lässt sich eine moralische Pflicht begründen, Leben, Unversehrtheit oder Eigentum anderer zu respektieren. Allerdings geht es dabei nie darum, dass andere Wesen in besonderer Weise geachtet, respektiert oder gar geliebt werden sollen und dass deswegen sein Leben, seine Unversehrtheit oder sein Eigentum zu schützen sind. Stets handelt es sich darum, ein Recht auf Leben, Unversehrtheit oder

Eigentum zu respektieren, dass ich aus langfristigem wohlerwogenem Eigeninteresse begrüße. Der Rechtsträger selbst muss mich in diesem Kontext nicht in besonderem Maße interessieren. Ich muss ihn nicht lieben oder achten, sondern habe nur anzuerkennen, dass er bestimmte Rechte hat, denen ich nicht zuwiderhandeln darf.

Es ist allerdings erstens eine offene Frage, ob es wirklich vom Nachteil ist, dass Moral nicht in einer Verbundenheit mit anderen fußt. Zum anderen ist ebenso fraglich, ob wir moraltheoretisch mehr herausholen können. Es ist nämlich zu fragen, was begründet werden müsste, damit Moral in einem wechselseitigen Respekt und einer Achtung anderer um der anderen willen fußen kann. Um zu begründen, dass ein Wesen um seiner selbst willen berücksichtigt werden soll und unabhängig davon, welche Gefühle zu diesem Wesen bestehen, gibt es zwei Möglichkeiten:

- Dem Wesen kommt (1) ein Eigenwert – eine Würde – zu, und dies unabhängig von seinen naturalistisch vorhandenen individuellen Eigenschaften.
- Das Wesen hat (2) naturalistisch zu beschreibende individuelle Eigenschaften (Vernunft, Leidensfähigkeit, Subjekt eines Lebens sein, ...), aufgrund derer wir es achten und respektieren bzw. eine Würde anerkennen.

Soll (1) die Anerkennung eines Eigenwerts – einer Würde – möglich sein, muss auch in diesem ersten Fall eine Eigenschaft genannt werden, die uns hilft, zwischen jenen Wesen zu unterscheiden, die um ihrer selbst willen moralisch zu berücksichtigen sind, und solchen, bei denen eine solche Pflicht nicht besteht. Im Unterschied zu (2) würde man hier nicht auf naturalistische, sondern auf nicht- bzw. übernatürliche Eigenschaften rekurrieren – die Idee des Guten, eine Seele, die Gottesebenbildlichkeit oder die Abstammung von Göttern. Damit sind wir freilich auf Annahmen angewiesen, die einer intersubjektiven Überprüfung verschlossen sind. An sie zu glauben, ist Sache des privaten Glaubens. In einer Ethik, die intersubjektiv verbindliche Normen sucht, scheidet die Möglichkeit (1) aus.

Die Möglichkeit (2) scheint den Vorteil zu haben, dass sie sich auf Eigenschaften bezieht, über deren Existenz kein Zweifel besteht. Rationalität oder Leidensfähigkeit sind Elemente einer Welt, in welcher auch jene zuhause sind, die zudem über- und nicht-naturalistische Entitäten vermuten. Das Problem ist jedoch, dass sich die Begriffe „Rationalität" oder „Leidensfähigkeit" in (2) nicht einfach auf Fähigkeiten beziehen. In (2) kommt diesen Eigenschaften ein Wert zu, der von allen Akteuren zu achten und zu respektieren ist. Die Werthaftigkeit muss dabei in der „Leidensfähigkeit" oder „Rationalität" selbst liegen. Alle Betrachter müssen unabhängig von ihren Interessen und Wünschen anerkennen, dass sie von Wert sind. Die Quelle der Normativität darf also nicht im Betrachter liegen, sondern in den für wertvoll gehaltenen Dingen. Damit bewegt sich auch Modell (2) außerhalb eines naturalistischen Weltbilds. Denn Entitäten, denen neben den beobachtbaren, empirischen Eigenschaften auch eine normative Kraft innewohnt, die uns zur Achtung anhält und zum Handeln bewegt, sind sehr schräge Phänomene. Auch mit deren Annahme machen wir Aussagen über die Welt außer uns, die sich nicht in ein naturalistisches Weltbild fügen. Dieses von Mackie formulierte „Queerness"-Argument hat eine langjährige Diskussion unbeschadet überstanden. Wir können ihm nicht ausweichen, wenn wir die Quelle der Normativität in den Betrachter von Werten verlagern. Denn damit hätten wir einen Wertrealismus verlassen und eine subjektivistische Wertposition bezogen. Jene Realisten, die diesen Weg beschreiten, geben Mackie stets implizit Recht. Dasselbe gilt, wenn wir nicht „Leidensfähigkeit", sondern „Freude" und „Leid" als objektive Werte betrachten. Denn wenn wir sagen, dass „Leid" nicht nur für den Betroffenen schlecht, sondern an sich schlecht ist, beziehen wir uns ebenfalls auf einen objektiven Wert.

Wir können (1) wie (2) nur dann wählen, wenn wir an eine übernatürliche Welt glauben. Suchen wir eine Ethik, die allen Personen – egal welchen religiösen Glaubens – Gründe gibt, etwas zu tun, müssen wir sowohl auf (1) wie auf (2) verzichten.

Das heißt freilich auch, dass wir von Denkgewohnheiten Abschied nehmen müssen, wie wir in einer Ethik im außerhumanen Bereich vorzugehen haben. Moralische Status-Überlegungen haben in der Tier- und Umweltethik oft eine deduktive Argumentationsstruktur, die man als Kandelaber-Modell der Moral bezeichnen kann. Den Sockel bildet eine Theorie, die bestimmt, welche Eigenschaften für die Zuschreibung des moralischen Status relevant sind. Hat ein Wesen aufgrund dieser Eigenschaften den moralischen Status einer Person (wobei Person als moralisch aufgeladener Begriff verstanden wird) oder eines Trägers von Würde oder eines Eigenwertes, ist es Gegenstand direkter moralischer Pflichten, die in einem zweiten Schritt abzuleiten wären. Die direkten Pflichten sind die einzelnen Kerzen, die von dem Sockel des Kandelabers abgehen. Nehmen wir zur Illustration dieses Punktes eine Position, für die allein das Vermögen der Autonomie Grund ist, einem Wesen Würde zuzuschreiben. Direkte Pflichten bestehen damit ausschließlich gegenüber jenen Wesen, die über das Vermögen der Autonomie verfügen. Unter anderem haben wir möglicherweise eine direkte Pflicht, diesen Wesen kein Leid zuzufügen. Wenn man diese Position vertritt, kommt man freilich zu moralischen Urteilen wie dem folgenden: Gäbe es eine neue Computergeneration, die über das Vermögen der Autonomie verfügt, müsste man diesen Computern Würde zusprechen. Nehmen wir zudem an, dass diese Computer zwar autonom sind, aber nicht leidensfähig. Wir hätten dann gegenüber den Computern aufgrund ihrer Autonomie eine direkte Pflicht, ihnen kein Leid zuzufügen, obwohl diese Pflicht mangels ihrer Leidensfähigkeit ins Leere läuft. Andererseits hätten wir gegenüber Wesen, die leidensfähig sind, aber nicht autonom, keine solche Pflicht. Würden wir nicht Gefahr laufen, deswegen selbst zu verrohen, dürften wir die letzteren quälen.

Diese Kandelaber-Theorien hängen gleich zweimal in der Luft. Sie können zum einen den Sockelwert nicht begründen, ohne religiöse bzw. metaphysische Annahmen über übernatürliche Entitäten heranzuziehen; zum anderen fehlt eine Theorie, wieso bestimmte Pflichten aus diesem Sockel erwachsen. Die Begründungsressourcen einer säkularen Moral reichen dagegen hin, moralische Normen zu begründen. Wesen kommen moralische Rechte zu, aus denen heraus Pflichten für andere erwachsen. Die Annahme eines Eigenwerts – und einer Würde – ist für die Begründung moralischer Rechte oder Pflichten schlicht überflüssig.

14.3 Die moralische Gemeinschaft

14.3.1 Was ist mit rationalen, aber nicht empfindungsfähigen Wesen?

Bisher ist offen geblieben, ob es außer den empfindungsfähigen Wesen noch andere moralische Objekte gibt. Im Rahmen einer Vertragstheorie ist dabei insbesondere an strategisch agierende, aber nicht empfindungsfähige Wesen zu denken. Nehmen wir an, es gebe einen Roboter, der rational agiert, aber nicht empfindungsfähig ist. Stellen wir uns der geistigen Anschaulichkeit halber vor, er sieht ein wenig wie „Nr. 5“ aus dem Film „Short Circuit“ aus. Der Roboter bewegt sich also auf Panzerketten und hat neben Armen zusätzliche Waffenarme, die er zur Verteidigung einsetzen kann. Er ist – im Sinne der Robotik, aber freilich nur in diesem Sinne – „autonom“, und zudem ist er, ein für die Vertragstheorie wichtiger Punkt, in der Lage, anderen zu schaden. Analog zu Computerprogrammen, die Kooperationsspiele und moralisches Handeln simulieren, hat dieses Wesen Strategien entwickelt, wie es sich im Umgang mit anderen strategisch agierenden Robotern zu verhalten hat. Aufbauend auf „Tit for Tat“ hat es komplexe Handlungsstrategien entwickelt, wie es sich gegenüber unterschiedlichen Akteuren verhalten soll. Durch Zufall ist ein solcher Roboter, auf dem das Logo „Johnny“ steht, auf das Hochplateau der verlorenen Welt geraten. Dort ist er ein nützlicher, aber oft auch lästiger Neuankömmling.

Haben die Bewohner der verlorenen Welt sein Programm kennen gelernt, werden sie sich in bestimmter Weise zu Johnny verhalten. Sie werden ihn nicht angreifen, weil sie wissen, dass damit Verteidigungsmaßnahmen ausgelöst werden. Zugleich werden sie seine Hilfe schätzen und ihm helfen, sei es, weil sie auf Gegenleistungen hoffen oder sie Sanktionen fürchten, wenn sie dies nicht tun. Es werden sich Handlungsweisen herausbilden, nicht unähnlich jenen, die sich auch zwischen den anderen Personen herausbilden.

Wie sieht es aber aus, wenn die Handlungsfähigkeit des Roboters stark eingeschränkt ist, wenn ihm etwa die Batterien ausgegangen sind und er in eine Art Standby-Status übergewechselt hat, in dem nur wenige Routineprogramme laufen? Die Bewohner der verlorenen Welt könnten ihn nun entweder gefahrlos zerlegen oder ihm helfen, die Batterien wieder aufzuladen. Nehmen wir dabei an, dass der Roboter eher eine Last denn eine Hilfe war und einige der Bewohner der verlorenen Welt die Deaktivierung aus Eigeninteresse befürworten. Alle wären nicht traurig, wenn sie den Roboter nicht mehr unter sich hätten. Es beginnt aber eine Diskussion um den moralischen Status von Johnny. Es mag in der verlorenen Welt zwei Gruppen geben, welche Johnny nicht als moralisches Objekt sehen:

- Die erste sagt, im Computer liefen ja nur Programme, die ihn zu einem moralanalogen Verhalten anregen. Er entscheide nicht bewusst, etwas zu tun. Aber dieses Argument ist zurückzuweisen. Johnny stellt dieselben strategischen Überlegungen an wie die anderen Bewohner der verlorenen Welt. Das einmal ein elektronischer Prozessor, einmal ein Gehirn Nutzen-Kosten-Kalküle erarbeitet, ändert nichts daran, dass dieselben Berechnungen erfolgen. Erwächst aus solchen Kalkülen nur „moralanaloges" Handeln, so betrifft dies nicht nur unbewusst, sondern auch bewusst vollzogene Kalküle; also Mensch und Roboter.
- Die zweite Gruppe betont dagegen, Johnny kämen deshalb keine Rechte zu, weil ihm nicht selbst geschadet werden kann. Von außen betrachtet mag man sagen, durch den Stromausfall sei eine Schädigung erfolgt. Schließlich wurde die Kosten-Nutzen-Kalkulation unterbrochen. Aber für den Roboter selbst liegt nichts Negatives vor. Es gibt kein auf das Wesen selbst bezogenes Kriterium, gute von schlechten Zuständen zu unterscheiden. Ohne dass etwas als schlecht oder gut empfunden wird, kann nicht im moralisch relevanten Sinne davon gesprochen werden, dass man dem Wesen schadet oder hilft. So wird, so die zweite Gruppe, die Frage einer neuen Batterie allein davon abhängen, ob den Bewohnern der verlorenen Welt der Roboter nutzt oder nicht. Fällt er mehr zur Last als er nutzt, wird er zerlegt.

Verteidiger von Johnny könnten gegen das Argument der zweiten Gruppe einwenden, dass er zwar nichts empfinden mag, aber doch die kognitive Kapazität besäße, den eigenen Zustand als gut oder schlecht zu beurteilen. Er sei zwar nicht zu Empfindungen, aber doch zu Wertungen in der Lage, ob es ihm selbst gut oder schlecht geht. Dass im Sinne der Robotik „autonome" Maschinen irgendwann dazu in der Lage sein werden, soll hier nicht bezweifelt werden. Allerdings müssen wir noch klären, ob wir davon sprechen dürfen, dass man ihnen selbst schaden kann. Hierfür muss ein Roboter oder ein Computer nicht nur etwas als schlecht bewerten, sondern er muss in der Lage sein, etwas als für sich schlecht erfahren zu können. Wieso ist dies so?

So wie wir Johnny bisher beschrieben haben, besteht für ihn kein Unterschied zwischen der Wahrnehmung eines Problems, das seinen eigenen Zustand betrifft, und eines äußeren Problems, das sein Agieren in der Außenwelt betrifft. Grob gesagt löst eine lose Schraube im Inneren von Johnny in derselben Weise eine Gegenreaktion hervor wie ein Baumstamm, den er zu passieren, eine Gleichung, die er zu lösen, oder ein chirurgischer Eingriff, den er am Körper eines Lebewesens zu vollziehen hätte. Er kann zwar den Zustand seines eigenen Körpers oder seiner eigenen Programme als gut oder schlecht beurteilen und dementsprechend reagieren. Er kann dies aber nicht in jenem qualitativen Sinne auf sich beziehen, dass es einen Unterschied macht, ob ihm selbst etwas Schlechtes zustößt oder ob er ein theoretisches Problem nicht lösen kann, das die Welt außerhalb von ihm selbst betrifft. Aus der Perspektive des Roboters gibt es keinen Unterschied zwischen dem eigenen Zustand und äußeren Zuständen. Erst wenn er hier einen Unterschied sehen könnte und den Defekt in seinem Inneren als etwas erkennt, das ihn selbst betrifft, könnte man davon sprechen, dass man ihm selbst schädigt. Ansonsten kann man ihm nicht schaden, sondern ihn nur vor Probleme stellen, die er bewältigen kann oder nicht (hier unterschiede er sich nicht von einfachsten Spielzeugrobotern).

Selbst wenn er durch ein weiteres Computerprogramm in die Lage versetzt wird, jene Probleme, die seinen eigenen Körper betreffen, von anderen zu unterscheiden, die seine Umwelt betreffen, so bleibt doch, dass es sich hier um eine willkürliche Aufteilung handelt. Eine Rechenaufgabe, die er für andere zu lösen hat, gleicht qualitativ einem Problem, das ihn selbst betrifft. Johnny erkennt Schwierigkeiten und Probleme, aber er ist nicht in der Lage, eine Schwierigkeit in einem angemessenen Sinne als für ihn schlecht zu bewerten.

Man könnte noch ein weiteres Computerprogramm installieren, dass genau diese Funktion hat: Probleme so kennzeichnen, dass Johnny weiß, dass sie ihn selbst betreffen. Aber auch dann bliebe die Frage, wieso ihn Probleme, die ihn selbst betreffen, in irgendeiner anderen Weise interessieren sollten als Probleme, die ihn nicht selbst betreffen. Ohne die Empfindung von Lust und Schmerz, das Erleben von Freude und Leid sowie andere Emotionen und Gefühle kann nicht davon gesprochen werden, dass Johnny irgendetwas in jenem Sinne als etwas für ihn selbst schlecht bewertet, um davon sprechen zu können, dass man ihm selbst schadet.

Um Johnny ein Recht auf Unversehrtheit oder ein Recht auf Fürsorge zusprechen zu können, müsste ein, wenn auch elementares, bewusstes Erleben vorliegen; was heißt, er muss einen Schaden als für ihn schlecht erfahren können. Ein Schaden seiner selbst muss qualitativ anders erfahren werden als eine zu lösende Rechenaufgabe. Ist dies nicht der Fall, scheidet Johnny aus dem Feld möglicher Träger moralischer Ansprüche und Rechte aus.

Das Argument der zweiten Gruppe wäre allerdings noch unvollständig, solange offen ist, ob es im aufgeklärten Interesse jedes einzelnen ist, Moral auf einen rein sentientistischen Standpunkt zu stellen. Warum sollte man nicht auch strategisch agierende Wesen ohne Empfindung in den Bereich der moralischen Objekte einordnen? Die relevante Frage ist, ob vom Standpunkt eines aufgeklärten langfristigen Eigeninteresses aus ein Unterschied besteht, ob uns ein empfindsames Wesen gegenübersteht oder nicht. Ginge es nur darum, ob das Wesen auf unser Verhalten reagiert und somit zu irgendeiner Form der Kooperation fähig ist, bestünde kein Unterschied. Solange Johnny funktionsfähig ist, besteht Grund, seine Reaktionen im eigenen Entscheidungsprozess zu berücksichtigen. Aber das heißt noch nicht, dass man ihm moralische Rechte zuspricht. Moral besteht darin, dass aus Klugheitsgründen bestimmte Verhaltenstrategien gewählt werden, mit deren Hilfe bestimmte Interessen geschützt werden. Damit wird aber zum entscheidenden Kriterium moralischen Handelns, ob Wesen diese Interessen haben. Können sie nichts als gut oder schlecht empfinden, kann nicht davon gesprochen werden, dass sie selbst Interessen haben. Im Falle Johnnys können wir uns nicht einmal auf frühere Interessen beziehen. Er hat keinen eigenen Standpunkt, von dem aus er einen Erfolg und Misserfolg seines Tuns bzw. eine Einwirkung auf ihn als für ihn selbst positiv oder negativ erfahren kann. Für ihn selbst spielt es keine Rolle, was mit ihm geschieht. Damit kann man zu ihm nur eine instrumentelle Beziehung haben. Dies unterscheidet ihn grundsätzlich von Wesen, die einen eigenen Standpunkt haben. Unsere selbstauferlegten moralischen Normen verpflichten uns, letzteren, also allen empfindungsfähigen Wesen, auch dann nicht zu schaden, wenn sie selbst uns nicht mehr dafür sanktionieren können. Wir sind angehalten zu berücksichtigen, dass sie Zentrum eines eigenen Erlebens sind.

Nicht alle strategisch agierenden Wesen sind damit Objekt der Moral, aber alle empfindungsfähigen Wesen. Dass wir auf diese Rücksicht nehmen, ist freilich nicht Folge, dass wir deren Eigenwert zu achten und zu respektieren haben. Wir tun dies vielmehr aus aufgeklärtem und langfristigem Eigeninteresse.

14.3.2 Tiere – ja, aber alle Tiere?

Um die Frage, ob Tiere in die moralische Gemeinschaft aufgenommen werden sollen, zu beantworten, müssen wir zunächst zwischen anthropomorphen Zuschreibungen und Analogieargumenten unterscheiden. Eine anthropomorphe Zuschreibung spricht Tieren bestimmte Eigenschaften einfach zu und projiziert sie in sie hinein, ohne diese Zuschreibung weiter begründen zu können. Bei einem Analogieargument geht es um Folgendes: Sind bestimmte Umstände U_1 bei mir selbst mit einem inneren Erleben verbunden, so kann ich mit einer gewissen Wahrscheinlichkeit davon ausgehen, dass dieselben oder ähnliche Umstände auch bei anderen Wesen mit einem inneren Erleben verbunden sind. Wenn ein Stich in den Finger bei mir Schmerz auslöst, muss ich mit einer großen Wahrscheinlichkeit annehmen, dass der Stich in den Finger auch bei einem anderen Wesen, das physiologisch so aufgebaut ist wie ich, eine Schmerzempfindung auslöst. Ob es dieselbe Schmerzempfindung ist, die ich erlebe, kann ich niemals mit Sicherheit annehmen. Aber die Wahrscheinlichkeit, dass der andere etwas Analoges erlebt, ist so groß, dass ich davon ausgehen muss. Geht es um inneres Erleben, kann ich nur bei dem eigenen inneren Erleben gewiss sein, dass es besteht. Bei jedem fremden Bewusstsein bin ich auf Analogieschlüsse angewiesen.

Für die Möglichkeit der Empfindungs- und Leidensfähigkeit von Tieren werden in der Regel folgende Argumente vorgebracht. Ich beschränke mich hier auf physischen Schmerz und physisches Leid:

- *Äußeres Verhalten*: All die Zeichen, die uns helfen, darauf zu schließen, dass andere Menschen leiden, finden sich auch bei Tieren: Zittern, Jammern, Verkrampfen der Gesichtszüge, Versuche, der Schmerzquelle zu entgehen, Anzeichen von Furcht, wenn sich die Umstände scheinbar wiederholen.[1] Aber hier besteht die Gefahr der Fehlinterpretation bei der Beobachtung tierischen Verhaltens. Schon bei der Fremdzuschreibung menschlichen Leids besteht diese Möglichkeit, ungleich höher ist sie bei Tieren. Man muss stets falsch positive, also anthropomorphe Deutungen oder falsche negative Ergebnisse fürchten. Wie stark diese Gefahr ist, zeigen schon die Veröffentlichungen der Ethologie. Nimmt man die Veröffentlichung, die für ein breites Publikum bestimmt ist, scheint das Tier diesbezüglich sehr nahe beim Menschen zu stehen. In wissenschaftlichen Veröffentlichungen herrscht dagegen ein von Gefühlen losgelöster Ton behavioristischer Beschreibungen, in dem Vergleiche nur schwer möglich sind. In die Irre gehen könnten beide Beschreibungen – die eine aus

[1] Vgl. Singer, Animal Liberation, S. 11.

Gründen anthropomorpher Projizierungen, die andere aus einer objektivistischen Haltung, die subjektives Erleben nie erfassen kann.

- *Physiologische Argumente*: Tierisches (inkl. menschliches) Leid hat bestimmte physiologische Auswirkungen wie erweiterte Pupillen, Erhöhung des Blutdrucks, schnellere Pulsfrequenz, stärkere Schweißaussonderung. Diese physiologischen Auswirkungen kennen wir von uns selbst.
- *Biologisch-Evolutionäre Argumente*: Die Nervensysteme von Tieren sind dem eigenen mehr oder wenig ähnlich. Durch ihre nahe Verwandtschaft zu uns bestehen oft nur graduelle Unterschiede. Aus der physiologischen Ähnlichkeit zwischen Menschen und anderen Tieren (insbesondere bezüglich des Nervensystems) kann man auf ähnliche Bewusstseinzustände schließen.

Im Regelfall kommt man in der Tierethik zu dem Ergebnis, dass höhere Wirbeltiere und Kopffüßler leidensfähig sind und sie so moralisch berücksichtigt werden sollten. Einer Fliege ein Bein auszureißen, wäre dann aber nicht moralisch zu verurteilen. Es wäre nur falsch, weil es indirekte Auswirkungen auf den menschlichen Charakter hätte. Wenn man so argumentieren will, müsste man eine komplexe Form des Leidens[2], die eher bei Tieren mit einem komplexen Nervensystem vorliegen, von einfachen Formen des Schmerzes unterscheiden und nur erstere für moralisch relevant ansehen. Aber diese Trennung zwischen moralisch irrelevantem Schmerz und moralisch relevantem Leid ist für Sentientisten nicht nachzuvollziehen. Auch der einfachste erlebte Schmerz ist etwas Schlechtes.

Die unser Tierschutzrecht kennzeichnende Trennung von Wirbeltieren und Wirbellosen ist dann nicht aufrecht zu erhalten.[3] Denn entgegen weit verbreiteter Auffassung sind wir in Bezug auf wirbellose Tiere (Insekten, Schnecken, Spinnen, Würmer usw.) in einer Situation, in der Indizien darauf hindeuten, dass diese schmerzempfindlich sind.[4] Bekannt ist, dass wirbellose Tiere auf einer physiologischen Ebene ähnlich reagieren wie Wirbeltiere. Die These, dass wirbellose Tiere keinen Schmerz erleben, wurde nicht zuletzt daraus abgeleitet, dass sie keine Schmerzreaktion zeigen und trotz Verletzungen bestehende Verhaltensweisen fortsetzen. Aber dass Lebewesen auch bei schweren Verletzungen nicht zeigen, dass sie Schmerzen haben, beweist nicht, dass sie keine Schmerzen haben. Es ist nicht einmal zu erwarten, dass

---

[2] Vgl. die Beiträge in Perler & Wild, Der Geist der Tiere. Zudem sei verwiesen auf: Griffin, Animal Minds, Kap. 12; Rollin, The Unheeded Cry (1989) und Radner & Radner, Animal Consciousness., Hurley & Nudds, Rational Animals?

[3] Eine Ausnahme bilden im Schweizer Tierschutzgesetz die Kopffüssler (wie Kraken).

[4] Vgl. hierzu wie im Folgenden für die Ausführungen zu wirbellosen Tieren den Literaturbericht von Sherwin, Can Invertebrates suffer?

Lebewesen in akuter Gefahr zeigen, dass sie Schmerzen haben. Es ist evolutionär oftmals von Vorteil, keine Schmerzreaktion zu zeigen.[5]

Aber auch wenn wirbellose Tiere oft keine Schmerzreaktion zeigen, heißt dies nicht, dass überhaupt keine Reaktion zu beobachten wäre. Im Verhaltensexperiment wurden unterschiedliche wirbellose Tiere (Drosophila, Schnecken, Blutekel, Langusten, Bienen und Mollusken) Elektroschocks ausgesetzt. Fortan mieden die betroffenen Tiere vergleichbare Situationen. Bei Wirbeltieren schließt man aus solchem Lernverhalten darauf, dass sie Schmerzempfindungen haben. Ob Wirbellose Schmerz empfinden, ist durch dieses Experiment nicht bewiesen. Allerdings beweist das gleiche Experiment bei Wirbeltieren das Schmerzempfinden genauso wenig.[6] Aber es ist ein Indiz. Es besteht kein Grund, bei Wirbellosen nicht ebenso wie bei Wirbeltieren davon auszugehen, dass dieses Experiment Schmerzempfinden nahelegt.

Darauf hin weist auch die bei verschiedenen wirbellosen Tieren (Krabben, Spinnen) vorkommende Selbstverstümmelung. Spinnen, die von Wespen oder Bienen in ein Bein gestochen wurden, beißen sich dieses mitunter ab. In einem Experiment spritzten Forschende Spinnen zwei unterschiedliche Gifte in ein Bein – eines der Gifte empfinden Menschen als schmerzhaft, das andere wird nicht als schmerzhaft empfunden. Die betroffenen Spinnen bissen nur bei einem der beiden Gifte ein Bein ab – bei jenem, das von Menschen als schmerzhaft empfunden wird. Auch dies beweist nicht, dass diese Spinnen Schmerz empfinden. Die beiden Gifte können sich in einer Weise unterscheiden, dass das eine beim Menschen Schmerz auslöst und bei der Spinne eine anders geartete Reaktion, die schließlich in der Selbstverstümmelung endet. Aber auch hier haben wir ein Indiz für das Vorliegen von Empfindungsfähigkeit.

Es wird darauf hingewiesen, dass auch bei Würmern Endorphin und Enkephalin nachgewiesen wurde, körpereigene Substanzen, die eine schmerzstillende Wirkung haben.[7] Warum sollten aber solche schmerzstillenden Substanzen produziert werden, wenn keine Schmerzen vorhanden sind?

Wenn wir von wirbellosen Tieren sprechen, haben wir freilich eine große Vielfalt vor uns. Gerade was das neuronale Gewebe betrifft, bestehen große Unterschiede. Besonders stark zentralisiert sind die Nervensysteme von Kopffüßlern (Kraken und Tintenfischen). Deren Gehirn steht in Bezug auf die Übertragungsgeschwindigkeit dem Gehirn eines Wirbeltieres kaum nach.

---

[5] Bei sehr starker emotionaler Erregung oder bei großen Verletzungen (z.B. bei einem Unfall oder bei einer Verwundung) kommt es auch bei Menschen dazu, dass die betroffene Person Schmerzen zunächst nicht wahrnimmt und ausblendet.

[6] Eine Ungleichbehandlung von Wirbellosen und Wirbeltieren scheint angesichts der Daten kaum begründet. Sherwin betont, dass wir zwei Optionen haben. Entweder beurteilen wir Analogieargumente allgemein kritischer, oder aber wir müssen einräumen, dass auch wirbellose Tiere Schmerz empfinden.

[7] Vgl. Rollin, Animal Rights, S. 309.

Gliederfüßler (Spinnen, Tausendfüssler, Krebse, Insekten) haben höhere Verarbeitungszentren in Form mehrerer Nervenknoten. Eine dieser Nervenknoten (Ganglien) übernimmt die Verarbeitung von Sinneseindrücken. Je diffuser Nervensysteme sind, desto schwieriger wird es, wirbellosen Tieren Schmerzempfinden zuzuschreiben. Denn es wird immer fragwürdiger, ob die Bedingungen für die Möglichkeit eines Erlebens erfüllt sind. Das Nervennetz von Schwämmen und Nesseltieren ist relativ homogen. Das Fehlen eines zentralen Verarbeitungszentrums mag verhindern, dass bei manchen wirbellosen Tieren Schmerz in jener Weise wahrgenommen wird, die wir kennen. Zudem mag eine Beurteilung des Schmerzes als etwas, dass einem selbst zustößt, entfallen. Aber es genügte, dass diese Wesen durch Nerven eine unangenehme Empfindung haben.

Wenn man das evolutionstheoretische Argument hinzunimmt, dass wirbellose Tiere ohne Schmerzempfinden kaum überlebt hätten, reicht die Indizienkette aus, allen wirbellosen Tieren ein Empfinden von Schmerz zuzusprechen. Ob sie leiden, ist eine andere Frage. Hier fehlen uns Indizien, um darauf schließen zu dürfen.

14.3.3 Und die anderen Organismen?

Bei anderen Organismen, Pflanzen etwa oder Pilzen, wissen wir nicht, ob sie so etwas wie Empfindungen haben. Ich hatte oben gesagt, dass wir uns in einer Situation der Unsicherheit befinden. Wir wissen weder, dass sie etwas empfinden, noch, dass sie nichts empfinden. Diese Annahme beruhte auf der Überlegung, dass bei Pflanzen notwendige Bedingungen einer Form des Erlebens erfüllt sind: das Bestehen von Signalübertragungsketten und das Vorliegen einer Art von komplexer Informationsverarbeitung. Dies unterscheidet Pflanzen von einem Stein oder einem Fahrrad, bei dem diese notwendigen Bedingungen nicht erfüllt sind. Damit konnte die Frage, ob Pflanzen moralische Objekte sein können, nicht einfach verneint werden. Nunmehr geht es freilich nicht mehr darum, ob sie moralische Objekte sein können, sondern ob sie es sind.

Zu den oben gesagten notwendigen Bedingungen (Signalübertragungkette, eine Art einer komplexen Informationsverarbeitung) ist bei der Diskussion um den strategisch denkenden, aber nicht empfindungsfähigen Roboter Johnny ein weiteres hinzugekommen: Damit wir ein Wesen als moralisches Objekt bezeichnen dürfen, muss es in irgendeiner Weise etwas als für sich selbst Schlechtes erfahren können. Es bedarf eines mentalen emotionalen Erlebens. Das Vorliegen dessen ist hinreichende Bedingung dafür, ein moralisches Objekt zu sein. Dabei muss es sich nicht um jenes Empfinden handeln, dass uns selbst als Besitzer eines Nervensystems vertraut ist. Allerdings muss es irgendein mentaler Zustand sein, in dem Schlechtes als schlecht und Positives als gut erlebt wird. Im Falle von Johnny war dies zu bezweifeln. Bei einem mit Pervasive Computing ausgestatteten Artefakt wie dem intelligenten Haus ist dies an mit Sicherheit grenzender Wahrscheinlichkeit auszuschließen.

Lebewesen als solche besitzen die Fähigkeit, Informationen zu erhalten und zu verarbeiten. Es ist ein Kennzeichen aller Lebewesen, dass unterschiedliche Umweltsituationen als unterschiedlich erkannt und dass spezifisch darauf reagiert wird. Wir können nicht ausschließen, dass auch Bakterien und andere Mikroorganismen etwas empfinden. Aber wie wahrscheinlich ist es, dass solche Lebewesen etwas als für sich selbst als schlecht erfahren? Letztlich geht es wiederum darum, zwischen mehreren Möglichkeiten jene zu wählen, die am meisten erklärt und die am wenigsten ontologische Entitäten voraussetzen muss.

Zur Wahl stehen jene Modelle von Lebewesen, die oben schon gebraucht wurden:

1. Organismen können selbstorganisierte Systeme sein, die über Ziele *nachdenken* können, was ihnen ermöglicht, bewusst Ziele zu wählen und anzustreben.
2. Organismen können selbstorganisierte Systeme sein, die Schmerz und Lust *empfinden* können.
3. Organismen können selbstorganisierte Systeme sein, die in ihnen selbst angelegte Zwecke verwirklichen und *unbewusst* auf Umweltsituationen und Ereignisse reagieren.

Nichts spricht dagegen, dass Mikroorganismen im Sinne des dritten Modells agieren. Auch wenn derzeit vielleicht offen sein mag, wie sie erklärt werden, können im Prinzip sämtliche Verhaltensmuster von Mikroorganismen auf der Grundlage dieses Modells erklärt werden. Wenn dies aber der Fall ist, bedürfen wir weder der Annahme eines Geistes noch jener eines inneren Erlebens. Hier wird keine ontologische Entität, ein inneres Erleben oder ein Geist, angenommen, auf die verzichtet werden könnte.

Es besteht nicht einmal ein Indiz, dass in Mikroorganismen so etwas wie ein Empfinden besteht. Damit besteht kein Grund, diese in die moralische Gemeinschaft aufzunehmen. Je komplexer die Informationsverarbeitung eines Wesens, desto eher müssen wir mit der Möglichkeit rechnen, dass es etwas empfindet. Aber aus dieser Unsicherheit folgt nicht so einfach, dass das betreffende Wesen Teil der moralischen Gemeinschaft ist.

Es ist ein Unterschied, ob ich mit großer Sicherheit weiß, dass ich einer Fliege etwas Schlechtes antue und es diese schmerzt, wenn ich ihr die Flügel ausreiße, oder ob ich eine Unsicherheit besitze, ob das Abschneiden eines Astes vielleicht doch vom Baum als etwas Schlechtes erfahren wird.

Meine obige These war, dass eine stabile Norm, andere nicht zu schädigen, auch die Pflicht einschließt, der Fliege keine Flügel auszureißen. Sobald die metaphysische Voraussetzung eines kategorialen Unterschieds zwischen Mensch und Tier fortfällt, muss sich die Schädigungsnorm auf alle empfindungsfähigen Wesen ausdehnen. Aber besteht ein vergleichbarer Grund, auch jene einzuschließen, bei denen nicht auszuschließen ist, dass sie empfindungsfähig sind?

Wir können uns dieser Frage auf zweierlei Weise nähern. Im ersten Zugang wird die Frage in den Blick genommen, welche Interessen Personen bezüglich künftiger Zustände haben, in denen nicht auszuschließen ist, dass sie selbst empfindungsfähig sind; im zweiten Zustand geht es um die Frage, ob eine sozial sanktionierte Norm bestehen kann, die sich auf einen Sachverhalt bezieht, bei dem unsicher ist, ob er besteht.

Es ist unmöglich sich vorzustellen, eine Pflanze zu sein. Beim ersten Zugang geht es daher nicht darum, eine Analogie zu suchen, welche unser Unwissen und Wissen über pflanzliche Empfindungsfähigkeit widerspiegelt, sondern darum, welche Interessen bestehen, wenn Unsicherheit besteht, ob Empfindungsfähigkeit vorliegt oder nicht: Stellen wir uns – jeder für sich selbst – vor, wir könnten in die Zukunft sehen und sähen dort unseren eigenen Körper. Der Körper bewegt sich nicht und anscheinend ist auch die Empfindungsfähigkeit verloren gegangen, man sieht jedenfalls nicht die üblichen Indizien, die auf Schmerzen oder Leid hinweisen. Aus den äußeren Umständen wird zudem deutlich, dass es sich nicht um eine zeitweilige Bewusstlosigkeit handeln kann, wie sie bei einer Narkose oder einem zeitlich begrenzten Koma eintreten mag. Es geht in unserem Gedankenexperiment darum, dass wir Grund haben anzunehmen, dass die Empfindungsfähigkeit vollkommen und unwiderrufbar verloren gegangen ist. Ja, die Sache ist noch etwas komplizierter. Denn eigentlich sehen wir etwas, das wie unser Körper aussieht, aber genauso gut eine technische Abbildung, ein Modell, sein könnte. Auch hier besteht Unsicherheit. Ein Indiz, dass Empfindungsfähigkeit vorliegt, liegt nicht vor, dennoch besteht auf Grund der eigenen Überlegungen auch kein Grund anzunehmen, dass der Körper wirklich empfindungsunfähig ist. Stellen wir uns ferner vor, dass wir über die Zeit hinweg eine sprachliche Verbindung in die Zukunft haben, ja, sogar Gewissheit haben, dass unserer Stimme Gewicht zukommt. All dies wissen wir, als wir sehen, dass in der Zukunft die Kremation des Körpers vorbereitet werden soll, der der unsere sein könnte. Ist es klug für uns, in dieser Situation zu intervenieren? Wenn es für uns klug ist, künftige Schmerzen zu vermeiden, die unsere Person oder unseren Körper betreffen, dann ist es in dieser Situation klug, dass der geringe Zweifel, den wir haben, ausgeräumt wird. Wir werden daher darauf drängen, weitere Abklärungen vorzunehmen. Bevor dies nicht geschehen ist, dürfe keine Kremation erfolgen.

Gehen wir davon aus, dass solche Abklärungen vorgenommen wurden, dass aber keine dieser Abklärungen die Analyse veränderte. Es bleibt die Unsicherheit, dass ein Schmerzempfinden vorliegen könnte, aber auch nicht ausgeschlossen werden kann, dass es nicht vorliegt. Ist es dann weiterhin klug, die Kremation aufschieben zu lassen? Da es, wäre man wider Erwarten doch empfindungsfähig, schmerz- und leidvoll wäre, lebend verbrannt zu werden, sollte man die Frage nicht zu schnell verneinen. Auch in dieser Situation ist es klug, darauf zu drängen, die Kremation zu unterlassen.

Die Frage ist freilich, wie stark dieses Interesse ist. Wie viel Freude man opfern würde oder wie viel Schmerz man auf sich nehmen würde, um die Verbrennung zu verhindern, sei dahin gestellt. Wichtiger ist, dass in einer Situation, in der nicht ausgeschlossen werden kann, dass man selbst empfindungsfähig ist, man Handlungen, die Schmerz und Leid zufügen könnten, nicht zulassen wird, und dies trotz des Umstands, dass mn nicht weiß, dass Empfindungsfähigkeit vorliegt.

Damit haben wir freilich eine Situation, die mit jener vergleichbar ist, die gegenüber Pflanzen, aber auch gegenüber anderen Organismen besteht. Die Antwort auf die Frage, ob sie Teil der moralischen Gemeinschaft sind, fällt damit, nähert man sich die Frage vom ersten Zugang aus, positiv aus. Wir haben einen Grund, sie in die moralische Gemeinschaft aufzunehmen.

Haben wir aber wirklich ausreichend Gründe, sie in die moralische Gemeinschaft aufzunehmen? Wenn wir diese hätten, begründeten sie intersubjektiv verbindliche Normen, welche es anderen verböte, mit Pflanzen in bestimmter Weise umzugehen. Andere Personen hätten dann ein Recht, jene Personen moralisch zu sanktionieren, welche diese Normen brechen. Um anderen sagen zu dürfen, dass sie etwas tun oder unterlassen müssen, darf man sich jedoch nicht auf spekulative Annahmen stützen.

Denn was wäre, wenn spekulative Annahmen zulässig wären? Dann müsste B einfach x tun, weil A behauptet, dass y der Fall ist. B wäre A ausgeliefert und müsste seine Befehle befolgen, ohne nachvollziehen und einsehen zu können, wieso B Befehle geben darf oder wie B auf seine Befehlsinhalte kommt. Es wäre für alle Personen irrational, sich einer Moral zu unterwerfen, welche diese Möglichkeit zulässt. Moralische Normen dürfen sich daher, um Willkür auszuschließen, nur auf Annahmen abstützen, die im Prinzip von jedermann nachvollzogen und geprüft werden können. Spekulative Annahmen, dass etwas in der Welt besteht, sind damit moralisch bedeutungslos. Es müssen Gründe genannt werden, wieso diese Entitäten existieren. Bei der Festlegung moralischer Normen darf man sich daher weder auf Feen, Götter, Dämonen oder Engel beziehen noch auf Entitäten, die außerhalb von Raum und Zeit bestehen sollen. Wenn man sich aber bei der Begründung moralischer Normen nicht auf Feen und Götter beziehen darf, dann muss man auch auf jede Spekulation über pflanzliches Empfinden verzichten. Dass nicht ausgeschlossen ist, dass Pflanzen etwas empfinden, reicht dann nicht aus, eine moralische Norm zu begründen. Es muss positive Argumente geben, wieso Pflanzen etwas empfinden können.

Gegen diesen Einwand hilft auch nicht der Verweis auf die Regel, dass man im Zweifel den moralischen Status eines Wesens lieber zu hoch, denn zu tief ansetzt. Aber „im Zweifel" sein, heißt, dass es Gründe für und gegen eine Auffassung gibt und wir unsicher sind, in welche Richtung die Wahrheit weist. Nicht immer, wenn ein kleiner Zweifel an der Richtigkeit einer Aussage besteht, können wir daher sagen, wir seien „im Zweifel, was richtig ist." Wenn es um die Empfindungsfähigkeit der Pflanze geht, haben wir aber keine positiven Indizien, die dafür sprechen, sondern können die Möglichkeit nur nicht ausschließen. Der Zweifel, um den es hier geht, ist, so der Einwand, rein spekulativ.

Würde man der spekulativen Überlegung zur Empfindungsfähigkeit von Pflanzen Raum geben, so müsste doch auch wieder der Gedanke der Gottesebenbildlichkeit, der unsterblichen Seele oder der Wiedergeburt in ethischen Überlegungen Zugang haben. Denn genauso wie im obigen Gedankenexperiment müsste sich der einzelne Mensch doch z.B. auch überlegen, dass nicht ausgeschlossen ist, dass sie oder er Gottes Ebenbild ist. Daraus entstünde freilich das Problem, dass jede spekulative Annahme Zugang in ethische Überlegungen haben müsste. Denn keine Religion hat gegenüber einer anderen einen herausgehobenen epistemischen Status; nicht einmal die Figuren der Religionsparodien oder religionsanalogen Konstrukte wie Russells Teekanne oder das Spaghettimonster dürfen als unwahrscheinlicher betrachtet werden als die Glaubensannahmen der etablierten Religionen. Dass bestimmte Annahmen geglaubt werden, ist kein Indiz dafür, dass sie wahr sind. Lässt man spekulative Aussagen zu, muss man alle spekulativen Aussagen zulassen, und damit hat man jedem rationalen, argumentativen Begründungsversuch den Boden unter den Füssen fortgezogen.

Die Argumente der zweiten Zugangsweise verwehren so, die erste zu wählen. Sollen Pflanzen in die moralische Gemeinschaft zugelassen werden, müssen Indizien vorliegen, die auf Empfindungsfähigkeit hinweisen. Solange diese nicht vorliegen, ist es eine Frage der privaten Überzeugung, mit Pflanzen behutsam umzugehen. Eine intersubjektiv verbindliche Moral kann nur jene Lebewesen aufnehmen, bei denen Indizien bestehen, dass sie empfindungsfähig sind.

Gegen diese Überlegung könnte man einwenden, dass hier Aussagen ganz unterschiedlicher Art miteinander vermischt werden. Bei der Frage pflanzlicher Empfindungsfähigkeit geht es nicht um übernatürliche Entitäten, auch reichert man keine natürlichen Objekte mit einer normativen Eigenschaft an, wie dies bei objektivistischen Werttheorien der Fall ist. Es geht darum, ob natürliche Entitäten eine natürliche Eigenschaft haben. Aber dieser Einwand ändert nichts am Sachverhalt. Auch bei den Fragen, ob Pflanzen denken oder ob sie über Selbstbewusstsein verfügen, geht es um natürliche Eigenschaften. Aber dennoch ist es reine Spekulation, wenn ich heute etwa behauptete, Pflanzen könnten denken.

Man könnte einwenden, dass alle Lebewesen, die kein Nervensystem haben, damit prinzipiell aus der moralischen Gemeinschaft ausgeschlossen wären. Sie seien uns so fremd, dass niemals ein Nachweis eines inneren Erlebens möglich sei. Dies ist leider der Fall. Das mentale Erleben anderer Lebewesens ist immer nur durch Analogieschlüsse über unser eigenes inneres Erleben möglich. Alle Argumente dafür, dass bei Tieren ein inneres Erleben vorliegt, stützen sich auf solche Analogieschlüsse: Lösen bestimmte physiologische Zustände bei mir Schmerz aus, ist zu erwarten, dass sie bei Wesen, die mit mir nahe verwandt sind und die vom äußeren Verhalten her ähnlich wie ich darauf reagieren, ebenfalls ähnliche negative Empfindungen auslösen. Bei Pflanzen kommen Analogieschlüsse an ihre Grenze. Anthropomorphe Zuschreibungen von Eigenschaften blieben möglich. Aber diese haben keine argumentative Kraft. Auch auf die Naturwissenschaften ist hier nicht zu hoffen. Experimente, die das Vorliegen von Schmerz und Freude bei Pflanzen objektiv verifizieren oder falsifizieren können, sind schlicht unmöglich.[8] Sie liefern nur Indizien, dass Empfinden vorliegen könnte.

Selbst die oben genannten Indizien für das Vorliegen von Schmerz wie das Meiden und Suchen bestimmter Orte reichen nicht aus. Nehmen wir ein Beispiel. Die Quendelseide, eine Schlingpflanze, prüft bei einem ersten Kontakt zunächst, ob und wie ergiebig eine mögliche Wirtspflanze ist. Nach diesem Kontakt bildet sie je nach Befund mehr oder weniger Windungen. Der eigene Energieaufwand wird der möglichen Ausbeute angepasst. Eine Schilderung dieses oder anderen Verhaltens lässt keinen Analogieschluss zu. Ob dieses Verhalten unbewusst geschieht oder nicht, können wir nicht sagen. Auch der Verweis auf die Evolution hilft nichts. Es wäre evolutionär nicht unsinnig, wenn die Quendelseide etwas empfände, aber es ist auch nicht notwendig, dass sie es tut.

Da wir hier argumentativ nicht weiter kommen, bleibt ein spekulativer Kern bestehen. Das heißt aber, dass Pflanzen nicht Teil jener moralischer Gemeinschaft sind, die durch die intersubjektiv verbindliche Moral geschützt ist. Ein behutsamer Umgang mit Pflanzen muss deshalb eine Frage der privaten Einstellung bleiben.

[8] Vgl. zu diesem Punkt auch Ingensiep, Pflanzenseele, S. 634-637.

15. WANN SIND GÜTERABWÄGUNGEN ZULÄSSIG?

Einige oben vorgenommene Formulierungen scheinen die dritte zu beantwortende Frage, nämlich jene nach der Zulässigkeit von Güterabwägungen, bereits beantwortet zu haben. Da moralische Normen Individuen nützen und ihnen einen sicheren Orientierungsrahmen geben sollen,[1] sind Allgemeinwohlüberlegungen klare Grenzen gesetzt, aber mehr noch Handlungen, in denen einer Person geschadet wird, um anderen zu nutzen. Allgemeine Ziele, die Einzelnen Lasten auferlegen, dürfen nur dann befolgt werden, wenn bei der Beschlussfassung klare Verfahren eingehalten wurden, über die selbst Konsens besteht. Ohne eine direkte oder indirekte Zustimmung der Betroffenen dürfen Einzelne sich nicht das Recht herausnehmen, über moralische Rechte anderer zu verfügen. Dies alles habe ich oben sehr schnell eingeführt. Um die Auffassung zu begründen, bedarf es nunmehr eines langsameren Vorgehens.

15.1 WAS SIND GÜTERABWÄGUNGEN?

Als Güterabwägung bezeichnet man eine Untersuchung, in der die erwarteten Vor- und Nachteile von Handlungsoptionen auf ihr Gewicht hin überprüft werden und auf Grundlage dieser Gewichtung eine Gesamtbilanz vorgenommen wird. Ziel der Güterabwägung ist eine rational begründete Vorzugswahl, also die Wahl jener Handlung, welche die bestmögliche Differenz zwischen Vor- und Nachteilen, das heißt den größten Nettonutzen, erbringt. Wie stets bei solchen Folgenabschätzungen muss nicht nur die Höhe des Nutzens und Schadens abgeschätzt werden, sondern auch die Wahrscheinlichkeit, mit der diese eintreten. In Güterabwägungen werden also Chancen und Risiken von Handlungsoptionen verglichen, um auf Grundlage dieses Vergleichs die bestmögliche Handlung zu wählen.

Güterabwägungen sind ein selbstverständlicher Teil unserer Lebenspraxis. Ob man im Urlaub in die Berge fahren soll, ist eine Güterabwägung, in

[1] Moral dient – hier unterscheidet sich der vertragstheoretische Ansatz strikt von utilitaristischen und anderen kollektivistischen Ansätzen – dem Individuum, nicht der Allgemeinheit. Es mag überraschen, dass damit auch Hume von den Utilitaristen abgerückt wird. Es ist jedoch ein Unterschied, ob die Nutzensumme aller Betroffenen zu erhöhen ist oder ob moralische Normen im Nutzen aller sind, also jedem nutzen.

der man sich die erwarteten Vor- und Nachteile eines Bergurlaubs vor Augen führt und dann am Ende entscheidet, ob die Vorteile die Nachteile überwiegen oder umgekehrt die Nachteile die Vorteile. Oft werden in Güterabwägungen erwartete Vor- und Nachteile mehrerer Optionen gegeneinander abgewogen, so etwa, wenn man entscheidet, ob man im Urlaub an die See oder in die Berge fährt.

Wenn man prüft, ob eine begangene Handlung rational bzw. moralisch zulässig war, mag es notwendig sein, eine vom Handelnden vorgenommene oder unterlassene Güterabwägung retrospektiv nachzuvollziehen. Dabei werden nicht die tatsächlich eingetretenen Folgen (moralisch) beurteilt. Ausschlaggebend ist, mit welchen Folgen und mit welchen Wahrscheinlichkeiten der Handelnde vor der Tat zu rechnen hatte. Die Entscheidung, in die Berge zu fahren, wird nicht dadurch irrational, dass es unerwartet zu Schneefällen im Juli kam. Konnte man aber mit dem Schnee rechnen und hätte man bei Schneefall einen Meer- einem Bergurlaub vorgezogen, wäre es irrational gewesen, in die Berge zu fahren.

Sinnvoll ist, Fragen der Verhältnismäßigkeit ebenfalls als Güterabwägungen aufzufassen. Hier geht es darum, die mit dem eingesetzten Mittel verbundenen Vor- und Nachteile und der erwartete Nutzen, der erreicht werden soll, gegeneinander abzuwägen. Hat jemand eine andere Person umgestoßen, um sie vor einem sich nähernden Auto zu retten, entscheidet sich die ethische Zulässigkeit ebenso auf Grund einer Güterabwägung wie eine freiheitseinschränkende Maßnahme bei sturzgefährdeten Bewohnerinnen von Pflegeheimen.

So wie sie eben eingeführt wurden, sind Güterabwägungen stets einzelfallbezogen. Die Beantwortung der Fragen, ob eine spezifische Norm generell Vorrang vor einer anderen hat, ein spezifisches Recht ein anderes Recht übertrumpft oder ein Gut generell einem anderen vorzuziehen ist, könnte man auch Güterabwägungen nennen. Aber die Suche nach solchen Vorrangsregeln ist doch nicht das, was wir im Allgemeinen[2] im Blick haben, wenn von Güterabwägungen gesprochen wird. Im Folgenden konzentriere ich mich daher weitgehend auf situationsbezogene Abwägungen.

In konsequentialistischen Ethiken ist keine Situation denkbar, in denen eine handlungsfähige Person ohne eine Güterabwägung entscheiden kann, was zu tun ist oder nicht. Regelkonsequentialisten beschränken sich darauf, zur Normfindung Güterabwägungen vorzunehmen. Aktutilitaristen fordern auf, vor jeder Handlung eine Güterabwägung vorzunehmen. Selbst wenn es nur eine Handlungsoption gäbe, müsste eine Person noch Vor- und Nachteile berücksichtigen, die damit verbunden wären, wenn sie die Handlung unterlässt. Je nach Nettonutzen müsste sie sich für oder gegen die Handlung entscheiden. Für einen klassischen Utilitaristen sind die für alle

---

[2] Eine Ausnahme stellt die Art dar, wie in einem Regelutilitarismus solche Vorrangsregeln ermittelt werden. Hier kann man wirklich von Güterabwägungen sprechen.

Betroffenen erwartete Freude und deren erwartetes Leid jene Güter, die abzuwägen sind. Moderne Utilitaristen beziehen sich oft auf Präferenzerfüllung. Andere Konsequentialisten gewichten die Folgen auf der Grundlage eines Wertrealismus. Hier werden Wissen, Schönheit, Glück oder andere Dinge, welche intuitiv als wertvoll angesehen werden, in die Güterabwägung einbezogen. Welche Güter aber auch immer abgewogen werden und welche Wertetheorie vertreten wird, eine Güterabwägung ist für einen Konsequentialisten in jeder Situation erforderlich.

Dies unterscheidet konsequentialistische von deontologischen oder nonkonsequentialistischen Ethiken, gemäß denen der gute Zweck nicht *jedes* Mittel heiligt. Handlungen bestimmter Art sind auch dann zu unterlassen, wenn im Einzelfall die besten Folgen für alle Betroffenen erwüchsen. Aber dieses Verbot, die Folgen von Handlungen in den Blick zu nehmen, gilt nur für wenige Normen, wobei, wie im Kapitel 3 gezeigt, in einer strikten Deontologie durch theoretische Zusatzannahmen auch noch ausgeschlossen wird, dass Konflikte zwischen diesen Normen entstehen können. Bei allen anderen Handlungstypen ermisst sich das Gewicht einer Forderung auch in der Dentologie nicht zuletzt aus den daraus erwachsenden Folgen. Fürsorgepflichten etwa sind umso gewichtiger, je dringender und stärker eine zu betreuende Person der Hilfe bedarf. Können zwei Fürsorgepflichten nicht gleichzeitig erfüllt werden, entscheidet eine Güterabwägung, welche zuerst erfüllt werden muss. Zudem entscheiden Güterabwägungen, wenn der Handelnde in einem Konfliktfall zu entscheiden hat, welchen von mehreren (nicht absolut geltenden) Normen er den Vorrang gibt. So mag die Loyalität gegenüber dem Arbeitgeber mit der Fürsorgepflicht gegenüber Kunden in Konflikt geraten und man hat zu entscheiden, welche Norm in dieser Situation das größere Gewicht hat. In ethischen Theorien, welche von einem Vorrang des moralischen Rechts vor der moralischen Pflicht ausgehen, kann es zu Konflikten von Rechten kommen, in denen ebenfalls eine Güterabwägung notwendig ist. So mag das Freiheitsrecht eines Schriftstellers mit dem Abwehrrecht dargestellter Personen in Konflikt geraten, und man muss untersuchen, welches Recht in diesem konkreten Fall schwerer wiegt und welche Handlung deshalb zu unterlassen ist.

Dürfen in einer deontologischen Theorie Güterabwägungen vorgenommen werden, gleichen deren Überlegungen jenen, welche in einer konsequentialistischen Ethik (dort jedoch eben generell) vorgenommen werden. Güterabwägungen im Tierversuchsbereich bieten sich als Beispiel an, um dies zu illustrieren.

15.2 GÜTERABWÄGUNGEN IM TIERVERSUCH

Ein prominenter Ansatz im Bereich des Tierversuchs geht davon aus, dass Tierversuche dann zulässig sind, wenn eine Güterabwägung zu ihren Gunsten ausgefallen ist. Nicht der allgemeine Nutzen der Tierversuchspraxis entscheidet über die Frage der Zulässigkeit von Versuchen, auch nicht die wissenschaftliche Notwendigkeit, sondern allein der Vergleich des spezifischen Nutzens eines Versuchs mit den versuchsbedingten Belastungen der Tiere. Nicht alle, die Güterabwägungen im Tierversuch befürworten, sind Konsequentialisten. Für non-konsequentialistische Theoretiker geht es hier um einen Normenkonflikt, nämlich den Konflikt zwischen der Pflicht, Menschen und anderen Tieren zu helfen, und der Pflicht, keinem Tier Schmerz und Leid zuzufügen.[3] Welche Norm bzw. welches Schutzinteresse jeweils Vorrang hat, kann nur im Einzelfall entschieden werden.

Tierversuche dürfen, so dieser Güterabwägungsansatz, dann durchgeführt werden, wenn eine Güterabwägung, welche die gegenläufigen Interessen der möglichen Nutznießer des Versuchs und der betroffenen Tiere verglichen hat, ergibt, dass das Gewicht der ersteren höher einzuschätzen ist als jenes der letzteren. Oder in anderen Worten: Sofern der erwartete Nutzen für Menschen (und andere Tiere) höher ist als das Leid, der Stress und die Schäden, welche die betroffenen Tiere zu erwarten haben, darf ein Versuch durchgeführt werden. Da bei Güterabwägungen die optimale Nutzenbilanz gesucht wird, ist bei der Abwägung auch zu untersuchen, ob das wissenschaftliche Design zu optimieren wäre oder die erwarteten Schäden minimiert werden können.

Betrachtet werden in der Güterabwägung bei Tierversuchen der Nutzen für den Schutz der natürlichen Umwelt, die Verminderung von Leiden oder der Erkenntnisgewinn über grundlegende Lebensvorgänge. Ob ein Erkenntnisgewinn, bei dem ausgeschlossen werden kann, dass er menschliches Leid minimiert, Tierversuche rechtfertigen kann, ist eine andere Frage.

Wäre es zum Beispiel wirklich ein Nutzen für den Menschen, wenn wir wüssten, ob und wenn ja, wie sich die Konsistenz von Mäuseblut auf dem Saturn verändert, und dies dann, wenn ausgeschlossen ist, dass niemals ein medizinischer oder sonstiger Nutzen für den Menschen daraus erwüchse? Der Erkenntnisgewinn allein wäre nur dann ein Nutzen, wenn Wissen für sich ein objektiver Wert wäre, den man anstreben muss. Aber die Annahme solcher objektiver Werte haben wir mehrmals zurückgewiesen. Was soll aber dann für diesen Versuch sprechen? Dass einige Personen sich freuen, dies nun zu wissen, überwiegt wohl kaum das Leid der Versuchstiere. Aber diese Freude wäre das einzige, was ins Gewicht fiele. Wer einwendet, ein medizinischer oder sonstiger Nutzen könne ja nie ausgeschlossen werden und des-

[3] Man könnte auch annehmen, es ginge um den Konflikt zwischen dem Recht auf Forschungsfreiheit und Tierschutzüberlegungen.

halb müsse auch so ein Versuch denkbar sein, unterstreicht nicht nur, dass es im Tierversuch eben nicht um das Wissen um des Wissens willen geht. Er bestätigt auch die These, dass der Erkenntnisgewinn für sich genommen noch nicht für den Versuch spricht. Ob es unter diesen Umständen jedenfalls erlaubt ist, hundert Mäuse in eine künstlich erzeugte Saturnatmosphäre zu versetzen, um dann nach deren Tod die Blutkonsistenz zu prüfen, ist im Güterabwägungsansatz wohl nicht nur zweifelhaft, sondern zu verneinen.

Das heißt freilich, dass reine Grundlagenforschung stets weniger zugunsten ihres Versuchs anführen kann als Forschung, bei der eine Anwendung in unmittelbarer Sicht ist. Denn ohne Zweifel ist hier die Eintrittswahrscheinlichkeit, dass ein Nutzen entsteht, stets kleiner als bei jener Forschung, wo sich eine künftige Anwendung bereits abzeichnet; und für die Zulässigkeit von Risiken ist im Güterabwägungsansatz nicht nur die Nutzenhöhe ausschlaggebend, sondern auch die Eintrittswahrscheinlichkeit. Je naheliegender der Nutzen ist, desto mehr Risiken dürfen dafür in Kauf genommen werden. Hier werden dieselben Grundsätze angewandt wie in allen anderen Güterabwägungen. Auch angesichts eines akuten Herzinfarkts sind aus medizinischer Sicht riskantere medizinische Eingriffe zulässig als bei einem Herzproblem, das eventuell in mehreren Jahren akute Probleme bereiten könnte.

Obzwar dieser Güterabwägungsansatz in ethischen Richtlinien von Forschungsgemeinschaften eine große Rolle spielt[4], so gehen viele Forschende in der Realität davon aus, dass die Pflicht, Menschen zu helfen, prinzipiell Vorrang hat vor Tierschutzüberlegungen. In diesem Falle besteht keine Notwendigkeit zu einer Güterabwägung, sondern allein eine moralische Pflicht, das Leiden der Tiere, wenn möglich, zu minimieren. Handelt es sich um einen wissenschaftlich sinnvollen Versuch, dessen Methode sich eignet, das Versuchsziel zu erreichen, fordert der Tierschutzgedanke dann auf, im Vorfeld von Versuchen drei Punkte zu prüfen:

- Kann der Versuch, ohne dass das Versuchsziel gefährdet ist, so verfeinert werden, dass Tiere weniger leiden?
- Kann die Zahl der Versuchstiere verkleinert werden, ohne das Ziel zu gefährden?
- Besteht eine Alternative, das gewünschte Ziel ohne einen Tierversuch zu erreichen?

Das Prüfen dieser drei Fragen bezeichnet man nach den Anfangsbuchstaben der englischen Ausdrücke für Verbessern, Reduzieren, Ersetzen: Refine-

4 Siehe zum Beispiel die ethischen Richtlinien der Schweizerischen Akademien für Medizinische und Naturwissenschaften SAMW/SANW.

Reduce-Replace als 3R-Ansatz.[5] Im 3R-Ansatz wird von einem prinzipiellen Vorrang wissenschaftlicher Ziele vor Tierschutzinteressen ausgegangen. Es wird ausgeschlossen, dass auf eine mögliche Erkenntnis verzichtet werden dürfte, weil ein Tierversuch zu viel Tierleid erzeugt.

Der 3R-Ansatz kommt moralisch nur dann in Betracht, wenn man an der Doktrin der moralischen Sonderstellung des Menschen festhält. Denn nur diese setzt voraus, dass das Leid von Menschen unvergleichlich gewichtiger ist als das Leid von Tieren. Gibt es aber keinen Grund, an dieser moralischen Sonderstellung des Menschen festzuhalten, so müsste der 3R-Ansatz behaupten, die Pflicht, anderen Leid zu ersparen, übertrumpfe stets das Recht auf Unversehrtheit. Aber wer würde behaupten, dass man hundert einem unbekannten Personen schweres Leid zufügen dürfte, um ein kleines Leid bei fünf einem ebenfalls unbekannten Personen zu erleichtern? Dies wäre schlicht irrational. Und es wird auch nicht dadurch rationaler, dass man zu prüfen hätte, ob die Zahl der hundert Personen vielleicht verringert wird oder ob eine alternative Handlung dieselbe Erleichterung für die fünf Personen herbeiführen könnte.

Sobald Leid nicht mehr in zwei inkommensurable Klassen, jene des menschlichen und jene des nicht-menschlichen Leids, eingeteilt werden darf, kann nur der Güterabwägungs-Ansatz interessieren. Dieser fordert auf, vor Tierversuchen eine Güterabwägungen durchzuführen, in denen der erwartete Nutzen für Mensch (und Tier) und der erwartete Schaden für die Versuchstiere gegeneinander abgewogen werden. Ob diese Güterabwägung zulässig ist, hängt von der Antwort auf die prinzipielle Frage ab, ob und, wenn ja, wann Güterabwägungen zulässig sind.

15.3 Zur moralischen Signifikanz zweier Situationstypen

Bei der ethischen Beurteilung von Tierversuchen geht es darum, ob es erlaubt ist, einem Lebewesen zu schaden, um anderen zu helfen. Damit haben wir aber nur einen Situationstyp, in denen eine Güterabwägung relevant ist, und zwar jenen Typ, den manche mitunter als „Instrumentalisierung" bezeichnen. Selbst dann, wenn in „Instrumentalisierungssituationen" eine Güterabwägung ausgeschlossen sein sollte, mag es andere Situationstypen ge-

[5] Dieses Modell geht zurück auf William M. S. Russell und Rex R. Burch, die 1959 das einflussreiche Buch „The Principle of Humane Experimental Technique" veröffentlichten.

ben, in denen Güterabwägungen in der Ethik erlaubt, ja unausweichlich sind.

Es ist insbesondere von Bedeutung, zwischen folgenden zwei Situationstypen zu differenzieren:

(1) Eine Person tut einem anderen etwas Schlechtes, um damit für sich selbst oder unbeteiligte Dritte einen Nutzen zu generieren.
(2) Eine Person hat die Wahl zwischen zwei Handlungsoptionen, wobei sie mit der ersten A schadet und B nutzt und mit der zweiten B schadet und A nutzt.

Im Folgenden werde ich dies am Beispiel der Tötung diskutieren. Hier hätten wir folgende Situationstypen:

(1) Eine Person steht vor der Wahl, ob sie eine Person A töten soll, um B zu retten.
(2) Eine Person steht vor der Wahl zwischen zwei Handlungsoptionen, deren eine den Tod von A zur Folge hat, aber B rettet, und die andere den Tod von B und die Rettung von A.

Ein Beispiel der ersten Kategorie wäre das sogenannte Organspende-Beispiel: Eine Ärztin überlegt, ob sie einen gesunden Menschen töten darf, um durch dessen Organe das Leben von fünf Patienten zu retten.[6] In die zweite Kategorie fallen die klassischen Rettungsbootsbeispiele, in denen eine Person nach dem Untergang ihres Schiffes nur eine von mehreren im Wasser treibenden Menschen in das Rettungsboot aufnehmen kann. So mag eine Person vor der Wahl stehen, entweder ein kleines Kind oder einen berühmten Arzt zu retten. Wie bei der Verteilung von knappen Organen oder der medizinische Triage geht es hier darum, *wem* man helfen soll. In die gleiche Kategorie fallen Situationen, in denen eine Person zwei Handlungsmöglichkeiten hat, in denen sie entweder A oder B schädigt. Einen solchen Fall hätten wir, wenn ein Fahrer eines Gefahrgutlastwagens mit defekten Bremsen einen steilen Hang hinunterfährt und nur noch die Wahl hat, ob der Wagen den linken Abhang hinunterkippt, wo seines Wissens nach eine Chemiefabrik liegt, oder den rechten Abhang, wo ein Kindergarten Opfer seines explodierenden Wagens würde.

Beide Kategorien unterscheiden sich insofern, als im ersten Falle die Schädigung ein Kausalfaktor ist, ohne den der Nutzen der anderen nicht verwirklicht werden kann. Hier geht es darum, ob ein Mittel eingesetzt werden darf, um einen bestimmten Zweck zu erreichen (deswegen auch die Re-

[6] Ob es sich bei dem Geschädigten um eine Person, eine entmündigte Person oder ein unmündiges Wesen handelt, spielt keine Rolle. Der Darstellung halber beschränke ich mich zunächst darauf, was Personen einander antun.

de von einer Instrumentalisierung). Die Ärztin muss den Gesunden töten, um den anderen helfen zu können. Im zweiten Fall ist die Schädigung des anderen kein Kausalfaktor bei der Rettung der anderen. Zieht man das kleine Kind ins Rettungsboot und nicht den Arzt, so ist das Ertrinken des Arztes nicht das Mittel, um das Kind zu retten. Bei dessen Rettung spielt der Tod des Arztes keine kausale Rolle.[7]

In Situationen des zweiten Typs sind Güterabwägungen unvermeidbar, in jenen des ersten Typs aber, so meine These, ist eine Güterabwägung nicht erlaubt. Es ist nicht erlaubt, Leib und Leben eines anderen als Mittel zu nehmen, um anderen zu helfen. Dass hier zwei moralisch unterschiedlich zu beurteilende Situationen vorliegen, wird oft übersehen und muss daher noch näher erörtert werden. Wichtig ist zuallererst zu zeigen, wie diese Differenz der moralischen Beurteilung mit der Tun- und Unterlassensdifferenz in Beziehung steht: In der ersten Kategorie geht es um eine Entscheidung, etwas zu tun oder zu unterlassen. Wir haben hier folgende Wahl:

(1) „Ich tue X“ oder „Ich unterlasse X“.

In Beispielen der zweiten Kategorie wie dem Rettungsboot habe ich dagegen die Wahl zwischen zwei Handlungsoptionen, die beide ein Tun und eine Unterlassung enthalten.[8]

(2) „Ich tue X und unterlasse Y“ oder „Ich tue Y und unterlasse X“.

Wäre eine Unterlassung weniger schlimm als ein Tun, müsste in der ersten Kategorie die Unterlassung gewählt werden, während im zweiten weiterhin eine Güterabwägung notwendig ist. (Allerdings müsste erst noch gezeigt werden, dass in einer säkularen Ethik die Tun-Unterlassen-Unterscheidung weiterhin besteht.)

Welch große Rolle die Unterscheidung dieser beiden Situationstypen spielt, sieht man auch darin, wie das Trolleybeispiel spontan beurteilt wird. Dieses Beispiel handelt davon, dass ein Trolleybus führungslos einen Berg hinunterfährt und fünf Menschen töten würde, es sei denn, man stellt eine Weiche um und lenkt den Trolley in Richtung einer anderen Person. Dieses Beispiel wird von vielen, ja den meisten als Situation aufgefasst, in der man die Wahl zwischen zwei Handlungsoptionen zu haben scheint, entweder fünf zu retten oder einen zu töten. Wenn im Laufe eines Ethikunterrichts

---

[7] Dass dessen Ertrinken dem Handelnden bewusst ist und er sich überlegen muss, ob er auch diesen retten kann, ist klar. Hier geht es nur darum, dass dessen Ertrinken nicht als Mittel bezeichnet werden darf, andere zu retten.

[8] Die Wahl erfolgt zudem in einer Situation, in der es keine realistische Option gibt, X wie Y tun zu können (im Rettungsfall also: alle zu retten). Allenfalls gibt es schlechtere Optionen, etwa jene, X wie Y zu unterlassen (also für das Rettungsbootszenario: weder das kleine Kind noch den Arzt zu retten).

deutlich wird, dass hier eine Person getötet wird, um andere zu retten, und also kein Unterschied zum gleichzeitig behandelten Organspendebeispiel besteht, ändern viele erfahrungsgemäß ihre Meinung.[9] Die Intuition ändert sich.

Da moralische Intuitionen keine Begründungsfunktion haben, muss es hier darum gehen, ob auf Theorieebene eine Ungleichbehandlung zu begründen ist. Für einen Aktutilitaristen gäbe es zum Beispiel keinen Unterschied zwischen diesen beiden Kategorien. Ihm ginge es ausschließlich um die vorhersehbaren Folgen der Handlungsoptionen. Man hat jene Handlungsoption zu wählen, welche für alle Betroffenen den größten Nutzen bringt; wie viele Handlungsoptionen zur Verfügung stehen und welcher Art sie sind, ob etwa ein Tun oder eine Unterlassung, spielt keine Rolle. Der Utilitarist würde stets einfordern, dass so viele wie möglich überleben. Eine skeptische Vertragstheorie würde, so meine These, verbieten, bei Fällen der ersten Kategorie eine Güterabwägung durchzuführen. Es ist im Interesse aller, nicht wider Willen getötet zu werden – und dies auch dann, wenn der Tod anderen nutzen würde. Moralische Rechte dienen gerade dazu, das Individuum vor Allgemeinwohlüberlegungen zu schützen.

In Situationen der zweiten Kategorie hat die handelnde Person überhaupt keine Möglichkeit, Rechte anderer zu verschonen. Sie verletzt entweder das Recht des einen oder das Recht des anderen. Diese Situationen werden teilweise auch echte ethische Dilemmata genannt und es besteht die Ansicht, dass es hier keine richtige Handlung gebe. Ist menschliches Leben etwas Unverfügbares, so darf man in der Tat bei vielen Beispielen – nämlich immer, wenn menschliches Leben auf dem Spiel steht – nicht sagen, hier müsse auf Grundlage einer Güterabwägung entschieden werden, welche Option zu wählen sei. Die Akteure befinden sich dann in einer tragischen Situation, in der sie sich, egal welche Option sie wählen, schuldig machen. Allerdings setzt der Gedanke der Unverfügbarkeit menschlichen Lebens Prämissen voraus, die nicht intersubjektiv begründet werden können, sondern eine Frage des privaten Glaubens sind. In einer metaphysikfreien Ethik sind in diesem Situationstyp Güterabwägungen nicht nur möglich, es ist unumgänglich, das kleinste Übel zu wählen. Der Fahrer unseres Gefahrgutzuges muss jemanden verletzen, er hat jedoch die Wahl zwischen den Anrainern der Fabrik und den Kindern des Kindergartens. Würde seine Fracht eine größere Explosion in der Fabrik auslösen, die eine Vielzahl von Leben gefährden würde, ist es die richtige Entscheidung, den Laster in die andere Richtung fallen zu lassen, sofern dadurch weniger Tote zu befürchten sind

---

[9] Aus diesem Grunde ist es auch sinnvoll, das Trolley-Beispiel stets gemeinsam mit dem Organspende-Beispiel zu besprechen und zu diskutieren. Vgl. zum Trolley-Beispiel insbesondere: Thomson, Killing, Letting Die, and the Trolley Problem, sowie dies., The Trolley Problem.

Aber die Abgrenzung der beiden Situationstypen ist damit noch nicht vollständig beschrieben. Bisher klang es so, als ob es bei Situationen des ersten Typs nur darum geht, ob die Handlung eine Norm bzw. ein Recht missachtet oder nicht. Aber auch bei diesem Fall kann die Person nicht anders, als gegen eine Norm zu verstoßen. Tut sie etwas, verstößt sie gegen das Recht auf Unversehrtheit, tut sie nichts, missachtet sie die Pflicht, anderen zu helfen. Nehmen wir nur die Situation der Ärztin, deren einzige Möglichkeit, fünf Leben zu retten, die ist, einen Gesunden tötet. Die Ärztin verletzt entweder das Lebensrecht des Gesunden oder sie nimmt den fünf anderen durch ihre Unterlassung das Leben

Wäre uns das Leben anderer einfach entzogen, weil es nicht dem Menschen, sondern Gott gehört, wäre die Tötung des einen, um die fünf zu retten, klarerweise moralisch verwerflich. Dasselbe wäre der Fall, wenn die Tötung anderer allein dadurch tabuisiert ist, dass hier etwas Gottesebenbildliches angetastet wird. Aber beides setzt die Annahme eines Gottes und weitere spezifische religiöse Annahmen voraus, welche nicht intersubjektiv begründbar sind. Wäre Leben ein moralischer (aber nicht-absoluter) Wert, müsste Tötung und Lebensrettung dagegen moralisch gleich beurteilt werden und wir müssten dazu beitragen, dass so viel Wert wie möglich in der Welt besteht, das heißt es müssten so viele Leben wie möglich gerettet (und vielleicht sogar erzeugt) werden. Doch auch diese objektiven Werte können nicht intersubjektiv begründet werden. In einer vertragstheoretischen Konzeption geht es um Rechte, nicht um Werte.

Eine Möglichkeit, hier zu argumentieren, wäre, dass zwar ein Abwehrrecht besteht, nicht getötet zu werden, aber kein oder zumindest kein vergleichbares moralisches Recht, dass das eigene Leben gerettet wird. Wäre dies der Fall, würde die Ärztin, sofern sie den Gesunden töten will, das Bestehen des moralischen Rechts, nicht getötet zu werden, selbst in Frage stellen. Denn moralische Rechte schützen genau vor Güterabwägungen gegen das Allgemeinwohl; und Hilfsüberlegungen gehörten zu diesen Allgemeinwohlüberlegungen. Verdeutlichen wir dies am Beispiel vom Jesse James, einem amerikanischen Outlaw des 19. Jahrhunderts, der von manchen Autoren als ein „Robin Hood des Wilden Westen“ beschrieben wird. Seine Familie war in Folge des amerikanischen Bürgerkriegs verarmt, und er sah nur eine Möglichkeit, ihr zu helfen: Eisenbahnüberfälle. Eine mögliche Charakterisierung seiner Situation wäre, zu sagen, dass er sich damit einer Pflichtenkollision gegenüber sah: Auf der einen Seite hatte er Hilfspflichten gegenüber seiner Familie, auf der anderen jene, keine Eigentumsrechte zu missachten. Würde man allerdings jederzeit Gefahr laufen, dass andere einen überfallen dürfen, um das Eigentum zum Guten anderer zu verwenden, würde die gesamte Institution des Eigentumsrechts in Frage gestellt. Dieses Recht soll schließlich davor schützen, bestohlen und beraubt zu werden. Es gibt dem Eigentümer zudem die Garantie, dass – ausgenommen jene auf seine indirekte Zustimmung aufbauenden Steuerabgaben – allein er entscheidet, ob und, wenn ja, wem er hilft. Auch wenn ein Jesse James eine moralische Pflicht hat, seiner armen Familie beizustehen, so leitet sich daraus nicht die Erlaubnis ab, Eisenbahnpassagiere und -gesellschaften auszurauben, um seiner Familie etwas Gutes zu tun. Jesse James steht dieses Mittel des Eisenbahnraubs nicht zur Verfügung, da er nicht Leben, Leib und Gut anderer aufs Spiel setzen darf, um Gutes zu tun. Er hat andere Mittel zu wählen, diese Pflicht zu erfüllen. Gibt es keine anderen Mittel, mag die Familie die Hilfe der Passagiere erbitten, aber Jesse James darf diese Hilfe nicht erzwingen. Indem er dies tut, stellt er die Existenz des Rechts selbst in Frage. Dasselbe gilt für die Ärztin im Organspendebeispiel. Indem sie überlegt, einen zu töten, um andere zu retten, stellt sie das Bestehen eines moralischen Lebensrechts in Frage. Dies ist bei Beispielen des zweiten Typs nicht der Fall. Egal was der Fahrer des Gefahrgutlasters tut, muss er ein Recht auf Leben missachten. Allein deshalb ist hier eine Güterabwägung zulässig.

Man mag einwenden, der behauptete Unterschied zwischen beiden Handlunsgtypen, entstünde allein deshalb, weil moralische Rechte hier ausschließlich als Abwehrrechte aufgefasst werden. Personen haben nach dem eben Dargestellten ein moralisches Recht, nicht bestohlen zu werden, aber nicht einen gleichrangigen Anspruch auf Unterstützung in der Not. Das Recht auf Leben schützt vor der Tötung durch andere, eröffnet aber keinen gleichrangigen Anspruch, dass das eigene Leben gerettet wird. Auch wenn eben von Hilfspflichten die Rede war, wurden sie gegenüber den Abwehrrechten doch als zweitrangig angesehen. Genau hier liege der Fehler, der korrigiert werden müsste. Um diesen Punkt zu erörtern, müssen wir uns allgemeiner mit moralischen Rechten befassen.

15.4 Moralische Rechte und Güterabwägungen

Setzen wir beim Unterschied zwischen Interessen und Rechten an. Aus einem einfachen Interesse erwächst für andere keine Pflicht, dieses zu erfüllen. Aus dem Umstand, dass Person A ein Interesse an einem neuen PC hat, erwächst für andere Personen keine Pflicht, diesen zu kaufen. Hat jemand jedoch ein moralisches Recht, so erwächst daraus ein Anspruch, der andere verpflichtet, diesen Anspruch zu erfüllen. Moralischen Rechten korrespondieren moralische Pflichten. Auf Grund der aus einem Recht jeweils erwachsenen spezifischen Pflicht kann man mehrere Typen moralischer Rechte unterscheiden.

- Hat jemand ein moralisches Abwehrrecht, so haben alle anderen eine moralische Pflicht, bestimmte Handlungen zu unterlassen. Dem Recht auf

Unversehrtheit etwa korrespondiert die Pflicht, diese Unversehrtheit zu achten und den Rechtsträger nicht zu schädigen. Abwehrrechte fordern zu Unterlassungen auf.

- Sobald jemand ein moralisches Freiheitsrecht hat, haben alle anderen die Pflicht, niemand an der Ausübung dieser Freiheit zu hindern (solange er dabei nicht Rechte anderer verletzt). Ein Recht auf freie Berufsausübung zu haben, heißt, dass jede Person wählen darf, welchen Beruf sie wählt. Ausgenommen sind allein jene Tätigkeiten, in denen durch die Berufsausübung Rechte anderer verletzt werden. Andere haben eine Pflicht, sie nicht an der Ausübung dieses Rechts zu hindern. Ein Friseurverband dürfte also nicht entscheiden, dass Grauhaarige von diesem Beruf ausgeschlossen werden.
- Hat eine Person x ein moralisches Anspruchsrecht auf y, haben einzelne oder andere die moralische Pflicht, etwas für x zu tun. Hat jemand ein moralisches Recht auf Schulbildung, haben andere die Pflicht, ihm diese Bildung zu ermöglichen.

Welches Recht auch immer besteht, es kann nicht einfach durch Allgemeinwohlerwägungen eingeschränkt werden und schon gar nicht, wenn jemand anderes ein Interesse hat, dies zu tun. Moralische Rechte könnten, wenn überhaupt, nur durch andere moralische Rechte übertrumpft werden.

Güterabwägungen sind überhaupt nur denkbar, wenn sich Abwehr- und Anspruchsrechte gegenüberstehen. Freiheitsrechte sind dagegen stets so definiert, dass sie sich nur in jenem Rahmen bewegen, der durch die moralischen Rechte anderer gebildet werden.

Dieser Punkt ist von zentraler Bedeutung, wenn es um Tierversuche geht. Forschungsfreiheit ist kein moralisches Anspruchsrecht. Kein einzelner Bürger, keine Institution und kein Staat haben die moralische Pflicht, einem Forschenden die Mittel zu geben, um wissenschaftlich arbeiten zu können. Allenfalls haben einzelne oder der Staat ein Interesse an Forschung. Aber aus einem Interesse an der Tätigkeit eines anderen erwächst diesem kein Anspruch auf Unterstützung. Eine Regelung, die dies einforderte, wäre sicherlich nicht im Interesse aller. Denn wer wollte zum Beispiel, dass Fußballvereine allein deshalb Unterstützung von einem einfordern dürfen, weil es einem selbst Freude bereitet, Berichte von Fußballspielen zu lesen. Forschungsfreiheit ist aber auch kein Abwehrrecht. Denn welche Unterlassungspflichten sollten dann bestehen? Die Abwehrrechte der Forschenden, deren Recht auf Unversehrtheit und Eigentum, sind bereits geschützt. Forschung als solche könnte zusätzlich nur gegen Kritik und Spott geschützt werden. Wenn dem so ist, kann man den Gedanken, Forschungsfreiheit sei ein Abwehrrecht, am besten am analogen Beispiel der Religionsfreiheit erläutern. Diese wird mitunter als ein moralisches Abwehrrecht formuliert, aus dem für andere die Pflicht erwächst, weder über die Religion noch über deren Inhalte zu lästern oder die Gefühle Gläubiger in anderer Weise zu verletzen. Eine solche Interpretation der Religionsfreiheit läge im Interesse einzelner, aber nicht im Interesse jedes einzelnen. Denn bei einer solchen Auslegung bestünde Gefahr, dass einzelne Überzeugungssysteme der Kritik und Diskussion entzogen werden. Der schnelle Verweis auf Tabus ist sehr oft nichts anderes als das implizite Eingeständnis, dass man etwas aus einem subjektiven Gewissheitsgefühl heraus erzwingen will, das intersubjektiv nicht begründet werden kann. Aber damit untergrübe man den freien Austausch von Argumenten, in denen sich Überzeugungen als begründet oder nicht begründet erwiesen. Man liefe Gefahr, unbegründete Auffassungen zu tabuisieren.[10] Begründete Auffassungen, die Kritik nicht zu fürchten haben, erstarrten durch eine Tabuisierung zum Dogma, das man einfach zu akzeptieren hätte, und verlören dadurch gerade den Vorteil, für alle nachvollziehbar und gegenüber allen verteidigt werden zu können. Da sich rationale Personen damit selbst potentiell schadeten, kann eine solche Tabuisierung für sie nicht in Frage kommen. Überzeugungen müssen der Kritik zugängig sein. Das heißt aber auch, dass Forschung nicht vor Kritik und Spott geschützt sein darf, auch nicht dagegen, dass das gesamte Programm der modernen Wissenschaft grundsätzlich in Frage gestellt wird. Forschungsfreiheit ist kein Abwehrrecht, sondern ein Freiheitsrecht.

Forschungsfreiheit garantiert, dass jeder Forscher die eigenen Fragestellungen und Zielsetzungen nach eigenem Gewissen und eigenem Urteil wählen und jede These und Ansicht frei vertreten darf. Sie ist nicht damit gleichzusetzen, dass dem Forscher jene Mittel zur Verfügung stehen, mit denen er forschen möchte. Seine Freiheit, Methoden und Ziele zu wählen, hat durchaus Vorrang vor Interessen anderer. Auch wenn andere ein Interesse daran haben, das bestimmte Fragen nicht wissenschaftlich angegangen werden wie etwa die Frage, was vor dem Urknall war, so dürfen Wissenschaftler sie erforschen. Die Freiheit des Wissenschaftlers, das zu erforschen, was er will und wie er es will, endet aber, wenn moralische Rechte anderer ins Spiel kommen. Das heißt beispielsweise:

- Ein Altphilologe darf nicht einfach eine Pergamentrolle aus einem Museum mitnehmen, um sie besser untersuchen zu können.
- Eine Psychologin darf nicht ohne zu fragen Kameras in Schlafzimmern installieren, um das Liebesleben von Versuchspersonen zu beobachten.
- Eine Historikerin darf nicht einfach in das Archiv einer Bankgesellschaft einbrechen, um offene Fragen bezüglich einer zeitgeschichtlichen Persönlichkeit zu untersuchen.

[10] Vgl. hierzu weiterhin maßgeblich: Mill, On Liberty.

In all diesen Fällen darf der Forschende erst dann tätig werden, wenn er die Erlaubnis jener hat, in deren Rechte er eingreift. Er braucht die Zustimmung des Museums, der Versuchspersonen und der Bank. Da Forschende Rechte anderer zu respektieren haben, ist damit auch ihre Freiheit begrenzt, bestimmte Methoden zu wählen. Selbst dann, wenn die heimlichen Kameras im Schlafzimmer anderer die einzige Methode wäre, das Geschlechtsleben der Europäer oder Melanesier zu entschlüsseln, stünde diese Methode aus moralischen Gründen nicht zur Verfügung. Der Forschende muss auf den möglichen Erkenntnisgewinn verzichten.

Wir haben hier eine so klare Vorrangsregel, dass es nicht einmal zulässig ist, davon zu sprechen, in den genannten Fällen bestehe ein Konflikt zwischen Forschungsfreiheit und Rechten anderer. Es wäre ja schließlich auch unsinnig, davon zu sprechen, es bestehe ein Konflikt zwischen Reisefreiheit und Eigentumsrechten, wenn es um die Frage geht, ob eine Frau einen Motorroller stehlen darf, um damit eine Italienreise anzutreten. Dass hier kein moralischer Konflikt besteht, wird noch deutlicher, wenn wir die Seite der moralischen Pflichten in den Blick nehmen. Die Frau hat in dieser Situation nur eine einzige moralische Pflicht, nämlich jene, nicht zu stehlen. Aus Freiheitsrechten erwachsen für andere Pflichten (nämlich jene, die Handlung zuzulassen und zu tolerieren), nicht für den Handelnden selbst. Es gibt keine Pflicht zu reisen. Wenn wir der Frau untersagen, den Motorroller zu nehmen, schränken wir ihre Reisefreiheit in keiner Weise ein. Genau sowenig schränken wir die Forschungsfreiheit ein, wenn Wissenschaftlern der Diebstahl, die Missachtung der Privatsphäre oder die Verletzung des Bankgeheimnisses verboten ist.

Diese Überlegungen zur Forschungsfreiheit haben bereits Auswirkungen auf die Frage der Zulässigkeit von Tierversuchen. Das Recht auf Forschungsfreiheit würde nur dann von Belang sein, wenn auf der anderen Seite bloße Interessen stehen, etwa die Interessen der Tierschützer, dass keine Tierversuche stattfinden. Wenn aber nicht nur Menschen ein Recht auf Unversehrtheit zukommt, sondern allen Tieren, so schließt die Forschungsfreiheit nicht das Mittel ein, irgendein Tiere für die eigenen Zwecke zu nutzen. Wenn überhaupt, können Tierversuche nur darüber gerechtfertigt werden, dass sie ein Mittel sind, moralische Anspruchsrechte anderer zu erfüllen.

Abwehrrechte anderer können höchstens mit Anspruchsrechten in Konflikt geraten. Wenn sich eine Frau überlegt, einen Motorroller zu stehlen, um damit ein verletztes Kind ins Spital zu bringen, würden wohl viele von einer Pflichtenkollision sprechen, jener zwischen der Pflicht, das Eigentum anderer zu achten, und der Pflicht, dem Kind zu helfen. Intuitiv würden wir hier dem Anspruchsrecht den Vorrang geben. Ertrinkt ein Mensch im See, halten wir es ja in dieser akuten Notsituation für erlaubt, das Boot eines anderen zu nehmen und zu nutzen. Hier scheint freilich ein Widerspruch zu der ebenso klaren Intuition zu bestehen, dass Jesse James nicht einfach Eisenbahnzüge überfallen darf. Dass unsere moralischen Intuitionen in so unterschiedliche Richtung weisen, liegt daran, dass die angeführten Beispiele in unterschiedliche Kategorien fallen können.

1) Die mutmaßliche Zustimmung des Rechtsinhabers darf vorausgesetzt werden.

Abwehrrechte verpflichten andere nur solange zu einer Unterlassung, bis eine informierte Zustimmung des anderen die Handlung erlaubt. In Notsituationen kann an Stelle der expliziten Zustimmung eine stellvertretende oder mutmaßliche Zustimmung treten, und dies dann, wenn eine explizite Zustimmung aus Dringlichkeitsgründen nicht abgewartet werden kann, diese aber zu erwarten ist. Eine Notoperation an einem bewusstlosen Menschen ist erlaubt, weil die Mediziner hier – liegt keine anders lautende Patientenverfügung vor – von der mutmaßlichen Zustimmung des Patienten ausgehen dürfen. Genauso ist es erlaubt, in Abwesenheit der Nachbarn in deren brennendes Haus einzudringen, um dort erste Hilfsmaßnahmen zu leisten. Können die Rettenden in den Motorroller- und Rettungsbeispielen von der mutmaßlichen Zustimmung der Eigentümer ausgehen, so ist die Handlung zulässig. Sie achteten in diesem Fall sowohl das auf dem Spiel stehende Abwehr- wie das Anspruchsrecht. Akteure können durch die Annahme der „mutmaßlichen Zustimmung“ nur gewinnen, aber nichts verlieren.

Interessanter scheint die Frage, was zu tun ist, wenn keine mutmaßliche Zustimmung erwartet werden darf oder wenn ein Eigentümer eine Hilfe gar explizit ablehnt. Für die obigen Rettungsbeispiele ergibt sich immer noch nicht notwendig ein moralischer Konflikt. Natürlich ist denkbar, dass die Eigentümer bewusst ablehnen, der Person zu helfen und ihr verweigern, die Fahrzeuge zu nutzen. Allerdings haben ja nicht nur die Hilfsbereiten die Pflicht, den Notleidenden zu helfen, sondern auch alle anderen, die helfen können. Wir sind damit bei folgendem Fall:

2) Um das Anspruchsrecht anderer zu erfüllen, muss ein Abwehrrecht anderer missachtet werden; der Inhaber des Abwehrrechts hat aber zugleich die moralische Pflicht, die verlangte Hilfe zu leisten.

Besteht eine Hilfsverpflichtung, haben die Fahrzeugshalter ihr Eigentum zur Verfügung zu stellen. Die Besitzer haben nicht das Recht, ihre Fahrzeuge zu verweigern. In einem solchen Ausnahmefall ist es also sogar gerechtfertigt, die Fahrzeuge wider den Willen des Inhabers zu nehmen. Genauso darf eine Frau ihrem im gemeinsamen Haushalt lebenden Ehemann wider dessen ausdrücklichen Willen einen Teil seines Geldes nehmen, um damit Essen für ihre hungernden Kinder zu kaufen, das sie sonst nicht erstehen könnte.

Auch dort besteht eine klar definierte Pflicht, die der Ehemann nicht verweigern darf.

Hieße dies aber auch, dass Jesse James im Recht war? Bei der obigen Schilderung hatte ich ausgeblendet, dass dessen Opfer, also die Eisenbahngesellschaften und die Passagiere, eine Pflicht haben könnten, der Familie James zu helfen. Ich bezweifle jedoch, dass eine solche Pflicht bestand. Dass Jesse James eine Pflicht hat, seiner Familie zu helfen, steht nicht zur Diskussion, sondern nur, ob die Familie einen moralischen Anspruch hat, dass ihr von den Zugpassagieren geholfen wird. Zu beachten wäre dabei, dass zwischen dem Beispiel mit dem verunglückten Kind und jenem der Familie James zwei relevante Unterschiede bestehen. Erstens konnten die Passagiere nicht wissen, ob sich die Familie James nicht selbst helfen konnte und wirklich der Hilfe bedurfte. Zweitens hätten sich die Passagiere fragen dürfen, warum sie ausgerechnet der Familie James helfen sollten. Es gab andere, schwerere Schicksale nach dem amerikanischen Bürgerkrieg. Eine solche Unklarheit, wem zu helfen ist, besteht im Motorroller-Beispiel nicht. Allen Personen ist klar, dass das Kind und nur dieses der Hilfe bedarf. Während der Motorrollerbesitzer eine Hilfspflicht hat, lag es in der Freiheit der von James bedrohten Passagiere, ob und wem sie helfen wollen. Es bestand keine moralische Pflicht, der Familie zu helfen. Das Jesse James-Beispiel gehört daher zu folgendem Fall:

3) Um das Anspruchsrecht anderer zu erfüllen, muss ein Abwehrrecht anderer missachtet werden, ohne dass der Inhaber des Abwehrrechts zugleich eine moralische Pflicht hat, die verlangte Hilfe zu leisten.

Selbst wenn Hilfsbedürftige gegenüber allen Personen einen moralischen Anspruch auf Hilfe haben, sind letztere nur dann zur Hilfe verpflichtet, wenn die verlangte Hilfe für sie zumutbar ist. Diese Einschränkung ist wiederum ein Gebot der Klugheit. Da jede Person damit rechnen muss, in Notlagen zu geraten, aus denen sie sich nicht selbst retten kann, ist es im Interesse jeder Person, dass Hilfspflichten bestehen. Da aber jede Person auch damit rechnen muss, dass sie Hilfe zu leisten hat, ist es wiederum im Interesse aller, dass Hilfsmaßnahmen nur dann zu leisten sind, wenn sie zumutbar sind. Zumutbar heißt erstens, dass eine Person nicht zu unverhältnismäßigen Handlungen verpflichtet ist. Stürzt sich der Helfende durch die erfolgte Hilfsleistung in größeres oder auch nur gleich großes Elend wie jenes, aus dem er anderen heraushelfen will, besteht keine Verpflichtung, dies zu tun. Ist das Risiko, dass man bei einer Hilfsmaßnahme stirbt, größer als die Chance, dass die betreffende Person gerettet wird, bestünde keine Pflicht, die Hilfsaktion durchzuführen. Wagte man es doch, ginge diese Tat über die Pflicht hinaus.

Man mag sagen, dass im Organspendebeispiel die Verhältnismäßigkeit doch gegeben sei: Eine Person soll getötet werden, um fünf Leben zu retten.[11] Allerdings geht es nicht darum, was aus unparteiischer Sicht (sub species aeternitatis) verhältnismäßig ist, vielmehr soll geprüft werden, ob es Akteuren zugemutet werden darf, solche Hilfsmaßnahmen zu leisten. Mit hundertprozentiger Sicherheit das eigene Leben zu verlieren, heißt für einen strategisch denkenden Mensch, alle seine Pläne opfern zu müssen. Wir können nicht sagen, dass es im Interesse jedes einzelnen ist, dieses Opfer zu erbringen. Das Leben zu opfern, kann daher nicht als moralische Pflicht angesehen werden. Weder muss der Nichtschwimmer versuchen, im reißenden Bach einen anderen vor dem Ertrinken zu retten, noch muss jemand sein eigenes Leben für andere opfern. All diese Taten gehen über das hinaus, was die Pflicht verlangt.

Im Organspendebeispiel kann die Ärztin die Tötung des Gesunden weder aus dessen mutmaßlicher Zustimmung ableiten noch daraus, dass der Unschuldige ja die Pflicht habe, sich zu opfern. Sie hat nur einen möglichen Rechtfertigungsgrund: Das Anspruchsrecht der fünf ist gewichtiger als das Abwehrrechte des einzelnen. Aber ist eine solche Abwägung wirklich erlaubt? Die Ärztin hat hier mehrere Rechte zu beachten, die nebeneinander bestehen, oder anders gesagt, sie hat gegenüber unterschiedlichen Akteuren mehrere Pflichten, die nebeneinander bestehen. Gegenüber den Kranken hat sie die Pflicht, ihnen zu helfen; gegenüber dem Gesunden die Pflicht, sein Abwehrrecht auf Unversehrtheit zu beachten. Aus diesem Umstand allein kann man noch nicht ableiten, dass eine Güterabwägung zulässig ist.

Die Ärztin darf ihre Pflichten nur mit jenen Mitteln verwirklichen, auf die sie ein Recht hat. Der Körper des Gesunden gehört nicht hinzu. Dies entspricht einem Situationstyp, dem man häufig begegnet: Nehmen wir an, dass Annabelle fünf Personen Geld schuldet und zugleich das Vermögen von Beatrice verwaltet. Hier würde auch unser moralischer Common Sense klar verneinen, dass Annabelle Beatrices Geld nehmen darf, um die Schuld bei den fünf Gläubigern zu begleichen. Und dies einfach, weil sie kein Recht darauf hat. Man mag einwenden, dass zwischen dem Schulden- und dem Organspendebeispiel insofern ein Unterschied besteht, als im Organspendebeispiel die Tötung des Unschuldigen das einzige Mittel ist, die fünf Kranken zu retten. Aber wenn wir dies auf das Beispiel übertragen, ändert sich an der intuitiven Beurteilung nichts. Denn auch wenn der einzige Weg, die

[11] Es sei dahingestellt, ob alles auf diese einfache Arithmetik hinausläuft. Man denke etwa an den Fall, dass der Gesunde noch vierzig Jahre Lebenszeit zu erwarten hat, die potentiellen Empfänger seiner Organe dagegen aber nur im Schnitt voraussichtlich zwei Jahre gewännen. Es ist eigentlich rational, in der Güterabwägung unter anderem zu berücksichtigen, wie viel Lebenszeit genommen und gewonnen wird. Eine Alternative wäre nur, keine Güterabwägung zuzulassen.

Schulden zu zahlen, jener wäre, den einen zu berauben, dürfte Annabelle dies nicht tun.

Man könnte einwenden, diese Überlegungen befänden sich immer noch auf Stufe moralischer Intuitionen. Gehen wir daher nochmals zurück zum Organspendebeispiel und betrachten es allein aus der Sicht von Personen, die als rationale Akteure entscheiden, welche Norm in ihrem Interesse ist. Würden sich rationale Personen für oder gegen die Zulässigkeit von Güterabwägungen entscheiden? Für jeden einzelnen mag es zwar denkbar sein, dass er irgendwann von dieser Güterabwägung profitiert, aber genauso, dass er Opfer derselben wird. Vielleicht mag man sagen, dass die Chance, Nutznießer zu werden, höher sei als jene, Opfer zu werden. Allerdings müssen wiederum die allgemeinen Auswirkungen einer solchen Regel auf das Leben jedes einzelnen einbezogen werden. Situationen, in denen Anspruchsrechte Abwehrrechte entgegenstehen, sind keineswegs selten. Im medizinischen Bereich würde der Arzt häufig Situationen haben, wo er solche Güterabwägungen durchzuführen hätte. Moderne Nachahmer von Robin Hood und Jesse James könnten sich fragen, ob sie nicht die Reichen des Nordens, also uns alle, mit Gewalt berauben sollen, um die Anspruchsrechte der Menschen des Südens zu erfüllen. Würde man Akteuren erlauben, solche Güterabwägungen durchzuführen, gäbe Moral keine höhere Planungssicherheit. Sie nimmt sie. Zu jeder Zeit könnte es sein, dass sich jemand ein Recht anmaßt, über Leib und Leben anderer zu entscheiden. Das heißt aber, dass sich niemand sicher sein kann. Einige mögen dadurch gewinnen, dass sie mitunter Hilfe anderer erhielten, die ohne die Missachtung von Abwehrrechten nicht möglich wäre. Diesem Nutzen stünde jedoch eine generelle Unsicherheit gegenüberstünde, dass eigene moralische Rechte hinfällig werden, sofern andere Leib, Leben und Eigentum anderer ungefragt nutzen, dürfen, um Dritten zu helfen.

Man könnte versuchen, die Unsicherheit dadurch zu verringern, dass man nur in klar definierten Ausnahmefällen solche Abwägungen erlaubt. Wenn die Zahl der Geretteten jene der Opfer um ein Vielfaches übersteigt, so eine mögliche Ausnahmeregel, dürfte man doch das Leben anderer opfern. Müssten 10 sterben, um 100 000 zu retten, wäre ein Eingriff zulässig. Die Frage ist dann freilich, wo man die Grenze zieht. Es ist den Handelnden kaum zu vermitteln, warum sie einen für Tausend sterben lassen dürfen, aber nicht einen für zehn. Es handelt sich um keine stabile Norm. Stets besteht der Trend, doch wieder eine allgemeine Güterabwägung zuzulassen.

Rationale Akteure werden daher einer Regelung zuneigen, welche insofern einen deontologischen Charakterzug hat, als bestimmte Güterabwägungen unzulässig sind: Abwehrrechte sind auch dann zu beachten, wenn eine Missachtung die Chance eröffnete, Anspruchsrechte anderer zu befriedigen. Eine Ausnahme bilden nur jene Fälle, in denen die mutmaßliche Zustimmung des Rechtsträgers vorausgesetzt werden darf oder wo dieser selbst die moralische Pflicht hat zu helfen. Der Unterschied zur klassischen strikten Variante der Deontologie ist jedoch, dass hier nicht gesagt wird, dass das Wohl der anderen in der Hand Gottes oder des Schicksals liegt, sondern in der Verantwortung des Handelnden. Er hat eine Pflicht, den anderen zu helfen. Nur ist ihm ein Mittel verschlossen: Er darf nicht Abwehrrechte anderer missachten, um dadurch anderen zu helfen.

Bisher gibt es gute Gründe, Abwehrrechte nur unter zwei Bedingungen für antastbar zu halten, erstens, wenn man in einer akuten Notsituation, in denen man nicht die Zustimmung abwarten kann, eine mutmaßliche Zustimmung zur eigenen Hilfsmaßnahme annehmen darf, und zweitens, wenn eine Person die moralische Pflicht hätte zu helfen, diese Pflicht aber verweigert. Es fehlt damit nur noch ein Fall:

4) Um das Anspruchsrecht anderer zu erfüllen, muss ein Abwehrrecht anderer missachtet werden, welche allein deshalb keine moralische Hilfspflicht haben, weil sie generell nicht urteilsfähig sind.

Wenn jene, deren Leib und Leben als Mittel gebraucht werden soll, keine moralischen Subjekte sind, besteht weder die Hoffnung auf eine informierte Zustimmung, denn die Betroffenen sind schließlich nicht urteilsfähig, noch kann darauf verwiesen werden, dass sie eine moralische Pflicht zur Hilfe hätten, denn die Betroffenen haben keine moralische Pflichten. In Ausnahmefällen mag ein früherer urteilsfähiger Wille bekannt sein. Allerdings wird zum einen nur im Ausnahmefall ein solcher vorliegen, der auf die hier interessierende Situation zutrifft, zum anderen wäre noch zu prüfen, wie verbindlich eine solche Willenserklärung wäre.[12] Nimmt man diesen Fall an, gibt es keine Situation, in der es denkbar scheint, einem Urteilsunfähigen Schmerz und Leid zuzufügen, um anderen zu helfen. Güterabwägungen wären nur dann möglich, wenn sie erstens unausweichlich sind, falls also, egal wie man handelt, ein Recht auf Unversehrtheit missachtet wird, und zweitens, wenn die Eingriffe im Vorteil des Betroffenen selbst sind (ihnen einen Nettonutzen bringen). Ansonsten wäre es ja nicht zulässig, dass betreuende Personen um des langfristigen Wohls der Betreuten willen freiheitseinschränkende Maßnahmen oder therapeutische Eingriffe vornehmen.

Würden Abwehrrechte Urteilsunfähiger jeden schmerzhaften oder mit Leid verbundenen Eingriff verbieten, scheint die Gefahr zu bestehen, dass damit die Möglichkeiten zu Hilfeleistungen zu stark eingedämmt werden. Man dürfte, könnte man einwenden, einen Demenzkranken ja nicht einmal mit leichtem Druck aus dem Weg ziehen, damit Sanitäter einen Schwerverletzten erreichen können. Spielte ein Kleinkind mit einem Schlüssel, dürfte man ihn nicht wegnehmen, um einer verunfallten Person zu Hilfe zu kom-

[12] Es sei dahingestellt, ob man als urteilsfähige Person bestimmen darf, im Falle einer späteren Demenzerkrankung getötet zu werden, um durch dieses Opfer Leben zu retten.

men, die hinter der verschlossenen Türe um Hilfe ruft. Dürften nichturteilsfähige Wesen bei erforderlichen Hilfsmaßnahmen überhaupt keinen Belastungen ausgesetzt sein, verkleinerte dies die Möglichkeit, anderen zu helfen, so stark, dass der Nutzen, den die Norm für einen selbst ermöglichen soll, eben nicht verwirklicht wird.

Es ist daher einerseits rational, dass das Abwehrrecht von Urteilsunfähigen nicht absolut gilt, aber andererseits rational, dass es soweit garantiert ist, dass es auch durch Hilfspflichten anderer gegenüber Dritten nicht ausgehöhlt wird. Es ist deshalb sinnvoll, bestimmte Eingriffe als zumutbar zu bezeichnen.

Will man das Recht auf Unversehrtheit nicht zu stark unterminimieren, muss es sich *erstens* um akute Notsituationen handeln. Außerhalb solcher Notfallsituationen ist bereits bei Urteilsfähigen fraglich, ob Hilfsverpflichtungen bestehen. Bei der Forschung am Menschen etwa kann der einzelne Patient stets fragen, warum er gerade hier helfen soll und nicht an anderen Stellen. Er hat hier aus denselben Gründen keine moralische Hilfspflicht wie die Eisenbahnpassagiere keine Pflicht hatten, der Familie James zu helfen. Man könnte vorschlagen, dass die Grenze zulässiger Hilfspflichten dort verlaufen sollte, wo der Urteilsunfähige – wäre er urteilsfähig – eine Pflicht hätte, zu helfen so weit es ihm möglich ist. Jeder einzelne sollte doch bereit sein, in einem Zustand fehlender Urteilsfähigkeit dieselbe Hilfe zu leisten wie bei Urteilsfähigkeit. Allerdings gibt es einen relevanten Unterschied. Denn im Gegensatz zu Zeiten der Urteilsfähigkeit weiß man nicht, wieso man Schmerzen und Leid hat. Es muss eine tiefere Schwelle angenommen werden, die sich an der Zumutbarkeit von Schmerz und Leid orientiert. Die in akuten Notsituationen in Kauf zu nehmenden Belastungen für Urteilsunfähige müssen also *zweitens* so klein wie möglich gehalten werden. Will man das Recht auf Unversehrtheit nicht zu stark aushöhlen, kann die Grenze maximal bei sehr leichtem und sehr kurzfristigem Leid liegen. Das hieße zum Beispiel, dass es zumutbar ist, Urteilsunfähige mit leichtem Druck aus dem Weg zu schieben oder einem Kleinkind ein Spielzeug wegzunehmen, weil diese Handlungen den Betroffenen, wenn überhaupt, nur leichtes und kurzfristiges Leid zufügen.

Man kompensiert damit letztlich den Aspekt, dass Urteilsunfähige keine Zustimmung erteilen können und man auch keine mutmaßliche Zustimmung annehmen darf.

Dies alles hat klare Auswirkungen für Tierversuche. Da es sich hier ja nicht um akute Notfallsituationen handelt, sind nur jene Tierversuche zulässig, die Tiere nicht belasten. Verhaltensexperimente gehören hierzu. Es ist jedoch untersagt, empfindungsfähigen Wesen Schmerz und Leid zuzufügen, um anderen zu helfen. Belastende Tierversuche sind moralisch verboten.

Aber es geht nicht nur um Tierversuche. Wenn es eine Pflicht gäbe, dass das Abwehrecht auf Unversehrtheit nicht einfach missachtet werden darf, um Anspruchsrechte anderer zu erfüllen, haben wir zugleich die Antwort auf das in der Diskussion von Codfish-Island offen gebliebene Problem: Es ist nicht erlaubt, einzelne Tiere zu töten, um andere zu retten. Allenfalls dürfte man ihnen leichte Schmerzen zumuten, um sie am Betreten der Insel zu hindern. Die Schaffung von Naturreservaten und Museumsinseln in der Art wie Codfish-Island sie durchführt, ist nicht moralisch zu rechtfertigen.[13]

15.5 Die Katze töten, um die Mäuse zu retten?

Es gibt freilich noch einen Typ von Situationen, in denen es doch geboten sein könnte, einem Wesen Leid zuzufügen, um dadurch andere zu retten. Dies sind Situationen, in denen ein Wesen von anderen angegriffen wird.

Es muss nicht lange diskutiert werden, dass vertragstheoretisch ein Notwehrrecht begründet werden kann. Es ist im Interesse aller, ihr eigenes Leben gegen Angriffe anderer schützen zu dürfen. Gibt es keine andere Möglichkeit, sich selbst zu retten, so schließt dieses Recht, sich selbst zu verteidigen, auch die Erlaubnis ein, in Notwehr zu töten. Dieses Notwehrrecht wird auch jene Wesen und Personen umfassen, die einem anvertraut sind und gegenüber denen man besondere Fürsorgepflichten hat. Der Schutz vor Angriffen ist schließlich integraler Teil der Fürsorgepflicht. Wenn das eigene Kind angegriffen wird, kommt Eltern also ein Recht zu, dieses zu verteidigen. Gibt es keine Alternative, schließt dies das Recht ein, anderen – unter Wahrung der Verhältnismässigkeit – Schmerz und Leid zuzufügen.

Dies klingt, als beschränke sich die Fürsorge auf besondere Beziehungen wie die zwischen Eltern und Kind, Pflegenden und Betreuten, Lehrerinnen und Schülerinnen. Dies ist nicht der Fall. Trifft man im Wald ein fremdes Kind, das hilflos und auf Unterstützung angewiesen ist, wird die Fürsorgepflicht auch dieses Wesen umfassen. Das Interesse jedes einzelnen, auch in einem möglichen Zustand der Hilflosigkeit und Urteilsunfähigkeit von anderen Hilfe zu erhalten, umfasst auch, dass sie von anderen bei Angriffen Hilfe

[13] Das heißt, dass der Kakaposchutz nur einen legitimen Ort hätte: Zoologische Gärten. Auf Insekten und wirbellose Tiere müssten die Kakapos auch dort verzichten. Denn ansonsten würde man ja wiederum Tieren Leid zufügen, um anderen Tieren zu helfen. Ob man zuließe, dass sie selbst welche fangen, ist eine andere Frage.

erhalten. Würde eine Demenzkranke oder ein Paraplegiker von anderen angegriffen, hätten Passanten eine Pflicht, sie vor diesem Angriff zu schützen. Ob der Angreifer urteilsfähig ist oder nicht, spielt keine Rolle. In beiden Fälle bestünde eine Verpflichtung zur Nothilfe. Solange sich Ethik rein auf menschliche Wesen erstreckt, gibt es keine Schwierigkeit mit dieser Regelung. Da moralische Pflichten aber nicht an Speziesgrenzen enden, muss dieser Punkt noch einmal näher angesehen werden.

Die Ausdehnung der Hilfspflichten auf Haustiere muss nicht lange diskutiert werden. Aber es geht auch um Situationen, wo Menschen die Möglichkeit hätten, ein frei lebendes Tier vor den Angriffen eines anderen frei lebenden Tieres zu retten. Sieht eine Person, dass ein Falke eine Taube oder eine Katze eine Maus zu erbeuten droht, könnte er eingreifen. Er steht vor der Wahl, ob er dem einen oder dem anderen Tier Leid zufügen soll. Die Frage, ob der Mensch hier eine Verpflichtung hat, in den Konflikt einzugreifen, steht zwar nicht im Zentrum tierethischer Diskussionen, wird aber doch ab und an diskutiert. Nicht zuletzt haben sich Albert Schweitzer und Peter Singer hierzu geäußert.

Schweitzers Ethikansatz hat sich oben genauso wenig als überzeugend erwiesen wie der Utilitarismus. Dennoch wird insbesondere Singers Position wieder relevant. Haben wir nämlich eine Situation, in der es darum geht, entweder das eine oder andere Recht auf Leben zu missachten und ist hier eine Güterabwägung erforderlich, würden erneut konsequentialistische Überlegungen relevant. Geht es darum, ob man, um mehrere Tiere zu retten, einzelne töten darf, können wir daher erneut auf Überlegungen von Autoren zurückgreifen, deren Theorien hier ansonsten keine Rolle mehr spielen.

Albert Schweitzer spricht sich dafür aus, Singvögel vor Greifvögeln zu schützen. Im Falle von Spinnen spricht er sich sogar dafür aus, eine Art von präventiver Nothilfe zu leisten. Zu qualvoll scheint ihm der Tod jener Tiere, die sich im Netz einer Spinne verfangen. Zudem berichtet er davon, dass er sich auf einem Spaziergang fragte, ob er ein am Strand schlafendes Krokodil töten sollte, um andere Tiere vor diesem zu schützen. Die beiden letzten Fälle wären freilich solche, wo die Tötung des Raubtiers ein Mittel ist, anderen zu helfen. Interessanter ist das erste Beispiel, eine Taube vor dem Falken zu retten. In der modernen Tierethikdiskussion wird dieser Gedanke, Raubtiere töten zu dürfen, um andere zu retten, weitgehend verneint.

Singer weist darauf hin, dadurch würde insgesamt vielleicht mehr Leid geschaffen als verhindert.[14] Wir können nichts tun, um das Leid der Wildtiere zu verringern, weil jeder Eingriff in die „Natur“ nicht absehbare, negative Folgen für Menschen und andere Tiere haben könnte. Töten wir alle Raubtiere, vermehren sich die Populationen ihrer früheren Beutetiere. Dies kann zu Hungerkatastrophen oder zu einer Zunahme von Krankheiten führen.

---

[14] Singer, Praktische Ethik, S. 215f.

Wie wissen nicht, ob der Neuzustand nicht mit einem größeren Leid verbunden ist als jener, als Raubtiere lebten. Genau dies wird von anderen jedoch verneint, die sich für aktives Eingreifen gegen Raubtiere aussprechen. Prominent sind insbesondere Äußerungen des Schriftstellers Cleveland Amory, der in einem Aufsatz ausführte, was er tun würde, wenn er die Welt regieren würde. Er würde Beutetiere und Raubtiere trennen, die Raubtiere mit Trockenfutter auf Getreidebasis versorgen und Überpopulation oder Hungersnöte durch Sterilisation oder andere empfängnisverhütende Maßnahmen verhindern.[15]

Der von Singer angeführte Punkt, wir können das Leid von Wildtieren nicht reduzieren, wird von einem anderen Utilitaristen noch eingehender diskutiert In dem Kapitel „Saving the Rabbit from the Fox" unterscheidet Sapontzis drei mögliche Fälle, die er wie folgt beurteilt[16]:

1. Wissen wir, dass ein Eingriff größeres Leid verursachen wird, als von uns verhindert wird, so sind wir moralisch dazu verpflichtet, nicht einzugreifen.
2. Wissen wir nicht, ob unser Eingriff möglicherweise größeres Leid verursachen wird, als von uns verhindert wird, so sind wir nicht verpflichtet einzugreifen.
3. Wissen wir, dass unser Eingriff mehr Leid verhindert, als durch den Eingriff erzeugt wird, so sind wir moralisch verpflichtet einzugreifen.

Sapontzis betont, dass Tierschützer und -rechtler derzeit gut daran täten, sich der vordringlicheren Aufgabe zuzuwenden, im Heim- und Nutztierbereich Tierleid zu verhindern[17], aber sein Ergebnis bleibt, dass es moralisch geboten sein kann, Beutetiere vor Raubtieren zu schützen. Es gibt Situationen, in denen dadurch mehr Leid verhindert als erzeugt wird. Allerdings richten sich gegen dieses Argument zwei Einwände.

Erstens sind in der Regel, um Sapontzis Beispiele zu nehmen, Kaninchen und Fuchs beide fähig, für sich selbst zu sorgen. Das Kaninchen hat die Fähigkeit, dem Fuchs zu entkommen; der Fuchs, die Fähigkeit, das Kaninchen zu erbeuten. Wenn wir uns hier auf die Seite des Kaninchens stellen, könnten wir eigenen Vorurteilen gerecht werden, dem Schutz des Schwächeren vor dem Starken bzw. dem Bild des Raubtiers, das das paradiesische Leben der Pflanzenfresser stört. Lösen wir uns von diesen Vorstellungen, müssen wir erkennen, dass unsere Parteinahme für eine der beiden Lebensformen rein willkürlich ist.[18] Wir haben kein Recht, in einen natürlichen Wettbewerb einzugreifen.

---

[15] Amory, Now if I Ruled the World, S. 136.

[16] Sapontzis, Animals, Reasons, and Morals, S. 247.

[17] Ebd. S. 247.

[18] So auch Evans, With Respect for Nature, S. 66f.

Verteidiger der Sapontzis-These könnten erwidern, dass die Parteinahme keineswegs willkürlich sei. Es richtet sich danach aus, möglichst viel Leid zu verhindern. Die zweite Frage ist, ob es überhaupt denkbar ist, dass die Rettung eines Kaninchens vor dem Fuchs mehr Leid verhindert als verursacht. Wenn ein Mensch einen Fuchs verscheucht, der sich an ein Wildkaninchen heranpirscht, gibt es zwei mögliche Auswirkungen. Entweder der Fuchs hungert und leidet, oder aber er wird ein anderes Tier schlagen, womit wiederum dieses leidet. Nur in einer kurzfristigen Betrachtungsweise haben wir einem Wesen Leid erspart. Warten wir ein paar Stunden ab, haben wir nur ein ausgewähltes Opfer gegen andere Opfer ausgetauscht. Wollen wir wirklich Leid ausschließen, müssen wir den Fuchs auf andere Weise ernähren und müssten zugleich einer Überpopulation von Kaninchen vorbeugen. Am Ende sind wir damit zurück bei Amorys Überlegung: Wir müssen Räuber und Beutetiere trennen und zudem empfängnisverhütende Mittel benutzen. Ob dies wirklich Leid vermindert und Freude vermehrt, ist mehr als fraglich. Wenn auch wirbellose Tiere empfindungsfähig sind, sind wir mit unserem Latein zudem schnell am Ende.

Zu hoffen, ein Paradies auf Erden zu schaffen, in denen alle Tiere friedlich nebeneinander leben, ist verfehlt. Ein solches Paradies ist nicht zu verwirklichen. Es bleibt uns nichts, als anzuerkennen, dass Jagen und Töten zum Wesen einiger Lebewesen gehören. Nur Personen dürfen aufgefordert werden, auf beides zu verzichten.

Stimmen die Einwände, so ist die Reichweite von Nothilfepflichten begrenzt.

16.
WAS SAGT MAN DEN SRIVARI?

Das erste Kapitel setzte mit einer Science Fiction-Erzählung ein, in der Außerirdische namens Srivari an Menschen wider deren Willen Experimente vornahmen. Dabei stellte sich erstens die Frage, was diese Experimente von heutigen Tierversuchen unterscheidet, und zweitens die Frage, welche Argumente man vorbringen kann, von denen man hoffen kann, dass sie auch von Srivaris geteilt werden.

Auf die Frage nach dem Unterschied zwischen den Experimenten der Srivari und Tierversuchen reicht es nicht, darauf zu verweisen, dass es sich einmal eben um Menschen und das andere Mal um Tiere handelt. Zwar deckt sich diese Unterscheidung mit den moralischen Intuitionen vieler Menschen. Aber es ist nicht angebracht, moralische Intuitionen als Evidenzerfahrungen oder als irgendeine andere Wahrnehmungsform zu betrachten. Denn zum einen ist ungeklärt, auf was in der Welt sich diese Erfahrungen beziehen, zum anderen ist offen, um was für eine Art von Erfahrung es sich denn handeln soll. Beziehen sich die Erfahrungen auf bestimmte Gegenstände, müssten diese Entitäten sein, die neben natürlichen Eigenschaften auch eine nicht-natürliche Eigenschaft haben, nämlich jene, die den Betrachter zum Handeln auffordert, und damit unterschieden sie sich von allen Dingen in der Welt, die wir kennen. Bezieht sich die Intuition jedoch auf nichts, hätten wir eine seltsame Form der inneren Wahrnehmung. Plausibler ist, die Intuitionen als einen Ausdruck internalisierter moralischer Vorstellungen zu nehmen. Ausgenommen einzelner vielleicht angeborener Dispositionen spiegeln Intuitionen erlernte moralischen Vorstellungen wider. Damit kann man aber fragen, aus welchen Quellen einzelne Intuitionen stammen. Man kann den ursprünglichen weltanschaulichen oder theoretischen Zusammenhang rekonstruieren und fragen, welche Prämissen angenommen werden müssten, damit die Intuitionen wahr wären.

Die Quellen der moralischen Intuition der moralischen Sonderstellung des Menschen sind der Gedanke einer Gottesebenbildlichkeit und die stoische Konzeption einer Vernunftnatur, die allen Menschen als Gattungseigenschaft innewohnt. Der Gedanke der Gottesebenbildlichkeit kann in einem sozialen Normensystem, in dem Personen zu einem Tun und Unterlassen aufgefordert und bei Fehlhandlungen sanktioniert werden, keine Rolle spielen. Dass eine Person persönlich etwas glaubt, kann für eine andere Person kein Grund sein, etwas zu tun. Der Gedanke der Gottesebenbildlichkeit könnte somit nur dann in einer intersubjektiv verbindlichen Ethik eine Rolle spielen, wenn begründet werden kann, dass ein Gott existiert, und nicht nur irgendein Gott, sondern jener christliche Gott, der sich in Raum und Zeit dem Menschen offenbart hat, und wenn wir zudem wissen und richtig interpretieren, was dieser Gott von uns fordert. Die Beweislast liegt in diesem Falle beim Gläubigen. Denn der Gläubige fordert von anderen, etwas zu tun und zu unterlassen, wie etwa, Tiere nicht wie Menschen und Menschen nicht wie Tiere zu behandeln.

Der Gedanke der Vernunftnatur leidet wie ähnliche Theorien, die auf Gattungseigenschaften des Menschen verweisen, daran, dass er den Bestand solcher Gattungseigenschaften voraussetzt. Er muss dabei auf eine Naturphilosophie aufbauen, welche mit modernen Konzepten der Natur, insbesondere dem Gedanken der Evolutionstheorie, nicht zu vereinbaren ist. Zwischen Gattungen – oder besser: Spezies – gibt es, so die moderne Auffassung, fließende Übergänge. Ferner referieren die Begriffe einer Gattung oder Spezies nicht auf eine ontologische Realität, sondern es handelt sich um Nominaldefinitionen, das heißt Klassifikationsbegriffe des Menschen. Im einzelnen Lebewesen entfaltet sich nicht das Telos einer Gattung, sondern die Entwicklung beginnt bei einem (eineiige Zwillinge und Klone ausgenommen) individuellen Genom. Die Lehre von der moralischen Sonderstellung ist in dieser Sicht der letzte Rest eines Erbadelgedankens. Menschen erhalten ihren moralischen Status nicht auf Grund ihrer individuellen Eigenschaften; sie werden in ihn hineingeboren.

Ebenfalls abzulehnen ist eine Redeweise, welche den Menschen aus dem Reich der Tiere heraustrennt. Der Mensch ist ein Tier. Es gibt nicht Menschen und Tiere, sondern Menschen und andere Tiere. Der Verweis auf die Biologie des Menschen wird teilweise als naturalistische Verkürzung bezeichnet. Wer ein ganzheitliches Bild des Menschen einfordert, muss dann aber zeigen, was zu den empirisch beobachtbaren Eigenschaften und Fähigkeiten des Menschen hinzukommen soll, welche der Naturalismus beschreibt. Ist es das Konzept einer Seele, die allen Menschen zukommt, sind wir erneut bei religiösen Vorstellungen und haben erneut kein Argument, das andere zu irgendetwas verpflichtet.

Dabei wird nie bestritten, dass sich bei Menschen Eigenschaften finden, die in der Natur einzigartig sind. Nur unter Menschen finden sich moralische Subjekte, also Wesen, die moralische Pflichten haben. Für Wesen, die ihr eigenes Tun verantworten können und denen man vergangene Taten zurechnen kann, gebraucht man auch den Begriff der Person. Nur ist Personsein keine Gattungseigenschaft, sondern eine Eigenschaft von Individuen. Dass Personen ein besonderer Wert zukommt, müsste zudem erst begründet werden. Der Verweis auf die Einzigartigkeit von Personen im Reich der Lebewesen reicht also nicht. Um den Wert zu begründen, der Personen zukommen soll, müsste man zunächst wissen, um was für eine Art von Wert es sich handelt. Manche würden sagen, es ginge um einen Personen innewohnenden Wert, eine Würde. An das Konzept der Würde ist die Vorstellung gekoppelt, dass bestimmte Handlungen absolut zu unterlassen sind. Diese Vorstellung kann man aber nicht rekonstruieren ohne den Bezug auf ein transzendentes Wesen. Wer einwendet, genau deshalb müsse man heute bei Kants Ethik ansetzen, muss sich sagen lassen, dass Kant genau an dieser Stelle gescheitert ist. Auch wenn seine Ethik unseren Erwartungen an eine ethische Theorie entspricht, kann er nicht begründen, wieso Personen andere Personen zu respektieren haben. Hierfür muss er den absoluten Wert der Autonomie als Faktum voraussetzen; es ist eine bloße Setzung. Geht es um die Konzeption einer intersubjektiv verbindlichen Ethik, darf der Begriff der Würde nicht verwendet werden.

Eine Alternative dazu, von einer Würde zu sprechen, wäre, von einem Eigenwert von Personen zu sprechen. Aber was soll dies für ein Wert sein? Letztlich haben wir hier die Konzeption eines objektiven Werts – und wieder stünde man vor dem Problem, die Existenz einer mit einer nichtnatürlichen Eigenschaft behafteten Entität zu behaupten. Dass es Personen gibt und dass Menschen in der Regel Personen sind, könnte man den Srivari erklären. Warum sie Personen aber zu achten haben oder wieso sie keine Experimente an ihnen durchführen dürfen, kann man nicht begründen. Auch dass sie selbst Personen sind, ist für sie noch kein Grund, andere Personen zu respektieren. Hierfür bedürfte es einer Theorie, die erklärt, warum Personen zu respektieren sind.

Dasselbe negative Ergebnis hätten wir, wenn man darauf verwiese, dass allen Lebewesen Eigenwert zukommt. Ja, man wäre sogar neben der Zuschreibung eines innewohnenden Werts noch an anderer Stelle mit dem Problem konfrontiert, einen objektiven Wert annehmen zu müssen. Man kann Lebewesen als intentionale Systeme beschreiben. Sie sind auf bestimmte Ziele ausgerichtet, insbesondere auf die Weitergabe ihrer Gene und hierfür notwendig auf das Überleben. Auch wenn man metaphorisch davon sprechen kann, dass man allen Lebewesen schaden kann, muss man, will man dies in angemessener Form tun, auf eine Werttheorie verweisen. Denn ein Schaden ist eine Veränderung, die als negativ bewertet wird. Die einzige Möglichkeit, davon zu sprechen, dass das Entfalten und Ausleben bestimmter Fähigkeiten positiv und deren Behinderung negativ zu bewerten ist, ist die Annahme einer perfektionistischen Theorie. Aber auch diese ist auf objektive Wertannahmen angewiesen, die zurückzuweisen sind.

Noch einen Schritt früher scheitern jene, die einen Respekt gegenüber allen natürlichen Entitäten oder der gesamten Natur einfordern. Berge oder Flüsse bestehen nicht als ontologische Entitäten in der Welt. Sie werden sprachlich als Einheiten konstruiert. Biosphäre oder Ökotope sind Systeme, die durch Interaktion und Wechselbeziehungen von Lebewesen und unbelebter Materie entstehen. Aber nicht ein Beziehungssystem existiert als Entität, sondern nur die einzelnen Teile, die Beziehungen zueinander haben. Was aber nicht in der Welt besteht, dem kann auch nicht geschadet werden. Würde man schließlich einen Respekt gegenüber der ganzen Natur einfordern, so wäre diese Forderung inhaltlich leer. Denn weder besitzen wir ein Referenzsystem, noch eine Werttheorie, mittels derer wir feststellen könnten, welche Veränderungen der Natur ein Schaden oder ein Nutzen wären.

Die einzigen Wesen, denen man selbst bzw. direkt schaden kann, sind empfindungsfähige Wesen. Da bestimmte Lebewesen in der Lage sind, etwas als intrinsisch schlecht oder gut zu erleben, bewerten sie bestimmte Weltzustände selbst als schlecht oder gut. Empfindungsfähige Wesen, seien sie Lebewesen oder irgendwann einmal auch Maschinen, sind die einzigen Wesen, denen selbst geschadet werden kann. Das heißt freilich nicht, dass ihnen deshalb eine Würde oder ein Eigenwert zukäme. Auf beide Begriffe sollte man in der Ethik verzichten, sie stützen sich einzig auf Intuitionen und Spekulationen. Sinnvolle Wertbegriffe sind nur der intrinsische Wert, der instrumentelle Wert oder der relationale Wert.

Bisher hielten wir fast nur fest, auf was man sich nicht berufen kann, wenn man die beiden Fragen beantwortet. Um etwas Positives zu formulieren, muss man sich zunächst für eine ethische Theorie entscheiden. Von den denkbaren Kandidaten scheitern Kantianismus und Utilitarismus am Begründungsproblem. Kann die erste nicht zeigen, wieso Personen zu respektieren sind, so die zweite nicht, wieso man eine Pflicht hat, bei moralischem Handeln das Wohl anderer Personen zu berücksichtigen und mehr noch, weshalb man das Wohl aller Betroffenen zu maximieren hat. Die einzige Theorie, die überhaupt im Spiel bleibt, ist die Vertragstheorie. Dabei geht es nicht um die naturrechtlichen Varianten, sondern allein um die skeptischen. Mit anderen Worten, es geht um jene Theorien, die in der Tradition Epikurs, Hobbes und Humes stehen. Auch wenn sie nicht jene unbedingte moralische Verpflichtung begründen, von denen wir in unseren sprachlichen Intuitionen ausgehen, sind die von ihnen begründeten Klugheitsnormen die einzige Form von moralischen Pflichten, über die wir begründet sprechen können.

Personen, die rational handeln, suchen zum einen jene Mittel, die geeignet sind, bestimmte Ziele zu erreichen, zum andern suchen sie, den Anteil hedonisch guter Empfindungen in Relation zu den negativen Momenten in ihrem Leben zu maximieren. Denn einzig bei Freude und Leid stellt sich nicht mehr die Frage, warum sie gut bzw. schlecht sind. Sie werden notwendig als gut bzw. schlecht erfahren. Da ein Leben ohne Moral einsam, öde, brutal und kurz ist, also arm an Freuden und reich an Leid, ist es für alle Personen klug, gemäß moralischen Normen zu leben, die einen vor der Schädigung anderer schützen. Da man aber auch in jenen Situationen geschützt sein will, in denen man sich selbst nicht helfen kann oder man nicht urteilsfähig ist, werden rationale Personen sich an solche Normen binden, welche auch handlungs- und urteilsunfähige Wesen in den Schutz dieser Normen einschließen. Kann man sich nicht mehr auf den spekulativen religiösen bzw. metaphysischen Gedanken einer Sonderstellung des Menschen gegenüber anderen empfindungsfähigen Wesen stützen, wird man eine stabile Norm nur dann haben, wenn sie alle empfindungsfähigen Wesen vor der Schädigung durch andere schützt. Dass eine moralische Höherstellung bestimmter empfindungsfähiger Wesen ohne Rückgriff auf objektive Wertannahmen nicht möglich ist, heißt, dass alle den gleichen Schutz verdienen.

In bestimmten Situationen ist es unumgänglich, sich zu entscheiden, ob man das eine oder ein anderes Wesen schädigt. In solchen Situationen muss man aufgrund der Zahl der Betroffenen und des anfallenden Leids eine Wahl treffen. In jenen Situationen, in denen einem Wesen Leid zugefügt wird, um anderen zu helfen, ist eine Güterabwägung aber nicht unumgänglich. Ist nicht mit der mutmaßlichen Zustimmung des Wesens zu rechnen, hat dieses keine Pflicht zur Hilfe oder handelt es sich um ein in einer akuten Notsituation zugefügtes zumutbares minimales Leid, ist eine Güterabwägung ausgeschlossen.

Zwischen Experimenten an Menschen und Tierexperimenten besteht insofern Unterschied, als man menschliche Personen fragen kann, ob sie der Leidzufügung zustimmen. Geht es um Versuche an nicht-urteilsfähigen Menschen oder nicht-menschlichen Tieren, sind beide gleich zu beurteilen. Sie sind genauso zu verurteilen wie Versuche wider den Willen einer Person. Die erste Frage, die sich beim Srivari-Beispiel stellte, ist damit klar zu beantworten. Zwischen den Versuchen der Srivari und heutigen (belastenden) Tierversuchen besteht aus ethischer Sicht kein Unterschied. Beide sind gleichermaßen zu verurteilen.

Was kann man aber den Srivari sagen?

Wenn die Srivari allein aus religiösen Gründen heraus der Ansicht sind, sie dürften mit fremden vernunftbegabten und empfindungsfähigen Wesen experimentieren, so besteht keinerlei Aussicht, sie mit Argumenten zu überzeugen. Da ihr Glaube den religiösen Auffassungen vieler irdischer Religionen diametral widerspricht (die ja in der Regel gerade dem Menschen oder doch zumindest einer Gruppe derselben eine moralische Sonderstellung zuspricht), ist es auch nicht möglich, auf Gemeinsamkeiten zwischen den Gläubigen zu appellieren. Allenfalls könnte man versuchen, die von den Srivari vorgenommene Deutung anzuzweifeln und zu versuchen, sie zu überzeugen, dass ihre Religionsgeber nicht nur die Srivari, alle empfindungsfähigen Wesen gemeint hätten. Allerdings wird eine solche Umdeutung nur Erfolg haben, wenn sie von Gelehrten der Srivari selbst vorgenommen würde. Die einzige andere Hoffnung liegt in religionskritischen Argumenten, welche die Geltung ihres Glaubens unterhöhlt. Versagen auch diese, bestehen keine friedlichen Mittel mehr, sie von ihrem Tun abzuhalten. Da aber keine friedlichen Mittel bestehen und niemand einen Krieg aller Gläubigen gegen alle wollen kann, ist es für alle Betroffenen klug, ihren persönlichen Glauben oder Unglauben bei der Begründung moralischer Normen auszuklammern.

Sind die Srivari keine fundamentalistisch Gläubigen, könnte es gelingen, sie über Klugheitsargumente zu erreichen. Jedem einzelnen Srivari muss klar sein, dass es nicht in seinem Interesse wäre, sich solchen Experimenten auszusetzen. Dass sie fremdartige Wesen erforschen, zeigt deutlich, dass sich die Srivari dessen bewusst sind, sonst wäre ja auch erlaubt, ohne deren Einwilligung an Srivari zu forschen. Da ihre Forschung an fremdartigen Wesen auf die Leidminderung der Srivari zielt, wissen sie zudem, dass Schmerzen und Leid intrinsisch schlecht sind. Sie werden daher einsehen, dass es klug ist, Schmerz und Leid zu vermeiden. Akzeptieren sie selbst aber ein Recht auf Unversehrtheit, dass sie vor Güterabwägungen gegenüber dem Allgemeinwohl schützt, haben sie keinen Grund mehr, dieses Recht nicht auf fremdartige Wesen auszudehnen. Ein Speziesismus kann auch von ihnen nicht verteidigt werden. Das einzige, was sie abhält, von den Experimenten abzusehen, ist der verführerische Gedanke, wie viel Leid sie bei den ihnen Nahestehenden, den eigenen Kindern oder Eltern, lindern könnten. Aber dieser verführerische Gedanke verliert an Kraft, wenn das Ressentiment des Speziesismus überwunden ist.

All diese Argumente sind aber nur möglich, weil die Srivari als uns sehr ähnlich konzipiert wurden. Handelte es sich um Wesen, die nicht empfindungsfähig sind, hätte keines der vorgebrachten Argumente irgendeine Kraft. Allerdings hätten diese Wesen dann auch keinen Grund, irgendwelche Experimente vorzunehmen, um anderen Mitgliedern der eigenen Spezies zu helfen. Denn für Wesen ohne Empfindungsfähigkeit mag es theoretische Probleme geben, aber nichts, das ihnen selbst etwas nutzt oder schadet.

Da die Srivari des Ausgangsgleichnisses vermuten dürfen, für ihr Tun nicht effektiv sanktioniert zu werden, mögen sie weiter an ihrem Tun festzuhalten suchen. Denn die Vorteile für sich und die einem Nahestehenden scheinen weiter die Nachteile zu überwiegen. Der nicht mehr aus der Welt zu bringende Gedanke, moralisch Gleiche für ihre Experimente zu nutzen, ist aber geeignet, diese Auffassung langsam auszuhöhlen und ihre Praxis langfristig zu zerfressen. Nicht unmittelbar oder kurzfristig, aber langfristig könnte die Argumentation doch erfolgreich sein, die Srivari von ihrer Praxis abzubringen. Vorraussetzung ist freilich, dass Aussicht besteht, sie davon zu überzeugen, dass die Lehre von der moralischen Sonderstellung der Srivari ebenso in die Irre geht wie eine Lehre von der moralischen Sonderstellung des Menschen.

LITERATUR

Acampora, Ralph R.: Corporal Compassion, Animal Ethics and Philosophy of Body, Pittsbourgh: University of Pittsbourgh Press, 2004.

Ach, Johann S.: Warum man Lassie nicht quälen darf, Tierversuche und moralischer Individualismus, Erlangen: Harald Fischer Verlag, 1999.

Adams, Douglas & Mark Carwardin: Die letzten ihrer Art, Eine Reise zu den aussterbenden Tieren unserer Erde. Hamburg: Hoffmann & Campe, 1991.

Agar, Nicholas: Biocentrism and the Concept of Life, in: Ethics 109 (1997), S. 147-168.

Agar, Nicholas: Life's Intrinsic Value, Science, Ethics, and Nature, New York: Columbia University Press, 2001.

Alexy, Robert: Data und die Menschenrechte, Positronisches Gehirn und doppeltriadischer Personenbegriff, Vortrag am 8.2.2000 an der Christian Albrechts Universität zu Kiel, Internetpublikation: http://www.uni-kiel.de/alexy/startrek/DatasMenschenrechte.pdf (Zugriff: 6. Juli 2008)

Allen, Colin, Bekoff, Marc & Lauder, George (eds.): Nature's Purposes, Analyses of Function and Design in Biology. Cambridge: MIT Press, 1998.

Amory, Cleveland: Now if I Ruled the World, Sierra 1992, S. 136-137.

Ariew, Andrew, Teleology, in: Hull, David L. & Ruse, Michael (eds.): The Cambridge Companion to Biology, Cambridge: Cambridge University Press, 2007, S. 160-181.

Aristoteles, Nikomachische. Ethik, in: ders., Philosophische Schriften, Band 3, nach der Übers. von Eugen Rolfes, Darmstadt: Wissenschaftliche Buchgesellschaft, 1995.

Armstrong, Susan J. & Botzler, Richard G. (eds.): The Animal Ethics Reader, London: Routledge, 2003.

Attfield, Paul: Environmental Ethics, An Overview for the Twenty-First Century, Cambridge: Polity Press, 2003.

Attfield, Robin & Belsey, Andrew (eds.): Philosophy and the Natural Environment, Cambridge: Cambridge University Press, 1994.

Attfield, Robin: Genetic Engineering, Can Unnatural Kinds be Wronged, in: Wheale, Peter & McNally, Ruth (eds.): Animal Genetic Engineering, Of Pigs, Oncomice and Men, London: Pluto Press, 1995.

Attfield, Robin: The Ethics of Environmental Concern, Second Edition, New York: Columbia University Press, 1997.

Audi, Robert: The Good and the Right, A Theory of Intuition and Intrinsic Value, Princeton & Oxford: Princeton University Press, 2004.

Augustinus, Aurelius: De Libero Arbitrio: Der freie Wille, in: ders. Opera/Werke, Band 5, Paderborn: Schöningh, 2006.

Augustinus, Aurelius: Vom Gottesstaat, Zwei Bände, München: Deutscher Taschenbuchverlag, 1997.

Augustinus, Aurelius: De moribus ecclesiae catholicae et de moribus manichaeorum/Über die Lebensführung der Katholischen Kirche und über die Lebensführung der Manichäer, Opera/Werke, Band 25, Paderborn: Schöningh, 2003.
Augustinus, Aurelius: Die Lüge und Gegen die Lüge, Würzburg: Augustinus Verlag, 1953.

Bachmann, Andreas: Prudentieller Hedonismus, Dissertation (Forthc.)
Balzer, Philipp, Rippe, Klaus Peter & Schaber, Peter: Menschenwürde vs. Würde der Kreatur, Begriffsklärung, Gentechnik, Ethikkommissionen. Zweite Auflage, Freiburg: Alber, 1999.
Barantzke, Heike: Würde der Kreatur?, Die Idee der Würde im Horizont der Bioethik, Würzburg: Könighausen & Neumann, 2002.
Beauchamp, Tom L. et al. (eds.): The Human Use of Animals, Case Studies in Ethical Choice, Oxford: Oxford University Press, 2008.
Beck, Benjamin B. et al. (eds.): Great Apes & Humans, The Ethics of Coexistence, Washington: Smithonian Institution Press, 2001.
Bentham, Jeremy: An Introduction to the Principles of Morals and Legislation, Oxford: Claredon Press, 1970.
Bernstein, Mark H.: On Moral Considerability. An Essay on Who Morally Matters, New York: Oxford University Press, 1998.
Birnbacher, Dieter: Mehrdeutigkeiten im Begriff der Menschenwürde, in: Aufklärung und Kritik, Sonderheft 1/1995: Schwerpunkt: Peter Singer, S.4-13.
Birnbacher, Dieter (Hrsg.): Ökologie und Ethik, Sieben Beiträge, Stuttgart: Reclam, 1980.
Blackstone, William T. (ed.): Philosophy & Environmental Crisis, Athens: University of Chicago Press, 1974.
Bord, Janet & Bord, Colin: Der amerikanische Yeti. Auf den Spuren des geheimnisvollen Bigfoot, Rastatt: Moewig, 1998.
Bowler, Peter J.: Monkey Trials and Gorilla Sermons, Evolution and Christianity from Darwin to Intelligent Design, London: Harvard University Press, 2007.

Callicott, J. Baird (ed.): Companion to A Sand County Almanac, Interpretive and Critical Essays, Madison: University of Wisconsin Press, 1987
Callicott, J. Baird: Beyond the Land Ethics, More Essays in Environmental Philosophy, Albany: State University of New York Press, 1999.
Carruthers, Peter: The Animals Issue, Moral Theory and Practice, Cambridge: Cambridge University Press, 1992.
Cavalieri, Paola & Peter Singer (eds.): The Great Ape Project, Equality beyond Humanity, London: Fourth Estate, 1993.

Cavalieri, Paola: Die Frage nach den Tieren. Für eine erweiterte Theorie der Menschenrechte, Erlangen: Harald Fischer Verlag, 2002.

Cavell, Stanley et al.: Philosophy and Animal Life, New York: Columbia University Press, 2008.

Cicero, Vom Wesen der Götter, 3. Auflage, München: Artemis und Winkler Verlag, 1990.

Clements, Colleen D.: Stasis: The Unnatural Value, in: Elliot, Robert (ed.): Environmental Ethics, Oxford: Oxford University Press, 1995, S. 215-225.

Cohen, Carl & Regan, Tom: The Animal Rights Debate, Lanham: Rowman & Littlefield, 2001.

Czaniera, Uwe: Stärken und Schwächen kontraktualistischer Moralbegründung, Aufklärung und Kritik, Sonderheft 7/2003: Kontraktualismus, S. 33-49.

Dash, Mike: Thug: The True Story of India's Murderous Cult, London: Granta Books, 2006.

DeGracia, David: Taking Animals Seriously, Mental Life and Moral Status, Cambridge: Cambridge University Press, 1996.

Dennett, Daniel C.: Darwin's Dangerous Idea, Evolution and the Meanings of Life, New York: Schuster & Schuster 1995 (dtsch.: Darwins gefährliches Erbe, Die Evolution und der Sinn des Lebens, Frankfurt: Hoffmann & Campe 2002).

Dennett, Daniel C.: Kinds of Minds. Towards an Understanding of Consciousness, London: Weidenfeld & Nicolson, 1996 (dtsch.: Spielarten des Geistes, Wie erkennen wir die Welt? Ein neues Verständnis des Bewußtseins, München: Goldmann, 1999).

Dershowitz, Alan: Rights from Wrongs. A Secular Theory of the Origins of Rights. New York: Perseus Books, 2004.

Dessau, Bettina & Kanitscheider, Bernulf: Von Lust und Freude, Frankfurt: Insel, 2000.

Diamond, Jared: The Third Chimpanzee, The Evolution and Future of the Human Animal, New York: Harper, 1992 (dtsch.: Der dritte Schimpanse. Evolution und Zukunft des Menschen, Frankfurt: Fischer, 1994).

Dombrowski, Daniel A.: Babies and Beasts, The Argument from Marginal Cases, Urbana: University of Illinois Press, 1997.

Dunayer, Johan: Speciesism, Derwood: Ryce Publishing, 2004.

Dupré, John: Darwin's Legacy. What Evolution Means Today, Oxford: Oxford University Press, 2003 (dtsch.: Darwins Vermächtnis, Die Bedeutung der Evolution für die Gegenwart des Menschen. Frankfurt: Suhrkamp, 2005).

Dupré, John: Humans and other Animals, Oxford: Oxford University Press, 2002.

Ecclesia Catholica: Katechismus der Katholischen Kirche, München, Wien, Oldenbourg; Leipzig: Benno u. Fribourg: Paulusverlag, 1993.

Eidgenössische Ethikkommission für die Biotechnologie im Ausserhumanbereich & Eidgenössische Kommission für Tierversuche: Die Würde des Tieres, Bern: EKAH, 2001.

Eidgenössische Ethikkommission für die Biotechnologie im Ausserhumanbereich: Würde der Kreatur bei Pflanzen. Die moralische Berücksichtigung der Pflanzen um ihrer selbst willen, Bern: EKAH, 2008.

Epikur: Briefe, Sprüche, Werkfragmente, Griechisch/Deutsch, hrsg. und übers. von Hans-Wolfgang Krautz, Stuttgart: Reclam, 1980.

Errass, Christoph: Öffentliches Recht der Gentechnologie im Ausserhumanbereich, Bern: Stämpfli Verlag, 2006.

Evans, J. Claude: With Respect for Nature, Living as Part of the Natural World, New York: State University of New York Press, 2005.

Feinberg, Joel: Die Rechte der Tiere und zukünftiger Generationen, in: Birnbacher, Dieter (Hrsg.): Ökologie und Ethik, Stuttgart: Reclam, 1980, S. 140-179.

Feldman, Fred: Confrontations with the Reaper, A Philosophical Study of the Nature and Value of Death, Oxford: Oxford University Press, 1992.

Finnis, John: Natural Law and Natural Rights, Oxford: Claredon Law Press, 1980.

Firn, R.: Plant Intelligence: An Alternative Point of View, in: Annals of Botany 93 (2004), S. 345-351.

Flury, Andreas: Der moralische Status von Tieren, Henry Salt, Peter Singer und Tom Regan, Freiburg: Alber, 1999.

Fonk, Peter: Abwägbare Menschenwürde – Antastbare Menschenwürde, in Ethica (13) 2005, S. 3-11.

Foot, Philippa: The Problem of Abortion and the Doctrine of Douple Effect. In: Haber, J.G. (ed.): Absolutism and Its Consquentialist Critics, Rowman and Littlefield, Lanham 1993, S. 147-158.

Fox, Warwick: The Deep Ecology-Ecofeminism Debate and Its Parallels, in: Zimmerman, Michael E. et. al. (eds.): Environmental Philosophy, From Animal Rights to Radical Ecology, Second Edition, Upper Saddle River: Prentice Hall, 1998, S. 227-244.

Francione, Gary L.: Animals as Persons, Essays on the Abolition of Animal Exploitation, New York: Columbia University Press, 2008.

Francione, Gary L.: Introduction to Animal Rights, Your Child or Your Dog?, Philadelphia: Temple University Press, 2000.

Francione, Gary L.: Personhood, Property and Legal Competence, in: Cavalieri, Paola & Peter Singer (eds.): The Great Ape Project, Equality beyond Humanity, London: Fourth Estate, 1993, S. 248-257.

Frankena, William K.: Ethik und die Umwelt, in: Angelika Krebs (Hrsg.), Naturethik, Grundtexte der gegenwärtigen tier- und ökoethischen Diskussion, Frankfurt: Suhrkamp, 1997, S. 271-295.

Franklin, Julian H.: Animal Rights and Moral Philosophy, New York: Columbia University Press, 2005.

Fried, Charles: Right and Wrong, Cambridge: Harvard University Press, 1978.

Garner, Robert: Animal Ethics, Cambridge: Polity Press, 2005.

Gewirth, Alan: Are There Any Absolute Rights, in: Haber, J.G. (ed.): Absolutism and Its Consquentialist Critics, Rowman and Littlefield, Lanham 1993, S. 129-146.

Godlovitch, Stanley, Godlovitch, Rosalind & Harris, John (eds.), Animals, Men and Morals, London: Victor Gollancz Ltd., 1971.

Goodpaster, Kenneth E.: On Being Morally Considerable, in: Journal of Philosophy, 75 (1978), S. 308-325.

Griffin, Donald R.: Animal Minds, Beyond Cognition to Consciousness, Chicago: University of Chicago Press, 2001.

Günzler, Claus: Albert Schweitzer, Eine Einführung in sein Denken, München: Beck, 1996.

Halter, Hans: Der tierethische Speziesismus und die christliche Ethik, in: Wils, Jean Pierre & Zahner, Michael (Hrsg.), Theologische Ethik zwischen Tradition und Modernitätsanspruch. Festschrift für Adrian Holderegger zum 60. Geburtstag (Studien zur theologischen Ethik 110), Fribourg: Academic Press Fribourg/Paulusverlag, 2005, S. 229-242.

Hardin, Russell: David Hume: Moral and Political Theorist, Oxford: Oxford University Press, 2007.

Hart, H. L. A.: Essays on Bentham. Jurisprudence and Political Theory, Oxford: Claredon Press, 1982.

Hegel, G. W. F.: Grundlinien der Philosophie des Rechts, Theorie-Werkausgabe, Bd. 3, Frankfurt/M: Suhrkamp, 1970.

Henderson Bobby: Gospel of the Flying Spaghetti Monster, New York: HarperCollins Publishers 2006.

Hills, Alison: Do Animals Have Rights?, Cambridge: Icon Books, 2005.

Hobbes, Thomas: Leviathan, Oxford: Oxford University Press, 1998.

Hochschild, Adam: Sprengt die Ketten, Der entscheidende Kampf um die Abschaffung der Sklaverei, Stuttgart: Klett Cotta, 2007.

Hoerster, Norbert: Ethik und Interesse, Stuttgart: Reclam, 2003.

Hoerster, Norbert: Abtreibung im säkularen Staat. Argumente gegen § 218. Frankfurt/M: Suhrkamp, 1991.

Hoerster, Norbert: Haben Tiere eine Würde? Grundfragen der Tierethik, München: Verlag C. H. Beck 2004.

Hoerster, Norbert: Zur rechtsethischen Begründung des Lebensrechts, in: Bernat, Erwin (Hrsg.): Ethik und Recht an der Grenze zwischen Leben und Tod. Graz: Leykam, 1993, S. 61-70.

Höffe, Otfried: Der wissenschaftliche Tierversuch: eine bioethische Fallstudie, in: Elisabeth Ströker (Hrsg.): Ethik der Wissenschaften? Philosophische Fragen, Paderborn: Fink & Schöningh, 1984, S. 117-150.

Höffe, Otfried: Moral als Preis der Moderne, Ein Versuch über Wissenschaft, Technik und Umwelt, Frankfurt: Suhrkamp, 1993.

Holzhey, Helmut: Das Tier ist keine Sache, in: Antoine F. Goetschel (Hrsg.), Recht und Tierschutz. Hintergründe – Aussichten, Bern: Haupt 1993.

Howell, Michael & Ford, Peter: The True History of the Elephant Man, London: Allison & Busby, 2001.

Huemer, Michael: Ethical Intuitionism, New York: Palgrave Macmillon, 2005.

Hull, David L. & Ruse, Michael (eds.): The Cambridge Companion to Biology, Cambridge: Cambridge University Press, 2007.

Hurley, Susan & Nudds, Matthew (eds.): Rational Animals, Oxford: Oxford University Press, 2006.

Hursthouse, Rosalind: Ethics, Humans, and Other Animals, An Introduction with Readings, London: Routledge, 2000.

Ingensiep, Hans Werner: Geschichte der Pflanzenseele, Philosophische und biologische Entwürfe von der Antike bis zur Gegenwart, Stuttgart: Kröner, 2001.

Inwagen, Peter van & Zimmerman, Dean (eds.): Persons, Human and Divine, Oxford: Clarendon Press, 2007.

Inwagen, Peter van: Material Beings, Ithaca: Cornell University Press, 1990.

Jamieson, Dale: Ethics and the Environment, An Introduction, Cambridge: Cambridge University Press, 2008.

Johnson, Monte Ransome: Aristotle on Teleology, Oxford: Clarendon Press, 2005.

Jonas, Hans: Das Prinzip Verantwortung, Versuch einer Ethik für die technologische Zivilisation, Frankfurt: Suhrkamp, 1979.

Kallhoff, Angela: Prinzipien der Pflanzenethik, Die Bewertung pflanzlichen Lebens in Biologie und Philosophie, Frankfurt: Campus Verlag, 2002.

Kant, Immanuel: Grundlegung zur Metaphysik der Sitten, in: Kant, Immanuel: Werkausgabe hrsg. von Wilhelm Weischedel, Band VII, Frankfurt: Suhrkamp, 1968, S. 9-102.

Kant, Immanuel: Anthropologie in pragmatischer Hinsicht, in: Kant, Immanuel: Werkausgabe hrsg. von Wilhelm Weischedel, Band XII, Frankfurt: Suhrkamp, 1968, S. 397-690.

Kant, Immanuel: Die Metaphysik der Sitten, in: in: Kant, Immanuel: Werkausgabe hrsg. von Wilhelm Weischedel, Band VIII, Frankfurt: Suhrkamp, 1968.

Kant, Immanuel: Eine Vorlesung zur Ethik, Frankfurt: Fischer, 1990.

Kennedy, John S.: The New Anthropomorphism, Cambridge: Cambridge University Press, 2003.

Korsgaard, Christine: Morality and the Distinctiveness of Moral Action, in: Frans de Waal, Primates and Philosophers. How Morality Evolved, Princeton: Princeton University Press, 2006, S. 98-119.

Krebs, Angelika: Ethics of Nature, A Map, Berlin: DeGruyter, 1999.

Krebs, Angelika (Hrsg.): Naturethik, Grundtexte der tier- und ökoethischen Diskussion, Frankfurt: Suhrkamp, 1997.

Leopold, Aldo: The Land Ethics, in: Zimmermann, Michael E. et al. (eds.): Environmental Philosophy, From Animal Rights to Radical Ecology, Second Edition, Upper Saddle River: Prentice Hall Inc. 1996, S. 87-100.

Linzey, Andrew & Clarke, Paul Barry (eds.): Animal Rights, A Historical Anthology, New York: Columbia University Press, 2004.

Lombardi, Louis G.: Inherent Worth, Respect, and Rights, in: Environmental Ethics 5 (1983), S. 257-270.

Lovelock, James: Gaia, A New Look on Life on Earth, Oxford: Oxford University Press, 1979.

Lovelock, James: The Revenge of Gaia, Why the Earth is Fighting Back – and How we Can Still Save Humanity, London: Allen Lane Penguin, 2006.

Machan, Tibor R.: Putting Humans First, Why We Are Nature's Favorites, London: Rowman & Littlefield, 2004.

MacIntyre, Alaisdair: A Short History of Ethics from the Homeric Age to the Twentieth Century, New York: Macmillan, 1996 (dtsch.: Geschichte der Ethik im Überblick. Vom Zeitalter Homers bis zum 20. Jahrhundert, Dritte Auflage, Weinheim: Beltz Athenäum, 1995).

Mackie, John Leslie: Ethik, Die Erfindung des moralisch Richtigen und Falschen, Ditzingen: Reclam 1981.

Mackie, John Leslie: Hume's Moral Theory, London: Routledge, 1980.

Mayerfield, Jamie: Suffering and Moral Responsibility, Oxford: Oxford University Press, 1996.

McFarland, David: Guilty Robots, Happy Dogs, The Question of Alien Minds, Oxford: Oxford University Press, 2008.

Meyer-Abich, Klaus Michael: Praktische Naturphilosophie, Erinnerung an einen vergessenen Traum, München: Beck, 1997.

Meyer-Abich, Klaus: Das Recht der Tiere, Grundlagen für ein neues Verhältnis zur natürlichen Mitwelt, in: Händel Ursula M. (Hrsg.), Tierschutz. Testfall unserer Menschlichkeit, Frankfurt: Fischer Verlag, 1984, S. 22-38.

Midgley, Mary: Animals and Why They Matter, Athens: University of Georgia Press, 1983.

Mill, John Stuart: On Liberty and Other Writings, Cambridge: Cambridge University Press, 1989.

Mitchell, Robert W.: Humans, Nonhumans and Personhood, in: Cavalieri, Paola & Peter Singer, The Great Ape Project, Equality beyond Humanity, London: Fourth Estate, 1993, S. 237-247.

Naess, Arne: Die tiefenökologische Bewegung. Einige philosophische Aspekte, in: Krebs, Angelika (Hrsg.), Naturethik, Grundtexte der gegenwärtigen tier- und ökoethischen Diskussion, Frankfurt: Suhrkamp, 1997, S. 182-210.

Nagel, Thomas: Mortal Questions, Cambridge: Cambridge University Press, 1979 (dtsch.: Letzte Fragen, Hamburg: Europäische Verlagsanstalt, 2008).

Nash, Roderick Frazier: The Rights of Nature, A History of Environmental Ethics, Madison: University of Wisconsin Press, 1989.

Newman, John Henry: Apologia Pro Vita Sua, London: Penguin, 1994.

Norton, Brian G. (ed.): The Preservation of Species, Princeton: Princeton University Press, 1986.

Norton, Brian G.: On the Inherent Danger of Undervaluing Species. In: Norton, Brian G. (ed.): The Preservation of Species, Princeton: Princeton University Press, 1986, S.110-137.

Norton, Brian G.: Why Preserve Natural Variety?, Princeton: Princeton University Press, 1987.

Olson, Eric T.: The Human Animal, Personal Identity Without Psychology, Oxford: Oxford University Press, 1997.

Olson, Eric T.: What Are We?, A Study in Personal Ontology, Oxford: Oxford University Press, 2007.

Overton, Richard: Arrow Against all Tyrants, Reprint, Exeter: The Rota, 1976.

Passmore, John: Man's Responsibility for Nature, Second Edition, London: Duckworth, 1980.

Perler, Dominik & Markus Wild: Der Geist der Tiere, Philosophische Texte zu einer aktuellen Diskussion, Frankfurt: Suhrkamp, 2005.

Pfordten, Dietmar von der: Ökologische Ethik, Zur Rechtfertigung moralischen Verhaltens gegenüber der Natur, Reinbek: Rowohlt, 1996.

Pierce, Christine & VanDeVeer (eds.), People, Penguins, and Plastic Trees, Basic Issues in Environmental Ethics, Second Edition, Belmont: Wadsworth Press, 1995.

Pluhar, Evelyn B.: Beyond Prejudice. The Moral Significance of Human and Nonhuman Animals, Durnham: Duke University Press, 1995.

Plumwood, Val: Nature, Self, and Gender, Environmental Philosophy, and the Critique of Rationalism, in: Elliot, Robert: Environmental Ethics, Oxford: Oxford University Press, 1995, S. 155-164.

Pojman, Louis P. & Westmoreland, Robert (eds.): Equality. Selected Readings, Oxford: Oxford University Press, 1997.

Praetorius, Ina & Saladin, Peter: Die Würde der Kreatur (Art. 24novies Abs. 3 BV). Schriftenreihe Umwelt Nr. 260, Bern: BUWAL, 1996.

President's Council on Bioethics: Human Dignity and Bioethics, Washington: US Independent Agencies and Commissions, 2008.

Quinn, Philipp L.: On the Intrinsic Value of Human Persons, in: Inwagen, Peter van & Zimmerman, Dean: Persons, Human and Divine, Oxford: Clarendon Press, 2007, 237-260.

Rachels, James C.: Created from Animals. The Moral Implications of Darwinism, Oxford: Oxford University Press, 1991.

Rachels, James C.: Drawing Lines, in: Sunstein, Cass R. & Nussbaum, Martha: Animal Rights. Current Debate and New Directions, Harvard UP 2004, S. 162-174.

Radner, Daisie & Radner, Michael: Animal Consciousness, Reprint Edition, Amherst: Prometheus Books, 1996.

Rau, Johannes: Wird alles gut? Für einen Fortschritt nach menschlichem Maß, Berliner Rede von Bundespräsident Johannes Rau im Otto-Braun-Saal der Staatsbibliothek zu Berlin am 18. Mai 2001, http://www.bundespraesident.de/Reden-und-Interviews/Berliner-Reden-,12091/Berliner-Rede-2001.htm (Zugriff: 3. September 2008)

Rawls, John: Theory of Justice, Harvard: Harvard University Press, 1971 (dtsch.: Theorie der Gerechtigkeit, 15. Auflage, Frankfurt: Suhrkamp, 2006).

Regan, Tom & Singer, Peter (eds.): Animal Rights and Human Obligations, Second Edition, Englewood Cliffs: Prentice Hall, 1989.

Regan, Tom: Defending Animal Rights, Urbana: University of Illinois Press, 2001.

Regan, Tom: Empty Cages, Facing the Challenge of Animal Rights, London: Rowman & Littlefield, 2004.

Regan, Tom: In Sachen Rechte der Tiere, in: Singer, Peter (Hrsg.), Verteidigt die Tiere. Überlegungen für eine neue Menschlichkeit, Frankfurt: Ullstein, 1988, S. 28-47.

Regan, Tom: The Case for Animal Rights, London: Routledge, 1984.

Regan, Tom: Why Death Does Harm Animals. In: Tom Regan & Peter Singer, Animal Rights and Human Obligation, Second Edition, Prentice Hall 1989, S. 153-158.

Rollin, Bernard E.: Animals Rights & Human Morality, Revised Edition, Buffalo: Prometheus Books, 1992.

Rollin, Bernard E.: The Unheeded Cry, Animal Consciousness, Animal Pain, and Science, New Edition, Oxford: Oxford Paperbacks, 1990.

Rolston, Holmes III: Environmental Ethics, Duties to and Values in the Natural World, Philadelphia: Temple University Press, 1988.

Rolston, Holmes III: Werte in der Natur und die Natur der Werte, in: Angelika Krebs (Hrsg.), Naturethik, Grundtexte der gegenwärtigen tier- und ökoethischen Diskussion, Frankfurt: Suhrkamp, S. 247-270.

Ross, William David: The Right and the Good, Oxford: Oxford University Press, 1930.

Routley, Richard & Routley, Val: Against the Inevitability of Human Chauvinism, in: Elliot, Robert (ed.), Environmental Ethics, Oxford: Oxford University Press, 1995, S. 104-128.

Russell, William M.S. & Burch, Rex R.: The Principle of Humane Experimental Technique, London: Methuen & Co Ltd., 1959.

Russow, Lily Marlene: Why Do Species Matter?, Environmental Ethics, 3 (1981), S. 101-112.

Ryder, Richard D.: Animal Revolution, Changing Attitudes Towards Speciesism, Revised and Updated Edition, Oxford: Berg, 2000.

Sapontzis, Steve F.: Morals, Reasons, and Animals, Philadelphia: Temple University Press, 1987.

Sartre, Jean Paul: Entwürfe für eine Moralphilosophie, Reinbek: Rowohlt, 2005.

Sartre, Jean Paul: Sein und Nichts, Versuch einer phänomenologischen Ontologie, Gesammelte Schriften in Einzelausgaben, Philosophische Schriften Band 3, 12. Auflage, Reinbek: Rowohlt, 2006.

Schocknhoeff, Eberhard: Zum moralischen und ontologischen Status des Embryo, in: Damschen, Gregor & Schöecker, Dieter (Hrsg.): Der moralische Status menschlicher Embryonen, Berlin: DeGruyter, 2003, S. 11-34.

Schönborn, Christoph: Finding Design in Nature, New York Times, 7. Juni 2005.

Schopenhauer, Arthur: Preisschrift über die Grundlage der Moral, in: Werke in fünf Bänden, hrsg. von Ludger Lütgehaus, Bd. III, Zürich: Diogenes, 1988.

Schweitzer, Albert: Kulturphilosophie, Neuausgabe, München: Beck, 2007.

Schweizer, Rainer J. & Saladin, Peter: Kommentar zu Art. 24novies, in: Aubert, Jean-Francois et al., Kommentar zur Bundesverfassung der Schweizerischen Eidgenossenschaft, Basel: Helbling & Lichtenhahn, 1995.

Schweizerische Akademien für Medizinische und Naturwissenschaften: Ethische Grundsätze und Richtlinien für Tierversuche, Dritte Auflage, Bern: SAMW, 2005.

Scruton, Roger: Animal Rights and Wrongs, Third Edition, London: Metro, 2000.

Sessions, George (ed.): Deep Ecology for the 21st Century, Readings on the Philosophy and Practice of the New Environmentalists, Boston: Shambhala, 1995.

Shackley, Myra: Wildmen, Yeti, Sasquatch and the Neanderthal Enigma, London: Thames and Hudson, 1983.

Sherwin, Chris M.: Can Invertebrates Suffer? Or, how Robust is Argument-by-Analogy?, Animal Welfare 10 (2001), S. 103-118.

Shrader-Frechette, Kristin S.: Environmental Ethics, Second Edition, Lanham: Rowman & Littlefield, 1998.

Sidgwick, Henry: The Methods of Ethics, Seventh Edition, Indianapolis: Hackett Publishing Company, 1981.

Singer, Peter (ed.): In Defence of Animals, The Second Wave, London: Blackwell, 2006.

Singer, Peter (Hrsg.): Verteidigt die Tiere, Überlegungen für eine neue Menschlichkeit, München: Ullstein, 1988.

Singer, Peter: Animal Liberation, in: The New York Review of Books April 5/1973, S. 10-15.

Singer, Peter: Animal Liberation, A New Ethics for our Treatment of Animals, The New York Review 1975 (dtsch.: Animal Liberation. Die Befreiung der Tiere, Reinbek: Rowohlt, 1996).

Singer, Peter: Ethics Beyond Species and Beyond Instincts. A Reply to Richard Posner, in: Cass R. Sunstein & Martha Nussbaum (eds.): Animal Rights. Current Debate and New Directions, Harvard University Press, 2004, S. 78-92.

Singer, Peter: Praktische Ethik, 2. Aufl., Stuttgart: Reclam, 1994.

Singer, Peter: The Expanding Circle, Ethics and Sociobiology, Oxford: Oxford University Press, 1981.

Snare, Francis: Morals, Motivation and Convention, Hume's Influential Doctrine, Cambridge: Cambridge University Press, 1991.

Sommer, Volker: Geistlose Affen oder äffische Geisteswesen? Eine Exkursion durch die mentale Welt unserer Mitprimaten, in: A. Becker et. al. (Hrsg.). Gene, Meme und Gehirne, Frankfurt: Suhrkamp, 2003, S. 112-136.

Spaemann, Robert: Grenzen. Zur ethischen Dimension des Handelns, Stuttgart: Klett Cotta, 2001.

Spaemann, Robert: Tierschutz und Menschenwürde, in: Ursula M. Händel (Hrsg.), Tierschutz. Testfall unserer Menschlichkeit, Frankfurt: Fischer, 1984, S. 71-81.

Steiner, Gary: Anthropocentrism and Its Discontents, The Moral Status of Animals in the History of Western Philosophy, Pittsburgh: University of Pittsburgh Press, 2005.

Steinvorth, Ulrich: Warum überhaupt etwas ist. Kleine demiurgische Metaphysik, Reinbek 1994.

Steinvorth, Ulrich: Klassische und moderne Ethik. Grundlinien einer materialen Moraltheorie. Reinbek: Rowohlt, 1990.

Stemmer, Peter: Handeln zugunsten anderer, Eine moralphilosophische Untersuchung, Berlin: De Gruyter, 2000.

Sterba, James P.: A Biocentrist Strikes Back, in: Environmental Ethics, 20 (1998), S. 361-376.

Stöcklin, Jürg: Die Pflanze. Moderne Konzepte der Biologie, Bern: BBL, 2007.

Stratton-Lake, Philip: Ethical Intuitionism, Re-evaluations, Oxford: Oxford University Press, 2002.

Sunstein, Cass R. & Nussbaum, Martha (eds.): Animal Rights. Current Debate and New Directions, Harvard University Press, 2004.

Taylor, Angus: Animals & Ethics, An Overview of the Philosophical Debate, Peterborough: Broadview Press, 2003.

Taylor, Paul: Respect for Nature, A Theory of Environmental Ethics, Second Edition, Princeton: Princeton University Press, 1989.

Thomas von Aquin, Summa Theologiae, Die deutsche Thomas-Ausgabe, Heidelberg – München; Gemeinschaftsverlag Kehrle & Anton Pustet: Salzburg 1953.

Thomson, Judy Jarvis: Killing, Letting Die, and the Trolley Problem, in: Thomson, Judy Jarvis: Rights, Restitution, and Risk, Essays in Moral Theory, Cambridge: Harvard University Press, 1986, S.78-93.

Thomson, Judy Jarvis: The Trolley Problem, in: Thomson, Judy Jarvis: Rights, Restitution, and Risk, Essays in Moral Theory, Cambridge: Harvard University Press, 1986, S.94-116.

Tiedemann, Paul: Was ist Menschenwürde?, Eine Einführung, Darmstadt: Wissenschaftliche Buchgesellschaft, 2006.

Timmons, Mark, Greco, John & Mele, Alfred R.: Rationality and the Good, Critical Essays on the Ethics and Epistemology of Robert Audi, Oxford: Oxford UP, 2007.

Trewavas, A.: Aspects of Plant Intelligence, in: Annals of Botany 92 (2003), S. 1-20.

Trewavas, A.: How Plants Learn, in: Proceedings of the National Acadamy Science 96 (1999), S. 4616-4618.

VanDeVeer, Donald & Pierce, Christine (eds.): The Environmental Ethics and Policy Book, Second Edition, Belmont: Wadsworth Publishing Company, 1998.

VanDeVeer, Donald: Interspecific Justice, in: Inquiry 22 (1979), S. 55-70.

Varner, Gary E.: In Nature's Interests? Interests, Animal Rights, and Environmental Ethics, New York: Oxford University Press, 1998.

Waal, Frans de: Primates and Philosophers, How Morality Evolved, Princeton: Princeton University Press, 2006.

Waal, Frans de: Wilde Diplomaten. Versöhnung und Entspannungspolitik bei Affen und Menschen, München: Deutscher Taschenbuch Verlag, 1993.

Waldron, Jeremy: God, Locke, and Equality, Christian Foundations in Locke's Political Thought, Cambridge: Cambridge University Press, 2002.

Warren, James: Facing Death, Epicurus and His Critics, Oxford: Clarendon Press, 2004.

Warren, Karen J.: The Power and Promise of Ecological Feminism, in: Pierce, Christine & VanDeVeer (eds.), People, Penguins, and Plastic Trees, Basic Issues in Environmental Ethics, Second Edition, Belmont: Wadsworth Press, 1995, S. 213-226.

Warren, Mary Anne: Moral Status, Obligations to Persons and Other Living Beings, Oxford: Oxford University Press, 1997.

Warren, Mary Anne: The Moral Status of Great Apes, in: Benjamin V. Beck; Tara S. Stoinski et al.: Great Apes & Humans. The Ethics of Coexistence, Washington: Smithonian Institution Press, 2001, S. 313-328.

Wenz, Peter S.: Environmental Ethics Today, New York: Oxford University Press, 2001.

Wetz, Franz Josef: Illusion Menschenwürde. Aufstieg und Fall eines Grundwerts, Stuttgart: Klett Cotta, 2005.

Wheeler, Quentin D. & Meier, Rudolf (eds.): Species Concept and Phylogenetic Theory, A Debate, New York: Columbia University Press, 2000.

White, J.; The Plant as a Metapopulation, in: Annual Review of Ecology and Systematics, 10 (1979), S. 109-145.

White, Thomas I.: In Defence of Dolphins, The New Moral Frontier, London: Blackwell, 2007.

Wild, Markus: Tierphilosophie zur Einführung, Hamburg: Junius, 2008.

Williams, Bernard, Ethics and the Limits of Philosophy, (dtsch.: Ethik und die Grenzen der Philosophie, Hamburg: Europäische Verlagsanstalt, 1999).

Williams, Bernard: Kritik am Utilitarismus, Frankfurt: Klostermann, 1982.

Williams, Bernard: The Human Prejudice, in: ders., Philosophy as a Humanistic Discipline, selected and edited by A. W. Moore, Princeton: Princeton University Press, 2006, S. 135-154.

Wilson, Catherine: Epicureanism and the Origins of Modernity, Oxford: Clarendon Press, 2008.

Wolf, Jean Claude: Sterben, Tod und Tötung, in: Bayertz, Kurt (Hrsg.), Praktische Philosophie, Grundorientierungen angewandter Ethik, Reinbek: Rowohlt, 1991, S. 243-277.

Wolf, Jean Claude: Tierethik. Neue Perspektiven für Mensch und Tier, Freiburg: Paulusverlag, 1992.

Wolf, Jean Claude: Töten von Tieren? Eine angemessene Begründung des Tötungsverbotes aus moralphilosophischer Sicht, in: „Ehrfurcht vor dem Leben", Stuttgart-Hohenheim: Deutsche Veterinärmedizinische Gesellschaft e.V., 1993, S. 70-82.

Wolf, Ursula: Das Tier in der Moral, Frankfurt: Klostermann, 1990.

Zamir, Tzachi: Ethics and the Beast, A Speciesist Argument for Animal Liberation, Princeton: Princeton University Press, 2007.

Zimmerman, Michael E. et. al. (eds.): Environmental Philosophy, From Animal Rights to Radical Ecology, Second Edition, Upper Saddle River: Prentice Hall, 1998.

INDEX